中国市场经济
发展研究

建设国强民富的发达市场经济

李邦耀　著

人民出版社

责任编辑：宰艳红

责任校对：史　伟

封面设计：曹　春

图书在版编目（CIP）数据

中国市场经济发展研究：建设国强民富的发达市场经济／李邦耀　著．

－北京：人民出版社，2011.10（2012.1 重印）

ISBN 978－7－01－010308－2

I. ①中…　II. ①李…　III. ①市场经济－经济发展－研究－中国　IV. ① F123.9

中国版本图书馆 CIP 数据核字（2011）第 197473 号

中国市场经济发展研究

ZHONGGUO SHICHANG JINGJI FAZHAN YANJIU

——建设国强民富的发达市场经济

李邦耀　著

人民出版社 出版发行

（100706　北京朝阳门内大街 166 号）

北京集惠印刷有限责任公司印刷　新华书店经销

2011 年 10 月第 1 版　2012 年 1 月北京第 2 次印刷

开本：710 毫米 × 1000 毫米 1/16　印张：24

字数：370 千字

ISBN 978－7－01－010308－2　定价：49.00 元

邮购地址 100706　北京朝阳门内大街 166 号

人民东方图书销售中心　电话（010）65250042　65289539

目　录

引　言

　　2004 年 3 月 10 日，胡锦涛总书记《在中央人口资源环境工作座谈会上的讲话》中指出："要树立和落实科学发展观，首先必须全面准确地把握科学发展观的深刻内涵和基本要求。坚持以人为本，就是要以实现人的全面发展为目标，从人民群众的根本利益出发谋发展、促发展，不断满足人民群众日益增长的物质文化需要，切实保障人民群众的经济、政治和文化权益，让发展的成果惠及全体人民。全民发展，就是要以经济建设为中心，全面推进经济、政治、文化建设，实现经济发展和社会全面进步。协调发展，就是要统筹城乡发展、统筹区域发展、统筹经济社会发展、统筹人与自然和谐发展、统筹国内发展和对外开放，推进生产力和生产关系、经济基础和上层建筑相协调，推进经济、政治、文化建设的各个环节、各个方面相协调。可持续发展，就是要促进人与自然的和谐，实现经济发展和人口、资源、环境相协调，坚持走生产发展、生活富裕、生态良好的文明发展道路，保证一代接一代地永续发展。"本书研究的目的，就是试图寻找出适合中国市场经济科学发展的方式方法来。

　　世界上有 231 个国家和地区，其中大部分国家和地区实行的经济制度是市场经济制度。市场经济国家和地区从其经济发展水平来划分，又分为发达市场经济国家和地区，中等发达市场经济国家和地区，落后市场经济国家和地区。中国在 1994 年开始建立市场经济制度，目前经济发展水平处在中等发达市场经济国家中的低水平。

　　当前在世界范围内发达市场经济国家或地区只有 20 多个，约占世界国家和地区数的 10%。如果将中等发达、落后市场经济国家和地区称之为发展中国家，中国就是世界上最大的发展中国家，需要大力发展经济，追赶发达市场经济国家经济社会发展水平，力争早日成为发达市场经济国家。

中国市场经济经过 17 年的发展，已经取得了巨大的成绩，但是中国仍然属于年轻的市场经济国家，经济社会发展仍然面临许多的问题。一个人有病不能乱投医，否则不仅不能医治好疾病，可能还会加重病情。治理经济社会的问题同样如此。市场经济制度有一般的特征，具体到某一个国家或地区，由于其独特的经济、社会、科技、政治、文化、历史、思想、宗教、军事、风俗习惯等，充分展现出自身的市场经济特征，不能照搬他国、他人的方式方法去解决中国市场经济的现实问题，必须根据中国经济社会发展的历史和现状，市场经济制度完善情况，深入研究其中的原因、机理、改变的方式方法，可能的发展趋势等，寻找出适合中国市场经济科学发展的方式方法。

本书研究的逻辑起点是中国市场经济。由于市场经济的要素不断拓展，如人力资源、科技、教育、环境等都成为推动或制约现代市场经济发展越来越重要的因素，因此本书将这些要素都纳入研究的范畴。

第一章
市场经济

　　市场经济是"以市场为基本联结方式，即以商品等价交换关系为基础的经济运行方式和管理方式，特别是资源配置方式。它依靠价值规律，通过市场机制自发调节国民经济活动。市场经济以自由竞争为特征，通过市场价格支配着人、财、物等资源在产业之间与企业之间的移动。"[①]

　　社会主义市场经济与资本主义市场经济的共性是："①承认个人和企业等市场主体的独立性，它们自主地做出经济决策，独立地承担决策的经济风险。②建立起具有竞争性的市场体系，由市场对资源配置起基础的作用。③建立起有效的宏观经济调控机制，对市场运行实行导向和监控，弥补市场经济本身的弱点和缺陷。④必须有完备的经济法规，保证经济运行的法制化。⑤遵守国际经济交往通行的规则和惯例。"[②]这一解释可谓是自中国推行市场经济以来最有权威、最具影响的国内解释，也可以说是对市场经济概念下了一个明确的定义。

　　参照我国市场经济现状，可以说在这十几年的历程中，中国经济已深深融入市场经济，基本上建立了中国特色的市场经济制度，这是我们已取得的伟大成就。但是依据中国市场经济发展现状，并参照各市场经济体蓝本，中国市场经济制度还有许多地方有待完善。

　　比如说市场经济中最活跃、最主要的要素劳动力并没有真正得到解放；中国

---

① 刘树成主编：《现代经济辞典》，凤凰出版社、江苏人民出版社 2005 年版，第 935—936 页。

② 马洪主编，孙尚清、刘国光、吴敬琏、佐牧副主编：《什么是社会主义市场经济》，中国发展出版社1993 年版，第 7 页。

经济在实行了十几年的市场经济后仍然是条块分割；中国市场经济的理念还有待加强；中国市场经济制度还有待进一步完善；市场经济的调节功能还有待进一步发挥；农业发展滞后；企业发展缓慢；城市自我封闭和发展不足；就业不充分；劳动力保护存在严重缺陷；科学技术发展不尽如人意；教育发展不能满足人民的需要；政府改革有待跟进等。凡此种种，致使中国市场经济发展的内在动力没有充分显示出来，以致经济经过多年的高速发展，但人民的实际收入并没有充分显示。

基于这些，本章就有关市场经济的问题作以下论述。

一、经济的"市场经济化"

经济是一个庞大的体系，"是社会生产关系的总和，一个国家国民经济的总称"①。既然我们推行的经济制度是市场经济制度，就有必要在整个经济中推行市场经济的理念和制度，让市场经济的理念和制度渗透到经济的各个角落，让市场经济制度全面规范我们的市场行为，让市场经济的行为融入我们经济活动的主战场，让市场经济的文化充满我们的生活。只有这样我们才能不断地完善中国的市场经济制度，才能使人民的生活水平不断提高。

1. 思想意识的市场经济化

我们经常会遇到这样一种现象：某人很具有创业精神，决定开办一家自己的公司，而后他或她在认为条件基本成熟后，就到工商行政管理部门办理注册登记。结果左一次、右一次地跑去办理注册登记，今天不是这里不行，明天就是那个方面要等，后天就是某个方面需要审批等。遇到这种情况，创业者首先想到的原因就是有哪个方面的香火没有烧到。由此他或她想到的解决问题的办法就是去寻找在工商行政管理部门的朋友或熟人，请该人帮忙办理企业注册登记，经过一番公关，该创业者的公司营业执照终于办理下来了。久而久之，中国这一类的捐客②应运而生，有些是该工商行政管理部门工作人员的亲戚朋友，有些就是本

---

① 《辞海》经济分册，上海辞书出版社 1980 年 12 月版，第 7 页。
② 捐客："中国旧时中间人或一般经纪人的统称"。《辞海》经济分册，上海辞书出版社 1980 年版，第 405 页。

人，有些则是退下来的原工作人员。

从以上实例中，我们不难看出，不论是个人的经济行为，还是政府的行为，我们都没有做到以市场经济意识来思考问题。从个人来看，当企业办理工商登记遇到困难之后，创业者不是从市场经济角度去思考问题，如企业创办是否不合法？程序如何？周期多长？而是寻找非经济因素——人际关系。这是因为他或她在对照创办企业各项法规，看到自己申办企业符合条件，但企业为什么迟迟办不好登记事宜？由此说明，在制定工商行政管理法律、法规和政策时，我们的市场经济意识不足，没有意识到掮客将会回来，结果使创业变得不经济。而不经济的经济就增加了中国经济发展的成本，降低了经济发展速度。因此在工商行政立法时，我们应当学习发达国家的指导原则，尽量让市场经济中的经济行为实现最经济。

又如，中国在 1997 年受到亚洲金融风暴冲击，国内经济出现了通货紧缩。当这一紧缩持续到 2002 年，某市政府为了展现该市经济有别于其他城市，为了扭转物价疲软或继续下跌的趋势，决定调高自来水、公交车、有线电视的收费，而后得出一个结论，该市经济已出现复苏，经济已走出通货紧缩，物价开始上涨。从中我们看到，该市政府个别领导根本不懂经济，尤其是市场经济。因为中国经济紧缩是由于亚洲金融风暴引起的，导致不少人下岗或降低了工资收入，老百姓不敢消费，根本不是某一城市政府提高公共事业收费能解决的问题。相反，这种解决问题的措施确实在一年中多收了几个亿，解决了市政府的某些资金问题，但是却增加了居民的消费支出，低收入居民更加不敢多消费，而政府的财政支出乘数肯定小于居民的消费乘数[1]。

因此政府的市场经济意识更为重要，因为个人的非市场经济意识仅仅影响到个人所能影响的周边，而政府的非市场经济意识将影响到政府所辖范围的各种经济因素。

2. 生产要素的市场经济化

生产要素包括劳动力和土地、资本、科技成果、信息等。除劳动力以外，中国在其余的生产要素上的市场化做得比较好。

---

[1] 消费乘数：由于居民消费金额的变化引起社会总消费金额成倍数的变化，而这个社会总消费金额的倍数就是消费乘数。

我们知道，在生产力中，最重要的生产要素就是劳动力。因为劳动力是生产力各要素中最活跃、最具创造力、最能创造价值的要素。20世纪60年代后西方主流经济学家发现，在生产力各要素中，人力资本是不断增加的，所以对人力资本投入的边际收益是不断增加的，打破了以往西方经济学一直所确认的定理：当其他要素不变的情况下，对某一要素不断增加投资，该要素的边际收益是递减的。这一认识也证明了劳动力在生产力各要素中所处的中心位置，对他或她的投资可以获得不断增加的收益。

在众多的发达国家中，不论是老牌资本主义国家，如英国、法国、荷兰、西班牙等，还是后来的德国、日本、加拿大、澳大利亚、瑞典、挪威、芬兰、新西兰等，这些国家自实行市场经济伊始，所有劳动力就可以自由流动，从事任何工作，自由选择自己喜欢的任何地方居住。在中国，劳动力的境遇是另一番景象。劳动力缺乏自由流动、自由创业和自由择业的制度供给，因为他们同时属于地区所有、部门所有或企业所有，极少属于自己个人所有。为此，我们应当做好以下几个方面工作。

第一，取消户籍制度，实行劳动力自由流动制度。户籍制度将中国人口分为城市户籍人口和农村户籍人口。城市户籍人口转为农村户籍人口在当前的中国几乎不存在，即使有也是极少数。而农村户籍人口转为城市户籍人口十分困难。农村户籍人口转到另一地仍然是农村户籍人口，如婚姻等，相对较为容易。同时，城市户籍人口转到另一城市去，如由小城市转往大城市较难，而由大城市转往小城市较容易。

农村户籍人口转入城镇户籍人口的途径一般有四种：一是农家子女有幸考上大专院校或中专学校，户籍可以迁往学校所在地的城镇；二是城镇郊区，农民土地被征用，整个村或乡镇纳入城市范围，农民户籍转入城镇户籍；三是由于购房、婚姻、参军、子女户籍随父母等转入城市户籍；四是购买城市户籍。

在户籍金字塔中，高一级城市往低一级城市迁移户籍以及同一级城市之间迁移户籍相对比较容易，而由低一级城市往高一级城市转移户籍相对比较难。在中国最难入户籍的两个城市就是北京和上海。各城镇之间的户籍变换需要的是学历和职称，越往上走，所需要的学历或职称就越高，否则要想转户籍到高一层级的城市是很难的。这种等级式的户籍制度给处于低层级户籍的人一种与生俱来的自卑感，同时也给大城市人一种户籍优越感（这种优越感的其他方面在"城市与区域经济"一章中阐述)。这种一悲一优的两种心态对中国形成人才公平竞争环境和市场经济发展都是不利的,客观上形成了人们之间的等级。劳动力之间的等级观是人才竞争的最大敌人,是封建思想的残余。

户籍制度其他方面的危害有:"导致城乡人口结构的超稳定;助长人口增长率的居高不下;维系了以家族为核心,地缘为基础的宗法社会;造成资源的劣化配置和无谓浪费;破坏生态平衡,危及人类生存与发展的自然环境;影响劳动力转移,人才流动和产业转换;扩大了教育投资成本,文盲人口有增无减;造成农民封闭式的习惯观念和旧式农民生活方式难以改变;造成消费市场的低位化和平面化,造成农民觉悟意识差,民主与法制观念淡薄[1]。"

实际上,户籍制度在市场经济条件下造成的负面效应是人力资源的巨大浪费,企业发展少、慢、散,无法形成劳动力合理分工和生产力合理布局,分配不公平,城乡差别和区域差别,市场调节功能受到限制等。

现实中,城乡差别不断拉大,户籍制度起到了推波助澜的作用。农民收入无法提高的原因就是由于农民最重要的生产资料:耕地面积有限。但是如果农民能够自由流动,自由选择职业,自由居住,在如此低的年平均收入面前肯定会有一半以上的农业劳动力从农业流出,转移到城市的二、三产业谋生,提高自己的收入,改善家庭人口的生活水平。可是市场自动调节城乡收入差别的功能被现行户籍制度限死了。在身份无法改变的情况下,他们到城市打工只是短暂的。加之城市对他们的歧视和收入的微薄,以致他们根本无法在城市长期立足。而城市实行的经济制度是市场经济制度,经济飞速发展,人均收入不断提高,因此也就造成了城乡差距不断拉大的局面。所以户籍制度实际上限制了劳动力要素的市场化,造成了城乡劳动力收入的巨大反差,形成了劳动力的不公平竞争环境。

就地区差别而言,不仅有沿海省份与内地省份收入的差别,还有同一个省,同一个市,同一个县,同一个镇,由于户籍制度的限制而引起的收入和生活水平的巨大差异。中国沿海收入水平比较高的几个省、市,在2008年的人均消费水平分别是:上海27 343元,北京20 346元,天津14 000元,浙江13 893元,广东14 390元,江苏11 013元;中部湖南7 145元,湖北7 406元,河南5 877元,安徽6 377元,江西5 753元;西部贵州4 426元,云南4 553元,西藏3 504元,

---

[1] 潘义勇:《论现代户口制对中国现代化的十大危害》,《改革与战略》1995年第十期,第20—24页。

甘肃 4 869 元，青海 5 830 元，新疆 5 542 元[①]。这基本上也就是中国的三个收入阶梯。收入最高的省、市、自治区在东南沿海，他们的实际人均消费水平是中部省区的 2.6 倍，是西部各省区的 3.5 倍。

这种现象极不合理，造成了各省、市、自治区发展的不平等，长期下去必将形成严重分割局面。究其原因就是户籍制度导致了三个阶梯的形成。第一阶梯将工业品倾销到相对落后的第二阶梯和第三阶梯，而相对落后的第二、三阶梯则向较为发达的第一阶梯供应廉价的原材料和劳动力。但是外出打工的人，由于受到户籍的限制，在外出打工时，只获得较低的工资，而产值、利润、税收等都留给沿海地区，推动了沿海地区经济的发展；在返回故里时他们带回一点收入，而他们的社保很少有企业或单位为他们购买，他们的养老问题最终还是要由内地各省、市、自治区负担。而内地高学历的人才却迁移到沿海各省市自治区，长期为沿海地区服务。所以户籍制度将贫穷留给了内陆省市自治区。

从市场角度看，沿海各省、市、自治区输往内地各省、市、自治区的商品都是工业加工品，有许多还是深加工品，附加值一般较高；而内地输往沿海的产品基本上是生产要素，如劳动力、原材料、能源等。

沿海与内地所形成的分工模式是极不平等的。这种不平等的原因就是沿海地区的地理位置优势和政策优势，并由现行户籍制度维系这种优势。如果再这样长期下去，势必造成沿海与内地的更大差距，形成更加严重的分割局面。

另外从各省、市、自治区内部，甚至同一城市、县、镇，由于户籍制度的限制导致了人们收入的巨大差别。如广东省高收入地区是珠江三角洲地区，除此以外，粤北、粤西、粤东地区人均收入都不到珠江三角洲地区人均收入的 50%。即使在同一城市，也存在巨大差异，如 2008 年《南方都市报》公布的广州市职工人均平均工资 2.8 万多元，而广州市所辖的从化市民乐镇民政村人均年收入只有 2400 元，两地相隔只有 70 多公里。这同样是由于户籍制度导致的两地巨大差距。

所以户籍制度不仅限制了人员的流动，进而限制了中国社会分工的发展。它限制了农业劳动力基本只能从事农业生产，而不管农业是中国劳动生产率最低的产业；它忽视各省市自治区社会生产力发展水平相当不平衡，使梯度经济表现得

---

① 《中国统计年鉴－2009》，中国统计局出版社 2009 年 9 月版，第 62 页。

更加充分，社会分工受到更大、更深的限制，各类、各层次技术人才技术水平提高受到极大的限制。

一国生产力提高的最基本途径就是不断深化社会分工，由此推动经济走向规模化、社会化、专业化、市场化，进而推动社会生产力水平的提高和经济发展。但是由于社会分工受到了限制，社会生产力水平得不到提高或提高的幅度受到很大的限制，所以许多技术含量相同的同类商品各省、市、自治区，甚至同一省市自治区的各市、县、镇都在重复生产，人力、财力、物力极为分散，各地方为维护本地区的利益，即使本地区生产规模小、技术档次低、资金有限、产品质量差等，仍然继续保护地方生产，形成地方经济割据的局面，阻碍了生产、市场、技术、人力资源、资本、信息、管理等要素向优势企业的聚集，无法形成规模化、专业化、高技术化的生产，市场调节功能在强大的地方利益和地方保护措施面前，尤其在户籍制度面前显得苍白无力，只能举手投降。除非中央政府下死命令，采取坚决措施，否则很难跨越户籍制度维护的地方保护主义。如 1997 年以后，国务院为了增强纺织工业的竞争力，提高产品质量档次，关闭了许多地方小纱厂，形成了现有纺织业的分工及规模，提高了企业、行业的经济效益，避免了抢原材料、抢市场、竞相降价的恶性竞争局面的出现。此外小化肥、小钢铁、小水电、小煤矿等都采取了行政调节措施。

第二，取消人力资源的差别制度。人力资源[①]从学历结构上划分，可以分为本科、研究生学历，中专和大专学历，高中以及高中以下学历；从职称结构上划分为高级职称、中级职称、初级职称、技术员、技术工人和普通工人。这看上去并没有什么，只是现代社会对人力资源的一种划分方式。但是当这些划分方法与人口制度结合起来情况就发生了变化。如果在城市人口政策规定范围之内引进的人力资源，这些人员就可以顺利地将自己的户籍转入新的工作单位或企业所在的城市，否则即使工作单位或企业非常需要这个人才，但由于引进人才的职称或最高学历没有达到该工作单位或企业所在城市要求的最低标准，那么该人才的户籍也无法转入该城市，你就是在该工作单位或企业工作几十年，也只是该城市的流

---

① 人力资源："指在一个国家和地区的范围内，劳动适龄人口总量减去其中丧失劳动能力的人口，再加上劳动适龄人口之外的具有劳动能力的人口。"参见傅殷才主编《新经济知识辞库》，湖北人民出版社1994 年 8 月版，第 160 页。

动人口，不属于该城市的一员。

众多的大中城市对外来人力资源所划定的入籍学历界限一般是本科学历，低于本科学历的人员，不管你有多大的实际工作能力，均拒之于该城市之外，不允许迁入户籍；至于职称，有些城市规定初级职称，如助理工程师、助理经济师、助理会计师等就可以入户；有些城市规定在中级职称或中级职称以上方能入户。

按理说将进入城市的门槛定得如此之高，就可以限制低层次人力资源流入城市。其实不然，现实没有哪一个城市能够限制低层次人力资源进入该城市。限制最严厉、门槛最高的北京市和上海市是中国流动人口最多的两个城市。因为我们很清楚地看到，就是高科技企业，如中国航空航天集团、中国核工业集团等，都不可能只有高级科技人员和管理人员，必须有各层级职工有机搭配，企业才能正常运转。北京、上海引进并留下了众多的高素质人才，是中国两个人力资本最集中的城市，但是两城市挡不住在引进高级知识分子的同时，必然引进了更多的中级、低级人力资源。现实也是如此，如果企业只有产品设计图纸，没有看得懂图纸的中级工程技术人员指导，或者没有具体的生产技术人员生产，或者没有各个环节普通工人的劳动，可想而知，这张图纸只是废纸一张，没有实际意义。所以说一个国家，每个省市自治区、每个城市的经济是一个完整的整体，它不仅需要高学历、高职称的人力资本，也需要中等学历、中等职称的人力资本，还需要众多的普通劳动者。只有这样，才能组成现代的企业。当前中国的城市经济就是一个不完整的机体，说重一点，城市经济就是一个残缺不全的机体，所以中国城市经济缺乏竞争力，缺乏辐射力，缺乏优势产品，缺乏优势行业或产业，其原因就在于各类各层次的人力资源缺乏有机的分工。这是由于制度、政策给予了劳动力各自不同的待遇造成的。

当然，有人会说，这样做的发达国家不少，如美国、澳大利亚、加拿大等国都在大力引进人才，尤其是有真才实学的高级知识型人才，这些国家不也发展得很好吗？实际上这些国家只是引进国外高尖端人才，希望通过他们创造出科学技术奇迹，推动这些国家经济持续快速发展。如美国的太空产业有约60%的高科技人员原籍不是美国，而是来自亚洲、欧洲、拉丁美洲等地区的科技人员，但是众多的较低技术人员以及工人和其他辅助人员均来自美国本土的劳动力。如果美国一般劳工亦很短缺，就会引起企业为争夺一般劳动工人而提高劳动力工资。从目前看，美国普通工人的劳动工资已是很高，一般年收入也在 20 000 美元以上，而且工资还在上涨。面对这种情况，美国周边国家的普通劳动力就会偷渡到美国，这有利于美国形成低级劳动力市场，放慢美国普通劳动力工资上涨幅度，这对企业来说是好事，可以降低成本，所以 2007 年美国重新统计人口时，似乎美国人口一下从 2.78 亿一夜之间激增到了 3 亿。实际上这就是近些年来非法进入美国的他国普通劳工造成的。美国法律规定凡在美国连续居住 7 年时间，就可以成为美国的正式公民。从这点来看，美国作为一个最发达的市场经济体，对于来自他国的高级知识型人才是欢迎的，同时对来自他国的普通劳工也比我们现行的城市人口政策、地区人口政策宽容。

知识型人才和普通劳动力的聚集是生产力最重要、最具主观能动性和创造性要素的聚集，预示着新的经济力聚集，标志着经济体的增大。这犹如美国每年引进许多高级人才，流进了众多的劳工，他们创造了新的产业和新的经济体，吸纳了更多的人就业，表面上暂时放缓了美国高科技人才和一般劳动力工资的增长，但是为美国创造了一个更大的经济体，给美国经济建造了一个更大的平台。这个更大的平台为美国所有企业提供了一个发展的市场平台，预示着国内市场的扩大；加上市场的扩大是以更高附加值产品为龙头，白领在新的产业和企业中居主导，这样的产业或企业所开拓出的新市场带来的经济增量，是美国传统产业、企业所保有的市场无法比拟的，前者大于后者几十倍、几百倍，甚至上万倍。这就是美国经济的滚雪球原理。当雪球滚大了就预示着美国经济上了一个新台阶，高级技术人才和普通劳动力的工资都会出现新的提高。

从这些年来中国各城市走过的历程我们可以清楚地看到，履行严格的户籍管理制度，低技术劳动力并没有停止流动，相反他们受到了市场经济扩大后的吸引，加大了流动量。在城市人口流动量增加的同时，他们不仅没有与城市原有职工、下岗职工抢饭碗，而且还创造出许多新的就业岗位，尤其是他们的到来不仅没有降低城市原有职工的工资，而且使工资增长更快。

企业是城市、地区、国家的经济细胞。而企业细胞的集合体就形成了城市、地区、国家的经济整体。不同产业、行业的企业要求职工的科技知识结构和水平是不同的；即使是同一产业或行业的企业，由于产品技术含量不同，产品质量、档次差异，产品规格、样式、花色的差异等，所需职工科技知识结构和水平也是不同的。对一家企业来说，不同科技知识结构和水平人力资源的搭配必须合理，缺失了哪部分都不行，否则企业就无法正常生产经营；而一家企业人力资源的合理搭配也不是一成不变的，随着市场、科技水平等情况的变化而随时进行调整的。如此复杂的企业、行业、产业内部人力资源调配是任何一个行政机构都无法充分满足这种需求的，所以我们只要充分发挥市场的调节作用，就能很好地完成这项复杂而繁重的工作，无需我们花费大量的人力、物力、财力来调节。

3. 产业、行业、企业的市场经济化

第一产业包括农业和采掘业，但我们习惯将采掘业归类到第二产业，因此中国的第一产业实质上就是指农业。

农业在中国也确实称得上是一个产业。从农业的规模和从业的人口来看，农业是中国最大规模的产业，960万平方公里的陆地有约30%土地为农业所占用，13亿多人口有约8.7亿人口在农业的怀抱中，有约5.7亿劳动力集中在农业。但在中国各产业中，农业是劳动生产率最低，生产设备最落后、最原始，人员素质最低，最迫切需要发展和支持，最需要投资的产业。要解决这些问题，就要推动农业市场经济化。

从行业经济来看，中国少数行业由于种种原因没有市场化，有些则市场化了一部分，以至影响了这些行业的快速发展，降低了这些行业的竞争力。如中国邮政作为一个行业，它自成体系、自成一家。中国推行市场经济以来这一行业的垄断地位在形式上保留下来，因为有人认为邮政关系到一个国家安全的问题，在实际执行上也是这样。由于其非市场化经营管理体制，似乎形成了一家独大，但实际上遭遇到众多的变故。1998年电信从邮政分离出来，随后国家允许中外资企业经营速递业务，邮政的速递业务由以往的一家垄断变成众多企业分割市场。鉴于邮政部门的僵化经营方式，这方面的市场份额很快拱手让给了外资速递公司和其他中小中资速递公司。

实际上对纯国有的战略部门，我们同样可以推行市场化改造，让邮政融入中国市场经济的大环境中去，这样不仅可以保证邮政企业可以随着中国市场经济的发展而发展，也可以确保中国战略部门的安全，即邮政行业对内资开放。

市场经济是人类社会的开放式经济。市场经济伴随着社会化大生产而不断巩固和壮大，而社会化大生产要求生产要素自由流动，如劳动力来自社会的各个阶层，有专业技术人员，还有一般劳动者；生产资料来自国内外市场等。即使是美国最尖端的产品，如美国的航天飞机、太空探测器、导弹防御系统等的生产过程也是社会化的，只是企业、技术、产品只对内开放，以加强国家对企业、技术、

产品的严格控制。所有的美国投资者都可以进入这些部门创办企业，但是企业必须严格遵守美国的相关法规，维护美国的利益，接受国家相关机构的监督及保卫。对那些不涉及国家战略利益的部门实行对内对外开放，如 20 世纪 90 年代中期日本人曾经梦想收购好莱坞，最终在美国国会干预下成为泡影，因为好莱坞已成为美国文化、美国精神的象征；2006 年中海石油收购美国第九大石油公司，同样遭到美国国会的政治干预，认为这涉及美国石油战略部门的安全，最终流产。

这些也为我们敲响了警钟。市场经济是开放经济，但绝对不是只对外开放的经济，对外开放要在确保国家经济、政治、军事、文化等安全的基础上的对外开放。有些人会说这是封闭式经济，对中国经济不利。现实恰恰相反，因为某些产业、行业只对内开放，是因为这些产业、行业是一国之战略部门，必须维护它们的安全。中国是市场经济，市场经济本身就是开放式经济。国内市场经济的开放性以及竞争程度会推动这些企业、行业的发展。此外，对内开放是中国对许多战略部门或行业市场化的最佳选择。它可以提高这些部门或企业的竞争能力，使企业融入中国市场经济的总体格局中，不仅可以保留这些部门和企业在国家的战略地位，同时还可以利用自己的优势地位创造出更佳的经济效益，增加国家、地方、企业的竞争力。

企业市场化，主要是说目前许多国内企业受条条、块块所有制的限制，企业被捆住了手脚，使企业不能在市场经济的大海中自主经营，只能在婆婆的掌控下，像一个小媳妇围绕着婆婆瞎转转，错失经营良机，静观企业沉浮于大海。

目前块块对企业的影响非常明显，不论是大型企业还是中小型企业，只要属地方企业（指内资企业），不论其所有制如何都变成了块块分割的状况。这些企业多少都受到地方政府或多或少的影响，有些甚至是严重影响，而这种影响基本上是非市场经济的影响。

一是乡镇企业。它是中国企业中最大的群体，主要受区域经济的影响（参见第三章农业的相关论述）。

二是各地的国有商业、宾馆、招待所、运输等服务型企业。这些地方服务型企业，不论是省市自治区所属的企业，还是市县所属的企业，他们均是本地区的龙头企业，地方政府维护这些企业的生存，很少让这些企业去扫他人门前雪。当然在分辖的区域内，其他地区的服务性企业，哪怕是上级省市的服务性企业也无法插足当地的服务市场，这就是强龙不压地头蛇的现状。这种现状给服务企业带来各自分割的市场，企业只要不出大的变故，则处在一种超稳的状态中，因此，这些年来中国无法形成像沃尔玛式的大型超市集团。在中国市场上看到的大型超市集团基本是外来的超市集团，如家乐福、沃尔玛、麦德龙等，即使在中国内地最具实力和名气的上海百货有限公司，北京王府井，广州南方大厦等，从全国来看都只具有地方意义，不具有真正意义上的全国性，更不具有全球性。而中国目前号称"世界工厂"，众多的廉价商品为全球所需要，而我们却没有一家全国性的商业企业集团（或物流企业）。这正是中国商业企业地区化的表现，而非市场化的影响。此外，旅业、运输、市政建设（除地铁建设）等均需要市场化，去地方化，以增强产业、行业或企业的竞争力，扩大市场，提高效益。

三是地区龙头企业一般都受到地方政府的保护。如上汽、东汽、广汽多少都受到了地方政府的保护。虽然保护这些企业的措施逐年减少，但是并没有完全取消。还有众多的地方中小电厂、水厂、煤气公司、有线电视网络等涉及居民基本生活的产品、服务都受到地方政府的保护，影响到企业的市场化、规模化、经济效益，企业也就不受市场调节，说明企业的资源配置没有达到最佳状态。

4. 法律、法规、政策的市场经济化

一个国家实行什么样的经济制度，比如说市场经济制度，最终该国是否是真正的市场经济制度，是要看其法律、法规和政策维护的经济制度是什么制度，如果其法律、法规和政策所维护的经济制度是市场经济制度，那么该国的经济制度就属于市场经济制度；如果一个国家的法律、法规和政策维护的市场经济制度是不够充分的，那么一个国家的市场经济制度就走了样；如果一个国家的法律、法规和政策维护的市场经济制度不符合一般意义上的市场经济制度，那么一国的经济制度就不是市场经济制度。

世界上的市场经济制度可以说形式多样，有社会主义市场经济，亦有资本主义市场经济；有君主立宪制的市场经济，也有议会立宪制的市场经济。不论采取哪种市场经济制度，只要该国的经济细胞企业所生产的产品需要拿到市场去交换才能实现商品的价值，而且以市场调节作为配置经济资源的手段，在市场经济出现通货膨胀或通货紧缩时，政府通过相应的财政、货币政策间接地调整经济，消除经济危机，并通过立法的形式，规避经济危机的出现，不断完善市场经济制度，推动经济快速、稳定、健康发展，那么这样的经济制度就属于市场经济制度。

但是，我们还看到，后起的市场经济国家有少数国家获得成功，步入发达国家或地区行列；还有多数国家没有取得明显的成功，甚至还有少数失败的国家。成功的国家主要有加拿大、澳大利亚、新西兰、新加坡、挪威、芬兰等。还有多数国家在市场经济的道路上走了漫长的路程，但是国家并没有取得明显的发展。这些国家包括大部分亚洲国家，拉丁美洲国家，非洲国家等。取得成功的国家都有几个明显的特征：首先，有比较完善的市场经济制度，并得到有效维护；其次，公民享有流动、创业、择业、居住的自由；第三，这些国家或地区的法律法规及民生制度是在国家不断前进和发展的历史中得到不断发展和完善。

因此，并不是说，后起国家只要最初确定走市场经济道路，那么其法律、法规和政策就会维护市场经济制度，就可以走上发达国家之路。实际上大多数走市场经济道路的国家，由于在后来较长的历史进程中，并没有及时用法律、法规和政策去坚持、完善本国的市场经济制度，致使本国的市场经济制度走了样，或已经不是市场经济制度，如贪污腐化的官僚主义国家、专制集权国家，保留了许多非市场经济制度的国家（如封建土地所有制）等。所以后起市场经济国家发展参差不齐，大多数国家发展不快，或较慢，甚至十分缓慢。也就是说部分后起市场经济国家，在本国的法律、法规、政策的规范或引导下，步入了歧途，甚至引向内忧、停滞或倒退。

二、国内经济一体化

中国市场经济走到今天，贫富差距不断拉大。有人认为中国的基尼系数已经大于 0.5，有人认为在 0.47，还有人认为在 0.45。无论如何 0.45 的基尼系数已在危险区间内，是属于贫富差距大的国家。又如中国城乡的差距，据 2009 年中国统计年鉴计算为 1：3.4，悲观的估计已达到 1：5。再又如中国地区差距一般在 1：2.5 到 1：4 之间。所以中国城乡、地区之间的差距很大，都到了必须缩小差距的地步，如果还任其发展就会引发不稳定和地区之间的严重分割。

造成中国当前贫富差距、地区差距、城乡差距拉大的原因有很多。我们主要讨论以下几个方面的问题。

1. 诸侯经济问题

对中国人来说，谁都不陌生"诸侯"二字，而诸侯经济是建立在农业经济基础上的自然经济。到了封建社会时期，秦朝在全国设置郡县，由王朝统一任命地方官员。此时诸侯经济是以郡县经济为代表，王朝任命的官员取代诸侯，其经济仍然是农业经济条件下的自然经济。

诸侯经济的特点表现在：第一，自然经济占主导地位。各诸侯国或各行政区域的经济以自给自足的农业生产为主，农民靠天吃饭，年景好吃饭没问题；年景不好吃饭存在问题，就会出现灾民的流动，甚至国家的动乱，所以安民、守土在奴隶社会和封建社会为国家第一要务。第二，农民是国家的根基，人口不流动。当时的生产力发展水平和交通工具也不允许人口大规模、经常流动，除非出现了大规模的自然灾害或战争，人口才会流动。第三，自封建社会建立以来，各地方只交换官员，而普通百姓则不变。第四，在封闭的行政区域内，容易产生各自为政、背离中央的割据。如封建社会时期和民国时期割据势力的存在。

中国历史上曾经出现的诸侯经济仍然在当代或隐或现。其一，自然经济在农村的广泛存在。大部分农民的生产和生活方式基本是自给自足。其二，农民似乎还是守疆固土的力量。在城市市场经济大潮的吸引下有相当一部分农民外出务工，但是户籍制度限制了他们根本性的流动，最终绝大部分农民（约占99%）都会回到户籍所在地；城市虽然是中国经济发展的主阵地，但同样受制于户籍制度，人口处在相对静止状态—不流动。其三，地方行政官员的任命仍然延续了历史上的做法：中央任命，而一方百姓基本保持不变。其四，各行政区域仍然处在较为超然的封闭状态。各地区背离中央大政方针的事时有发生。近些年，有些乡镇还出现新的南霸天；少数县、市出现一手遮天，与黑恶势力结合，左右当地经济、司法的情况；还有个别省市自治区出现大案、要案等。这些情况的出现已经给国家造成了极大的危害。如果各省市自治区的贫富差距继续拉大，就会出现中国历史上曾经出现的地方偏离中央路线的情况，届时局面很难控制。

所以，中国历史上的诸侯经济在当代中国经济中仍然存在滋生的土壤，需要政府去铲除这些土壤，更换上新鲜的市场经济土壤，防止诸侯经济的潜流继续侵蚀国家的机体。

2. 条块经济问题

条块经济是指由于国家各政府部门（主要是涉及经济方面的部门）所形成的

产业或行业经济，以及地方政府管辖范围内所形成的地区经济。

从近些年的情况看，条条经济有很大削弱，这是一个好的发展趋势。以往在经济发展后，就会出现一些新的行业部门。为了加速新行业的发展，政府通常就会成立一个相关的管理部门，协调该行业的发展。这种做法在一定经济发展时期和一定经济制度下是可行的，但是在市场经济制度下这种做法就违背了市场调节原则，增加政府的管理成本，引发生产与市场脱节。所以削减政府部门，实行大部制成了中国政府多年来的要务。这些年来，政府瘦身取得了较大成绩，行业部门大幅减少，同时也大幅减少了政府的各种审批和收费，以及行政对市场经济的干预，扩大了市场调节的作用。

但是，我们还看到，条块经济在中国并没有完全消失，如企业进出口权的限制，企业生产经营范围的限制，非国家战略、民生行业准入门槛等，这实际还是条条经济在作祟，有待政府进一步消除市场经济发展的障碍。

相反，块块经济在这些年来得到了加强。其原因就在于，中央急于发展经济，而地方热衷于发展经济，经济发展成为和平时代的主旋律。只有经济发展了，社会才能安定团结；地方经济发展了，官员才能坐稳自己的位子并可能得到提升。在这种情况下，中央不断出台经济发展的法律、法规和政策，沿海地区也不断争取法律、法规和政策的出台，以此获得经济发展的先机。

沿海各省市自治区在对外开放政策下得到了发展先机，即充分利用了天时、地利，以全国人力资源的支持，加之财富的聚集效应（资金是向收益高的地方流动）内地大量的资金流向沿海各城市，发展工业、贸易、房地产及其他第三产业，从而大力地推动沿海城市经济的快速发展；加之外资从观望、试探，到20世纪90年代中期以来的大量涌入，促成了沿海经济的繁荣。而这种繁荣也不断加强了国家对沿海地区在法律、法规和政策的支持力度，同样也包括项目、人才、物力、财力的支持，进一步推动沿海经济的快速发展。在这一时期，中国已经显现出区域经济的巨大差别，基本形成了东、中、西三大区域经济团块。

这一现象本身就显现了中央政府的法律、法规和政策的块块倾斜，加剧了区域经济发展的不平衡。一是导致了各行政区划经济的严重不平衡。二是中国经济的发展明显表现为粗放式发展，即以投资带动沿海各省市自治区，乃至国家经济的发展。三是沿海各省市自治区的发展过分的依赖于外资，这些省市自治区都将自身最优良的区域划为外商投资区，以筑巢引凤的方式将生地变成熟地，以方便外来投资，并提供国内一流的投资服务，实现外商投资推动本地区经济的快速发展。四是阻碍了地区之间资源的合理配置。中国经济发展在一些年份主要依赖外资的推动，中国经济发展的区域主要集中在沿海各省市自治区的主要城市。五是中国地区差距不断扩大。

此外，条块经济造成各省市自治区的经济分割，同时还造成各省市自治区内部各市县镇的经济分割，进而造成了城市与城市、县与县，乡镇与乡镇、村与村之间经济发展水平差距的拉大，引起了人均收入水平、消费水平差距的不断拉大。

3. 实现国内经济一体化

从以上两方面的论述中，我们可以清楚地看到中国经济并没有形成统一的市场经济体，而是各省市自治区，以及下属各市县乡（镇）各自分立的经济。在各自分立的经济体面前，各经济主体对外都实行地方保护主义，使中国的市场经济变成一种四分五裂的态势。这种分立的条块经济给中国经济带来的只能是相互封闭、自我保护、自给自足、自成体系的经济，所以中国经济中的企业、地区之间的恶性竞争，重复建设，"大而全"、"小而全"，企业、地区、行业或产业的分散，无法形成地区之间的合理分工体系，不配套等非市场经济现象在中国经济发展中长期、广泛地存在，造成中国经济建设和发展中的严重不经济，即巨大浪费。为此，很有必要尽快形成国内经济一体化，同时不断缩小贫富差距，消灭城乡差别和地区差别。而要实现一国经济的一体化，即实现中国统一的市场经济，就必须从制度上确立全国统一的市场经济制度。而中国统一的市场经济制度是通过法律、法规和政策来实现的。有鉴于此，我们在法律、法规和政策上必须做好以下几个方面的工作。

第一，实现法律、法规和政策的统一。

中国目前的市场经济法律、法规和政策对不同省市自治区，或市县镇（乡），或产业、行业是不同的，所以导致各省市自治区、市县镇（乡），不同产业、行业的发展严重不平衡，拉大了相互之间的贫富差距，导致了城乡差别、地区差别和产业行业差别，加之实行严格的户籍制度，从而固化了这些差别。

从区域经济分析，国家的差别政策促使各省市自治区，甚至是市县伸手向中央争取优惠的法律、法规和政策，或者有些地区不断地走红线（违法现象）。较发达的地区只会让人们看到其经济发展的原因似乎就是优惠制度造成的；较不发达地区经济发展慢的原因似乎就是由于没有优惠制度安排造成的。结果成也制度，败也制度。即市场经济的法律、法规和政策既承担了赞誉的美名，也承担了失败的不足。较不发达地区，从土地面积上看，约占90%的国土面积；从人口上看，约占75%的中国人口。

从我们走过的历程来看，制度是可以倾斜的。这种倾斜制度成了受制度倾斜地区经济发展的主导力量。这就推动各地区为优惠政策而战，均伸手向国家争取制度倾斜。因为制度倾斜就象征着人力、物力、财力；就象征本地区享有某种经济发展方式方法的绿灯，如某地区可以引进3000万美元的外资项目，而其他地区则不能引进3000万美元的外资项目。长期下来，获得制度倾斜的地区经济发展起来了。但是这些地区的经济发展不被欠发达地区所认同；较不发达地区由于没有制度倾斜，加之地理环境、财力、物力、人力的限制，经济没有发展起来也不会自责。经济发展的重担只有中央政府扛着，而各省市自治区的经济发展主要是制度倾斜以及人、财、物支持的结果，所以对经济发展较快的省市自治区中央政府不好表扬或鼓励，而对经济发展慢的省市自治区中央政府也不好批评或鞭策，即不宜论优劣。因为经济发展较快地区总结出的经验，不发达地区无法仿效，要仿效就需要中央政府的制度倾斜和其他方面的支持。而较不发达地区寻找经济发展慢的原因，最终得出的结论依然是缺乏制度倾斜和其他方面的支持。

这种做法在世界经济和贸易协定中都是不允许的。如世界贸易组织（WTO）的原则，第一条就是非歧视原则，亦称之为无差别原则。该原则是世界贸易组织的基石，是各国之间进行平等贸易的基本保证，也是避免贸易歧视和贸易摩擦的基础[1]。而这一原则通过最惠国待遇原则和国民待遇原则充分反映出来。所谓最惠国待遇原则"是指某成员方现在或将来在贸易方面给予任何其他成员国的一切优惠、特权、豁免，应该无条件地给予其他各成员方。"[2] 国民待遇原则"是指在其他成员的产品或服务、服务提供者以及知识产权进入本国后，其享受的待遇不低于本国产品或本国的服务、服务提供者以及知识产权所有人享受的待遇。"[3] 从

---

[1] 陈宪、张鸿：《国际贸易——理论、政策、案例》，上海财经大学出版社2004年8月版，第402页。

[2] 陈宪、张鸿：《国际贸易——理论、政策、案例》，上海财经大学出版社2004年8月版，第402页至403页。

[3] 陈宪、张鸿：《国际贸易——理论、政策、案例》，上海财经大学出版社2004年8月版，第402页至403页。

这一原则的两方面看，国际贸易中为了防止歧视性贸易的出现，坚决反对对不同国家或地区采取不同的政策，以求获得各成员国之间的平等贸易。

从发达国家来看，各国在推动一国经济发展的过程中，在市场经济法律、法规和政策上力求做到全国统一，不偏不倚，否则这些法律、法规和政策就无法出台，只能胎死腹中。因为这一政策必将受到国会中来自全国各地区大多数议员的反对。所以发达国家的法律、法规和政策不存在某个地方争取自己的特殊优惠政策。如果某个地区的议员这么做，只会成为众矢之的。不偏不倚、全国统一的市场经济制度为各地区经济发展带来了竞争力，最大限度地避免各地区经济发展不平衡。

不偏不倚、全国统一的法律、法规和政策将会产生以下几个方面的效果：一是可以消除由于法律、法规和政策的倾斜而导致的全国各地区经济发展的严重不平衡。以往就是由于法律、法规和政策出现严重倾斜，使各地区经济发展丧失了公平、公正、公开的竞争，以致各地区经济发展出现了巨大的差别，导致地区之间经济发展不平衡。

二是可以矫正以往法律、法规和政策的偏差。现行市场经济制度和政策许多是地方政府制定并执行的制度和政策，如经济特区、经济技术开发区、高新技术开发区、保税区、出口加工区、浦东新区、西部开发等优惠制度和政策等，许多不是中央政府制定的，而是在中央政府支持或认可的情况下，由各省市自治区，甚至市级政府为发展本地区经济制定的。在取得成功经验后，中央政府再以法律、法规和政策形式予以确认。所以在试验基本成功后，中央政府只允许少数地方才能创办经济特区和其他形式的特区。为弥补现行制度和政策的不足，实行全国统一的制度和政策，我们应当将经济特区和其他特区模式推广到全国，各地区可以根据本地区的情况，选择适当地区，创办自己的经济特区，无须中央政府审批，将制度和政策在各地区拉平。而中央政府只需做一个仲裁者，各地区所创办的经济特区、开发区等有没有违反国家的相关法律、法规和政策，如没有，任其发展。各地方的经济特区、开发区有什么特色、有什么先进经验、如何因地制宜发展地方特色经济，均由地方八仙过海，各显神通。而他们所建立的特区不是一种人为因素创办出来的，而是根据本地区经济、社会、文化等情况创办的，都具有自己的特点，并形成自己的产业链，最终形成有地方特色的经济，实现生产要素资源的合理配置，形成合理的分工，充分发挥各地区的优势，让市场调节作用得到充分发挥，避免出现重复建设。目前各地区的重复建设、各自为政使中国市场经济发展出现了严重的内耗，如为了争夺一个订单，不同地区的同类产品生产厂商展开了生死决斗，外商坐山观虎斗，而后坐收渔利。

三是可以充分地调动各地方、各行业或产业、各企业以及个人的积极性。首先，地方政府在公平、公正、公开的市场经济制度环境里，充分地发挥自身的主观能动性，积极发展本地经济。做到了这一点，我们就可以在很大程度上避免各地区向中央政府争项目、争投资、争政策、争资源的局面，避免重复建设、重复投资、重复生产、恶性竞争。其次，各地区经济发展状况一目了然。由于各地区享有相同的制度和政策，不存在天时的差异，各地区政府就没有口实可借。当一地区经济没有发展或发展缓慢，只能说明地方政府在发展经济上存在问题，尤其是领导不力。其三，各地区经济发展需要一个仲裁者，激励先进，鞭策后进，推动中国经济快速发展。以往某地区经济发展主要是由于制度和政策支持和扶持的结果，导致各地区经济差距越拉越大。如果制度、政策统一，对后进省市自治区，中央政府可以鞭策，对经济发展较快的省市自治区予以表扬、奖励。其四，建立各地区竞相发展经济的局面。如今似乎只有中央政府在积极推动经济发展，而有些地区则躺在制度、政策的温床上只做面子工程。如果推行全国统一的制度和政策，各省市自治区就会积极主动地依据统一的制度、政策和本地区经济实际发展状况，选择本地区经济发展的模式及产业或行业发展方向，鼓励个人创业，大力发展企业，形成全国性的因地制宜发展经济的局面，充分发挥各地的资源优势，形成地区之间合理化分工，形成全国集约发展经济的局面。

第二，法律、法规和政策的明确性。

法律、法规和政策要有明确的指向，不应该有歧义。有歧义的法律、法规和政策说明其明确性本身有问题。现实中经常会出现这样一种情况，即法律、法规和政策本身没有歧义，而且非常的明确，但是执行者用歧义去理解，甚至用歧义的方式去执行。我们传统的做法是：政策中没有明文规定的事情是不允许做的。如果公民或企业一定要做，必须层层请示，层层审批；在获得批准后，才能具体去做某件事情；如果不请示，或未获批准的情况下去做某件事情，都是不允许的。

发达国家的做法是法律法规明文规定禁止做的事情任何个人、企业、地方政府都不能做；只要法律、法规和政策没有明令禁止不准做的事情都属于公民、企业、地方政府可以做的事情。而且当事情做出来之后，只会根据该事情是否需要法律、法规和政策进行规范。如果某事物确实需要法律、法规和政策进行规范，其会对该项事物作出规范；如果不需要规范，则不做规范。如对发明创造，发达国家都是予以鼓励的。至于发明出什么东西，法律、法规和政策并不会作出具体规定，也无法规定，所以公民、企业或单位可以发明任何东西。有益于人类经济社会进步的各种发明创造都是合法的。实际上我们也应当如此，只有这样才能为创造发明建立一个良好的法律、法规和政策环境。

第三，法律、法规和政策的严肃性。

以往有些地方对中央政府所制定的法律、法规和政策采取"绿灯大胆走，黄灯快步走，红灯绕着走"的态度。从现实看，我们同样可以看到大量的类似事实，如偷税漏税、走私犯私、地下经济、假冒伪劣产品等。中央三令五申要逐步消灭这些违法行为，但是各地区、各产业或行业、各企业的口号是"上有政策，下有对策"，各种违法经济或行为层出不穷，屡治不止。这些都说明了法律、法规和政策存在难以彻底贯彻执行的问题。

由于令行不止导致许多事与愿违的问题。如煤炭企业的安全事故一波未平，一波又起。面对这种情况，最初的重点治理办法显得苍白无力。但血的事实又接连不断地摆在我们面前。原因何在？原因就在于煤炭采掘后面的巨大经济利益。利益的攫取者为了占有更多的利益，完全忽视了生产安全。而我们的治理，从一开始就没有做到用重典来维护法律、法规和政策的严肃性，结果事故的损失仅占利益的很小部分，没有使利益攫取者伤筋动骨，以致我们讲安全生产，但安全生产的事故层出不穷。

在中国历史上就有这方面的成功经验，即治乱用重典。在国外也有类似的范例。美国在实现工业化的历程中，曾经出现过中国目前所面临的安全生产的严峻形势，在19世纪后期到20世纪50年代以前，也曾用重典，从根本上治理安全生产的乱象。直到今日，美国治乱的这种遗风仍然在维护着美国市场经济的安全。如美国对烟草企业，只要出现吸烟导致死亡或严重疾病的诉讼案，法院对烟草企业的罚款，少则几百万美元，多则几千万美元，近几年甚至出现几亿美元的罚款。不像我们对死亡矿工的赔偿，每人赔20万元人民币，这对巨大的煤炭采掘利益来说可谓是不痛不痒，以致利益获得者并不在乎这些损失，所以安全事故不断。为了改变这种现状，政府应当采取重典，对事故当事者实施重罚重惩，以儆效尤，杜绝后患。

三、市场经济的特征

任何一种经济形态都有自身的特征，当然市场经济也不例外。人类社会依次经历了原始社会产品经济形态、奴隶社会自然经济形态、封建社会自然经济形态、资本主义市场经济形态、社会主义计划经济形态、社会主义市场经济形态。

每种经济形态都有自己的特征，而这种特征是指区别于其他经济形态的特有特征。因为有些特征是某些经济形态共有的特征。而一种经济形态之所以区别于另一种经济形态，起决定性作用的不是这些经济形态所共有的特征，而是取决于某种经济形态之所以区别于另一种经济形态所独有的特征。

例如原始社会产品经济形态，由于人类生产力极为低下，所能生产出的产品十分有限，仅仅能满足某个群体最基本的生存需要，基本不用来交换，只供群体自身消费。这就是原始社会经济形态最大的特征。这一特征再加上原始社会经济形态其他主要方面的特征，如对部落的绝对忠诚是这一经济形态所必有的基础，生产力极为低下等，就组成了原始社会经济形态的基本特性。

又如封建社会自然经济形态与原始社会、奴隶社会的共性是劳动者所生产出来的产品主要不是为了交换，而是为了满足劳动者自身或家庭成员、或一群人的需要。封建社会的生产力虽然比原始社会和奴隶社会有了很大的进步，但仍然属于自然经济范畴。而其独有的特征是：封建社会经济形态从一定程度上解放了劳动力；社会的经济细胞以单个家庭为主，而家庭经济又以男耕女织为特色，生产家庭所需的消费品，过着一种基本自给自足的生活。在中国封建社会，一般约有70%的农民拥有人身自由，70%的农户拥有自己少量的土地，这对生产力的解放是远超过没有人身自由的奴隶社会。而欧洲封建社会经济形态是以佃农为主，即农民有人身自由，但很少拥有自己的土地，所以佃户基本上是租种地主或教堂的土地。所以欧洲封建社会没有发展到中国封建社会这样的程度，其生产力落后于中国封建社会的生产力。

到了市场经济形态，不论是社会主义市场经济形态，还是资本主义市场经济形态，所展现的特征有别于人类历史上曾经出现过的产品经济形态和自然经济形态的特征，其独有的特征主要包括以下几个方面：

1. 市场经济是自由经济

市场经济为什么会取代封建社会的自然经济？最重要的原因是自然经济属限制性经济。这种限制性经济既有客观条件的限制，又有人为因素的限制。客观限制原因主要是由于封建社会时期人类的科学技术发展水平还处在很低下的状态，人的生产能力十分有限，只能依靠人自身的劳动能力和畜力进行生产；人为因素限制就是劳动力拥有很少的土地，或者根本没有土地，而社会生产最重要的资本就是土地，这种情况长期又无法得到改变，由此强化了劳动者对土地资本的依附。这种依附，加上单一的社会生产形式，都进一步强化了劳动者对土地的依附。这种生产方式相应限制了劳动者的自由，劳动者只能年复一年地面对同样大小的土地，采用同样的生产方式，获取基本相同的劳动收获。经济的发展主要依靠农业的发展，农业的发展主要依靠耕地面积的扩大和劳动者的精耕细作。所以经济社会在中国约2500多年的封建社会时期发展相当缓慢。

而市场经济正好解决了封建社会自然经济无法解决的根本问题。首先，劳动力得到了彻底的解放。在封建社会自然经济形态下，劳动者自出生那天起，就基本决定了他们今后从事的工作——农业劳动；在市场经济条件下，劳动力可以根据个人爱好、知识结构和水平状况、个人技能高低，健康状况，以及当时经济、社会发展的状况，或自由选择职业，或自由创业。可以看到前者是被动的，没有创造力的；后者是主动的，主宰自己命运的。此外劳动力有选择居住地的自由，有决定自己生活方式的自由，有支配个人收入的自由。

其次，生产力得到了解放。在封建社会自然经济形态下，经济生产部门基本只是农业，手工业和商业占很小比重。而农业生产力又十分落后，所以人类的经济活动多数年景只能满足简单再生产，少数年景有少量剩余，经济发展十分缓慢。而市场经济则不然，在解放劳动力的同时也为社会生产力不断向前跃进展现出无限的前景，社会劳动生产率每年、每月都有很大提高，生产部门由一个农业部门发展为三个产业部门，劳动行业由360行发展为上千万个行业。可以预见，今后随着人类社会生产力的快速发展，新的产业和行业还会不断涌现出来。

再次，人类社会得到了彻底的解放。封建社会的自然经济形态所展现出的社会是单一的农业社会形态，而市场经济快速推动人类社会形态的进化，变单一的农业社会形态为前工业社会、工业社会（工业经济取代农业经济后占主导地位）、后工业社会（工业高度发达，工业经济已在一国经济中占绝对主导地位）、知识型社会（社会大部分劳动者都已接受了高等教育）。可以设想今后人类社会定会进入更高级的社会形态。

最后，科学技术得到了彻底的解放。封建社会以及封建社会以前的社会形态，由于人类处在发展的初级阶段，科学技术极不发达，人类文明处在蒙昧时期。科学技术受到各种封建迷信和宗教神权的压制，甚至扼杀。到了市场经济社会，科学技术成为推动经济社会发展最重要的因素，发达国家的经济成长有70%左右是科学技术促成的，中国占25%左右。所以各国都极力发展本国的科学技术。而发展科学技术最重要、最关键的要素就是科技人才，所以各国都不遗余力地培养科技人才，并为科技人才的发明创造、创办企业扫清障碍，让他们在一个充分享有自由的环境中发明创造、创办企业，加速人类科学技术的发展。因此科学技术成为生产力发展的急先锋，它既代表了人类社会生产力发展的水平，也代表了各个国家或地区经济社会发展的水平。

所以多数古典经济学家都有一个共同认识，即市场经济是自由市场经济，主张政府不要干预经济，让经济自由发展，让市场自行调节，保持小政府大社会的状况。

但是自1929—1933年资本主义市场经济国家爆发最严重的生产过剩危机后，西方出现了凯恩斯主义，主张政府对经济干预，并一度成为主流经济学。但是，20世纪70年代后市场经济国家出现了严重的经济滞胀，美国目前正经历二战后最严重的经济危机，政府为使经济尽快摆脱衰退，采取了一系列的干预行为。即使在经济危机期间，美国主张自由经济的人士不断发表文章，或通过国会议员，呼吁美国政府减少对经济的干预，主张让市场经济自行消除危机影响。可以预见，西方发达国家新凯恩斯主义和新自由主义的争论将继续下去。

有一点可以肯定，发达国家在经济发展顺利的时期，自由经济占主导；在经济危机时期，政府干预略占主导。二战后，发达国家经济绝大部分时间处在自由发展时期。

2. 市场经济是社会化大生产条件下的商品经济

市场经济社会形态最早是从西欧的尼德兰（今荷兰）、英国、法国萌发的（市场商品交换形式在原始社会后期就已存在），它改变了家庭手工作坊生产，通过社会分工变成大规模的手工工场。这种手工工场与以往的家庭手工作坊有很大的区别，这种区别不是劳动手段或劳动方式有什么变化，而是劳动的组织形式发生了变化，即制度的变化。这种变化主要是劳动分工，以分工提高人类的劳动生产能力，这也是人类最早的社会化大生产，即由以往家庭中一个人或几个人的劳动，变成众多人共同协作劳动。这种协作劳动已不是简单的劳动重复，而是组织形态上发生了深刻变化，每个劳动者只需完成某种商品生产某个环节的工作，不仅提高了个人的技能，还提高了个人的熟练程度，大幅度地提高了劳动生产率。在亚当·斯密《国民财富的性质和原因的研究》一书中第一章就说明了当时英国缝衣针的制作，由于采取了分工，使劳动效率提高了4800倍。一间工厂生产如此多的产品，不是用来自己消费，而是将产品卖出去，并收回商品的成本和应得的利润，工厂继续生产或扩大再生产。

随着三次工业革命的相继爆发，以往的手工工场变成了今天的由电脑控制的大型成套机械设备，劳动生产率成几万、几十万倍的提高。上亿种商品被大规模地生产出来，这些商品都是给全国、全世界的消费者消费。

3. 市场经济是高效经济

我们经常看到这样一些现象，农民用一亩耕地种植粮食时，发现改种某种经济作物所带来的收益高于种植粮食带来的收益，如种植棉花、甘蔗或中草药等，他们通过市场信息反馈发现一亩耕地经营不同的农作物，可以带来不同的收益，所以他们不断地改变一亩耕地经营的农作物，以求给自己带来更高的收入。

高效经济是相对于低效经济而言。任何一个国家都存在低效经济，不论是发达国家还是发展中国家。相对而言，发达国家低效经济存在的总体情况较发展中国家要少许多。发展中国家之所以落后，其最重要的原因就是存在大量的低效经济，如中国的农业，绝大部分乡镇企业，部分行政主导的经济等。之所以会出现这种情况，其最重要的原因就在于发展中国家的经济制度出现了非市场经济的制度，从而才出现了低效经济长期存在的情况。其实中国的农业，还有许多低效企业的长期存在都是如此。当我们取消低效经济存在的制度保护，这种低效经济就失去了存在的可能，就会被高效经济所取代。

由此得出，所谓高效经济就是指可以带来高收益或高效益的经济。而这种高收益或高效益经济的获取，是由于劳动力人力资本的提高，或生产设备科技含量的提高，或生产组织方面的变革，或经营管理水平的改善，或市场销售环境的改善，或规模经济效益的提高等。高效经济是市场经济普遍存在的一种经济形态。

4. 市场经济是全民经济

任何一个市场经济国家，如果该国有一个劳动力没有就业，这一个劳动力的消费就只能从该国其他就业人口所创造的新价值中拿出一部分用于这个劳动力的生存消费，这样也就降低了该国人均国内生产总值（GDP）或人均国民生产总值（GNP）的实际收入水平。如果该国有 30% 的劳动人口没有就业，这个国家只能是落后国家。因为 2009 年是金融海啸影响最严重的一年，发达国家的失业人口一般在 10% 以内，较少有 10% 以上的情况出现，更没有接近 20% 的失业人口。相反，发展中国家的失业人口一般很高，如中国城镇失业人口统计只有 5% 以内，但是中国农业中的隐性失业人口或富余劳动力应在 50% 以上，这样劳动力的实际失业状况应在 30% 以上。这种情况是中国特殊环境下所形成的特殊失业或半失业。所以中国没有实现充分就业，更没有实现全民就业。

发达国家一个劳动力一年所创造的新价值一般都在 25 000 美元以上，是中国一个劳动力一年所创造价值的 7.69 倍。原因就在于中国有 50% 以上的劳动力从事低效经济活动，而且他们一年中有大部分时间处在无活可干的地步，这也是没有实现充分就业的结果。没有实现充分就业的经济，只能是落后经济或发展中经济；实现充分就业的经济可能是中等发达国家经济，也可能是发达国家经济；而实现了全部劳动力就业的经济肯定是发达国家经济。我们将这种经济称为市场经济条件下的全民经济。

5. 市场经济是自我调节的经济

在 1776 年出版的亚当·斯密的巨著《国民财富的性质和原因的研究》中，作者就清楚地看到资本主义市场经济有"一只无形的手"在自动地调节着经济，使经济不断回归正道，而不至于过度走向偏离。在资本主义市场经济还处在上升时期，亚当·斯密就发现了市场经济的自我调节功能，真是伟大的发现。

而充分认识市场调节功能的经济学家是英国的马歇尔，他是英国剑桥学派 [①] 的创始人，在 1890 年出版了他的代表作《经济学原理》。在该书出版后不久，就

---

① 剑桥学派"是英国著名资产阶级庸俗经济学家马歇尔创建的一个有较大影响的学派。它的主要代表除马歇尔外，还有其门生庇古、罗宾逊以及本世纪三十年代以前的凯恩斯。由于他们先后在剑桥大学长期任教，故称"剑桥学派"。见劭建勋主编：《近现代外国经济学说述要》，黑龙江人民出版社 1983 年 4 月版，第 39—40 页。马歇尔"试图把生产成本论、供求论、节欲论、边际效用论、土地报酬递减规律等观点综合起来，建立一种折中主义的经济理论体系。这一体系的核心是局部均衡论，即假设其他条件不变的情况下，分析一种商品（生产要素）的价格如何由供给何需求这两种相反力量的作用而达到均衡点来确定。"见刘树成主编：《现代经济辞典》，凤凰出版社、江苏人民出版社 2005 年 1 月版，第 511 页。

被当时西方主流经济学界定格为划时代的伟大巨著。在该书中,马歇尔提出了均衡价格理论,认为均衡价格就是指商品的供给和需求达到均衡时的价格,或是由买卖双方共同达成的交易价格。这一理论充分描述了市场经济自我调节的功能,即当市场需求不断减少时,将造成商品积压,流通成本增加;为加速积压商品的销售,厂商不得不将商品的价格降至均衡价格以下,以扩大该商品的市场需求,减少商品库存;当商品市场价格恢复到均衡价格时,市场的供需就达到均衡。由此看出,马歇尔在论述资本主义市场经济的自行调节功能时,还把短期与长期分析、局部均衡与一般均衡、静态均衡与动态均衡、基础理论与应用经济学紧密地联系在一起,十分形象地描述了市场经济的自我调节形态和过程。

实际上,早在 1867 年,马克思在《资本论》中已充分揭示了市场经济自我调节的功能。后来的马歇尔只是站在劳动价格理论的认识上,从多维角度阐述了市场经济自我调节的规律。

6. 市场经济是有缺陷的经济

市场经济存在严重的自身无法解决的缺陷。马克思在《资本论》中对这些缺陷进行了深刻的揭示,认为社会所有新创造出来的价值都是劳动力创造的。但是,在早期资本主义时期劳动力所创造的剩余价值全部被资本家所占有,劳动力只能维持自身的简单再生产。这点在早期资本主义英国表现得最充分、最残酷、最没有人性。为此,马克思在《资本论》中进行了深刻的鞭笞,以致后来的各资本主义国家,包括英国,都不断加强对劳动力合法权益的保护,缓和国内的阶级矛盾;并在企业利润增长的同时,不断提高劳动力工资,积极推行"人民资本",力争人人有资本,人人有资本收入,模糊阶级界限。

此外,马克思还研究了资本主义的生产过剩危机,认为危机的产生与"个别工厂生产的组织性和整个社会的生产无政府状态之间的对立"。[①] 马克思还依据英国自 1825 年爆发第一次经济危机以后,大约平均每 10 年再爆发一次,以及各主要资本主义国家都周期性地经历生产过剩的经济危机,并在 1847—1848 年演变成资本主义国家世界范围内的经济过剩危机,最终引发了 1929—1933 年资本主义国家最严重的全球性经济危机,形成了资本主义世界周而复始的经济周期,

---

① 《马克思恩格斯选集》第三卷,人民出版社出版 1978 年 5 月版,第 313 页。

即危机、萧条、复苏、高涨四个阶段。为了防止周而复始、一次比一次更加严重的经济危机爆发，避免危机给资本主义国家带来巨大的打击，英国经济学家约翰·梅纳德·凯恩斯（1883—1946）在 1936 年出版了他的经济学巨著《就业、利息和货币通论》。在该书中，凯恩斯首先否定了法国经济学家萨伊在 1803 年出版的《政治经济学概论》中所提出的新古典经济学基础思想："供给总是能够创造自己的需求"，简而言之就是"生产总能创造消费"（亦称"萨伊定律"），强调资本主义市场经济存在严重的有效需求不足，以致出现大规模的失业和生产过剩。而这些问题则是市场经济条件下，市场"看不见的手"无法自行调节的，由此引发了资本主义国家一次比一次更为严重的经济危机。为解决这些问题，凯恩斯提出扩大有效需求，以财政政策和货币政策积极干预和调节经济，从而避免经济危机给资本主义国家经济带来的严重影响。

凯恩斯主义基本解决了资本主义市场经济生产过剩的危机，但凯恩斯主义又引发了新的经济滞胀问题。所以凯恩斯主义自 20 世纪 60—70 年代出现了危机。为继续传承凯恩斯主义政府干预经济的传统，在 20 世纪 80 年代以后出现了新凯恩斯主义学派，其代表人物主要有：曼丘、鲍尔、费希尔、布兰查德、费尔普斯、阿克洛夫、泰勒等。认为现代资本主义市场经济是无法达到完全竞争的状态，在发生供给或需求冲击时，工资和价格都不能及时地调整到使市场出清的状态，以致出现凯恩斯主义宏观经济理论和微观经济理论无法很好结合起来的情况，因此他们提出要抑制价格粘性，使价格拥有弹性，以此达到修复失灵的市场机制，保持稳定的社会总产量；在就业方面，政府应为长期失业者提供更多的就业机会，以此维护他们的正当利益；充分利用货币政策稳定社会的总产出和总的就业率，提高经济资源的有效配置；从经济社会长远发展的角度，实现社会福利最大化，政府应当利用补贴和担保手段，降低贷款利率，使资金流向经济效益和社会效益高的项目上。这些经济政策的推行，较为有效地改变了 20 世纪 60—70年代资本主义市场经济滞胀的问题，有力地促进了第三次工业革命，推动了各主要资本主义国家经济的快速发展，并达到前所未有的水平。

可是市场经济所面临的问题是老问题解决了，新问题又涌现出来。当美国等主要发达资本主义国家处在前所未有的最好发展时期时，在 2008 年下半年世界头号经济强国——美国爆发了人类历史上最为严重的金融危机——金融海啸。很快这股由美国掀起的金融风暴席卷了整个发达市场经济国家，并波及多数新兴工业国家，以及其他许多发展中国家，形成二次世界大战以来全球最大的经济危机，各发达市场经济国家的经济都遭到不同程度的重创，导致战后以来最大的经济衰退。到 2011 年 1 月已历时三年多，经济危机仍然没有真正复苏的迹象，已经成为二战后延时最长的经济危机。

此次金融危机完全是由美国各金融机构的决策者们为了追求个人收益的最大化，无视市场信用，随意创造各种新的信用工具，践踏他人或他国利益，最终是害人害己。金融海啸之所以引发剧烈的经济危机，并且影响不断加深，美国前几届政府也难辞其咎，美国政府的监督职能已失去作用，以致凯恩斯主义和新凯恩斯主义都无法挽救金融危机给美国经济所带来的颓势。

7. 市场经济是私有经济大量存在的经济

发达国家在其法律中明确规定：私有财产神圣不可侵犯，国家保护私有财产，保护私有经济。这些国家，哪怕是国有经济占较大比重的法国（资料显示，国有经济占 30%—40%），都是私有经济占主导地位，如在一国的企业中，私营企业所占比重都在 98% 以上。但绝大多数私营企业都是中小企业，很少有国有的或公有的中小企业。

发达国家的这种做法是一种长期坚持不懈的战略做法，不是权宜做法。原因何在？原因就在于个人或私人都具有创造财富的欲望，他们都会想方设法去实现个人对财富的各种形式的满足。这种欲望是一国经济发展的原始动力。只要个人或私人对财富欲望实施创造，都会形成创造财富的经济实体，形成一国的经济细胞。当一国大部分劳动力都创办私人经济实体，都在一国境内创造财富，就会形成巨大的财富创造体，可以占到一国所有财富创造体的 99% 以上。而劳动力可以充分展示自己的知识、才能、智慧和创造力。

可以想象，有朝一日中国创建了这样一个市场经济环境，充分发挥了劳动力资源优势，届时将会形成世界上最大的私人经济实体。而这些经济实体的运行不需要政府的干预，政府是零成本，无形中成百倍、成千倍地提高政府的运行效率；同时这些经济体又为国家创造巨大的财富。

所以，中国实行市场经济制度，就应当加快私有经济快速发展，并使私有经济实体深深扎入中国这块热土之上，实现中国经济快速、长期、稳定的发展。

8. 市场经济是趋向公有化的经济

市场经济最早出现时是以私有经济形式展现出来，这是历史的必然。从西欧最早出现资本主义市场经济的历史看，亦是如此。

但是历史经常捉弄人。当私有制市场经济发展到一定时期，即19世纪后期，资本主义社会的矛盾不断加深，引发了20世纪初叶俄国十月革命。俄国十月革命的口号就是推翻私有制，建立共产主义公有制经济，这是马克思在《资本论》、《共产党宣言》中提出的方向。此后中国出现了在半殖民地半封建社会建立社会主义公有制经济的范例。同时世界的许多国家，无论是某些落后工业国家，还是落后的殖民地、半殖民地或其他类型的落后国家都先后建立了社会主义公有制国家，或其他类型的公有制国家。发达资本主义国家内部工人与资本家之间的矛盾不断激化，而实行公有制的国家经济发展速度很快，尤其是在经济恢复和经济恢复后的一段时期内均是如此，以致许多新独立的国家都积极推行社会主义公有制经济。这些现实给发达资本主义国家很大的触动，他们也效仿社会主义国家的许多做法，将许多自然垄断部门收归国有，如铁路、银行、航空部门等，对经济困难的家庭、个人给予补助；同时还实行了许多的社会改良政策，如实行免费义务教育、推行医疗社会保险等解决民生问题；以立法的形式确立工会存在的合法性，以工会保护工人的各种权益等，改变了以往发达国家劳动力和资本家对立的局面。马克思等社会主义理论家曾深刻地指出，在资本主义国家，资本家拥有资本，而工人只能出卖劳动力，资本家与劳动力之间的对立关系只能是越来越严重。但在各发达资本主义国家的改良中，他们大力推行"人民资本"，极力抹平阶级之间的鸿沟。从当前的现状来看，取得了很大的进展，这种鸿沟确实变得模糊不清，一般劳动者都持有一定的有价证券。与此同时，国内市场扩大了，需求提高了，减少了对国际市场的依赖。

因此，发达资本主义国家广泛推行股份制、合伙制和多种个人投资方式，使公民都成为投资者，获得利息收入，成为西方主流经济学所标榜的：人人都是资本家。人人都是资本家是现代市场经济国家公有制发展的最具代表性的标志。

9. 市场经济是信用经济

"信用经济是货币经济的一种形式。在西方国家通常被笼统地称为货币经济信用是商品和金融交易的一种交易方式。在这种方式下，交易者通过债权债务的建立来实现商品交换或货币转移。人类社会交易方式经历了实物交换、以货币为媒介的交换和靠信用完成交换三个发展阶段，因此，信用经济是商品经济发展到一定阶段后所产生的一种经济现象。"[1]

实际上，信用经济已超出金融和交易领域的范畴，渗透到市场经济的各个领域、环节之中。例如一个身无分文的劳动者应聘到一家企业，企业只付了食宿费给劳动者，没有付工资。劳动者在企业工作了一个月，企业主如果此时仍然不付工资给劳动者，就说明企业主、企业失去了信用，因为中国的惯例是付月工资的。而这个信用是身无分文的劳动者先给予企业的，企业轻易地占有了劳动者的劳动。看上去该企业占了便宜，但却丧失了企业的信用。该企业的行为对当地的信用都造成了不良影响。地方政府对此如果不及时纠正，当地将出现工人荒。这些年来某些地区出现的民工荒就是信用缺失造成的。

当信用缺失没有得到及时纠正时，就等于企业或地方默认了损害信用事件的存在，并认可这种侵害劳动者利益的行为并没有违反《劳动法》及相关法律、法规的规定，必然助长这些行为的滋生蔓延，影响到更多的企业行为，受害者将是更多的工人，信用的缺失将会不断加深、扩展。这些年来遍及全国的工人工资拖欠，甚至企业主或包工头卷款走人的现象层出不穷。我们不能让这种信用缺失的现象再蔓延下去，否则将引发社会动乱。

10. 市场经济是法制经济

法制是"统治阶级按照自己的意志通过国家政权建立的、用以维护其阶级专政的法律和制度。"[2] "包括法律的制定、执行和遵守，是统治阶级实行专政的方法和工具。"[3] 简而言之，"法制是泛指国家的法律和制度。"[4]

市场经济是信用经济，信用经济是市场经济本身的游戏规则，只有严格执行市场经济的游戏规则，市场经济才可以在一个国家得到建立，否则市场经济就无法在该国得到真正的建立。游戏规则——信用，只是建立在人们自觉遵守的基础上。当一个国家刚步入市场经济轨道时，这种游戏规则还没有成为人们自觉遵守的行为规范；加之有相当一部分"经济人"在步入市场经济殿堂时，总在梦想别人遵守这一规则，而自己则在这一规则约束之外，如果许多人这样想并这样做，

---

① 资料来源：http://baike.baidu.com/view/1108620.htm。

② 武汉师范学院主编：《简明知识词典》，湖北人民出版社1983年3月版，第457页。

③ 中国社会科学院语言研究所词典编辑室编：《现代汉语词典》，商务印书馆2002年5月版，第343页。

④ 吴大英、丁邦开主编：《经济法词典》，人民日报出版社1986年10月版，第284页。

势必扰乱一国的市场经济秩序。

为了解决这一问题，市场经济国家设立的第一道防线是伦理。在自觉遵守市场经济游戏规则的行为得不到维护时，伦理防线就会自动担负起把人们的经济行为拉回到遵守市场经济游戏规则的轨道上，告诫人们哪些经济行为违反了市场经济游戏规则的道德规范，并受到道德的谴责，进而使那些违反市场经济游戏规则的人回到伦理范畴之内从事经济活动。

但是，这种自觉的行为，往往在经济利益的诱惑下变得苍白无力，有少部分人为了攫取个人或小集团的利益，冲破信用经济的伦理道德底线，迈向破坏市场经济法则的深渊，损害他人、集体或国家的利益。在这种情况下为了维护市场经济的正常秩序，政府必须利用法律的武器，对违法者进行制裁，清除害群之马，保证一国经济的正常发展。在中国市场经济制度建立健全的道路上，害群之马时有出现，政府应当及时清除，才能保证市场经济的健康发展。如果我们听之任之，势必延缓经济社会的发展，扭曲市场经济制度。

四、内力经济与外力经济

推动一国经济发展的动力有很多。依据动力来源是来自境内还是境外，就可以把一国经济发展的动力分为国内动力和国外动力。凡来自一国以外的推动该国经济发展的动力称为国外动力；凡来自一国国内的推动本国经济发展的动力称为国内动力。与此相对应，如果一国经济是由国内动力推动形成的经济，我们称之为内力经济；相反，如果一国经济是由国外动力推动形成的经济，我们称之为外力经济。换句话说，内力经济是由本国公民、企业、法人团体、政府等投资、发展的经济。外力经济是国外投资者投资、发展的经济。内力经济是一国经济的基础，外力经济只是辅助经济，内力经济与外力经济相辅相成。在此基础上该国经济就可以发展成为发达市场经济，同时也是高效经济体；相反，该国经济就无法发展成为发达市场经济体，只能是低效经济体。

在当今世界，大部分落后国家在经济发展的历程中，都或多或少地对外资开放了国内市场，有许多国家甚至开放力度很大。如巴西、越南、印度、印度尼西亚、南非、尼日利亚等。中国的开放力度也非常大，所以外资在近二十几年里，在中国的投资占到了外资对发展中国家总投资的 50% 以上。因此自 20 世纪 90 年代后期以来外商投资企业所创造的国内生产总值、工业总产值、出口总值都占到中国的 36% 以上。由此看来，外力经济已占中国经济的很大比重。

如果今后我们不改变现行的鼓励外力经济发展，实际限制内力经济发展的经济增长方式，外力经济仍将是中国经济发展的主要动力，同时外力经济在中国经济中所占的比重也将进一步提高。当然这种增长是有限度的，尤其当一国消费支出增长放缓或出现停滞时，外商对该国的投资将会减少。另外，如果该国的生产要素价格，尤其是人力资源价格出现增长，并高于某些具有发展该类产品生产的其他国家人力资源价格时，生产将会向其他国家转移。如果该国的生产要素价格保持不变，尤其是劳动力价格保持不变，外商就会暂时保持在该国的生产；当国际市场扩大、需求增加、则会增加投资、扩大生产，以满足国际市场的需求；当国际市场保持平稳，就不会改变现状；当国际市场出现萎缩，就会减少投资，缩小生产规模。如 2007 年中国在国际市场上出现的食品安全问题、玩具技术标准问题，导致了这些产品生产能力的下降。此外就是本国出现生产要素价格的下降，投资可能增加，也可能维持现状，因为增加投资受到国际市场的影响。

从以上情况看，没有一种情况是外资持续扩大投资的。要素价格的提高，尤其是劳动力价格的提高，会增加外资企业的成本，外资企业就会打一枪换一个地方，充分利用优惠政策和中国各地劳动力价格的差异；当劳动力价格继续上涨时，优惠政策形成的成本优势很快消失殆尽，外商就会转移生产经营地，到生产要素价格更低的国家去投资。这是游资寻找廉价生产地的必然结果。廉价产品供应国可以是甲国，也可以是乙国，关键是能够提供廉价产品，支撑发达国家的低生活成本，保证发达国家将生产要素集中在高科技、高端服务业，并居于垄断地位。这样发达国家就可以保持技术和现代服务业的领先地位。

外来投资对投资接收国的直接危害就是限制了落后国家劳动力工资的提高。因为发展中国家不断地吸收外商投资，增加就业，解决本国的资本、科技、管理等的不足。为了达到这些目的，只能牺牲劳动力的利益，保证外商投资的持续增长，否则外资就会改变投资目的国。所以据记录，从 1990 年到 2005 年，广州外来劳动力的人均工资在这 15 年里实际只提高了 50 元。广州市政府为了提高该城市的吸引力，让企业招到更多的优秀外来劳动力，就以行政政策的方式，连续几次提高劳动力的最低工资标准，以此扭转这些年来劳动力供给出现短缺的情况。

近十几年来，中国普通劳动力的实际工资增长十分缓慢，学士、硕士、博士毕业生的工资也出现了普遍大幅度的下降，下降幅度30%—60%不等。甚至出现个别大学生毕业生为了获得就业，提出不要工资，只需提供食宿，因为有些企业提出试用期每月900元工资，实际就是这样一个生活水平。

国内生产总值的统计把所有外资企业生产的新价值都统计在内。实际上国外投资者所获得的利息、企业家获得的利润通常都汇回了母国。此外，还有一部分新价值作为外籍员工的工资收入。而外籍员工的工资收入是一般中国劳动力工资收入的二十倍到一百多倍。中国许多沿海城市外资企业所创造的国内生产总值超过该城市国内生产总值的50%。这些外资企业所创造的新价值中的50%以上不应该统计到沿海城市户籍人口的人均国内生产总值内。所以沿海城市常住人口人均国内生产总值统计已没有太多现实意义。

1. 内力经济与外力经济的关系

世界上任何一个发展中国家，要使本国经济成长为发达国家经济，就必须以内力经济为主，外力经济为辅，否则就不能成长为发达国家。因为所有发达国家经济都是以内力经济为主，外力经济为辅。到目前为止，世界上还没有一个发达国家的经济是由外力经济支撑起来的。

马克思认为，国家产生必须具备两个条件：其一产品出现过剩，其二出现私有制。所以人类原始社会后期出现了奴隶制国家。当今经济全球化并没有消灭产品过剩和私有制，相反经济全球化大大增加了产品过剩，产品过剩经常危及一国或世界经济的正常发展；同时经济全球化加快了私有制经济发展，私有制成了各国经济制度的基础。从国家来看，世界上最富有的国家群与最贫穷的国家群之间的差距不断地扩大。因此国家将会长期存在下去，而不是消亡。

现实也是如此。美国为了维护自身利益，曾经对日本发动了一场无硝烟的经济战。战争的起因是日本经济经历了战后长期高速的发展，使其人均国内生产总值超过了美国，更让人担心的方面是日本的金融资本增长很快，拥有大量过剩资本，需要到国际市场寻找出路。伴随日本资本的大量输出，日本成为头号资本输出国，曾大量购买美国不动产。而美国的对冲基金看到了日元的泡沫成分，并予以狙击，结果日元泡沫爆裂，经济快速下滑，美国经济利用自身优势，形成独占鳌头的超大经济体。

自20世纪后期以来，在中国还没有加入世界贸易组织之前，美国国会每年审查一次给予中国的最惠国待遇，每年都迫使中国大量采购美国的产品。进入21世纪以来，美国每年向中国施压，要求人民币升值，而我们是花了8.7元人民币兑换1美元的成本，在十分艰难的情况下积累起来的外汇，自己不舍得花，购买美国债券，支持美国经济发展，创造出美国几十万家企业，解决了美国大量的就业问题。但是在2008年以来美国国会只要开会就有人要求人民币升值。美国国会和政府对中国采取胡萝卜加大棒的做法迫使人民币不断地升值。中国有2.43万亿美元外汇，每升值0.5%中国就损失约900亿人民币。而自2001年以来，人民币累计升值约14%，也就是说无形中蒸发了1万多亿人民币。而美国为了防止中国大规模的撤资，抛售美国债券和其他有价证券，美国国会先期就说中国撤资威胁美国经济安全。这种经济霸权逻辑和只为一己私利的做法是美国维护内力经济登峰造极的行为。加之美国总在制造贸易摩擦，对中国产品实行反倾销调查，认为中国人抢走了美国人的饭碗，中国必须扩大购买美国商品，否则美国对中国输往美国的产品就采取制裁。但是美国在技术出口上又将中国列为敌对国家，任何涉及高技术的产品都不允许出口到中国。另外，美国入侵伊拉克、阿富汗等国家，派兵到世界各地建立军事基地，都是为了美国的内力经济。因为政治、军事、外交行为都是经济利益推动的结果。

所以说经济全球化给我们所展现的内涵仅仅是生产过程的全球化、资本的全球化、金融的全球化、贸易的全球化、服务的全球化、分工的全球化、市场的全球化，并不是一国经济的全球化。相反经济全球化还强化了民族国家经济的非全球化。因此我们看到每个发达国家都在竭尽全力维护本国的内力经济。除美国以外的发达国家在维护内力经济时显得很吃力，所以有时采取联合，有时采取对抗，有时采取妥协。因此，如今要维护、发展一国的内力经济难度也在提高，将面对更加知识化、科技化、服务化、全球化的深刻影响。为此，我们应从更高层次来维护中国的内力经济，大力发展内力经济，否则中国经济只是廉价优质产品的生产者。而内力经济则被全球化冲得七零八落，没有自己的支柱产业和完整的经济体系，只生产低技术、低附加值产品，永远只能为发达国家打工。

所以，我们必须以内力经济为主，建立本国较完整或完整的经济体系，让内力经济根植于中华沃土；同时，要以外力经济为辅，继续实行对外开放。内力经济要永远扶持、支持；外力经济对内力经济发展有利则要支持，无利也无害则不支持也不限制，外力经济有害于内力经济发展则要限制。这是每一个发达国家正在实行的政策，不是我们的发明创造，中国应该沿用。

2. 内力经济发展的关键要素

内力经济发展的关键要素是人力资源，即是人而不是物。

多数发展中国家最不缺乏的资源就是人力资源。但是所有发展中国家的人力资源结构又极不合理，往往是以一般人力资源为主，而高素质的经营管理人才、科技人才以及其他知识型、实用性人才等又十分匮乏。即使是中国也是如此。可是包括中国在内的许多发展中国家又比较注重培养各类高级人才，但是为什么又总是缺乏这一类人才呢？在我们看来主要有两方面原因。

第一，人才培养问题（参见第八章相关内容）。

第二，留住人才问题。此问题看似简单，可是我们没有解决好这一问题，所以中国以及其他发展中国家的人才都向发达国家流动，这也是世界各国所熟知的智力外流问题。人才外流对发展中国家似乎是司空见惯的问题，并没有引起发展中国家足够的重视。实际上发展中国家发展缓慢的最根本最直接的原因是在市场经济制度上、在科学技术和经营管理上、在政府服务体系上、在获得竞争优势上，而这些都与留住人才和发挥人才作用直接相关联。

但是，如何留住人才，我们认为必须做好两方面的工作。一方面是为人才创造良好的工作环境；另一方面是为人才创造良好的生活环境。

人才的工作环境，是指人才施展个人才智的场所。这个场所包括人才施展才智的硬条件以及软的环境。而这种场所不仅仅只是一个层次，而是几个层次。

第一个层次，人才的工作场所。这个层次是留住人才的起码条件。人才要留在中国的某个企业、某个研究机构、某所大学从事相关工作，我们就应为人才提供合适的工作场所。这个场所有人才工作所必备的相关硬条件，如工作所需的房屋、办公家具、各种设备、通讯工具、实验制造场所、商品销售市场等等。同时我们还应该为人才工作创造良好的软环境。如人才工作所需的各种配套的信息资料、信息交流、人才的激励机制，人才的配套服务，人才的自由流动，人才的相互交流环境等。其次，我们应为人才自己创造工作环境提供充分的条件。中国有句俗语："金窝银窝，不如自己的狗窝。"这句话也就告诉我们，在众多人才眼里，最好的企业或单位为自己工作提供了一流的软硬工作环境，都不如人才自己创造出的企业或单位得心应手，哪怕自己创造的环境十分简陋，都会感觉比在其他企业或单位所提供的十分豪华的硬工作环境来的实在，感到踏实。当然，人才也会创造自己企业或单位的软硬环境。

第二个层次是人才的发展环境。如果人才到某企业看到的只是无尽的工作，工作简单、重复，哪怕报酬很高，可以说企业是无前途的，只是"邯郸学步"，人才没有发展空间。现代市场经济，人才的发展环境包括很广泛，主要有人才的提升空间、培养机会、交流机会、创造机会、开发新产品机会、才能施展机会、收入提高机会等，总之人才发展的机会是否充分。如果一家企业或某个单位，无法提供这样的机会和条件，那么这样的企业或单位就无法长期留住人才，哪怕该企业或单位最初花了九牛二虎之力将人才招聘进来，并为该人才创造了很好的工作硬环境，同样留不住人才。当人才得不到发展机会时，会毫不留情地奔向其他企业或单位。如果国内寻找不到合适的发展机会，人才就会远走他国。

从宏观人才发展环境看，如果一国的宏观人才发展环境好，某企业或单位人才发展环境差，并不影响大的良好人才发展环境，人才可以调换一个企业或单位，并尽情尽力地施展个人才华。面对如此环境，所有企业和单位都会努力为人才创造良好的发展环境。所以在人才发展环境中，宏观人才发展环境决定微观人才发展环境，微观人才发展环境是宏观人才发展环境的反映，当然微观人才发展环境也反作用于宏观人才环境。多年来，中国和其他发展中国家人才流失的原因是出在宏观人才发展环境上。但我们解决问题的方法只停留在某个个别政策的调整上，没有从整个宏观人才发展环境去解决问题。

第三个层次是人才创造环境。可以说人才创造环境与人才发展环境紧密相连。没有好的人才发展环境，就不可能有好的人才创造环境。人才的创造环境是人才在拥有良好的发展环境条件下推动人才实现自我价值。所以人才创造环境是一国为各类人才搭建的实现个人理想或个人价值的平台。因为各类人才站在国家、地方、企业或单位所搭建的创造平台上，可以创造出最佳的工作业绩。人才的创造环境，最重要的方面是给予人才的实践环境，如一个人梦想当企业家，但是由于中国市场环境的高门槛，非市场管理方式方法的限制，这个人根本不可能创办自己的企业，那么这个人就根本不可能成为企业家，实现自己的人生价值。

在三个层次中，第一个层次是留住人才的基础；第二、三层次是留住人才的关键，同时也是企业、国家发展的关键。有了人才的发展和创造，企业就会发展和提高，随之国家也就发展了。

　　劳动力选择自己生活方式的自由度在不断提高。可以说如今的中、青年人生活方式五花八门，各具特色。有长期固定在某地生活的，有不断迁移中生活的；有长期从事一个职业的，也有不断变换职业的；有打国家工的，也有打企业工的；有打国企工的，有打私企工的，有打外企工的，还有打股份制企业工的；有干农活的，也有从事工业生产的，还有从事服务行业的等。这种百态与发达市场经济国家差不多。但并不是说中国人的生活环境不存在改进之处。实质上，中国人的生活环境还有很多值得改进的地方。

　　一是人才迁移的困难。人才流动在中国是极不方便，首先受到户籍的约束；其次受到企业和单位的限制；再次受到家庭成员的约束；最后受到其他具体生活环境因素的约束。

　　二是人才提升的困难。首先就业机会有限；其次人际关系成为人才提拔的主要因素，没有将绩效因素作为人才提拔的首要因素；再次人才缺乏施展才华的平台，总是处在束手束脚的环境之中。

　　三是人才所担负的责任过于重大。任何一个成年人所担负的社会责任应该放在工作中，展现公民意识，承担公民义务。但是对于每一个已成家立业的人才就不同了，社会给予他们太多的压力和负担，本来这主要是社会责任，如子女教育家庭要担负50％以上的责任，不是补功课，就是签字、督促、陪伴等等，作为中国子女的父母真的不容易。工作是战场，回家以后又开辟第二战场。又如老人问题，任何一个发达市场经济国家赡养老人的主要责任由社会承担；在中国由于传统加现实，赡养老人的责任基本落在每个家庭的主要劳动者身上，社会对此很少做出安排。在家庭的重压下，中国劳动者都被深深拖累了，结果劳动力只能将最具创造力的时间、能力、精力耗在家庭事务的处理上。这是中国人力资源的巨大浪费，制度安排上要着力解决这些问题，否则劳动力的创造力都发挥不出来，还会造成部分人才英年早逝。因此我们要实行教育改革，养老改革，生活方式改革，把人才从繁重的社会责任中解放出来，为社会创造财富。

　　四是法律赋予人民的公民权应该得到维护。如今办事难，或办不了事；这里要交钱，那里要缴费；今天改变办事程序，明天又调整审批环节等，这些都是公民权没有得到有效维护的具体表现，民众只能被动地适应，降低了办事效率，增加了政府的服务成本和公民的办事成本。所以公民权应该得到及时、有效的维护。为此，政府应当设立公民申诉权利的场所，并接受公民的监督。

3. 内力经济是实现经济社会发展和劳动力工资增长的根本途径

一国发展经济的最终目的就是要不断地提高劳动者的收入水平，进而使人民的物质和文化消费水平不断提高。从近期或可以看得见的时间内，力求超越中等发达国家人均收入水平和消费水平；从长远目标来看，就是要达到甚至超过发达国家人均收入水平和消费水平。从走过的历程来看，我们已经取得了很大的成绩。但是我们要达到中等发达国家的平均收入水平和消费水平还有一段路要走。

过去的一段时间里，中国外力经济发展远快于内力经济的发展。到 2009 年底中国出口总额的 56% 是在华外资企业生产的，外资企业贸易顺差占中国外贸顺差的 65%。所以外力经济在中国经济中占有十分重要地位。

从现实看，外力经济所创造的国内生产总值、企业利润等，对国民收入水平的提高是十分有限的。一国国民人均收入提高的真正动力只能来自内力经济，而非外力经济。因为外商到中国投资创办企业的目的，主要是利用廉价的劳动力和自然资源，为资本带来丰厚的利息，为经营管理者带来丰厚的利润，而不是为了提高中国劳动力的工资水平。

第一，只有在内力经济发展的基础上，才能长期、不断地提高劳动力的工资收入水平。自上世纪 80 年代到 2009 年 9 月，外商在中国累计投资创办了近 66 万家企业[①]。在外资进入中国初期，确实对职工工资的提高有一定促进作用。因为外资企业需要招聘优秀员工，只能从国有企业和集体企业中去猎头，并给予新招聘员工较高的报酬，促使他们放弃原工作单位的工作。但是，多年来外商投资企业就没有起到推动中国企业职工工资提高的主导作用，相反起到了滞后的作用，延缓了企业职工工资的提高，尤其延缓了一般工人工资的提高。而国有企业、股份制企业职工工资的提高水平高于外商投资企业职工工资的提高水平，尤其是垄断行业国有企业职工工资起着领头羊的作用。

近些年来，中国的国有企业、股份制公司、合资合作企业、甚至是私营企业，大幅度地提高企业关键岗位人才的工资，以此来抗衡竞争对手——猎头公司猎头的挖墙脚行为。从中国劳动力工资提高的整体情况来看，高级人才工资提高幅度最大；其次是中等技术类人才的工资有适度的提高；再次是非技术工人的工资提高缓慢，许多地方甚至多年没有什么提高，原因就在于此类劳动力的供给

---

① 资料来源：中国经济网，2009 年 9 月 8 日。

大于需求。从行业来看，垄断行业、政府部门、事业单位的工资提高最快；而非垄断行业、私营企业职工工资提高缓慢，有些企业员工工资甚至多年不变；收入增长最慢的部门是农业，农民货币化收入很低，很多农民外出打工，即使如此2009年农业人口平均一年收入也只有3500多元。要改变中国劳动力工资收入低和不公平的现状，同样需要发展内力经济。

第二，出口加工贸易止步于低工资。近20多年来，为了发展经济、提高就业率，在中国沿海一带，包括一部分内地城市，发展了大量的出口加工工业。其中大部分是外商投资的出口加工企业，此外还有一部分民营、合资、合作企业，少数地方国有、集体企业也加入了"三来"①出口加工贸易行列，以及补偿贸易②（实质亦属加工贸易）行列。所有这些出口加工贸易所形成的企业，由于技术水平要求不高，投资不大，所以投资很快就形成加工生产能力。但是这类加工出口贸易大多对原材料和劳动力需求很大，基本属于劳动密集型和资源密集型产品，是20世纪80年代以来发达国家转移的行业。但是这些加工产品在世界市场上的需求量十分庞大，如儿童玩具，纺织服装、鞋类、小家电、五金工具、文具、低价手表（如石英表、电子表等）、各种节日物品、餐具、炊具、日用工业品等，形成了一批国际投资经营家。他们专门寻找投资环境好，劳动力和原材料价格低廉，税率低的国家或地区进行投资，所以中国自然而然地成为出口加工贸易的首选之地。这类企业云集中国沿海一带，推动了一些城市加工工业、进出口贸易和经济的快速发展，吸收了大批劳动力就业。

但是，当中国劳动力政策发生变化，提高劳动力最低工资水平，加强对劳动力基本权益保护，原材料价格上涨，这些出口加工贸易企业就会快速撤离中国沿海城市，到东南亚国家或者南美洲、非洲投资。2008年的金融海啸引发各发达国家对低加工工业品需求的大幅减少；加之中国投资环境的变化，引发外资出口加工企业逃离中国沿海城市的风潮，对有些城市经济带来严重冲击。

第三，外商投资企业对中国的投资止步于低技术或中等技术。到2009年9

---

① "三来"：包括来料、来件、来图（样）加工。
② 补偿贸易：是指中方企业从外商合作方引进技术设备、产品生产技术、工艺流程等，不需支付外汇，而是双方约定以这些设备和技术加工出来的一定比例产品的加工费或一定数量产品，分期偿还外商贷款的贸易方式。

月为止，外商对中国的直接投资额累计有 8 990 亿美元，创办了近 66 万家外商投资企业①。这些企业多年以来对中国经济的发展起到了有力的推动作用，对中国国内生产总值增长的贡献率应在 50%左右。同时也创造大量的就业机会，为沿海和一部分内地城市以及国家财政收入增长作出了贡献，使中央和某些地方拥有较丰富的财力用于基础设施建设。外商投资企业还带来了经营管理知识，大量的信息，企业文化等，使内资企业能跟上世界经济发展的步伐；外商投资企业还带来了大量投资，许多时候解决了我们投资资金不足的困难。但是我们还看到，到中国来投资设厂的外商投资企业没有高新技术企业，基本都是低或中等技术企业。即使如此，这些外资企业对产品的核心技术都牢牢地控制在自己手中。如电冰箱、空调机等这类产品，在二次世界大战期间就已开始生产，其技术在 20 世纪 60 年代就已十分成熟，但是时至今日，中国众多的电冰箱、空调企业所使用的压缩机多数都是外资企业品牌。又如手机行业，在 20 世纪 70 年代后期开始成型，80—90 年代就已成熟，这些年来的开发研究，无非在不断完善或拓展产品，中国民族企业在 20 世纪 90 年代中后期加入其中，但手机的核心技术同样不掌握在中国企业手中。外资企业虽然将研发中心放在中国，但中国内资企业生产的手机同样要从外资企业购买核心技术。还有许多行业都是如此。

第四，外商投资企业不可能为中国实现充分就业而不断投资。所有到中国来投资的外商主要看到在中国投资有利可图，可以带来高额的投资回报，可以提高资本的回报率，还可以为企业家带来丰厚的利润，所以外商到中国来投资办企业。带有这种意图的投资，主要瞄准中国的广大市场，如可口可乐、百事可乐、诺基亚、摩托罗拉、麦当劳、肯德基等等都是如此；此外就是看中中国廉价的劳动力和原材料。当然我们还不熟悉国际投资环境，我们的产品在国际市场上还没有竞争力的情况下，我们非常需要这些投资，所以我们创造好的投资环境吸引外商来投资。但是当我们需要实现中国的充分就业，甚至劳动力的全部就业，不断提高劳动力的收入水平，尤其是让劳动力的收入水平与国家经济发展同步，尽快不断扩大国内市场，提高劳动力生活水平时，外来的投资就起不到这方面的作用。相反在外来资本回报率降低的情况下，或者在出口加工企业经营利润减少的情况下，这些外商投资企业就会停止投资，甚至出现大规模撤资、停产、外逃的

---

① 资料来源：中国经济网，2009 年 9 月 8 日。

情况。

第五，外商投资企业在中国市场上的产品技术升级的动力来自中国内力经济的发展。当然有人会说，外力经济同样可以推动，如当美国电脑行业的生产技术提高以后，在经济全球化的推动下，这些产品很快就会推广到中国市场。实际上高技术产品销售不是技术转移，当然我们不否认有技术外溢的可能。

通常新技术产品发明创造企业先在其国内形成生产能力，并将新的技术产品投放到本国市场，以获取高额的科学技术发明回报。在国内市场饱和后，这类技术产品才开始外流。其他国家企业研发该技术产品的技术，甚至开发出类似的技术产品，并投放市场。在这种情况下，该技术产品研发企业被迫将该产品技术专利对外转移，并不断改进该产品生产技术，以增强该产品在国际国内市场的竞争能力，扩大该产品在世界市场的占有率，继续为该技术产品的发明创造者带来可观的收益。所以，技术落后国家如果不超越该技术产品的技术，发达国家企业就会不断出口新技术产品；落后国家模仿了该技术产品的生产，如果模仿的技术水平有限，档次不高，发达国家企业将出口较为先进的同类产品，不会将最好的技术产品出口到落后国家；只有当落后国家的模仿技术接近发达国家同类产品技术水平时，发达国家才会考虑转移全部技术，或合资办企业。如果落后国家在该类技术产品的国内生产技术已完全达到，甚至超过发达国家该类技术产品时，发达国家的企业此时就会采取不同产品的规格、花色、外形、或不同的生产理念等，形成差异产品，或采取兼并、合资等方式获取这种更高技术产品的技术，或企业加强研发，获取更高的技术优势。如中国市场上的众多外资品牌汽车就是如此。

第六，外商投资企业容易受到母国和投资目的国政治、经济、军事、外交、文化等的影响。外商投资企业只要国际经济、政治、军事、外交、文化等发生变化，尤其是其母国相关方面有什么风吹草动，外商投资企业就会立即做出反映，快速外逃。这对落后国家经济的持续、平稳发展是十分不利的，尤其是出现政治或军事危机时，这种情况将变得更加严重。

五、市场环境

众所周知，商品和服务交换的地方就是市场。但是人们生活在不同的国家或地区，他们面对的市场可能是卖方市场，也可能是买方市场；可能是完全竞争市场，或完全垄断市场，或垄断竞争市场，或寡头垄断市场；也可能是成熟市场，或不成熟市场；还可能是诚信市场，或是欺诈市场等。

市场可谓是千姿百态，没有任何两个国家或地区的市场是完全相同的，也没有在同一个国家或地区内的任意两个市场是完全相同的，也没有任何不同行业的两个市场是完全相同的，即使是同一行业的任意两个市场也不可能完全相同，同一市场的不同时期也是不相同的。这就告诉我们市场是差异的市场，所谓完全相同的市场是相对而言。

面对如此纷繁的市场，对任何一个消费者，无论是个人消费者，还是集体消费者，都会感到目眩头晕，难以选择。但不论是为了生产，还是为了消费，消费者都必须认真地去完成对商品或服务的选择，从而实现社会再生产的循环，实现商品或服务的价值。

1. 对市场环境的认识

记得一位美籍华人到中国某城市旅行，由于其所戴的眼镜不慎弄花，不得已到某眼镜店去配眼镜。眼镜店服务员很热情地接待了这位美籍华人，向这位客人推荐了各种眼镜镜片，便宜的镜片有一两百元，贵的有七八百元；镜框的介绍，少则两三百元，多则几千、上万元。这位美籍华人听完介绍后，提出配一副较好的眼镜要多少钱，店员的回答是两三千元。这位美籍华人先后走访了几家家眼镜店，情况大致相同。这位美籍华人对笔者说，在美国配一副较好的近视眼镜，通常在一百美元左右，按照当时人民币兑换美元的比例 8.7∶1，折合人民币 800—900 元。但是在中国配一副较好的近视眼镜却要 2000—3000 元，比美国贵一倍多到三倍多，因此美籍华人在中国不配眼镜了。

这个故事告诉我们，同样是眼镜市场，但是美国的眼镜市场要比中国的眼镜市场成熟很多。这种成熟和不成熟市场的区别就在于美国眼镜市场竞争充分，监督完备，不存在暴利；中国眼镜市场竞争不充分，监督不完善，存在暴利。

中美两国的眼镜市场为什么会存在如此大的差异？原因就在于中美两国眼镜市场面对各自国家的市场经济制度，形成了各自不同的监督体系，不同的消费者，不同的生产者，不同的销售商，不同的承受度等。条件和情况都发生了变化，因此展现出各自不同的市场。换句话说都是眼镜市场，但是由于市场环境发生了变化，就形成了两种不同的眼镜市场。故此，所谓的市场环境是指：由市场各主体所面对的市场经济制度、客体以及其他影响市场因素共同作用所形成的市场交易表现形态①。市场从一般意义上讲只有一种形态，只要是商品和服务交换的场所就是市场，而市场环境则有无数种。但是市场环境的好坏只有一个衡量标准，即市场环境是否有利于市场经济发展。有利于市场经济发展的市场环境就是良好的或好的市场环境；不利于市场经济发展的市场环境则是不良的或差的市场环境。现实社会中人们所面对的市场环境基本是良好的市场环境。

当今世界，绝大多数国家的经济制度是市场经济制度。既然是市场经济制度，就存在一定的市场环境。每个国家的市场环境都由各国的市场经济制度所决定，形成各自独特的市场环境。不同的市场环境必然折射出不同的市场特点，也就形成不同国家的市场经济特点。所以一国的市场经济制度决定了一国的市场环境，并展现出与此相应的市场交易形态。但市场环境的状态又反作用于一国的市场，也反作用于一国的市场经济制度。市场环境是展现市场当时实现商品和服务交换价值方面的好与坏、优与差的状态。

市场环境有宏观市场环境和微观市场环境之分。一国的市场环境相对一国各地区、各部门的市场环境属于宏观市场环境；反之，相对于一国的市场环境，一国某地区、某行业、某企业的市场环境就属于微观市场环境。如果从世界角度来看，就是世界市场环境，同样也属于宏观市场环境。一国的市场环境可以表现为不同的市场环境，如开放市场环境、封闭市场环境、自由竞争市场环境、垄断竞争市场环境、寡头垄断市场环境、完全垄断市场环境；可以是良性循环市场环境，也可能是通货膨胀的市场环境，还有可能是通货紧缩的市场环境；可以是政治稳定的市场环境，也可以是政治不稳定的市场环境等。

一国的市场环境还可以细分为：投资市场环境、企业市场环境、消费市场环境等。对于每个细分市场环境，同样还可以细分，这对于分析每个细分市场环境的好坏、优劣是十分有利的。如投资市场环境，可以继续细分为投资的软环境和投资的硬环境；或者可以分为投资的人力资源环境、生产环境、营销环境等。

---

① 参见刘树成主编：《现代经济辞典》，凤凰出版社、江苏人民出版社 2005 年版，第 935 页。朱恒鹏认为：市场环境是指影响市场结果（价格、数量、利润及福利）的所有因素。它包括市场参与者（消费者和竞争对手）的信念，现有的以及潜在的竞争对手的数量，每家企业的生产技术以及潜在的对手进入本行业的成本和速度等。

在解释了什么是市场环境的基础之上，我们还必须了解市场环境的内涵。如市场的国内外主体、外部因素、表现形态等。我们在这里提出的国内外市场主体主要包括以下几个：

（1）本国政府和外国政府，作为一个独立的国家，尤其是在宏观经济政策和微观对外经济政策上独立的国家，其政府的主体就是本国政府；对于一个在宏观经济政策和微观对外经济政策上不能独立自主的国家，如欧盟各成员国，其政府的主体不仅包括本国的政府，还包括欧盟各成员国政府。

（2）企业，是商品和服务的供应商。市场的供应商可以是本国供应商，也可以是外国供应商，还可以是二者兼有；可以是个人，也可以是企业。

（3）消费者，消费者可以是个人，也可以是团体；可以是国内消费者，也可以是国外消费者。即不分年龄、性别、肤色、国籍等，都属于消费者。

当然不同的划分方法还可以划分出其他的国内市场主体，但是在一般的情况下，我们只要分析政府、厂商、消费者三个主体也就可以充分说明问题了。

这三个主体可以说是一国市场环境形成的三极。他们相互作用，相互牵制，形成一国市场环境的三角形平面（参见图1—1）。

图1—1

在这个三角形中，政府主要通过市场制度和政策左右市场环境。企业主要通过向市场提供商品的数量、质量、规格、花色、形状等来左右市场环境。这些左右市场环境的因素可以是积极的因素，也可能是消极的因素，我们应当综合看待这些因素对一国经济发展是起推动作用，还是起阻碍作用。如盲目的经济扩张引发的通货膨胀就对经济社会发展起阻碍作用。消费者对市场环境的左右，主要是通过消费者的可支配收入，生活方式，偏好，风俗习惯，宗教信仰状况，消费心理，性别，年龄，生产或生活消费方式、增长速度和规模等。消费者对市场环境影响的好坏，主要看消费者消费的结果对经济、社会的发展是起推动作用，还是起阻碍作用来判断。如吸烟和吸毒对经济社会的危害都是显而易见的。

此外，一国的市场环境还受到外部因素的影响。外部因素有很多，同时也很难确定，尤其是在经济全球化条件下更是如此。但是从现实经济来看，主要有：①国际金融市场的影响，如证券市场，黄金市场、资本市场等。②国际商品和服务贸易。这些是影响一国市场环境的重要因素，其盈亏极大地影响一国的国际收支平衡，一国的国际收支平衡与否将影响一国的国内市场环境。③国际性的条约、协定。如今一国对外交往越来越频繁，国与国、国家与国家集团、国家集团与国家集团之间的条约、协定对一国的市场环境形成很大的影响，如世界贸易组织（WTO）、国际货币基金组织（IMF）、自由贸易协定等，都对一国的市场环境形成很大的影响。④他国的法律法规、宏微观政策等都对一国的市场环境造成影响。⑤他国的文化、宗教、思想对一国的市场环境都会造成影响。⑥他国的军事、外交对一国的市场环境所造成的影响，如美国对阿富汗、伊拉克的军事、外交行动，对周边国家市场环境造成了较大影响。

市场环境的表现形态是市场各内在因素相互作用的结果。同时我们还应当认识到，在一定历史时期，各因素的作用力不是均等的，有时是这一方面的因素起主导作用，有时是另一方面的因素起主导作用。当某种因素发挥主导作用时，市场环境的表现形态就充分地展现出这一因素作用的结果；相反，如果某一因素不起主导作用，只处在次要或辅助作用的地位时，市场环境的表现形态就难以反映这一因素作用的痕迹。

一个国家、一个地区的市场环境好坏只是相对而言的。可以说在世界上没有哪个国家的市场环境绝对的好，哪个国家的市场环境绝对的差。

一国市场环境好，就会有利于本国经济健康快速地发展；或者促进该国经济顺利转型，即由一种经济运行形态转为另一种高效经济运行形态；或者推动本国科学技术水平的迅速提高，并形成社会生产力；或者促进了该国经济结构由低级产业结构向高一级产业结构转换，使该国的社会生产力水平上升到一个新的高水平；或者实现了本国劳动力和人口的自由流动，解放了劳动力，解放了社会生产力；或者推动了本国劳动力创业高潮的到来，实现了当年新增劳动力的充分就业，并消化了往年失业的大批劳动力；或者使劳动力的工资收入随着该经济的发展快速提高，国内市场快速扩大；或者有利于国外投资者到本国来投资；或者有利于参与国际分工，科学技术交流，促进本国科学技术发展；或者有利于国际资金融通；或者有利于以上所列的几个方面，甚至有利于以上所罗列的全部方面。

当然一个好的市场环境，往往不是一个方面的因素形成的，往往是多方面因素共同促成的，甚至可能出现对一国来说是所有影响市场环境的各主要因素都是向好的，就会出现该国经济高速持续稳定的快速发展局面。这种市场环境局面的出现，不是一蹴而就的，而是一国不懈努力的结果。

差的市场环境并不是市场环境所有方面都差，只是市场环境总的方面差，或主要方面差的状态。如美国在 2008 年出现金融海啸后，股市暴跌，美元币值一路下滑，失业率不断攀升，市场容量不断萎缩。从这几个方面来判断，此时美国市场环境是差。但是此时外资进入美国市场可能是面临的最好市场环境，因为在金融危机环境下，美国市场信用危机也是最严重的，许多美国企业以低价出售一些优良资产，或低价销售积压商品。在这一时期进入美国市场，对所有外资都是多年难遇的机遇，同时也是外资阻止美国经济危机继续加重的最好方式，并可促进美国经济的复苏。当然有钱的美国人在此时同样亦可大展拳脚。如美国股市的成功投资者巴菲特，在此时就大行其道，将大量的美元资本投入到他认为很有发展前景的股票上。当然我们也看到，美国此时的企业绝大多数都十分缺乏周转资金，像巴菲特式的投资家在此时太少。

对市场环境认识到此，人们不禁要问：市场环境与市场、与市场经济到底有什么关系？

马克思在《资本论》中明确指出市场仅仅是商品生产者和消费者进行商品和劳务交换的场所，是商品交换的空间范围；马歇尔认为市场是商品交换过程中展现出的供求关系以及供求双方所处的地位。所以市场只是影响市场环境各主要因素作用的结果，市场环境所包括的各主要因素和相关因素决定了市场交换关系的表现形式、方式、方法和手段。

市场环境与市场经济的关系，市场经济是一种经济制度，它由一国的法律、法规和政策所决定（参见本章前面几个问题的论述）。所以没有市场经济就没有市场环境，一国的市场经济制度决定了一国市场环境的好差、优劣，决定了一国市场环境发展的方向；而市场环境则是一国市场经济制度的表现形式。但是市场经济发展对市场环境要求很高，好的市场环境将促进市场经济的快速发展，差的市场环境将阻碍市场经济的发展。

2. 中国市场环境存在的问题及对策

任何一个国家或地区的市场环境都是其市场经济制度规范下形成的市场环境，没有一个国家或地区的市场经济制度是完全相同的，所以也没有一个国家或地区市场环境是相同的。一国或地区市场经济制度的差异表现在一国或地区的市场环境上就有很大的差异。一国或地区的市场经济制度确定以后，一国大的市场环境也就基本确定，通常情况下是不会出现快速或剧烈变化，因为市场经济制度没有发生快速、剧烈的变化。一国的经济政策主要依据该国市场经济制度相关法律法规和市场经济发展状况制定出的具体措施。

即使如此，并不是说各国或地区的市场环境相差甚远，缺乏共同标准。因为市场经济国家或地区的经济制度基本是相同的，追求的市场环境理念都是公平、公正、公开的理念。

从不同的市场经济国家群来看，发达国家一般都经历了较长时间的市场经济制度完善过程，对如何建立公平、公正、公开的市场环境，推动一国或地区经济的自由竞争和发展有着充足的正反经验，同时其法律法规朝着建立良好的市场环境靠拢。所以发达国家的市场环境在其经济制度、经济发展水平和经济正常发展条件下，基本实现了理想的市场环境目标。因为如果一国或地区没有建立较为理想的市场环境目标，从市场经济国家或地区的发展历史来看，这些国家或地区就不可能建成发达市场经济国家。所以建立理想的市场环境是一国或地区发展成为发达市场经济国家的方向标，因此后来的市场经济国家或地区，要成为发达市场经济国家或地区，首先要建立公平、公正、公开的市场环境，使市场环境成为推动本国或本地区经济高速发展的助推器。

要使中国的市场环境成为推动经济发展的助推器，首先我们必须认识当前中国市场环境存在的问题，而后才能对症下药解决问题，努力构建公平、公正、公开的市场环境，形成良好的自由竞争市场环境，加速中国经济社会发展，提高人民的收入水平，实现民富国强的目标。

问题一，市场规模还处在发育之中，市场规模相对人口规模还太小。

市场环境好坏相对一定人口规模，市场规模大，市场环境就好；市场规模小，市场环境差。中国有13亿多人口，人均国内生产总值到2009年约有3500美元，但中国人均实际收入不到人均国内生产总值的一半，所以到2009年中国人均的实际消费支出计为1750美元，约占美国的二十分之一，不到香港的二十五分之一。所以中国人口基数虽然位居世界第一，经济总量位居世界第二位，但人均国内生产总值只排在世界的 124 位（2009 年），人均实际消费支出应在世界的 180 位以后。

导致中国名义人均国内生产总值与实际人均消费支出的巨大差距主要有两方面的原因：其一，外资企业所创造的国内生产总值有相当一部分变为外资企业的利息、利润汇回母国，另外外资企业外籍员工的高收入，同样来自这些外资企业所创造的国内生产总值；其二，各级政府以及集团消费占国内生产总值较大的比重。所以中国的市场规模相对庞大的人口基数显得太小。

解决的办法：大力提高低收入人群的劳动收入，进而增加中国 70%—75%人口的人均可支配收入，提高他们的购买力；同时提高中国 20%—25%中等收入劳动人群的收入。其目标力争做到他们的收入提高与国民经济的增长同步或略低一点。要做到这一点，就必须大力提高就业率，早日实现充分就业。

问题二，市场分割，导致市场分散。

世界上绝大多数市场经济国家的市场是统一的，而中国的市场是分割的，不统一的。原因何在？原因就在于中国最主要的生产要素劳动力缺乏流动性。市场分割的现状就是由于户籍制度造成的，劳动者以及家庭成员的许多利益直接与户籍挂钩，如失业、医疗、养老保险，住房，子女入学，劳动力的升迁等都与户籍有关。由此将劳动力以及附属于劳动力的人口捆绑在众多狭小的行政区域内，以中国道路的远近，以及各个道路收费站，尤其是公路或高速公路的收费站为代表，将中国的市场分割得七零八落。大的市场以中心城市为核心，较小的市场以各省市自治区政府所在地为核心，再次级的市场就是遍及全国的 600 多个地级市的市场，县级市场只是边远弱小的市场，至于镇（乡）村市场以及村以下的货郎担、马帮等只是中国市场的神经末梢。因此仅仅由于行政区划将人口限制在广袤的土地上，就使中国的市场分成了 6—7 个等级。此外还加上中国的各民族地区、各部门限制，使中国的市场更加分散。这些就形成了中国的城乡等级，人口等级，以及中国越拉越大的城市等级。各行政区划内的政府只从本地区经济利益出发，不考虑企业和消费者的利益，同样也不会考虑到国家的利益，以地区局部利益损害民众、企业、国家利益。

解决问题的对策就是取消中国的户籍制度，实行个人身份制，让人口自由流动起来，实质也就是让中国经济流动起来，让市场统一、集中起来。

问题三，劳动力不流动，要素市场发展不起来。

中国要素市场发育不全主要表现在劳动力市场上，表现最突出的方面主要有以下几点：首先，劳动力缺乏流动的自由。其次，农村人口与城市人口处在一个长期缓慢的变动过程中，农村人口约占到中国人口的七成，延缓了中国经济社会发展的步伐。再次，科技、经营管理人才都没有施展才能的场所，以致国有企业、集体企业中这类人才人浮于事、无心向上、无心竞争；而私营企业这类人才缺乏工作激情。造成这种现状的主要原因是户籍制度所形成的用人、管人机制。最后，大学毕业生面临严重的就业困难。与此相伴的问题是所有大学毕业生将面对机会成本大幅提高的困境，进而出现了读书无用思潮。这种思潮的蔓延，已使我们付出昂贵的代价。

至于其他生产要素同样也存在市场发育不全的问题。如资产要素转移对国有企业仍然很难；劳动力以外的其他生产要素流动，如土地、资本、信息等的流转也受到了劳动力不流动的极大影响。

问题四，执法不到位、乱执法同时存在。

通常情况下，执法部门对容易做的工作，尤其可以创造一定效益的市场监督、管理、协调、服务等，可以获得企业、民众较高的认同；但是对那些不容易做的、不容易出成绩的、不能创造经济效益的工作，执法部门就得不到企业、民众的认可，甚至受到企业、民众的严厉指责。如滥采乱挖、虚假广告、物价虚高、假冒伪劣产品、欺行霸市、收取保护费、走私犯私、囤积居奇、假医乱医、暴利垄断、坑农害农、官商结合、打砸抢、违法中介、商业欺诈、违法经营、欺诈拐骗、违法用工等等。此外，某些执法部门或个人存在索贿受贿、乱收费、高收费、乱摊派、乱罚款，甚至少数执法部门或个人对企业或公民设陷阱，以便出现执法事件。以上这些都严重扰乱了中国的市场环境，增加了企业、公民对行政执法的意见和抗拒。

要解决这些问题，就必须严格执法，同时要大力加强对执法的监督，杜绝执法漏洞和违法，不断优化中国的市场环境。

问题五，行政对市场干预太大，阻碍自由竞争市场环境的建立。

在中国办事难，这是不能小视的大问题。2007 年 10 月，中国政府又取消了一百多项审批事项，这对民众和企业来说是一个利好。但是这还不够，我们应当进一步清理，让更多的审批事项销声匿迹，即取消审批，以立法的方式确立企业、公民能或不能做某项事情，凡是没有立法规定的方面允许企业、公民去做任何事情；如果允许企业、公民所做的事情，出现需要规范的情况，政府有关部门人员应当在调查、广泛征求企业、公民意见和建议的基础上，以立法的形式加以规范，力争把政府办事难的帽子丢到太平洋去。

问题六，官商结合，扰乱市场环境。

党和政府十分注重自身的建设。为了避免党政干部利用职务之便侵害公共利益，不断告诫党政干部廉洁自律，明文规定党政干部脱离经济实体，制定了相关的纪律、制度。但是政府官员插足企业生产经营的案例时有发生，如插足中小煤炭企业的生产，插足股市，插足房地产，插足其他各种企业的生产经营等。为此我们交了不少学费。这种学费不能交得太多，时间不能拉得太长，因为这种情况会使一国经济社会发展遭到严重的挫折，最终引发大规模的社会动乱或革命，国家不可能步入发达国家行列。所以我们要尽量消灭官商结合。

问题七，市场环境有碍于企业和人的发展。

市场环境的好坏，对一国企业的创建和发展有巨大的影响。通常市场经济国家都在努力创造良好的市场环境，促进企业的创建和发展。但是多数国家都没有做到。中国市场环境之所以不利于企业的创建和发展，是因为：首先中国的市场环境对新注册企业所需的注册资本金、生产经营范围、主管单位或部门、注册地、注册登记等有严格的设限，创建一家企业要过五关斩六将。其次，在企业的创建和发展中，各种乱执法、乱收费、高收费、乱摊派、索贿受贿、欺诈、陷阱等，都在阻碍或限制企业的创建和发展。目前中国市场的黑恶势力抬头，造成这种状况的原因是中国自由竞争市场环境还没有建立，市场信用有待完善，市场执法不到位，伦理道德的丧失，存在严重的违法乱纪等都严重限制或阻碍企业的建立和发展。

这一问题的解决，需要从中国市场经济制度完善上下工夫，消除制度阻碍企业创建和发展的各个因素，促进企业的创建和发展。

市场经济制度是人类迄今为止最宜于个人和群体发展的经济制度。因为这种制度给予了劳动力和企业最大的自由活动空间，从而为个人或群体实现自我价值，或所有人实现共同价值创造出最好的条件。所有个人或群体的价值观只要不违反国家法律法规明确规定的价值观，个人或群体价值的实现对经济社会发展都是有利的，所以都会获得国家、社会的支持。这样个人、群体、社会、国家都在个人、群体的发展中得到了动力、活力和发展。同时我们还看到国家经济社会的发展也是由于个人、群体的发展而得到发展。

但是，中国目前的一些非市场经济制度是不利于人的自我发展、自我实现，所以政府应当彻底改变这些非市场经济制度。因为这种制度在限制或阻碍个人或群体发展的同时，实质是限制、阻碍了国家经济社会的发展。这些制度包括中国的户籍制度，相关劳动用工制度，劳动保障制度，人事制度，企业制度等及相关的政府管理制度都有改革和改良的余地。

六、中国市场经济战略走向

1.发达市场经济国家无常态

当今世界绝大多数国家或地区都推行市场经济制度。最先推行市场经济制度的国家，如英国、法国、荷兰、意大利、西班牙、美国等国家，在吸收第一次和第二次工业革命的成果后，相继成为发达资本主义国家。时至今日这些国家仍然严守资本主义市场经济制度，不断调整法律、法规和政策，修补资本主义市场经济制度，一直保持发达国家的地位。从以往的历史来看，有一点可以肯定，只要真正建立了市场经济制度，并成功步入发达国家行列，不论经历人类历史的一百多年或几百年的发展，还是两次世界大战的洗礼，到如今还没有一个发达资本主义国家落伍到发展中国家行列。

同时我们还看到：其一，头号发达国家的交椅不是某一个发达国家能够永久坐下去的，而是由某个可以承接下一次工业革命或科技革命，带领其他市场经济国家进入下一次经济发展高潮的国家，可以成为头号发达国家。第一次工业革命爆发于英国，所以英国自十八世纪到十九世纪中期成为世界头号经济强国。第二次和第三次工业革命主要爆发于美国，美国接过了英国传递过来的接力棒成为世界头号发达国家，并一直保持到今天。其二，世界各发达国家经济总量的排位是经常变化的，这种变化比世界头号经济强国的坐次变化更快。这说明，在不同的历史时期，各发达国家经济发展速度是有很大差异的。除此以外，还与一国土地面积大小、人口多寡、生产力发展水平等密切相关。其三，战败的发达国家，不论国家经济遭受如何严重的破坏，这些国家只要坚持市场经济制度，一心发展经济，就能很快医治战争的创伤，并使国家重新站立起来。如二战后的德国、日本、意大利，战前都是发达国家，战后经济都遭受了严重的破坏。但当人类历史推进到 20 世纪 70 年代，日本又成为发达国家，经济总量排在资本主义国家的第二位，排在世界的第三位（第一位为美国，第二位为计划经济的苏联）；西德的经济总量则排在资本主义国家的第三位，排在世界的第四位；意大利的经济总量也排在了资本主义国家的第六位。其四，后起的市场经济国家，只要市场经济制度安排得当，并充分发挥本国人力资源和其他经济资源的优势，就会用更短的时间步入发达国家的行列，如挪威、芬兰、澳大利亚、加拿大、新加坡等国家。

2. 发展中国家经济发展落后的原因

许多发展中国家在独立后，或在独立一段时间后，先后选择了市场经济制度，多则一百多年时间过去了，少则约十年时间。

发展中国家的经济发展速度，有时发展较快，有时发展较慢。但总的来说，发展中国家的经济发展速度低于发达国家的经济发展速度。发展中国家经济一般在独立后的一段时间内发展速度较快，甚至很快。而经历一段时间后，多数发展中国家经济发展速度出现下滑，或步入缓慢发展时期，少数发展中国家经济甚至出现倒退。这其中的原因归纳起来主要有以下几方面：

第一，客观原因。首先，单一经济。所有发展中国家在独立时经济发展水平十分落后，经济是单一的农业经济，或资源型经济，或二者兼有之。

其次，经济落后的深层次问题是人才严重匮乏。有一些发展中国家领导人能充分认识到这一问题的严重性。如在 1949 年新中国成立前，新中国的设计者们已充分认识到这一问题的严重性和紧迫性，筹备召开了新的全国政协会议，努力将国内的人才留住，同时积极从国外吸引一切有志新中国建设的人才回国，推动中国经济建设快速发展。但是，落后国家要大力发展本国经济需要千千万万的人才，尤其像中国这样的人口、国土大国，积弱长久，需要众多的一流人才建设国家。可是中国与其他许多发展中国家一样，有几方面问题难以解决。其一，最好的钢用在刀刃上，所以各方面的人才都用在了经济建设上，但仍然十分缺乏。其二，旧中国的教育十分落后，93% 的中国人是文盲，7% 的知识人才真正学自然科学、学经济、学管理的人才少之又少，称得上是凤毛麟角。因为旧中国的文化教育重点放在语言文化和伦理的教育方面，新兴的自然科学教育在民国时期已有所开始，可是刚刚起步。所以中国的教育积弱更深，一时很难有大的起色。其三，人才培养得不到他国的帮助。其四，俗话说："十年树木，百年树人。"我们可以较容易地计算出经济发展水平离发达国家的差距，但我们很难计算出何时能培养出经济发展所需要的众多人才，尤其是世界一流人才。人才质量上的差距，具体反应在经济发展水平上，就是一国科技水平和经济发展质量上的差距。

从人才角度考察，到目前为止还没有哪个发达国家又回到落后国家行列，同时战败的发达国家经济能在极短的时间内得到恢复，并重新确立这些国家的发达国家地位，一方面除了市场经济制度的因素外，另一方面的重要原因就是这些国家的基本人才队伍仍然在国内，是这些人才重新将国家支撑起来。

再次，就是发达国家对发展中国家的封锁、打击、遏制。不论采取革命的方式获得独立，还是采取温和的议会道路获得独立，发展中国家都或多或少地损害了原宗主国的利益。宗主国及其同盟国基本是发达国家，他们对独立的发展中国家，尤其是那些采取革命方式独立的发展中国家，采取经济上的封锁、军事上的打击、政治上的孤立、国土外围的遏制等，使这些刚独立的发展中国家长时期处在与外部世界极少接触的状态，严重影响了这些国家的经济发展和人才培养，少数国家甚至在宗主国及其同盟的高压下出现经济倒退，部分国家在这种高压下出现经济增长徘徊；当然多数国家能冲破这种高压所带来的副作用，经济仍然能较快或快速增长。

最后，缺乏增强软实力的意识。当今世界是市场经济制度占统治的世界，任何能推动经济发展的要素，不论是科学技术、技术装备，还是经济思想、管理、信息、文化等要素，发展中国家都要付出高昂代价。所以发展中国家在其经济发展的道路上，布满了荆棘，稍有不慎就会影响到经济发展。而发展中国家在独立后，十分缺乏外汇，即缺乏经济发展的资金，所以在经济发展上，都将紧缺的资金用在先进技术装备的进口上，以便尽快装备本国的民族工业，生产出国内紧缺的工业品，很少引进科学技术、经济思想、管理技术等。

第二，主观原因。首先，发展战略不明确。绝大多数发展中国家独立后推行的经济发展战略就是实现国家的工业化。这无疑是十分正确的，也是唯一的选择。因为这些国家在独立之前都是落后的殖民地、半殖民地，或任人宰割的落后国家。原因就是这些国家工业十分落后。因此这些国家只能出口农产品、矿产品等初级产品去换取昂贵的工业消费品。在多数情况下，虽然知道这些初级产品与工业品存在不等价交换，但在宗主国经济、技术、政治、军事压制下，只能接受不等价交换。发展中国家在获得独立后，最先就是实现国家的工业化。

中国是在新中国成立后开始了工业化的进程，不仅大力发展工业消费品的生产，同时还大力发展装备工业的生产。这对于一个没有近代工业基础的国家来说是不可思议的，尤其是在一个十分贫穷落后的国家，缺乏外援，只能依靠自身的积累，去完成国家的工业化。经过几十年的奋斗，中国建立起了比较完整的工业体系，使中国的产业结构得到了优化，实现了国家的工业化，基本满足了国内经济社会发展的需要，同时还有相当一部分工业品外销国际市场。在改革开放后，外资对中国的大量投资，中国企业加速步入国际市场，使中国的对外贸易得到了长足的发展，在2010年中国成为世界第一贸易大国，同时也成为全球首屈一指的外汇储备大国。

其次，许多国家出现了官商结合的问题。官商结合导致许多发展中国家经济社会发展走入了死胡同。如菲律宾的马科斯政府，长期独裁统治菲律宾，国家经济出现徘徊和倒退；印度尼西亚的苏哈托统治几十年，致使整个官僚机构贪腐不堪，国家出现动乱和倒退；秘鲁前总统藤森不顾国家贫穷、人民的困苦，同样为满足私欲而大肆贪腐；中非共和国前总统博萨卡，赞比亚前总统蒙博托，乌干达前总统阿明号称现代非洲最黑暗的三位总统，贪腐以及其他犯罪到了令人发指的地步。所以，发展中国家政府如果出现了官商结合的情况，国家经济社会就缺失发展方向，就会出现倒退。

相反，新加坡、挪威、芬兰、新西兰、瑞典等国家，由于防止官商结合，严禁违法，防止贪腐，这些国家经过几十年的发展都步入了发达市场经济国家的行列。

其三，新的国际分工体系束缚了一部分国家的经济发展。新的国际产业分工对发展中国家影响深刻。原因是发展中国家在基本实现工业化后，发现要赶上发达国家的经济、科技发展水平十分困难，不是一时半刻的问题。之所以这样，有自身的、也有外来的原因。

二战后，发展中国家相继实现了工业化，出口工业制成品或半制成品，而且制成品的比重不断增加；而发达市场经济国家则进口发展中国家的半制成品或制成品。但是制成品所产生的各种服务业则留给了发达国家，如产品的设计、专利、品牌、商标、产品的销售市场、产品的售后服务等基本都留给了发达国家。发达国家充分利用自身在服务方面的优势，以及高消费市场优势，将所进口的劳动密集型和资源密集型产品变成买方市场，让所有发展中国家的生产商相互竞争，将价廉质优的产品进口到发达国家，提高发达国家的福利水平。这就是当代发展中国家与发达国家之间所形成的垂直分工形式，即加工工业（第二产业）与现代服务业（第三产业）之间形成的垂直分工。

发达国家除了向发展中国家出口现代服务商品外，还在努力研发新的技术装备，只有这样发达国家才能不断地把淘汰的技术产品转移到发展中国家，才能维持技术产品源源不断地出口到发展中国家。这一过程已经延续几十年了。从1973 年出现第一次石油危机之后，发达国家就已领略到现代"工业血液"的威力，同样也领略到各种工业原材料的威力，他们已无法左右能源和原材料的价格，只能去适应新的市场环境。为此他们占领了市场的制高点，出口各种服务产品，将高技术产业或行业留在国内，保持垄断地位。

二战后发展中国家的这一发展历程，经发达国家和发展中国家的一些经济学家探索、研究，概括为进口替代战略和出口替代战略。这一理论对后进发展中国家具有一定的指导意义。美国经济学家诺斯（1955 年）[①] 和胡佛（1971 年）[②] 在对众多发展中国家经济发展现状研究的基础上，提出了落后国家应当采用进口替代政策（或进口替代战略），即利用本国的原材料和劳动力优势，进口机械设备，将本国的原材料加工成工业制成品，以满足国内对这一部分工业品的需求，减少从发达国家进口此类工业品，或者此类工业品的消费完全做到自给自足。实际上这就是发展中国家推进本国经济工业化走完的第一步。

拉尼斯首先提出出口替代政策，其原意是："发展中国家用制成品替代初级产品作为主要的出口商品，以此加强本国工业的国际竞争力，推动经济增长，故又称为出口导向战略。"[③] 同时，这一认识已被许多发展中国家作为经济发展的第二步，即当完成第一步之后，就进入了第二步的出口替代发展阶段。

从中国这些年参与国际分工的情况看，我们主要承接了 20 世纪 80—90 年代发达国家产业结构调整淘汰的产品或行业，形成了与发达国家新的垂直分工，包括部分水平分工。

其四，没有彻底解放本国的劳动力。在一国推行市场经济制度后劳动力没有得到彻底解放（相关论述参见第二章劳动力、第四章企业、第八章教育）。

---

① ［美］诺斯：《区位理论和区域经济增长》，1955 年版。

② ［美］胡佛：《区域经济学导论》，1971 年版。

③ 毕世杰主编、马春文副主编：《发展经济学》，高等教育出版社 1999 年 7 月版，第 212 页。

其五，没有看到国内的消费不足。发达资本主义国家为了给过剩的产品寻找出路，曾经大打出手，最终爆发了两次世界大战，其结果所有战争的发起国和参战国（除美国外）都没有从战争中得到自己所需要的市场，而且还丢掉了传统的国外市场（落后国家纷纷独立）。在这种情况下，发达国家最终才发现国内的需求不足同样是导致产品过剩的重要原因。因此二次世界大战后，各发达国家十分重视工会的诉求，规定职工的工资必须随着经济发展而不断提高，解决了内需不足的问题，出现了随着经济发展国内市场同步扩大的局面，推动了二战后经济长期、持续的增长，没有出现二战前的生产严重过剩危机。

相反许多发展中国家却出现了较严重的生产产能过剩。如中国的家电、纺织品、玩具、小五金、钢铁、陶瓷、日用工业品等出现了产能或产品过剩。由于国内市场没有随着经济的发展而扩大，众多产能过剩的企业只能寻找国际市场消化过剩产能。企业为了获取进口商的订单唯有采用恶性竞争的方式。在世界金融危机的阴影下，企业的竞争更加惨烈，有时一张订单就宣判了一家企业的生死，所以降价销售延续不断。

这种情况就与1929—1933年经济大危机有所类似。不同的方面是当时生产过剩的主体为各发达资本主义国家，而现在过剩的主体是各新兴工业化国家；当时各发达资本主义国家为争夺落后国家或地区的市场，而现在各新兴工业国家为争夺发达国家的消费品市场；当时发达资本主义国家以自己的优势产品去争夺落后国家的高端市场，而如今新兴工业国家以自己的优势产品去争夺发达国家的中低端市场；当时发达资本主义国家是为了获取高额利润，而如今新兴工业国家是为了维持社会再生产的延续。

从中我们还可以看到，所有新兴工业国家在中低端商品的竞争中，只体现了国家的利益和厂商的利益，无法体现广大劳动者的利益。因为竞争的力量主要来自压低劳动力价格，而新兴工业国家缺乏保护劳动力合法利益的机制，因此出现新兴工业国家一方面经济增长，另一方面国内市场却没有随之扩大，有时还出现萎缩。"据2007年2月劳动保障部对全国5130名外来工人的调查，2006年在珠三角地区就业的外来工月均工资达到1298元/月，比1995年增长241%[①]。"如

---

① 魏伟新：《外来工消费现状、特点、趋势研究》，参见李新家主编：《广东消费蓝皮书2008》，广东经济出版社2009年7月版，第257页。

果剔除这期间的通货膨胀等物价因素，实际工资基本没有增长，而名义工资增长较多。所以作者认为"外来工"的消费是以"必须消费"、"理性消费"、"边缘消费"为主①，他们是房子"住不起"，老婆"娶不起"，小孩"生不起"，子女读书"读不起"，家人"病不起"，老人"死不起"②。

在中国，外出务工农民的收入，比绝大多数常年在家务农的农民收入高1—2倍，因为到2007年全国各地区农村居民平均每人每年纯收入只有4140.36元③。可以看出，如果夫妻双方在外务工，家中只有两个小孩的家庭，人均收入肯定是高于4140.36元/年。而中国有近70%的农业人口，加上城市的低收入人群，这部分人口占到中国人口的约75%。再加上中等收入家庭年收入平均约10万元上下（3口之家），这三群人口约占到中国人口的98%—99%，也就代表了中国基本购买力，可以看到中国消费的严重不足。在面对如此难以增长的国内市场，所有的出口加工企业不论在世界经济状况好的时期，还是世界经济出现危机的时期，基本只能将自己所生产的产品定位在国际市场，不能寄希望于国内市场。

为了解决中国内需严重不足问题，政府主要采取了以下几方面措施：一是不断提高公务员的工资。在20世纪90年代后期，中央和地方税制改革后，政府的税收大幅、长期地增长。在此基础上，公务员的工资有过几次明显的大幅增长（各地区不尽相同），改变了以往公务员与其他行业之间的工资差距，使公务员变成具有吸引力的职业；此外增加了公务员的劳动保障和住房补贴，使公务员成为工薪高收入阶层；加之公务员的休假制度和社会地位进一步促成公务员成为中国最具吸引力的职业。但这一职业在中国毕竟只占劳动力的很小一部分，约占4.5%，即使提高工资，影响面也十分有限。另外，在全社会工资性收入普遍较低的情况下，公务员的工资收入也不宜与众多工薪阶层工资差距拉的太大。二是提高最低工资收入阶层的工资水平。在低收入人群中，大部分来自农村，他们的户籍在农村，工作却在城市。他们的工资收入一般都比较低，在沿海一些城市规定的最低工资标准中，最初只有200多元到300多元；如今最低工资

---

① 魏伟新：《外来工消费现状、特点、趋势研究》，参见李新家主编：《广东消费蓝皮书2008》，广东经济出版社2009年7月版，第258—259页。

② 魏伟新：《外来工消费现状、特点、趋势研究》，同上版第258—259页。

③ 李新家主编：《广东消费蓝皮书2008》，广东经济出版社2009年7月版，第338页。

收入高的城市，确定在 1100—1200 元／月，低的中小城市 400—600 元／月。全国平均下来也只有 700—800 元／月。这只是标准，实际收入要高 20%—30%，否则没有人去企业工作。三是政府教育支出的增加。2006 年以来，减免城乡 9 年义务制教育学龄儿童、少年的学杂费，解决了农村学龄儿童、少年的无钱学习的问题，同时也为他们拥有一个较稳定的学习环境提供了保证。这属于转移消费的范围。四是 2008 年以来，城市退休人员增加了退休金，并为农村和城市人员提供最基本的医疗保险，解决了大部分劳动人口的最基本的医疗后顾之忧，稳定了社会。由于这些基本医疗保险受地区的限制，主要是市县镇一级财政的限制，所以对流动人口无法起到保险的作用；同时在政策的执行上也有一部分人没有包括在这部分人员之内，如已退休人员，哪怕是提前在 50 岁左右退休的人员，医疗保险并没有涵盖这批人。五是事业单位人员增加工资。事业单位员工工资的上涨，在 20 世纪 90 年代以来是低于公务员工资上涨。

政府为了提高劳动者的工资做了大量的工作，取得了一定的社会效果，解决了一些现实棘手的问题。但是这些政策和措施基本只是起到了救火的作用，应一时之急，没有从根本上解决经济发展与劳动力工资同步增长的问题，即政府以行政的手段调节分配，扩大市场，增加需求能采用的政策和措施十分有限。

以上原因就在于：一是中国远没有实现充分就业，最大的问题就在于约占中国劳动力 70% 的农村劳动力处在半就业状态，他们的收入无法及时提高。二是企业员工工资的提高政府无法控制。

3. 中国市场经济今后的战略走向

时至今日，世界上绝大多数国家都基本实现了国家的工业化。其中有一些国家和地区达到了中等发达国家或地区的水平，如韩国、巴西、墨西哥、阿根廷、委内瑞拉、南非、中国及中国台湾、泰国、马来西亚、土耳其、埃及、沙特阿拉伯、阿曼、科威特、阿拉伯联合酋长国 [①]、哈萨克斯坦、吉尔吉斯斯坦、塔吉克斯坦、伊朗等；还有众多的落后国家只实现了初步的国家工业化。

之所以会出现这种局面，即绝大多数国家或地区处在初步工业化或工业化的

---

① 石油输出国家的人均国内生产总值处在很高的水平，多数国家的人均收入水平都高于主要发达市场经济国家人均收入水平，但由于他们的经济基础较弱，经济过于依赖石油，或石油化工，所以将这些国家放在中等发达市场经济国家之列。

水平，是由于绝大多数二战前后独立的国家或地区在战后确定本国或本地区工业化、国有化发展道路时，发达国家已开始第三次产业革命，科学技术飞速发展，信息产业和第三产业快速发展，重新拉大了发达国家与发展中国家（包括中等发达国家）之间的距离。加之发达国家对发展中国家中的大部分国家实行技术封锁，甚至还有许多国家遭受经济封锁，从而使众多发展中国家和中等发达国家很难在技术上跟上发达国家的发展步伐。另外，发展中国家和中等发达国家基本都置身于第三次产业革命之外，原因就在于缺乏人才，工业和技术基础相对薄弱。

因此，中国以及其他发展中国家，在基本或已经实现工业化后，今后的发展战略就是实现发达市场经济国家的目标。

要实现这一目标，中国就必须解放劳动力，实现劳动力的自由流动、自由创业、自由择业、自由居住；改善现行企业制度，大力发展本国企业，不断壮大内力经济；积极推动城市化发展，扩大城市辐射作用，带动中国区域经济发展，消灭三大差别；努力扩大就业，实现充分就业，不断提高劳动力的收入水平及人均收入水平，切实加强劳动保护；创造制度环境，大力发展科学技术，扩大国内市场，实现与发达国家的水平分工和交叉分工（参见第七章科技有关内容），拉长产业链，大力发展现代服务产业；大力发展教育，完善教育制度，培养大批高素质的各类市场经济所需人才；建立自由市场经济制度或信用经济体系，积极推动政府改革，实现信用政府、高效政府的目标。

第二章
劳动力

劳动力是指具有一定知识、技能、体能、处在法定工作年龄年限的人。

人是社会的人。不具有社会特征的人是不能成为劳动力的。拥有人的社会性，学习了科学技术文化知识，并以社会人的思维逻辑进行思维，这是劳动者首先要具备的特质。每一个社会人都拥有一定的技能。这种技能包括工作的技能和生活的技能。每一个人的技能都有多少和高低之分。一个人如果没有健康的身体，就谈不上健康的体魄，生来就要躺在病床上，并确定为无法从事一般人的生活、学习和工作，也就无法成为现实的劳动力。所以拥有健康的身体，即可以进行基本的独立生活和工作的人，是成为劳动力的先决条件。最后，一个人要真正成为一个合格的劳动力还必须获得所在国家法律的认可。中国对未满十六周岁的人，确认为未成年人；对已满十八周岁的人，确认为中华人民共和国的正式劳动力，可以从事法律认可的任何工作，否则该劳动者就是非法劳动者。政府对雇用未成年人劳动的雇主给予法律的制裁。

一、人类劳动能力的进步

1.人类劳动能力的历史进步

距今 5000 到 7000 年的仰韶文化展现出新石器的文明，此时人类的生产力已有相当大的提高，一个劳动力的劳动成果不仅能满足自身的需要，还有少量的剩余，这是新石器给人类带来的成果。到此时，人类实现由野蛮文明向现代文明的转变，即人类第一次认识到自己能创造出比自身消费产品还要多的产品。从此人类的大规模生产活动开始起步，向着满足人类更高消费需求挺进。

人类从认识自我劳动能力开始发展到对其他事物认识能力的提高，即借助动物的生长、繁衍能力，提高劳动生产率。随着人类采集业的发展，人类开始认识到植物的再生能力，并开始发展农业生产。农业生产是利用植物的再生能力，扩大植物的种植面积，以此获得更多的作物收成，满足人类的消费需求。

而人类劳动能力的延伸是通过发明创造先进生产工具实现的，并随之改进人类的生产和生活方式。发明利用了矛、弓箭、锄头、刀、铲、槌、镰等劳动工具或武器；发明了陶器、瓷器，用来汲水、烧食物、储藏食物等；发明水车灌溉或磨粮食，制造风车灌溉耕地；发明帆船、畜力车，解决运输问题；对火的利用，改变了早期人类饮食习惯，人类由吃生食物到吃熟食物，减少了疾病，延长了寿命等。人类还发明了语言，如汉语、阿拉伯语、拉丁语等语言信息系统；利用了各种能传递语言的工具，如泥板、甲骨、竹简、布帛、纸张等。

古代人类为我们创造了灿烂、辉煌的文明，为人类近代的大发展打下了坚实的基础。

十八世纪中叶前后，英国爆发了第一次工业革命。这次工业革命主要进行了工作机的革命，延伸了人类手、脚的工作能力，如纺车、纺纱机、蒸汽机的发明。此外还发明了火车、汽车、电信、轮船等。

二战后人类展示改造自然的方式发生了变化。此前，人类展示劳动能力的方式是凭借参加生产、生活实践的经验，在不断总结和创新的基础上，推陈出新，发明新的产品，创造出人类征服自然，改造自然的能力。这些都是人类劳动经验智慧的最集中表现。以往人类的发明创造是遵循一个简单的模型，即人类的生产、生活实践活动→经验总结→人类的发明创造；而现代社会，这一模型改变为：人类的理论指导→生产、生活实践活动→人类的发明创造。从现代的发明创造模型看，人类有相当一部分重要的发明创造，是在理论的指导下获取的。如果没有理论的指导，人类将无法拥有这些发明和创造。如人类在当代拥有的几个方面的重要科技成果：生物工程、信息技术、航天科技、新材料、新能源，海洋工程等，均是在理论的指导下获得突破性的进展。

从这一点来看，人的思想和理论在许多方面已经走到了实践的前面，指导人类在新的发明创造时少走弯路，减少投入，获取更快更好的效应。

2. 充分发挥劳动力的经济力量

劳动力的经济力量包括两个方面：生产力量和消费力量。任何一方面力量没有得到充分发挥，都说明劳动力的经济力量没有得到发挥，一国经济就存在问题。

中国是一个人口众多的国家，拥有 13.2 亿人口，有 8.7 亿劳动力；农村有 5.7 亿劳动力，城市只有 3 亿。这些人口和劳动力是中国最大的资源，也是中国最宝贵的财富。英国古典政治经济学创始人配第在《政治经济学原理》中指出："人口少是真正的贫穷，有 800 万人的国家要比领土面积相同的而只有 400 万人口的国家富裕一倍以上"。这一点被中国几千年的封建社会所证实。中国唐朝时期的劳动生产率比当时的欧洲、中亚等国高不出 30%，但是当时唐朝展现出来的富裕程度却比欧洲、中亚的最富有国家的富有程度高出不止 1 倍。原因何在？原因就在于众多的人口和劳动力。即使是当今日本的人均国内生产总值（GDP）比美国高出 20%—30%，但是美国有 3 亿多人口比日本 1.26 亿人口出一倍多，因此美国经济实力在总量上比日本高出一倍多，美国是当今世界霸主。

亚当·斯密早就提出："学习一种才能，需受教育，需进学校，需做学徒，所费不少。这样费去的资本，好像已经实现并且固定在学习者的身上。这些才能对于他人自然是财产的一部分，对于他所属的社会，也是财产的一部分。工人增进的熟练程度，可和便利劳动、节省劳动的机械和工具同样看作是社会上的固定资本"[①]。美国经济学家舒尔茨在 1960 年指出："经济发展主要取决于人的质量，而不是自然资源的丰瘠或资本存量的多寡。"[②]

中国和其他发展中国家，最不缺乏的生产要素就是劳动力。只要把劳动力的经济力量发挥出来，中国以及其他发展中国家的经济就可以快速发展起来，市场就可以快速扩大起来。

---

① ［英］亚当·斯密：《国民财富的性质和原因的研究》，商务印书馆 1972 年版，第 257—258 页。
② ［美］舒尔茨：《人力资本投资》，《现代国外经济学论文集》（第八辑），商务印书馆 1984 年版。

二、人的天性：追求公平

1. 劳动力对公平的追求

中国约有 8.7 亿人口集中在广袤的农村，约有 5.7 亿劳动力。在南部和东部，平均每个农业人口只有 0.4—0.6 亩耕地（包括水田和旱地）；就是在北方，在人口集聚的农业区，人均耕地也只有两亩多。相对牧区，这种情况要好一些，人均占有的草地通常有 7.5 亩以上。人地如此紧张，户籍制度却将农业人口固定在狭小的土地上。由于受到人多地少的限制，农村人口只能维持温饱生活水平。要维持这种生活还必须是无欲无求，如果家人生病，或小孩读书，或改变一下传统的生活方式，都会受到捉襟见肘的可支配收入限制。

农业劳动力是富有创新精神的群体，不会被现实的生产、生活环境所限制。为了改变生产、生活的被动局面，大批农村青壮劳动力，自发地背井离乡，来到了城市，来到了工厂，追求改变生活的梦，打破传统和现实给自己确定的生产、生活方式。这是农民的伟大创举。

但是，入城农民的美好愿望却很难实现，因为他们几乎做不到同工同酬。原因就在于户籍制度是离乡不离土，他们几乎被拒之城市之外；加之入城农村劳动力大多文化水平较低，他们在城市所争取到的工作基本上是脏活、苦活、危险活、低收入活，就是这样的工作岗位，每一个岗位还有人在争，以致他们的工资增长十分缓慢。有位农村来的谢某，有一手好的木工技术，在某经济特区刚成立时来到特区政府工作，与其接触的人都称赞他的木工技术不错，为人诚恳，工作积极肯干；可是该特区建立已 27 年了，他仍然是农村户口，每月工资只有 1600 多元，而与他同时到特区政府工作的正式员工工资约是他的 10 倍。

在这种情况下，许多农民并没有却步，他们从微薄的收入中拿出相当一笔资金进行人力资本投资，参加各种成人教育，争取拿到更高的学历，或者学一两门职业技术。这些人占农村入城务工人员的约 20%。

我们还看到，同一单位或企业的员工都在一起工作，却有正式工、合同工和临时工的区别。正式工所获得的工资收入通常是合同工和临时工尽一生努力都无法达到的；合同工所拥有的地位和所获得的工资收入也是临时工要经过很长一段时间努力才有可能达到。这种社会劳动结构将劳动者无形中分成不同的层次，产生了不公平感，使同一单位或企业的员工，有些人有优越感，有些人产生了自卑感。而一家企业或单位的临时工或合同工多数是农民工。

市场经济国家的个人收入和荣誉、社会地位应当建立在个人能力和贡献大小的基础上。但是，中国由于处在市场经济发展的初级阶段，市场经济制度还不完善，市场调节机制还没有充分发挥作用，加之社会陋习论资排辈、血缘关系、小集团关系、学历高低、性别和外表等都起着重要的作用。而劳动力的实际能力、业绩、综合表现处于次要的地位，甚至根本不起作用。这些非市场经济的做法是几千年封建社会等级观念和做法在现代经济社会中的表现。这些都加剧了农民到城市谋生后遭受的不公平。

凡此种种，都是现行市场经济制度不完善，导致社会用工制度不公平。这些不公平导致社会歧视农民，歧视低学历劳动力，歧视低层劳动者的结果。

美国的刘易斯和托克维尔在研究这种歧视文化时指出："歧视会削弱被歧视群体和特权群体工作和学习的动力"。从现实看，这番话是说给我们听的，我们确实创造了这样一种效果。

从另一方面看，如果"勤奋得不到好处，懒散也不会受到惩罚"[1]，社会不公平现象就滋生蔓延，必将导致有特权的人好逸恶劳。这些人依靠特权吃饭，而不是个人的才能和贡献。这种情况对于勤奋的人来说，无异于严厉的惩罚，使他们也变得懒散。

当农民面对这样一种社会现实时，他们在追求平等、公平的过程中采取了相应的行为，如他们要求同工同酬、提高工资，要求改善工作环境，要求解决劳资纠纷，要求按时按量发放工资等；他们的行为基本是被迫的，如以死相要挟，劳资对立，偷盗，破坏劳动工具，消极怠工，制造废品，对企业毫无感情等。

中国的莘莘学子到国外求学是在追求教育公平；多数偷渡人蛇到国外去谋生是为了追求工作机会和生活水平的提高；许多留学人员在毕业后仍然申请留在国外同样是追求工作机会和生活水平的提高；多数大学毕业生寻求留在大中城市，寻找好的企业或工作单位，同样在追求工作机会和生活水平的提高；人们在不断地变换工作单位或工作地还是为了追求工作机会和生活水平的提高等。

---

① 唐世平：《社会流动、地位市场与经济增长》，《中国社会科学》2006 年第三期，第 93 页。

2. 不公平的存在和消除

世界上任何一个国家，不论这个国家是什么社会形态，不论这个国家是发达国家还是不发达国家，不论这个国家是大国还是小国，都存在这样或者那样的不公平。有时原有的不公平解决了，新的不公平又出现；有时原有的不公平还没有解决，新的不公平又产生了，甚至累加到原有的不公平之上，导致不公平的加深。不公平本身并不可怕，可怕的情况是我们对不公平现象的熟视无睹和不公平现象的不断累加，以致我们无法及时解决这些不公平。每个国家在任何时候都存在不公平，但是存在程度上的差异。不公平在刚刚产生出来时是解决问题的最佳时期，在不公平发展到严重程度时，问题解决起来就会牵涉到方方面面，解决的难度也在加大；不公平如累加到很深的程度可能引发社会的不安定，此时解决问题也是最困难的。

关键是我们如何时刻把握解决问题的最佳时期。不完善的市场经济制度本身就在不断地创造出不公平。在不完善的市场经济制度环境下，政府时刻绷紧每一根弦，也无法追踪各种不公平。因此我们应当建立一种机制，而这种机制是在市场经济环境中可以自发地消除已有和新产生的各种不公平，只有少数不公平遗漏下来，这样才会出现基本公平的社会，让绝大多数人都能发挥出主观能动作用。

众所周知，英国在资本主义发展初期出现了"圈地运动"，大量的佃农被土地放租者收回了土地，土地改种牧草，大量发展养羊业，以便为英国新兴毛纺工业提供充足的羊毛，一无所有的佃农只能进城当工人。这些英国佃农进城后，我们从现有的英国历史中并没有发现这些工人出现不稳定，如罢工、反抗等。原因何在？实际上资本主义国家在其发展历程中都面临这样一个问题，即每个国家最初都是农业国，国家经济以农业为主，在迈向发达国家的历程中都必须大规模地将农业人口转变为产业工人。但是，所有资本主义国家走的道路不尽相同，只有英国走的道路引起了世人的关注。英国在摸索自己前进道路时，没有解决好发展畜牧业与农民权益维护的问题，引起了社会的严重不公平，"圈地运动"遭到了世人的唾弃和鞭挞，而其他资本主义国家在跨越这一阶段时，充分吸取了英国的教训，过渡得比较平稳，没有引起新的社会不公平。

不管是走了一段弯路的英国，还是顺利渡过这一阶段的其他资本主义国家，他们都有一个自动消除不公平的机制，消除社会转型期的不公平，使国家平稳或者较平稳地过渡到下一个发展阶段。这个机制就是国家为每一个公民创造出公平竞争机会。这个公平竞争机会就是各资本主义国家以制度的形式规定每个劳动力都有自由流动、自由创业、自由择业、自由居住的权力。一个正常的劳动力只要能够充分利用社会为其提供的各种资源和机会，他或她就能实现个人的抱负或者理想，实现自己的创业或就业。而这一公平竞争机会包含公平的生存机会、学习机会、就业机会、个人才能施展机会，以及对不合理市场经济制度的调整机制。即使国家在某个历史转型时期，引发了某些不公平，通过这套完整的制度，许多不公平就会在一定时期和程度上抹平，国家又步入正常的发展轨道。

任何国家在转型过程中，无法避免不公平事物的出现，问题的关键是一个国家有多少自愈能力，以及国家制度及时调整的能力。如果一国自愈能力很强，建立了公平竞争机制，政府在民众和自我监督下，对以往制定的法律、法规和政策进行检讨，很快对造成不公平的法律、法规或政策进行调整，这样不公平的问题也就随之消除。如果一国没有建立公平的竞争机制，自愈能力很差或者根本没有，那么这个国家就缺乏免疫力，不公平的事经常发生，而且不公平的信息司空见惯，得不到及时反馈，政府只对一些迫在眉睫的问题做出一些反映，不公平的问题不断累积、加重，最终该国家爆发不稳定，出现政局动荡。居于两者之间的国家在不断地建设公平竞争制度，国家政府亦能对多数不公平作出一定的反应，法律、法规或政策亦能作出一定的调整，所以一些不公平问题得到及时解决，一些不公平问题得不到及时解决，只有部分不公平问题积压下来，但最终都会解决。可以说绝大多数发展中国家是处在这样一种状况，而发达国家是第一种情况。至于第二种情况只是少数国家，如伊拉克、阿富汗、索马里、海地等。

因此，所有市场经济国家应当建立公平竞争机制和完善市场经济制度的调节机制。发达国家在这方面先行了一步，当然这并不是说发达国家就没有什么可以做的了，或者是拥有公平竞争制度这一有效机制就万事大吉了。实际上，人类总在不断地前进，不断发展之中，发达国家目前虽然建立了这一制度，并不是说这些国家都处在同一水平上，而是每个国家不尽相同，各有千秋。有些发达国家某些法律、法规和政策制得不好，但是要多年后才能显示出来，等显示出来时已经造成了巨大的创伤，而且在很长一段时间才能弥合。如美国前几十年的金融政策，以及伊拉克和阿富汗政策就是如此。从世界范围来看，发达资本主义国家国内政治、社会相对较稳定，当然也存在一些波动，而这些波动与其经济周期波动基本相吻合。不吻合情况较多半是由于政治、军事、文化、宗教等方面的因素引起的，而吻合的情况基本上是由于经济周期所引起的，两者有交织的情况。

发展中国家的政治不稳定有许多是与经济危机相吻合的；但不吻合的情况要比发达国家高出很多。许多不稳定的情况是经济、社会、政治、军事、文化、宗教等问题交织在一起，经济原因为最根本原因，使问题很难一下得到解决。这种复杂局面的形成都是不公平制度导致的结果。因此问题的解决还必须从不公平制度着手，借鉴发达国家消除不公平的机制，结合中国的特点，建立起完善的市场公平竞争制度，形成自动消除不公平的制度机制。

人追求公平的天性是市场经济发展的原始动力之一，我们要充分利用好经济发展的原始动力，创造出公平竞争的市场经济制度，让所有劳动力充分展现他们的知识、能力和发明创造，形成为社会创造财富的巨大人群，并使他们获得市场的高回报。

三、人力资本的增加

"人力资本是指通过对人的教育、培训、实践经验、迁移、保健等方面的投资而获得的知识和技能的积累。"[1] 在这一概念中我们可以看出，所谓人力资本是强调劳动力所受的教育和培训、医疗保健。教育和培训为劳动力带来了科学文化知识、专业技能，加上人的健康体魄就构成了人力资本的必要元素。基于这一概念我们可以将劳动力区分为拥有人力资本的劳动力和不具有人力资本的劳动力。

1. 人力资本的多寡决定一国经济发展水平

从人类的发展史看，拥有人力资本的劳动力和不具有人力资本的劳动力是变化的，不是固定不变的。随着人类社会的不断发展，历史上曾经拥有人力资本的劳动力到后一个历史时期又变成了不具有人力资本的劳动力。如1949年以前，中国人能受到初中教育的劳动力就已经是具有人力资本的劳动力了。因为那个年代能接受初中以上教育的人口只占中国人口总数的7%以内。因此受到小学、初中教育的中国劳动力均属于拥有人力资本的劳动力，他们是当时推动中国经济社会发展的知识分子。但是到了21世纪的今天，中国大中城市企业招收新员工的

---

① 刘树成主编：《现代经济辞典》，凤凰出版社、江苏人民出版社2005年1月版，第849页。

标准要求应聘者的最低学历是高中，其他中小城市一般也在初中以上。

表 2—1　中国人口教育水平变化（万人，%）①

	1964 年	1982 年	1990 年	2000 年	2008 年
6 岁及以上人口	55542	88978	99409	117953	1106434
大专以上	0.52	0.68	1.58	3.88	6.7
高中及中专	1.64	7.48	9.04	11.96	13.69
初中	5.82	20.03	26.50	36.45	40.93
小学	35.26	39.94	42.27	38.31	31.17

从 2—1 表中我们可以看到，在 1964 年受过初中、小学教育的劳动力就已是拥有人力资本的劳动力，但是到了 1990 年以后就已经不是了。因为中国经济社会已较 1964 年有了很大发展，众多的企业、政府、事业单位的劳动者普遍受教育程度都是在高中或高中以上文化程度。要想适应这些工作岗位的要求，应聘者起码要接受过高中或高中以上文化教育。这一现实告诉我们，随着中国经济、社会的发展，对劳动力受教育程度的要求是在不断提高。以往接受过小学或初中教育的劳动力在 50 年前是拥有人力资本的劳动力，到了 2000 年后就是没有任何人力资本的不合格劳动力。现代社会拥有人力资本的劳动力通常是指获得中等职业教育以上学历的人才（普通高中毕业生主要缺乏职业教育）。

当然，我们不能仅凭一个人受正规教育时间的长短来确定一个人的真实知识水平和能力高低，那样做只能是错误的。因为一个人的知识水平和能力高低是在变化的，生产和生活实践本身就是一个大课堂，它在不断地教育人类和改造人类。人类的科学文化知识都是来自生产和生活实践，学校正规教育所传播的科学文化知识，也是来自人类的生产和生活实践。但是，教育能使年青一代在较短的时间内掌握人类多年积累的科学文化知识，可以让后来的人站在前人的肩膀上，加快探索，创造出新的科学文化知识，加快经济、

---

① 资料来源：《2000 年第五次全国人口普查主要数据》，中国统计出版社 2001 年 6 月版；《中国统计年鉴—2009》，中国统计出版社 2010 年版。

社会前进的步伐。

人力资本是随着一个人的不断学习、终身学习而不断增加。人类永远在不断地实践、学习、探索、前进。但是人类的前进不是匀速的，时而前进缓慢，时而前进加快。从总的历史进程来看，人类在发展的初期前进十分缓慢，以致几百万年过去了，人类还在为最基本的生存苦苦奋斗；到了近代，虽然只有几百年，可是人类的前进步伐明显加快，创造力大大提高了。二战以来，人类前进的步伐再度加快，在短短60多年创造出近代几百年都无法创造出的财富。

在可以预见的未来，我们可以断定：人类前进的步伐将会继续加快。这预示着人类所拥有的人力资本将会快速增长，知识创新、知识积累、科技发展将出现新的高速发展时期。

由此我们得出结论：今后一国经济社会发展是否会落后于他国，取决于该国人力资本的多寡和质量的高低。如果一国人力资本多，质量属世界一流，那么该国就是发达国家；反之就是发展中国家。

2. 中国要加快人力资本积累

二次世界大战后，各发达国家首先认识到人力资本对一国经济社会发展的重要性，因此这些国家不遗余力地大力发展教育，尤其以日本、英国、加拿大、法国、美国、澳大利亚为代表。在发展中国家中，则以泰国、韩国、印度为代表（参见表2—2）。但是这些发展中国家的教育经费占国民生产总值的比重和绝对额都与发达国家有相当大的差距。

表2—2 各主要国家公共教育经费占国民生产总值比重（％）[1]

国家和地区	1980	1985	1990	1995	1996	2007
世界总计	4.8	4.8	4.8	5.2	4.6	4.7
中 国	2.5	2.5	2.5	2.5	2.5	2.4
美 国	—	4.9	5.2	5.4（1994 年数）	5.33	5.4
日 本	5.8	5.0	4.7	3.6（1994 年数）	6.89	6.7

---

[1] 资料来源：Filer, R.K.D.S. Hamermesh and A.E.Rees, 1996, *The Economics of Work and Pay*, New York ；Harper-collins Publishers, p.86。

续表

英　　国	5.6	4.9	4.9	5.3	5.6	5.6
法　　国	5.0	5.8	5.4	6.1	5.7	5,8
加 拿 大	6.9	6.5	6.8	6.9（1994 年数）	6.8	6.9
澳大利亚	5.5	5.6	5.3	5.5	4.53	4.6
俄 罗 斯	3.5	3.2	3.5	3.5	3.77	3.8
印　　度	3.0	3.5	3.9	3.3	3.25	3.4
菲 律 宾	1.7	1.4	2.9	3.0	2.54	3.1
泰　　国	3.4	3.8	3.6	4.1	4.23	4.2
新 加 坡	2.8	4.4	3.0	3.0	3.7	3.9
韩　　国	3.7	4.5	3.5	3.7	4.63	4.5

发达国家对教育持续、高比重、超大额的投资获得了高额的回报，参见表 2—3。

表 2—3　美国 1940—1993 年间 25 岁以上成年人的受教育情况 [①]

年份	受过高中教育的百人所占比例			受过大学以上教育的百人所占比例		
	全部	男性	女性	全部	男性	女性
1940	24.1	22.3	25.9	4.6	5.4	3.7
1950	33.3	31.5	35.1	60	7.1	5.0
1960	41.0	39.4	42.5	7.7	9.6	5.8
1970	55.2	55.0	55.4	11.0	14.1	8.2
1980	68.6	69.2	68.1	17.0	20.9	13.6
1990	77.6	77.7	77.5	21.3	24.4	18.4
1993	80.2	80.5	80.0	21.9	24.8	19.2

---

① Filer, R.K.D.S. Hamermesh and A.E.Rees, 1996, *The Economics of Work and Pay*, New York ; Harpercol-lins Publishers, p.86。

从上表中可以看到，美国在教育方面的投资大幅度增长，推动了美国人力资本的增加。其中受过高中教育的 25 岁以上成年人在 1993 年占到人口总数的 80.2%，比 1940 年增加了两倍多；而受过大学教育的 25 岁以上成年人，在 1993 年占到全部人口的 21.9%，比 1940 年增加了 3 倍多。美国受过 12 年以上教育的人口持续增长，也给美国的就业市场带来了很大的变化。在 20 世纪 70 年代后期，美国就业人口中白领就业人数超过了蓝领就业人数。国家经济也出现了持续的高速增长。尤其在进入 20 世纪 70 年代以后，由于美国长期的人力资本集聚，最终引发了美国的信息产业革命，将 20 世纪美国经济的发展规模、速度都提高到前所未有的水平，巩固了美国在经济、军事、政治、文化等方面的霸主地位。

中国和其他发展中国家则是另外一番景象，即发展中国家是多生产 100 件生活消费品，还是多培养一个人才，许多发展中国家在这之间摇摆不定，通常是选择前者。虽然时至今日，众多的发展中国家都认识到培养人才，积累人力资本的重要性，但是往往在 100 件生活消费品面前退却，使一国教育发展不起来。因此，发展中国家的教育投资一方面波动较大，另外一方面就是教育投资在国内生产总值（GDP）中所占的比重提不上来，有些年份甚至是下降的。

各国相继采用有利于经济社会发展的法律、法规和政策，如发展科学技术，推动工业和服务业发展，促进国际贸易，走向开放式经济等。但是，我们还看到，发达国家在经济自由化的同时，有一个相伴而生的开放是对人的开放，自由化是人的自由化。

但是，中国封建社会延绵几千年，存在很多的佃农①、长工②，尤其是自耕农③，这些农民耕种的土地以及所生产的粮食，占到当时中国农地和粮食产量的 90% 以

---

① 佃农：是指那些自己没有耕地或有极少耕地，大部或者全部土地都是租入的农民。参见宋原放主编：《简明社会科学词典》，上海辞书出版社 1982 年 9 月版，第 498 页。

② 长工：亦名"长年"。中国旧时农村中受雇半年以上的劳动者；通常是指长期受雇的雇农。雇长工的主要是地主和富农。长工一般都在雇主家食宿，劳动时间较长，除了从事农副业生产之外，还兼做杂务，所受剥削极重。工资有的为货币，有的为实物，或两者俱有，亦有雇主给种小额土地以代工资。工资的数额视技术高低以及当地条件而定，但是最高的也不够养家糊口。参见：《辞海》经济分册，上海辞书出版社 1983 年 9 月版，第 15 页。

③ 自耕农："占有小块土地，以个体家庭为基本生产单位，以男耕女织或晴耕雨织为基本生产形式的农民。"参见：刘树城主编：《现代经济辞典》，凤凰出版社、江苏人民出版社 2005 年 1 月版，第 1295 页。

上，所以他们所代表的生产和生活方式就是中国封建社会的生产和生活方式。在这种生产方式下，农民使用牛、马、骡、驴等牲畜拉犁耕田，用锄头、铲、耙、耧等劳作，劳动力所需要的知识就是农业生产经验以及劳动力的体力，农民日出而作，日落而归，整日面对几亩、十几亩农田劳作，奔波在家与农田之间，完成农业、副业生产①。这种封建社会自给自足的经济形态我们称之为自然经济②形态。

在这种自然经济形态中，劳动力为了适应生产方式给自身所确定的生活方式，不得不把自己限制在狭小的空间范围内，充分利用自己的劳动能力，精耕细作，勤奋劳作，生产出更多的农产品和副业产品，保证在交完地租③后，能使家庭的温饱问题得到基本解决。在这种情况下，劳动者不需要太多的文化知识，因为他们的生产、生活方式限制了他们，他们的生活、生产知识也不需要专门的学堂灌输，只需从老一辈那里传承下来即可。因此，封建社会国家很少有学校，很少有人受过系统的文化知识教育。即使有学校传播文化知识，其内容也主要是文学、历史、伦理道德、思想史、宗教等方面的知识，极少涉及生产和生活方面的知识，或很少涉及自然科学方面的知识。此时人们所受到的限制或束缚是一种不自觉的行为，因为此时人类系统的自然科学知识还没有出现，一直停留在经验知识时代。因此，如果说此时某些人拥有人力资本（从自然科学看），只能是那些拥有较高手工技术和较多农业生产经验的劳动力。这种自然经济生产方式如今仍然影响着中国绝大部分农业生产。

---

① 封建社会时期中国农民基本上生产自己所需要的一切，包括粮食、房屋、布匹、衣服、蔬菜、食用或点灯的油。只有部分工具和手工业品需要从市场上购买。所以中国封建社会农户就是一个小的社会，拥有较完整的生产体系。而当时把农业生产以外的生产活动都称为副业生产，而把农业即粮食和其他农产品生产称之为主业。

② 自然经济："商品经济的对称"。"产品不是为了交换，而是为了满足生产者或经济单位（氏族、封建庄园）本身需要的而生产的经济。在原始社会、奴隶社会和封建社会里占统治地位。随着生产力的提高和社会分工的发展，逐渐被商品经济所替代。"参见：《辞海》经济分册，上海辞书出版社 1983 年 9 月版，第 7 页。

③ 地租：依靠土地所有权而获得的收入。在不同的社会形态下体现不同的生产关系。封建地租是封建地主所占有的农民的全部剩余产品（甚至包括一部分必要产品）。资本主义地租是租佃资本家交给土地所有者的超过平均利润的那部分剩余价值，体现土地所有者和租佃资本家共同剥削农业工人的生产关系。参见《辞海》经济分册，上海辞书出版社 1983 年 9 月版，第 42 页。地租又分为绝对地租和级差地租。绝对地租是土地所有者凭借对土地所有权的垄断所取得的地租，它是地租的基本形式之一。级差地租是指使用较好的土地所有权获得而转归土地所有者占有的那一部分超额利润，它是地租的基本形式之一。参见傅殷才主编：《新经济知识辞库》湖北人民出版社 1994 年 8 月版，第 667 页。

可是，中国目前已基本建立市场经济制度。市场经济社会形态从其诞生以来，就告诉我们经济社会发展不是少数人所能推动的，必须全社会劳动力共同参与。市场经济的发展伴随着科学技术的发展，自然科学知识成倍增加，新产品和新技术不断涌现，对劳动力的知识水平提出了越来越高的要求。这样劳动力在就业前就必须接受科技文化知识的教育，否则就无法适应就业岗位对他或她的要求。同时市场经济社会对劳动力的知识文化要求是多方面的，不断变化的，有许多还是高标准的。因为市场经济给劳动力带来的职业种类是千万种，为了适应就业要求，一个人不可能一生只从事一种职业，往往会随着机遇的不同，地域的不同，时代的不同，劳动力偏好的不同，高收入的诱惑以及追求自我价值的实现，劳动力往往会从事多种不同的职业。为适应市场变化的要求，劳动力在由必然王国走向自由王国的征程中必须享有充分的自由，以便他们随时学习，不断提高人力资本，以适应市场不断提高的要求。

四、劳动力的发展环境

1. 劳动力的发展环境限制了劳动力的自由发展

在城市，人们同样受户籍制度和人口地域流动政策的限制，导致现代城市也存在这种传统思想的影响。如子、孙都传承父母或祖辈的职业，如当公务员、木工、车工、裁缝、鞋匠、建筑工、个体户等。

中国拥有世界最多的劳动力，但没有为劳动力的发展提供最有利的环境，一般情况是劳动力围于在制度限制下很少流动。

在城市，学生通常可以顺利通过9年义务教育。初中毕业后，情况就发生了变化，只有约80%的学生可以顺利升入普通高中，也就是说有20%的学生面临淘汰，他们只能进入社会，等待自己的年龄达到法定的工作年龄为止，再步入工作岗位（年满16周岁就可以外出务工）。进入高中阶段学习的学生，在毕业时就面临高考的考验，大约有50%[①]的学生能顺利通过高等教育入学考试，并进入

---

① 大城市、中心城市的高中毕业生通常有70%的学生可以考入大学，但中小城市的高中毕业生能考入大学的比例则低于50%。

大学学习。余下的约三分之一高中毕业生步入工作岗位；还有三分之一的学生复读，准备来年的高考；剩余的三分之一学生则进入各种成人高等院校学习。在大学生中，只有读本科的学生在毕业时才有机会报考硕士研究生。每届约有7%的本科毕业生考取硕士研究生。约有14.5%的硕士研究生考上博士研究生。无论在大学的哪个层次上毕业，这些学生都面临寻找就业岗位的问题，而后从事人生中真正的工作。所以城市的每一个人，从出生到大学本科毕业，每人约有30%—35%的概率步入制度给他们安排的人生轨迹；如果没有抓住此次机会，落伍的学生只能再次重来，否则就变成了社会弃儿。所以城市所有新生代，从出生开始就为这30%—35%的机会一直奋斗到约23岁。

在农村，学龄前儿童极少能进入幼儿园，到了读小学的年龄，有少数学龄儿童不能如期跨入学堂。"1999年我国农村的小学与初中文化程度人口在总人口的比例为72.39%，高中文化程度的人口占4.68%，大专以上文化程度的人口仅为0.32%，农村文盲率为13.8%"①。造成这一状况的原因是多方面的，首先农村人口过于分散，学校又不足，边远地区更是如此。其次一些农民贫穷，子女无钱读书。2006年政府免除了农村九年义务教育学生的学杂费，基本解决了这一问题。从这些看出，每个农村新生儿自出生就已基本决定了自己为新一代农民，要跳出传统务农职业，只有考大学这一条道路可走（参军转业后，仍要回到农村），而每个农村孩子成功的几率只有11%。

2. 建立人力资本增长环境

城市和农村就业人口，都受到了传统思想的深刻影响。传统思想源自传统家庭观念，即孩子是父母的，必须将孩子养到参加工作为止。所以在子女无法自己谋生时，父母就希望子女继承他们的事业。传统的家庭思想同样影响到政府的行为，允许企事业单位照顾职工子女进入企事业单位工作，很少综合考虑劳动力的发展。一个人在青少年时期学了什么，学了多少就决定了这个人一辈子。所以我们把一个人的前途全部押在了这个人的青少年时期，大多数青少年都被沉重的书包压弯了腰。

20世纪80年代以来，发达国家加快了产业升级和转型的步伐，推动在岗和下岗的劳动力加速自身的培训，以适应工作岗位的要求。为此发达国家出现了终

---

① 蔡昉、张东伟：《人口将给中国带来什么》，广东教育出版社2002年9月版，第14—15页。

身教育、在职教育的勃兴。终身教育和在职教育并非空穴来风，是由于第三次产业革命加速了科学技术发展、技术产品更新，推动了产业或企业的技术升级，劳动力在这一大趋势面前，只能加快自己的适应步伐，其途径就是接受再教育，以求跟上时代前进的步伐，否则就被时代淘汰。一个被淘汰的人，就加入了失业的行列。这种失业为结构性失业①。

因此，中国要建立良好的劳动力发展环境，推动劳动力的知识升级、转型。今后中国劳动力强，则中国强；劳动力弱，则中国弱；劳动力人力资本快速增加，推动中国经济快速转型和发展，甚至可能出现中国经济转型引领世界经济转型。

要建立良好的劳动力发展环境并不容易，因为这是一个庞大的系统工程。首先必须建立健全劳动力成长、发展、实现自我价值的制度环境。我们要取消现行的户籍制度，让人口自由流动起来，让劳动力自由创业、自由择业，让人口自由居住，从制度上建立公平自由竞争的环境，给予劳动力实现自我价值的自由环境；使劳动力获取高额工资收入，能负担家庭的各种开销，拥有人力资本提高的资金；让劳动力享有法定的休假，可以自我提高；消除家庭分居和农村留守子女现象。

其次，建立健全国民教育体系。国民教育体系包括幼儿教育、中小学教育和大学教育（具体论述参见本书第八章教育）。

再次，建立健全多层次的社会教育体系。国民教育体系是国家建立的正规教育体系，此外还有相应的社会教育体系。其包括：一是家庭教育。如今的家庭教育，主要停留在少年儿童成长过程中的各个基础阶段的补充教育上，如幼儿园教育、小学教育、中学教育的家庭辅导教育，主要是家庭作业辅导。这是国民教育制度绑架了各家庭的父母。实际上，父母应当是子女的伦理道德、遵纪守法、开拓进取、人格范式、志向爱好等方面的启蒙老师，而目前我们的家庭教育在国民教育制度下基本缺失。今后，我们急需恢复家庭教育。

二是企事业单位教育。企事业单位都有自己的文化、组织结构、规章制度、专有知识等，这些都必须让每一个新加入到企事业单位团队的成员了解，以便企

---

① 结构性失业："是指由于经济结构的变动，要求劳动力的流动能迅速适应这种变动，但劳动力市场结构的特点及劳动力的流动不能及时适应这种变动而产生的失业。"参见：吴振坤主编：《市场经济辞典》，学苑出版社1999年2月版，第651页。

事业单位总能按计划正常经营运作。另一方面市场竞争是激烈的、无常的，要不断提高企事业单位的核心竞争能力，只有加强职工的在职培训，不断地提高员工的人力资本，才能增强企事业单位的核心竞争力。

三是终身教育。它包含在企事业单位和自我教育之中。同时，要实现终身教育还需要一国的高等院校、科研机构、企业、政府以及所有科研人员共同努力，不断取得研究或发明创造的成果，通过高等院校以及其他一切培训机构将这些最新的科学文化知识传授给所有需要这些知识的劳动者，使他们不断增加人力资本，改变"长江后浪推前浪"的模式，形成长江前浪推前浪的格局。

四是自我教育。在此提出自我教育，主要针对这些年来国民教育体系基本建立在被动教育上，而不是受教育者主动接受教育。所以学生缺乏学习兴趣，普遍出现叛逆现象。而且叛逆现象出现几种发展趋势：其一学生叛逆的年龄不断趋小。原来学生的叛逆出现在高中一、二年级，后来变成初中三年级，接着降为初二、初一，如今小学五、六年级的学生就出现叛逆。其二学生叛逆的规模越来越大。最初只有少数学生，到目前同龄学生中的绝大部分都出现叛逆。其三叛逆向厌学方面发展。原因就在于现行考试型教育制度导致教师只能采取"填鸭式""满堂灌"教学方式，学生被动地囫囵吞枣，毫无学习兴趣，更缺乏对知识的理解。现实也告诉我们，这样的教育制度很难培养出有创新和开拓能力的人才。这种教育基本扼杀了学生学习的主动性。其四学生的抵触情绪不断增强。这种抵触情绪主要针对家长和老师。其五学生日趋缺乏自我思考能力。他们更多地将书本知识照排在脑海中。所以我们提出自我教育，激发学生的自我学习意识，改变目前灌输知识的方式（具体请参阅第八章教育）。

五、劳动力的自由流动

劳动力的自由流动是指劳动力在自主的基础上，不受任何制度限制，离开原来的工作和居住地，迁移到另一地工作和居住的行为。

1. 劳动力的自由流动可以提高一国的生产力

俗话说"树挪死，人挪活"。正常人的流动不是随意的，而是"人往高处走，水往低处流"。如果劳动力的流动使自己的工作环境得到改善，工资收入得到提高，使家庭生活水平得到提高；而没有流动的劳动力由于他人流动使自己的工作环境得到改善（如农业劳动力到城市谋生，将自己耕种的农田转让给留下的劳动力耕种），增加了收入，改善了家庭生活，那么说明劳动力自由流动推动了劳动合理化分工，劳动力要素实现了合理配置，提高了社会生产力。相反劳动力不流动，一国根本无法实现劳动力要素的合理化配置。所以劳动力自由流动对国家、农村、城市都是好事，不是坏事，应当鼓励，不应限制。

2. 中国户籍制度的沿革

户籍制度在中国源远流长。公元前 359 年，秦孝公任用商鞅实行变法。变法的重要内容有：采用李悝《法经》作为法律，编造每五家为"伍"，每十家为"什"的户籍制。商鞅是在秦国乃至中国实行户籍制度的鼻祖。户籍制度解放了秦国的农业劳动生产率，为秦国统一中国打下了坚实的基础。秦国目睹了这一制度所立下的汗马功劳，自然不断完善这一制度。当然最初的户籍制度随着国家的统一，非边疆区域军事作用的消退，随之而来加强统治的作用不断显现。可以这么说，在科学技术落后的封建社会，能确保如此庞大国家的安全和政府有效的统治，户籍制度有不可磨灭的贡献。

中华人民共和国成立以后，一直沿用了这一套行之有效的制度。这一制度，在中国现代史上曾经起到了积极的作用。因为新中国成立以后，中国是一个十分落后的农业国家，人口众多，国土面积很大，多年的战争使人口流离失所，大片国土荒芜，加之帝国主义的侵略、蚕食、渗透等需要人口戍边、屯田，更重要的方面是农业占中国经济的 93%，工业十分落后。这种历史现实不允许中国放弃户籍制度。当然新中国最初实行户籍制度，管理宽松，只要城市企业招工，农业户籍人口可以迁往城市。所以这套制度使中国迅速安定了全国人民，医治了战争创伤，恢复了生产，保障了供给，增加了积累，推动了中国工业的快速发展，城市的进步，经济的快速发展等。此后我们一直沿用这套制度，并将制度固化了。

3. 市场经济制度需要劳动力自由流动

户籍制度是与封建社会、战时经济、农业经济占主导的经济、经济恢复、计划经济相连接的。当一国推行市场经济制度后，户籍制度就应退出现行制度。

老牌资本主义国家的户籍制度早在几个世纪以前就废止了。因为资本主义生产方式要战胜封建社会生产方式就必须为市场经济插上飞翔的翅膀，这个飞翔的翅膀就是自由流动的劳动力。自由流动的劳动力充分发挥主观能动性和创造力，推动市场经济快速发展起来。

市场经济制度赋予劳动力的自由，等于赋予了市场经济自由，使市场经济变成真正意义上自由市场经济。因为没有劳动力的自由，也就没有市场经济的自由，也就没有市场经济国家的自由，经济社会发展肯定受到极大的限制，人民无法发挥自己的才能，不能全力创造财富，也就不可能真正富裕起来。

目前在中国拥有自由流动、自由创业、自由择业、自由居住的劳动力都不是地道的中国公民，而是那些拥有外国国籍的外国人和华侨。他们可以到中国的任何一个省、市、自治区，或任何地方工作、投资、定居等，他们是真正意义上的市场经济的自由人，只有他们在全力推动中国市场经济的发展，而13亿中国公民只起到了辅助作用，没有真正站在市场经济的舞台上。

有人可能会说有部分人拥有流动的自由，如高职称人员、大学毕业生等。实际上他们也没有流动的自由，同样受到户籍制度的限制，充其量他们拥有部分流动自由。因为他们在找到合适工作单位之后，可以将他们的户籍随迁到工作单位所在的城市，但他们的配偶、子女则不一定能享受如此待遇，所以出现夫妻两地分居，子女与父母、老人与后代分居的现象，父母对子女的监护权，子女赡养父母、祖辈的权利都被户籍制度阻断了。

市场经济制度条件下的就业对任何一个就业者，哪怕是高级知识分子，都只是人生旅途中的一个驿站，就业者随时可能步入下一个驿站，找到更好的工作，但是户籍的迁移可不是一时半刻能够办到的，甚至根本不可能迁移。而一个不在户籍地工作和生活的人遇到的不便和尴尬是经常发生的，如出国办理护照，办理暂住证，个人档案保管，劳动保险购买和延续，住房购买，子女入托、读书、考大学、就业等等，可以说有面对不完的难题和尴尬。

至于除知识分子以外的绝大多数中国人，如农民、工人等，他们基本上没有流动的自由，他们只能面对歧视。

限制劳动力自由流动的户籍制度，导致了城乡二元经济，分配上的二元分配—同工不同酬，沿海与内地发展上的差距，以及城市之间、地区之间差距的拉大。

　　1948 年 6 月，萨缪尔森在美国《经济杂志》发表的一篇文章 [①] 指出："自由贸易不仅使两国的商品价格相等，而且使两国生产要素的价格相等，以致两国所有的工人都能获得同样的工资率，所有的资本（或土地）都能获得同样的利润（或租金）报酬，而不管两国生产要素的供给与需求模式如何。"可是，从 20世纪 70 年代开始中美两国就恢复了贸易。此后双边贸易快速增长，到 2007 年，美国是中国的第 2 大贸易伙伴，其中中国向美国出口 2 327 亿美元，中国从美国进口 693.6 亿美元 [②]。可是到 2007 年中国的人均国民收入只有 2 360 美元，而美国的人均国民收入 46 040 美元 [③]，中国人均收入只有美国人均收入的 5% 多一点。即使是中国专门经营对美贸易人员的年均收入也只有美国人均收入的 8%—9%。从十七世纪开始，非洲就与西欧各发达国家进行着所谓的"自由贸易"，直到今日非洲仍然与西欧各发达国家进行着贸易，但是非洲的人均工资收入只有西欧各发达国家人均收入的 3% 以下，可谓是天壤之别。而资本所获得的利息、土地所获得的地租也没有出现那两个国家趋同的现象。发达国家与发展中国家之间的贸易，也没有导致企业员工工资收入趋同的先例。此外，发达国家之间的国际贸易也没有出现两国职工工资收入趋同的事例。

　　但是，有另外一个工资收入趋同的实例就是欧洲共同体（European Community 简称 EC）。该集团最早成立于 1958 年 3 月，距今已有半个多世纪。在这半个多世纪里，该组织由最初的自由贸易区，发展成为今天的完全经济一体化 [④]。这其中产生过几次质的飞跃，但是最重要的一次飞跃是 1987 年 7 月 1 日生效的《单一欧洲法》（Single European Act）。该法规定："取消所有的有形障碍，包括开放边界，取消海关，建立统一身份证，以便成员国人民自由往来，自由居住和自由选择工作。" [⑤] 作为一个集团，有如此强大的凝聚力，而且由最初的 6 个国家所组成的集团发展到今天有 27 个国家组成的集团。新加入的成员国都是民主的国

①　P. A. Samuelson, 1948, *International Trade and the Equalization of Factor Prices*, Economic Journal, June, p.165—184。

②　资料来源：《中国商务年鉴 2008》，中国商务出版社 2008 年 9 月版，第 100 页。

③　资料来源：《2009 国际统计年鉴》，中国统计出版社 2009 年 1 月版，第 30—33 页。

④　完全经济一体化（complete economic integration）是区域经济一体化的最终形态，是指同盟内各国成员不仅各种商品、生产要素自由流动，同时还制定了统一的经济政策和对外贸易政策。

⑤　海闻、P. 林德特、王新奎著：《国际贸易》上海人民出版社 2003 年 3 月版，第 409 页。

家，要加入集团，往往要由该国人民公决，必须超过半数以上的公民赞同才能加入集团。为什么后加入国家的人民愿意加入欧盟，其中最重要的一点就是新加入国的人民看到，加入欧盟之后，他们可以自由地到任何一个发达国家去就业，提高工资水平，即将自己的工资收入提高到与德国、荷兰、卢森堡等国劳动力同样的工资水平，随之提高自己和家庭成员的生活水平。而对几个发达国家来说，新成员国加入欧盟之后具有贸易创造 (Trade Creating Effect)[①] 效应，使发达国家的企业利润大幅度提高，增加财政税收，提高企业员工的工资收入。因此欧盟的扩大对原成员国和新加入成员国的人民都是有利的，对外还可以形成强大的欧洲，抗拒来自任何一个大国的经济竞争，稳定欧洲经济基础等。这就是欧盟拥有强大凝聚力的根本。而支撑欧盟凝聚力的制度安排就是各国人民能够自由流动、自由居住、自由选择工作，最终实现工资收入趋同和工资收入不断提高。

中国沿海大中城市，由于享有先期改革开放政策，推动了经济的快速发展。加之户籍制度的限制，沿海大中城市居民拥有一种优越感，这种优越感来自沿海经济发展所带来的利益，即表现在高额的地区工资差额上。如上海、北京、天津、广州、深圳、杭州、青岛、南京、苏州、宁波、厦门、福州等城市的平均工资收入在近二十年来与内地城市，如西安、合肥、长沙、武汉、成都、昆明、乌鲁木齐、拉萨、呼和浩特等城市的平均工资收入差距不断扩大，形成了由于国家优惠政策、地理位置优势、尤其是户籍制度因素的影响，导致了沿海经济与内地经济的二元经济，引发了一系列的经济、社会、政治的问题，如人口的无序流动，由内地往沿海流动；生产力布局日趋不合理，过于偏重沿海；地区经济发展越来越不平衡，内地与沿海的矛盾不断加深；安全生产形势日趋严峻，地方保护主义屡禁不止；社会恶性刑事案件不断发生，黑社会组织快速蔓延等。

这些问题的解决有待于我们学习欧盟的做法，让人民自由流动，自由择业，自由创业，自由居住，废除户籍制度。

---

① 贸易创造："贸易转移的对称、签约国之间的特惠贸易协定，导致签约国之间的贸易代替了过去各自的国内生产和消费，即创造出新的贸易的现象。"参见刘树成主编：《现代经济辞典》，凤凰出版社、江苏人民出版社 2005 年版，第 689 页。

第三章
农　业

　　农业，是每一个中国人都很熟悉的字眼，不仅仅是由于农业生产中国人所需要的粮食和其他各种生活所必需的农产品以及部分工业原材料，而是近些年来农业出现了许多新问题、新情况，加上李昌平在 2002 年 1 月出版的《我向总理说真话》，2004 年 1 月由陈桂棣、春桃著《中国农民调查》等书籍，以及电视台、电台、报纸杂志等对农业所面临的严峻形势加以连篇报道。为此，党中央、全国人大、国务院等都着力研究解决农业所面对的问题，出台了一系列稳定农业生产、稳定农村的政策措施，其中三个最重要的措施是 2006 年免除一切农业税，2007 年出台的免除农村小学、初中学生的学杂费，并在此基础上积极推动农村的养老保险、医疗保险，力争解决农村的老有所养、病有所医问题。这些措施都是为了解决农民的基本民生问题。

　　2008 年中国国内生产总值（GDP）约 300 670 亿元，其中第一产业（农业）34 000 亿元，占 11.3%；第二产业 146 183.4 亿元，占 48.6%；第三产业 120 486.6 亿元，占 40.1%[①]。但是中国仍然是一个农业大国，因为有近 70% 的人口在农村，农业人口约达 8.7 亿。而这些农业人口分布在广袤的 960 万平方公里的土地上，十分分散。人类已进入信息化社会、知识经济时代，但是"农业国"的美名，从人类进入工业化社会以来，我们已背了一个半世纪了。

　　1997 年亚洲爆发了金融危机，中国采取了十分正确的负责任的态度，没有让人民币随之贬值，赢得了世界各国，尤其是东南亚各国的一片赞誉之声。而中

---

① 参见《中国统计年鉴 2009》，中国统计出版社 2010 年版，第 36—37 页。

国人则承受了较为严重的通货紧缩①，而且这一影响长达六、七年之久。在通货紧缩出现后的 1997 年，就突现出国内市场萎缩太快，国内的购买力显得十分弱小，很快就波及房地产业，将其中的泡沫在很短的时间内挤得十分彻底；而其他商品的价格很快出现疲软，紧接着就出现了下滑，以往的价格虚高问题在这次通货紧缩的冲击下，基本上都恢复到反应生产力发展水平的价位上。但有一个问题凸显出来，中国如此之大，人口如此之多，市场如此分散，按常规中国应当具有较强的抗危机能力，并且通货紧缩不应如此快地波及国内市场，甚至可能出现在巨大国内市场面前，通货紧缩的冲击波将消失得无影无踪。但是我们看到的情况是，在受到亚洲金融危机影响后，市场商品价格迅速下降，其原因就是由于社会购买力②快速下降，而且其下降的速度远比市场商品价格下降的快。刚开始对于这一现象人们还百思不得其解，后经过一部分经济学家的调查研究，居民购买力都在快速下降，城市比农村下降速度慢许多，农村市场萎缩最快，农民的购买力最弱。

中国有许多的差别，如地区差别、企业差别、政企差别、城镇差别、城市差别等，但是最大的差别就是城乡差别。而这一差别，在亚洲金融危机和 2008 年金融海啸中带来的震动太大了。因为农民吃饭依靠土地，土地有产出，吃饭已基本不存在问题。但是，购买生产、生活所必需的工业品，子女读书，看病，婚嫁等所需的货币支出，基本上是靠外出打工获取。在中国经济出现通货紧缩后，企业首先裁减的员工就是没有任何保障的临时工，而这些临时工绝大部分是来自农村的农民；2008 年所爆发的金融海啸，就是同样的情况。农民是通货紧缩和金融危机冲击波的最初受害者，他们不得不离开打工的企业，回到他们所熟悉的农

---

① 通货紧缩是指采取减少流通中货币量的办法来治理通货膨胀的措施。参见吴振坤主编：《市场经济词典》，学苑出版社 1999 年 2 月版，第 37 页。应当指出的是，以往一国出现经济危机后，政府为降低通货膨胀而主动采取财政政策和货币政策，冻结工资、稳定物价等方式，来减少货币的供给量，以便达到压低通货膨胀率的目的。而此次，则是居民、企业都缺钱，或不愿花钱，以致出现一种特殊的通货紧缩形态。

② 购买力是商品购买力和货币购买力的合称，商品购买力是一定时期内投入市场购买商品的货币总额。它代表有支付能力的商品需求。如居民消费品购买力、生产资料购买力、社会集团购买力等等。货币购买力是一定单位的货币购买商品或换取劳动服务的能力，它所反映的是货币本身价值与商品价值的对比关系。比如货币升值或物价下跌，劳务（服务）收费标准降低，货币购买力就会相应提高；反之，货币购买力就相应降低。参见朴白鹏主编：《消费经济辞典》，经济科学出版社 1991 年 6 月版，第 107 页。

村。而他们对通货紧缩和金融危机作出的第一反应就是不能乱花钱。因为他们所挣到的钱本来就不多，加之对未来预期支出没有缩小的迹象，农民缩减消费支出表现在 960 万平方公里的土地上，农村市场一下萎缩许多，加之农民大多数都回到了家乡，昔日熙熙攘攘的城市显得冷清，市场也出现不同程度的缩小。因为通缩和金融海啸前，毕竟中国有约 2 亿多从农村来的工人在全国各城市工作。通缩和金融海啸出现后，约有五千万农村来的工人返乡，加上他们的家属，回乡的人约在八千万左右。走掉的人口是劳动大军，带走的需求是巨大的市场。所以亚洲金融危机就使中国经济跌入七年左右艰难的通货紧缩期。2008 年金融危机的影响，在中央政府四万亿元以及地方政府几万亿的刺激下，情况没有上次严重。

世界上没有哪个国家能与中国相比，拥有如此多的农民；世界上也没有哪个国家和地区能与中国相比，拥有 70% 的人口去解决全国人口的吃饭问题，而同时又有比较完整和庞大的工业体系；世界上也没有哪个国家有如此多的农民让人忧心，他们绝大多数人只是处在温饱水平，当然还有相当一部分人处在极度的贫困之中；世界上也没有哪个国家的农民对国家经济的影响如此之大，他们每年都有约 3 亿人口为了生活，为了工作在流动着。他们牵动着国家、民族、经济、社会，以致国家在进入 21 世纪后，仍然带着高高的农业国帽子。

可以这样断言，中国要发展成为发达国家，或进入后工业社会[1]，不解决农业问题，大幅减少农业人口，将农业国的帽子丢到太平洋去，就无法进入下一个经济社会发展阶段。

一、农业的主要问题

我们认为当前中国农业的主要问题有以下几方面：

1. 对农业的认识问题

著名经济学家温铁军，在从事农业经济工作和研究若干年后，对农业现状提

---

[1] 后工业社会：工业发达国家在完成工业化以后，服务业取代工业制造而成为经济结构主体的社会发展阶段。"美国社会学家贝尔在 20 世纪 70 年代出版的《后工业社会的来临》一书中提出了后工业社会理论"。参见刘树成主编：《现代经济辞典》，凤凰出版社、江苏人民出版社 2005 年 1 月版，第 431 页。

出了著名论断：三农问题，即农业、农民、农村问题。这种概括深刻体现出中国农业特征，说明在中国涉及农业问题，必然涉及农业人口问题，以及农业人口生产和生活的区域。

如今，中国农业最主要的生产方式仍然是以家庭为最基本生产经营单位，而且是以"铁器农具为生产工具，以人力畜力为农业动力，主要依靠手工操作的农业"[1]，80%以上的农民仍然是面向大地背朝天的传统劳作方式，农民所生产出的农产品大部分供自己消费，只有少部分过剩产品拿到市场上去交换，以换取货币收入。所以农民货币收入很少，实物收入占主要。为改变这种状况农民不得不外出务工，增加货币收入，以满足生产、生活的需要。在制度上，我们仍然延续了以往的传统做法，限制农民的流动，并将工业、商业都归入农业，因此农业就有了中国经济的全部特征：包括农、林、牧、渔，还包括乡镇企业；这些乡镇企业有工业、商业、旅业、运输业、旅游业等产业或行业。为此，我们只能将农民生活、工作的地方称为农村。中国一个农业部门，由于我们传统的认识和现实的做法，加上由认识和做法确定的法律、法规和农业政策，也就构成了现在的农业。它的表象不仅仅是农业、农民、农村，还展现出一种古老的生产和生活方式，一种传统的文化和社会。

不论是现代西方主流经济学派，还是中国传统经济学派，对农业的认识是：农业只是"利用动植物的生活机能，通过人工培育以取得产品的社会生产部门。通常可分为种植业和畜牧业两个部门。"[2] 如按当代西方主流经济学家的划分，即英国经济学家费希尔和克拉克的划分，第一产业是以自然存在的物为对象的经济活动，包括农业、畜牧业、渔业和林业等。我国理论工作者对产业的分类：农轻重分类法和农业、工业、建筑业、运输业、服务业五大部门分类法[3]。所以，农业仅仅是国民经济的一个生产部门。我们不应当将人口、地域、文化、社会等内涵赋予到"农业"产业中去，我们应当改变传统的认识，改变农业制度，调整农业政策，使我们对"农业"这一产业的认识回归到本来的含义上，将非农产业从

---

① 林善浪、张国编著：《中国农业发展问题报告——问题·现状·挑战·对策》中国发展出版社 2003 年 1 月版，第 186 页。

② 《辞海》经济分册，上海辞书出版社出版 1980 年 12 月版，第 322 页。

③ 傅殷等主编：《新经济知识辞库》，湖北人民出版社 1994 年 8 月第 1 版，第 79 页。

农业中分离出来。因为非农产业是中国新兴的二、三产业，乡镇企业的概念也会从我们的视野中消失，变成工业或服务型企业。

目前传统农业与现代农业相去甚远，如果说中国工业比发达国家工业整体落后20年上下的话，农业则比发达国家农业落后了60年。如今发达国家的农业是"广泛应用现代科学技术、现代工业提供的生产资料和科学管理方法的社会化大生产农业。"[1] 其特征是："①一整套农业科学技术运用到生产实践中。在整个农业生产的各个领域和全过程中，广泛应用育种、栽培、饲养、土壤改良、植物保护等农业技术。②机器在农业中得到普遍采用。③现代科学的尖端技术如电子、原子能、激光、遗传工程开始为农业生产服务和运用。④农业生产走上专业化、区域化、社会化的道路。⑤逐渐形成良性的农业生产系统和生态系统。"[2]

发达国家农业拥有越来越大的规模，取得越来越大的规模效应。1935年美国有680万个农场，平均每个农场经营155英亩耕地（1英亩合6.072市亩）；到了1974年美国只有230万个农场；到了2004年美国只有211万个农场，2002年平均每个农场经营441英亩耕地[3]。

美国农业的发展方式可能引起我们的错觉，照这样下去美国的土地越来越集中，将会出现大地主，许多农民无地耕种，将会引发社会的不稳定。其实这种情况根本不可能在美国出现。因为美国农业仅仅是一个为社会提供各种农产品的产业，其生产的产品卖给美国97%—98%的非农业人口。如果美国农业劳动力很多，人均占有的耕地就少，最终人均占有的农产品也少，假设市场每年按固定的价格销售农产品，每个农业工人所获得的收入也少。由于美国是市场经济，劳动力可以自由流动，当美国农业工人所获得的收入低于第二产业或第三产业工人所获得的收入，美国农业工人就会从农业这一产业部门转入高收入的第二产业或第三产业部门，从而减少农业部门的工人。在美国独立时，90%的劳动力从事农业生产；到了十九世纪末，美国只有不到50%的劳动力从事农业劳动；到了20世纪八十年代，美国只有5%的人从事农业劳动；到了21世纪的今年，美国农业

---

① 林善浪、张国编著：《中国农业发展问题报告—问题·现状·挑战·对策》，中国发展出版社2003年1月版，第186页。

② 林善浪、张国编著：《中国农业发展问题报告——问题·现状·挑战·对策》中国发展出版社2003年1月版，第186页。

③ 资料来源：新浪网 http://finance.sina.com.cn2006年2月21日。

人口只占美国总人口的 3%。可以预见，美国农业人口所占的比重，随着美国经济、科技的不断发展，农业人口所占比重将会进一步减少，美国农场的规模会继续扩大。

农业是美国的战略部门，不仅担负着解决美国人口的吃饭问题，还肩负着为美国第二产业提供原材料，同时还肩负着美国农产品储备，对外援助，以及将大量过剩农产品，尤其是小麦、玉米、大豆等农产品销往世界其他国家。

相比之下，中国 70% 的人口为农业人口，70% 以上的劳动力从事农业生产，生产的粮食和其他农产品却只能满足中国自身的需要。当然值得骄傲的一点是我们仅用占世界 7% 的耕地养活了占世界 20% 的人口，但同时我们使用了比世界平均水平高出几十倍的农业劳动力才养活了自己。如果同美国相比，美国农业人口只有 900 万，而中国约有 9 亿农业人口，中国农业人口是美国农业人口的 100 倍，而实际中国人口只是美国人口的约 4.3 倍；如果按人口比，美国拥有 3 亿人口，其中只有 900 万农业人口算，中国拥有 13.6 亿人口，只能拥有 3900 万农业人口，说明中国从产业来看，农业过剩人口为 8.61 亿。这就是中国对农业长期误解的结果，而我们往往又忽视了这一点。中国面临将非产业化的农业回归到产业化农业轨道的巨大而艰巨的任务。

市场经济是一个大的循环体系，当市场经济形态出现后，它就为农业众多的过剩劳动力准备了广阔的市场，将过剩的农业劳动力抽取出来，发展第二或第三产业，平衡农业单个劳动力的价值产出率与城市单个劳动力的价值产出率，当出现不平衡时，即农业劳动力的价值产出率低于第二或第三产业劳动力价值产出率，就会出现农业劳动力向第二或第三产业转移，自然地扩大农业劳动力所占有的资本，即土地，由此增加农业劳动力的价值产出率，直到与第二、三产业劳动力价值产出率实现平衡。当然这一运行机制的先决条件是劳动力的自由流动，否则这一机制就不可能发挥作用。

2. 农业落后的生产方式难以改变

农民收入的低下，导致农民无力也不愿意改变落后的生产方式。农业在中国所有产业部门中是最落后的，延续了几千年的传统生产方式。人类社会发展至今，绝大多数国家的农业早已改变了传统的生产方式，大规模地利用机械化、电气化、生物化、知识化等进行生产，但中国农业依然基本保存了历史的原貌。原因是农民没有剩余的资金来购买先进的生产工具—机器设备，更加无力供养这些机器设备。相反，农民凭借自身的体力和畜力就可以完成承包土地的耕作，同时还有大部分时间处于无活干的状况。因此，传统落后农业的名声只能让农业背着。

改革开放以来，外资和内资基本都瞄准第二产业，第二产业成了中国经济增长的火车头，推动中国成为"世界工厂"。二十世纪 90 年代中期以来，内外资开始瞄准中国的第三产业，促使第三产业快速发展。二、三产业主要集中在城市，所以城市在这一时期得到了较大发展。与此相反，农业所吸收到的投资资金十分有限，甚至可以忽略不计。城市代表了现代，农业代表了传统；城市代表了发达，农业代表了落后；城市代表了富裕，农业代表了贫穷；城市代表了发展方向，农业代表了背道相驰。因此许多人认为农业拖了城市发展的后腿，农业拖了中国现代化发展的后腿。

农业吸引不到投资，这并不是说农业没有投资前途，相反说明农业在中国是很有投资前途的产业。因为中国是人口众多的国家，对农产品，尤其对粮食的依赖很大，稳定粮食和农副产品生产可以解决中国发展道路上的后顾之忧。这点投资者看到了，农民也看到了。但是有两个制度问题是农民或其他投资者无法逾越的：一是土地不能买卖。因为土地属于国家，所以要投资农业，土地所有权没有，这让投资者却步。二是依附土地的农民问题很难解决。即投资者购买了土地使用权，30 年或 70 年，但是原土地的耕种者——农民的问题如何解决。当然近些年来出现了土地归农场经营者经营，原土地的耕种者自然就变成了农场的工人。但是这种做法留下了一个潜在的问题，农民属于这块土地，今后的生老病死、后代成长等问题如何解决？这些都是投资者不敢面对和无法解决的。

3. 农业的人地矛盾

自 20 世纪 90 年代中期以来，随着中国经济的高速增长，农民的收入却在相对降低，这引起了政府的高度重视。为了提高农民的收入，政府制定并实施了许多政策措施，但这些政策措施往往是短期效果比较明显，缺乏长期作用。如在 20 世纪 90 年代中期，政府发现谷贱伤农，制定出粮食的最低收购价，每斤小麦 1 元人民币。这在当时确实起到了保护农民生产小麦的积极性。政府能否采用高价收购低价卖出，保障市场供给，可是捉襟见肘的财力无力承担；能否实行高价收购高价出售呢？根本没有这种可能性，因为 50% 以上的劳动力工资收入不高，如果提高粮价，其工资收入只能维持劳动力自身的基本生存，或降低他们基本生存标准，这将引起社会不稳定。因此再实行提高农产品价格的方法，在现实的职工工资水平上没有提高的空间。最近我们已拿出最有力的杀手锏就是免除农业税。这一政策措施出台后，可谓立竿见影。因为国家一年减少约 500 亿元人民币的财政收入，一次性散发给了农民，真可谓是大手笔，并获得全国人民的一致赞同，尤其是农民的欢呼，因为人均一年少缴 55 元税。

但是，我们应当研究和实施后继的政策，否则 500 亿元人民币的农业税，随着中国经济的高速发展，城市收入分配的增加，加之物价的上涨（市场经济发展的大趋势是物价上涨），就会消失得无影无踪，农民收入很快又回到停滞不前的地步，与城市居民收入增长呈相反的下降态势，届时我们将拿不出调节农民收入增长的政策措施。当然，我们还可以从财政直接拿钱补贴给农民，那就将出现我们前面所述的情况，财政只能拿出更多的钱，用到农民收入的提高，财政收入将坐吃山空。这种枯竭财政收入的财政支出办法是绝对不可能长期采用。

为解决这一矛盾，我们应当充分剖析农业部门发展所面临的深层次问题。

我国人均耕地面积 1.5 亩，其中东部、南部一个农业劳动力只拥有 0.4—0.6 亩的耕地；而中国中、西部农业劳动力，人均也只有 2 亩到 3 亩耕地；中国人均草场面积 5.25 亩，北部和西北部的牧民人均约有 15 亩牧草地。2—3 亩的耕地一个农业劳动力一年只要花 60—70 天的劳动工作日就可以完成所有农活，其余时间由于缺乏耕地，农民最好的方式就是外出打工。如果不外出打工，就只能围着这一点土地"精耕细作"，或做一点家庭手工业，否则只能看电视，或打牌、玩麻将搞赌博。所以俗话说十个农业劳动力七个赌。中国可谓是赌的故乡，因为参加赌博的人太多了，其经济根源就在于农业劳动力严重缺乏生产要素——耕地，他们只能以赌博打发自己的时间。相应的，1—3 亩地的年产出3000—6000 元，如果扣除农民的支出，种植的收入也就在 2000—5000 元。一个农业劳动力劳作一年，在不交任何税费的情况下，收入只有 2000—5000 元。这就是传统农业给农民带来的所有价值。换句话说，一个传统农业劳动力年均所创造的价值只有 3500 元左右。

农业低劳动生产率的根本原因是什么？这将是我们解决问题的关键。

北宋以后，大面积地开垦荒地就已基本结束。可以说在这之前农业对土地的开发是粗放的，人口增加就开垦新地，以增加粮食的产量，满足人口增长对粮食的需求。但是，北宋后，人口出现过几次较快的增长时期，从总的趋势看，人口也是增长的。而新增人口对粮食需求的解决方式自此发生了彻底的改变，即不再是开垦新地，扩大粮食种植面积，增加粮食产量，满足新增人口粮食需求，而是通过精耕细作，改良粮种，加强田间管理，多施农家肥，提高粮食单位产量，减少粮食损失，节约粮食消费等措施，平衡人口与粮食的矛盾。

1949 年新中国成立后，由于农业人口十分庞大，工业基础十分薄弱，人口素质太低，不论实行公有制的人民公社，还是联产承包责任制，我们都无法在短时间内解决农业人口的充分就业问题，因为没有找到一个很好的途径，所以我们仍然延续了传统做法。当然也有像中国杂交水稻之父袁隆平院士这样伟大的发明家，他培育了杂交水稻，使水稻的单产大幅度提高，解决了人口增加对粮食需求增加的问题。而这种发明创造，又使人们产生了一种误解：农业劳动力，只需要少量的耕地就可以养活自己和全家人口，并且还有一部分剩余粮食可供出售。近年来的粮食生产低商品化率遮住了我们的视野，使我们习以为常，感觉我们的祖辈都是这样过来的，有饭吃就行，饿不死人。实际上这是对历史的误解，也是对人类经济、社会发展的误解。

城市在市场经济和对外开放的推动下，人们的实际收入水平和生活水平都很快提高，而中国农民由于耕地面积的限制，实际收入水平除了由于种子革命带来的单位面积产量提高和两到三次粮食价格提高增加的收入外，就没有其他提高收入的来源。所以农民的生活水平基本停留在温饱水平或温饱水平以下。

2008 年城镇居民人均可支配收入为 15 781 元，而农村居民人均纯收入 4761元，城镇居民人均可支配收入是农村居民人均纯收入的 3.31 倍[1]。在此情况下，农民为提高人均收入只有两条路可走，一条是外出打工获取货币收入，另一条就是留在农村发展传统的副业生产，如纺布、草编、竹编、手工艺品、种植经济作物、打短工、贩卖农副土特产品、开小商店等。在这两条路中，留在农村发展传统副业生产的收入是不稳定的，每月的收入也很难确定，几十元到三四百元收入不等；而外出打工收入来得快，相对收入有保障，一般收入 600—2000 元不等，因此外出收入是副业收入的几倍。为此在农闲时节，或者家里劳动力多的情况下，农民更愿意外出打工。加之这些年来在市场经济大潮的推动下，农民的货币支出大幅上升，小孩读书要钱，家人治病要钱，购买各种农业生产资料要钱，购

① 《中国统计年鉴2009》，中国统计出版社 2009 年 9 月版，第 315 页。

买各种生活消费品要钱，各种社交要钱，建房修缮房屋要钱，养老人要钱，婚嫁要钱，家人过世要钱等等，而农民的货币收入又十分有限，为解决这些问题，农民只能外出务工。所以农民外出打工是生活所迫。此外，这种生活所迫还来自城乡巨大的收入差距，物质生活差距，农民出于自发缩小城乡差别的冲劲，而外出当工人。

至于家中的农田，有的留给父母耕种，这种情况约占二成多，农忙时子女回乡帮工；其次是家庭成员自己耕种，农闲时出来打工，农忙时回家耕种，这种情况约占四成；再次女方留在农村耕种土地，抚养子女，赡养老人，这种情况约占二到三成；第四，将耕地交给亲戚耕种或租给他人耕种，这种情况占到一成多；第五，耕地无人耕种，让其荒芜，这种情况约占到一成多。这方面，在南方和北方，近郊与远郊，菜农与粮农都有差别。

现行的土地制度，耕地归国家所有，农民不得自由买卖，只有地方政府可以代表国家买卖耕地。加之现行的户籍制度，农业成了8.7亿人的身份标签，他们无论走到哪里，干什么工作，都有一块可以耕种的耕地，他们都属于那块土地上的农民。因此企业即使雇佣了农业劳动力，很少考虑他们的公民权利和应享有的福利待遇，甚至拖欠他们的工资收入等。这是极不公平的待遇，严重限制了农民收入的增加，生活的提高，更无法让农民感受到公民的权利。作为公民，宪法赋予公民工作和迁移的权利，社会为每一个就业的公民提供劳动保障。而现实的情况是农民的工作和迁移权利是不完善的，而城市劳动保障基本没有惠及农民。

从以上我们可以看到，相当一部分农民只是两栖于城市和农村之间的环境中工作和生活。农田收入2000—5000元/年人；外出打工300—2000元/月人，这两部分人收入应占到农业劳动力收入的85%左右。农业劳动力的潜能没有得到充分发挥，他们只是社会的复制品，后一代不断地重复着前一代的工作，收入提高是十分有限的，干农活，受土地的限制；干第二、三产业工作，自己没有特长；用心学专长条件不许可，因为每一个工作岗位他们都不知道能干多久，也没有更多的余钱用于各种培训。

4.三元经济问题

正如最早研究小农经济二元性的经济学家恰亚诺夫所说："资本的缺点，主要是土地的缺点，是经常迫使农民家庭将其数量可观的一部分劳动力转而投入手工业和商业以及其他非农的谋生之道的原因。这一假定在大多数情况下是完全正确的。与此假定相适应，在人口密度较大的地区，劳动力的手工业和商业的流动特别频繁"。[1] 尤其在现行户籍制度下，农民离土不离乡，加上政府鼓励村、镇以及农民发展乡镇企业，自 20 世纪的 80 年代中期以来，乡镇企业在农村如雨后春笋般地发展起来，如今共有 599.4 万家乡镇企业（不含个体工商户，如含个体工商户则为 2 390.9 万个），农业劳动力在乡镇企业就业人数为 9 329 万人，乡镇企业在 2007 年的增加值为 51 519 亿元[2]，已占到农业总产值的 54.84%；纯粹农业，即农林牧渔 2006 年总产值为 42 424 亿元，所占比重只有 45.16%，处在次要地位。而从事农业生产的劳动力年收入只在 2 000 元到 5 000 元之间，而从事乡镇企业工作的农村劳动力，年收入在 4 800 元到 24 000 元不等。如此大的收入差距，关键包括了内地乡镇企业和沿海乡镇企业职工的工资，也包括劳动力的劳动技能、熟练程度、劳动强度等的差异。两者平均，从事乡镇企业工作的农业劳动力一年的人均收入比从事农业生产的劳动力一年的收入高出一倍多。

有相当一部分从事乡镇企业工作的劳动力，由于企业离家较近，企业工作之余，还担负起家庭农田的耕种，成为农、工或农、商兼顾的家庭。还有些农户土地转给或租给他人耕种，一家劳动力都从事第二或第三产业的生产或经营。

以上都是在家乡从事非农工作的不离土、不离乡的农民。中国还有约 1.5—2 亿农业劳动力长期在城市从事第二或第三产业的工作，他们是离土不离乡的一群人，青壮年占 95% 以上。他们大部分已成家，并有子女，这部分人约占 60%。他们所获得的收入是从事农业生产劳动力一年收入的 1 倍多。

从现实看，真正只从事农业生产的农民在中国只占少数，不会超过农业劳动力的 20%。即使在家专心务农的农民，为了提高家庭收入，他们都或多或少从事传统手工生产或某种商业活动，否则纯粹的农业生产经营无法维持家庭基本温饱生活水平。所以说传统的农业生产经营活动是亦农亦工或亦商，如男耕女织。而这种形式的农户，约占中国农户的 50% 以上。

中国农业除了在东北、西北、华南少数地方拥有大型农场外，基本上都是恰亚诺夫说的典型的小农经济，农民都缺乏最基本的生产要素，也就是恰亚诺夫所

---

[1]　[苏] 恰亚诺夫：《农民经济组织》，萧正洪泽，中央编译出版社 1996 年版，第 84 页。
[2]　《中国乡镇企业及农产品加工业年鉴 2008》，中国农业出版社 2008 年 12 月版，第 127—131 页。

说的"资本",即土地。为了实现依靠自我劳动提高收入和生活水平,他们中约
50%的劳动力从事工业和商业,还有 50%左右的农民从事乡镇企业和外出务工,
这后部分是中国小农经济与恰亚诺夫笔下小农经济的不同之处。因此在乡镇企业
较为发达的村、乡镇、县人口就比较集中,经济也较为繁荣,人民生活也较为殷
实。当然外出的农民则为他们所在的城市带来了繁荣,不论是经济的,还是人
口、社会、文化的繁荣,都是如此。

因此,居住在农村乡镇、村镇的居民,从事二、三产业的工作,其收入相对
从事传统农业生产,甚至还从事一定家庭手工业和商业活动的农民,收入要高出
一倍多,而且他们基本脱离了农业生产,不以农业生产经营收入为个人或家庭收
入的主要来源;还包括离乡不离土的外出务工农民,他们基本上居住在城市,其
收入是从事传统农业生产经营农民及家庭收入的一倍以上,他们也基本上从事
二、三产业工作。在这两部分农民中的绝大部分,他们属于有保障的温饱生活水
平阶层。而那些从事传统农业生产经营的农业劳动力及家庭,是低保障的温饱生
活水平,或是生活在温饱生活水平以下。这本身就折射出:农村中的二元经济现
象,这也是农村内部由于从事农业生产和非农业生产而形成的两极分化,因此城
镇对农民还是有一定吸引力。

如果将城市因素加进去,同一省、市、自治区就形成了三级梯度。第一级是
省市自治区的大中城市(这里所说的大中小城市是以人均收入高低来划分,即高
收入和中等收入城市划为一级),其居民收入、生活水平都处在这一地区的最高
级;第二级包括省市自治区的小城市、乡镇,甚至个别大村镇,其居民收入、生
活水平比第一级低,但比下一级又高出一倍左右;处于省市自治区边远的广大农
业区、小村镇,其居民收入、生活水平均比第一、第二级地区相差较远,比第二
级差一倍,而第二级又比第一级差一倍多,因此第三级与第一级约相差四倍多。
所以中国各省市自治区是以大中城市为中心,延伸到第二级而后延伸到第三级,
从上一级到下一级收入就会减半。这种情况就形成了中国的三元经济现状。当然
这一梯度与中国的东、中、西三级梯度也有类似之处,都是经济发达、欠发达、
不发达之分,收入有高、中、低之分。

5. 农业的重负

其一,农业肩负的历史责任。中国共产党所领导的第一次国内战争、抗日战
争和新民主主义革命所依靠的主要力量是农民,农民是中国革命的主力军。为了

中国革命的胜利，我们党的战略是世界独一无二的农村包围城市，先在广大的农村建立革命根据地，而后解放大中城市，最后解放全中国。在中国革命的各个时期，农民都做出了主要的、积极的伟大贡献，他们也付出了巨大的牺牲。

在中国革命成功后，农业一直作为国民经济的基础产业部门，得到高度重视，除个别年份外，农业一直为国民经济的发展起着最重要的不可替代的作用，它源源不断地为中国社会主义经济建设、发展提供较为充足的粮食及其他农副土特产品。在新中国初期，中国一穷二白，为了发展现代工业、科学技术、教育、公共事业和国防等，所使用的第一桶金，都是农业提供的，直到 20 世纪末和 21 世纪初，农业都为中国第二和第三产业积累着资金。可以这么说，没有农业的积累，就不会有中国现代较为完整的工业体系，现代的第三产业，现代的科学技术，现代的中国社会，现代的国防等，这些都是中国农民的无私伟大奉献。

其二，农业是中国人力资源的蓄水池。大批农民源源不断地输送到各行各业从事生产经营活动；中国每年新录取的大学生中约有 35%—40% 来自农村，中国 60% 左右的白领来自农村，他们是农民的后代，他们支撑了中国大部分白领工作；有 3 亿多（城市 1.5 亿多，乡镇企业 1.5 亿多）农民，支撑着中国 60% 以上的蓝领工作，同时这些来自于农村的蓝领工人，支撑着城市 90% 以上的脏活、累活、高强度活，而只拿到城市的最低工资。城市人口在中国人口中所占的比重不断提高，上世纪 80 年代城市人口占总人口的比重是 20% 左右，到如今城市人口占总人口数的 30% 多一点。但同时中国农民的绝对数也从 8 亿人增加到如今的 87 755 万人，农民人口绝对数增加了 7 000 多万人。中国直到今天仍然保留了世界最大的农业劳动力大军。

其三，小农经济环境下的恶性竞争。农民的生产方式是自然经济条件下的小农经济，面对市场经济他们深深感受到市场对供应者的选择。物以稀为贵，产品质高才能卖得起价钱，不论是粮食还是其它农作物均是如此。20 世纪 90 年代中期，广州从化农民曾经培育了质高味美的桂味荔枝，收购者到果园直接收购也要 200 多元一斤，而这种荔枝空运到美国，每盒只有两颗荔枝，卖价高达 5 美元。这一爆炸性新闻很快传遍广东。其结果可想而知，农民大面积种植桂味荔枝。到了 2002 年广东荔枝大丰收，收购者到果园收购桂味荔枝，每斤只有 1.5—2 元人民币，真可谓是一斤优质味美的荔枝还不如一斤蔬菜的价钱。此外中国农民所生产的国光苹果，天津鸭梨，新疆香梨、哈密瓜，江西脐橙，河南、河北的红富士苹果等，都演绎了同样的悲情故事，农民最终含泪砍伐果树。除水果外的其他农产品亦是如此。这种以质高价优的农产品来提高农民的收入，只能获得一时的效果；时间稍拉长，市场很快将这些质高价优的农产品变成质高价低的产品，最终相当一部分农民只能退出恶性竞争。当遵循了市场规律，农民就可以得到回报；否则，农民就得不到回报，甚至破产。但是任何农作物（畜牧业、渔业同样）都有一定的生长周期，世界上还没有那个农户或农业企业能跟上一天、或一周、或一月的市场变化。所以小农经济环境下的恶性竞争在不断演义。

其四，农村背负了愚昧、落后的黑锅。由于农业的落后面貌得不到改变，封建社会的腐朽文化在农村沉渣泛起，展现出与城市前进方向相反的轨迹，如传统的迷信、思想、意识、婚嫁、丧葬、赌博、卖淫嫖娼、吸毒、流浪、乞讨、贩卖人口等在农村日趋泛滥。这些年来中国农业出现的不景气就与这些没落文化有着深刻的联系。因此农村又背负了愚昧、倒退的黑锅。

6. 农业缺乏人力资源置换的机制

农业是中国落后的产业，可以说比任何其他产业都需要人才。每年从农村中走出来的大学生就有几百万，可是又有几个回到了农业生产经营的第一线？凭这一点就可以断定这个产业是没有前途的，否则就不会如此。但这点又使人难以相信。因为，农业是国家最重要的基础战略部门，时刻都在扶持，结果却没有几个大专以上学历的大学毕业生回到广阔的农村中去。

而农民仅凭着从祖辈那里承袭过来的生产、经营管理经验就足以对付3亩左右的耕地，还有大量的农闲时间，如果再加进去一个大学生，只能是大材小用，还会进一步加重农业人地矛盾，大家生存更加艰难。可能有人会问："不对呀，每年那么多学农的大学生都到哪里去了？"实际上他们基本上是学非所用。因此，农业拥有把大学毕业生拒之千里之外的本能，原因在于我们没有把更多的传统农民置换出来，那么新时代的农业工人、农业经营管理者、农业服务者等都进不去。

7. 扶贫的得与失

以往政府对贫困的农村做过许多工作，最让人关注的工作就是扶贫。我们不能抹杀扶贫的作用，首先扶贫是党和政府对贫苦农民的关怀、扶持，最直接的作用是农民能安下心来，同时也有许多地方在扶贫推动下，生产有所发展，农民的收入得到一定提高，生活得到一定改善。扶贫单位出钱、出人，帮助乡（镇）、村办企业、搞农产品深加工，或改善农业基本生产条件，加快资源开发（如土地开发，高产、稳产农产品基地开发），加强基础设施建设；或直接补贴农民的收入（一般是给村、乡的特困户补贴）；或帮助农民寻找打工岗位；或帮助农民学技术，提高农民文化知识；或办希望学校等。但是当扶贫工作组走后，扶贫点的农民要不了多久又回到以前的状况，而且这种情况还不在少数。原因何在？中国的贫困乡村，大部分分布在老、少、边、山、恶[①]地区，这些地区是环境恶劣，交通不便，信息闭塞，基础设施差等，加之耕地少而贫瘠，农民收入往往得不到保障。而扶贫多为短期行为，加上各种客观和主观原因，最终大多数扶贫点在扶贫工作队（组）走后，又回到以前的老样子，实质这里仍然是根本问题没有解决，即人地矛盾没有解决。这些地方本身并不宜于发展种植业生产，但是，有如此多的人口，不发展种植业生产，这些人的吃饭问题都解决不了。

8. 农业可持续发展问题

农业是中国的战略基础部门，农业人口占中国人口大多数，农业的可持续发展问题是中国最大的可持续发展问题。

当然这并不是说农业以外的产业对中国可持续发展不构成大的问题，而是说农业以外的产业对中国造成可持续发展问题一直处在可持续发展政策的监控之下。近5年以来，国家、地方对环境问题特别重视，出台了一系列降低工业能耗，减少有害气体排放，减少污水排放；对能耗大的小火电，小化肥，小纸厂，小水泥等实行关停；对大中型企业则实行技术改造，限时降低排污、减少能耗。对城市以及城市周边环境的治理，我们也提到了议事日程。城市拥有优越的治理环境的各种资源，如财力、物力、人力、技术、媒体、监督等。2007年6月6日《南方都市报》报道广州5月底6月初以来，下了10次大雨或暴雨，其中有8次是酸雨，密度很大，说明广州的大气污染情况很严重，有大量的大气污染企业在广州或周边，提醒环保部门要加强治理，同时也呼吁民众监督。2008年8月北京举办第29届奥运会，对沙尘暴的监测和治理，从北京到全国，人人都关

---

① 老：指革命老区；少：指少数民族居住的地区；边：指中国的边疆边境地区；山：指山区农业县、乡（镇）、村；恶：指生态环境恶劣的地区，如沙漠、荒漠、戈壁、石灰岩地区（喀斯特地貌地区）、盐碱地地区等。

心。但是对农业的可持续发展问题，很少有人关注。

从古到今，中国农业人口是随着历史的推进不断增加。随着农业人口的不断增加，农民首先开垦了黄河、长江的中下游高原或平原；随后农业人口开始向周边地区扩散。扩散的主要原因，就是由于人口的不断增加。

从中国几千年的封建史以及三十八年的民国史看，农业科技发展相当缓慢，几乎是停滞不前，所以农民只要从父辈那里传承一定的农业生产经验，就可以继承祖辈的生产和生活方式。但是由于人力资源不断丰富，加之新增人口又需要粮食供应，在这种压力下，农民发明了精耕细作的生产方法，即对农田深耕，对种子精选，加强田间管理，不误农时，及时锄草，防止病害和治理虫害，多施农家肥，使单产由原来的每亩一百多斤增加到新中国前的三百多斤。并在提高单产的同时，农民精确地计算农作物生长周期，尤其是稻谷的生长周期，开发了双季稻的种植。双季稻的出现使粮食产量受土地面积大小限制的矛盾得到了很大的缓解。由于这些创新和发明，农业基本满足了中国人口对粮食和其他农产品的需求。因此在中国除了出现战争或大面积的自然灾害，总的人口发展趋势是不断增长。

农民开始开垦那些曾经遗弃的土地，如山坡地，低洼地，湿地，森林地，草地，江河湖泊滩地等，人类对自然生态的破坏由此加剧了。开垦山坡地导致了黄土高原、江南丘陵、云贵高原、南岭山脉等地区的大规模的水土流失。

在向这些曾经被农民遗弃的土地要耕地的过程中，农民是循序渐进、不断蚕食的。如向山地要耕地，农民先向山边要地，而后将较为平缓的土地开垦成良田，紧接着向山坡、山窝要地；过于陡峭的山地随着人们开垦经验和能力的不断提高，人们开始围造梯田，创造出中国开垦梯田的奇迹。在向江、河、湖泊、低洼地、湿地要地的壮举中，人们不断地填充低洼地造田，使江河变得越来越窄，湖泊变得越来越小。古代中国草场比现在要大得多，但是由于畜牧业的产出率较低，不及种植业产出来得快，同时也不如种植业单位面积供养的人口多，因此农业也不断地向草地要耕地，把大片的草地开垦成良田，使许多牧区变成了粮食种植区。

农民在向大自然展现自身力量的同时，确实创造了伟大的奇迹，充分展示了农民征服自然、战胜自然的伟大力量。

在农民创造这些伟大奇迹的同时，中国农业可持续发展的环境遭到了持续的破坏。随着时间的推移，破坏作用不断加强，影响不断扩大。

首先，我们从中国的大江大河看。中国七大江河，最著名的两条就是黄河、长江。在中国远古时期炎黄为了争夺黄河中游一带宜人的沃土，曾经爆发了中国历史上最大规模的部落战争。战争的结果是黄帝取得胜利，并占据了黄河中下游的沃土。而炎帝战败迁徙到湖南、湖北一带，开垦长江中下游流域。可以肯定地说，古黄河中下游地区更宜于人类的生存，而江南一带则由于雨水过多，湿度过大，没有黄河中下游更宜于人类生存，否则炎黄两帝就没有必要争夺该地的居留权。秦汉时期，黄河流域还是森林茂密，气候宜人，雨量充沛，物产丰腴之地。在这之后，进入三国之后，由于连年的战争，人们大量地砍伐树木毁坏森林，致使本来很好的植被遭到毁灭，加之后来多数封建王朝将国都定在长安、洛阳、开封、北京一线，推动了这一带经济的发展，即农业的发展，使黄河中下游出现了过度开发的迹象。加上朝代更替爆发的大规模战争，更加重了对这一地区生态环境破坏；同时人口也随着这一地区新王朝的出现而不断增加，使残留的森林、荒地、草地也都开垦出来，供农民种植粮食。黄河中游是世界上著名的黄土地，土地肥沃，土质松软，一旦裸露遇到雨水，尤其加上黄河当时的巨大流量，使整个黄土高原变得沟壑重叠，水土流失不断加重。到了明、清，尤其是康熙以来，中国人口出现了快速增长的趋势，对土地的掠夺性生产经营更使黄河流域不堪重负，出现了几十万平方公里的水土流失，黄河平均每立方米水含沙量达 35 公斤，在丰水季节（7—8 月份）每立方米黄河水含沙量达几百公斤，最高约 1000 公斤，年泥沙流量达 16 亿吨，以致每年在渤海造地几十平方公里。新中国成立后，由于黄河流域人口快速增加，土地负荷越来越重，到了九十年代黄河出现了断流，而且随时间推移，每年断流的时间不断拉长，造成黄河中下游农村饮水都成问题。记得 20 世纪 70 年代，一口水井，五六米或七八米就已有水，到了 80 年代就需十几米方能有水，到了 90 年代，许多地方需 20 米以上才能有水。当然农业生产也变得越来越靠天吃饭，2007 年的河北就遭遇大旱；2009 年河南、河北、山东都遭遇春小麦大旱。

黄河上游的森林过度砍伐、植被破坏，导致气温上升、冰川退缩，引起黄河干流水源缩小，支流枯竭。黄河中游的农业过度开发，森林的消失，植被也基本没有，坡地的不合理开发，大地的裸露，致使晴天大地水分蒸发量大幅增加；而七八月雨季一到，则是大面积深度水土流失，生态环境已到了崩溃的边缘。这是中华民族在几十个世纪无节制的开发、战争、破坏、大自然推波助澜式的报复的结果。下游的过度开发，植被稀有，水源日渐缺少，农业生产难以继续。

长江是中华民族的另一条母亲河，她的流域面积达 180 万平方公里，年径流总量近 1 万亿立方米。长江流域生活的人口占中国的 37%，约 4.9 亿人口；占中国粮食生产的 40%，约 2 亿吨。`而且随着历史的推进，长江流域在中国人口、粮食生产、国内生产总值（GDP）等方面所占的比重仍将继续增长。

但是，长江流域所面临的环境问题，可持续发展问题也日趋严重。长江上游，包括主干流和各支流，由于人口压力，给生产和生活都造成压力，人们不得不乱砍滥伐森林，过度的土地开发，尤其是过度地向山坡、低矮山脉要耕地，与黄河中游一样，导致了大规模、大面积的水土流失。当然这种现状好于黄河流域，因为黄河生态的脆弱性远高于长江流域，因为黄河流域处于中国的温带，年降雨量一般在 500—800 毫米，雨季短，又集中，降雨量也不大，加之年蒸发量大于年降雨量，同时人们对水资源的破坏，乱开发，以致出现生态环境日趋恶化。而长江流域由于处于中国的亚热带地区，受太平洋热带季风的影响，年降雨量一般在 1500 毫米到 2600 毫米不等，属于雨量充沛的地区，因此这一地区的生态环境还有一定的自我恢复能力。但是我们也应当看到，许多过度开发的地方亦出现了蒸发量大于降雨量的情况，尤其是当一年中有几个月不下雨的情况下，土地出现大面积的干旱、甚至龟裂的情况。如 2007 年四五月份重庆和四川所出现的大面积土地龟裂的现象，就是农业人口过多、过度开发土地，使生态环境造成严重破坏，水土流失日趋严重。而相对贵州，由于山多，人类原始的农业开发方式在这里无法给人类带来更多的粮食，人们无法满足粮食增长的需要，相应的人口增长较慢，贵州的森林砍伐情况也比云南、四川、重庆的情况好很多，所以同处云贵高原的贵州遇到这种强烈干旱的情况少些。2010 年云南遭受百年不遇的超长干旱，6000 万人口的饮水都很难解决，几千万亩农田龟裂、农作物枯死。

长江中游主要是平原和丘陵地区，人口稠密，土地开发过度，水土保持难以继续，以致出现了水土流失严重的情况。到了雨季，各大支流如湘江、汉水、赣江等江河含有大量泥沙，江河之水混浊不堪，含沙量很大，呈现出黄红色。

长江下游，亦是农业人口最为稠密的地方，人均耕地不足 0.5 亩，曾有"江浙熟天下足"的美誉。如今开发严重过度，极少森林植被，水土流失也较严重。如今长江一年的泥沙流量也近 16 亿吨。

除此之外，长江上、中、下游由于工业的发展，污水不断增加，还有大量的生活废水排放。这些污水基本没有经过处理的，都被无节制地排放到长江或者长江的 7000 余条支流之中，造成了对长江极大的污染。

至于其他的江河大川，如珠江、闽江、钱塘江、淮河、海河、辽河、黑龙江等所遇到的情况与黄河、长江相差无几。

所以，农业传统的生产和生活方式，推动了农业人口的快速增长，农业人口的快速增长又引发了新一轮土地开发；当易开发的土地开发完毕后，农业人口开始向四周扩散，这种扩散主要是向中国的南方扩展；当这些地方开发得差不多的情况下，农业人口开始向云贵山区、南方山区、北方高原地带扩散，寻找更多的可供开发的土地，以便增加粮食的生产，满足人口增长的需要；最后人们开始开发以前遗弃的边角之地。中国农业对土地的开发模式，真可谓是一大奇迹，展现出农业经济征服自然的一大模式。而这种模式在许多人口众多的发展中国家仍然延续着，他们在走中国同样的道路，如孟加拉国、缅甸、巴西、墨西哥、秘鲁、哥伦比亚、印度尼西亚、印度等国均是如此。这种传统农业开发模式，对农业的可持续发展环境破坏很大，最终不断阻碍了农业的可持续发展。

传统农业是在农业有所发展的基础上，粮食出现了一定的过剩，由此推动农业人口增加。在农业人口出现增加时，农民又不得不扩大粮食耕种面积。但是中国早已没有可供开垦的荒地。在这种情况下，人们采取精耕细作，来扩大单位耕地的粮食产出。如今的主要做法就是改良种子，提高单位耕地的产出，并降低良种的消耗，杂交水稻就实现了这些目标。

虽然我们用这种方法使中国的传统农业得到延续，但是有一点是我们无法改变的，即中国的耕地已无法承载日益增长的农业人口，如果再增加农业人口就会引发一系列的经济、政治、社会等方面的严重问题。因为新增加的农业人口，主要还是向农业寻求粮食增加的办法——开垦土地，扩大耕种面积，可是我们面对的现实是农业生态环境持续恶化，耕地面积日趋减少。其次，新的高产稳产良种的出现需要一定时间，受农业科技发展周期的影响，在短时间内是无法发明出来的。再次，农民更大规模地外出打工，农业将出现真正的空洞化，最终导致农业的可持续发展状况将进一步恶化。

二、农业人口爆炸

"人口爆炸"问题是全人类的问题，但在中国表现的尤为突出。自 20 世纪 70 年代开始，全球都对人口问题投入了更多的目光，甚至有人设想当地球的每个角落都站满人的情景。实际上根本不可能出现那种情况，它只是直观地告诫每个人，人类自身的发展将会导致人类自身的灭亡，而且这种灭亡只要地球上的人类增长到一定限度，比如说 100 亿人口，或 130 亿人口，或者更多一点，地球承载的枢限就可能出现，到那时人类就会出现自我毁灭。当然这种毁灭不会是小动物的自我谋杀，而是自然生态环境的报复，因为人类在地球上是没有征服者的。犹如恐龙时代，恐龙统治着世界，它毁灭了地球上众多的动植物，导致了自然生态环境的严重破坏，引发了地球的巨大灾难，以致地球进入了漫长寒冷的冬天，恐龙随之也灭亡了。地球出现更加恶劣的自然生态环境，也将使人类灭亡。如果这一情况出现，也是人类自己造成的。人类应当及早地预防这种情况的出现。

1. 农业人口增长是中国人口增长的发动机

中国是地球上人口最多的国家，达到 13.2 亿人口。中国所面临的"人口爆炸"，可以说是世界所面临的"人口爆炸"的缩影；同时中国所面临的人口问题也是地球上所有国家所面临的最严重人口问题。因此解决好中国的人口问题，是摆在我们面前最重要的问题之一。

但是如何认识和解决中国的人口问题，可谓是众说纷纭，但基本也形成了一致的看法。如从老百姓到政府基本上都认为人口问题是中国的重要问题，必须严格控制人口的增长，把人口的自然增长率降下来，而且人们的期望值是将人口增长率降到零，甚至出现负增长。此外执行更加严格的控制人口增长的政策，因此城市只准生一胎，农村最多生两胎。如果违反相关政策，地方政府将采取严格的强制性措施，比如强制结扎、罚款等。因此看来，中国这些年的人口政策取得了很大的实效，人口增长率下降了很多，这是有目共睹的成绩。

但是从 20 世纪 80 年代中期至今，在经历了约 30 年时间，中国人口净增长也有 4 亿多。为此降低人口出生率，不论政府还是各家庭，甚至个人都付出了很多，结果是中国人口仍然在增长，而且到如今这种势头并没有快速下降的迹象。

这些年人口自然增长率一般在 1% 到 2% 之间，农业绝对人口数达到了空前的近 9 亿。如按这种速度，再过 30 年中国人口再增加 4 亿多，届时到 2040 年中国总人口将在 18 亿多。这个人口数将突破许多人口学家所核算的在中国 960 万平方公里的土地上，最多只能承载 16 亿人口的极限。我们要如何解决好中国所面临的人口增长问题呢？

从人口增长看，中国人口增长的发动机是在农村，城市人口增长率很低。但是，中国城市人口的增长存在不确定性因素，在 1995 年以前，城市职工基本是国有企业、集体企业、政府、事业单位职工，这些已占到城市职工的大部分。这些职工为了工作基本上严格遵守了国家"一对夫妇只生一胎"的政策。所以城市人口的增长很快控制到最低水平。加之城市抚养一个小孩的费用迅速提高，如有人在 20 世纪 90 年代后期概算得出，住在广州市的城市居民，抚养一个新生儿到大学毕业，要花费 48 万元；而 2007 年这一花费已提高到 78 万元。真是惊人的增长，城市居民望而后怕。广州以外的城市，尤其许多中小城市不必花费如此巨大的费用，但费用也应在一半左右。由此看出城市人口，尤其是那些有相对固定工作的人群，一般认为只生一个孩子就够了，更加不愿意抚养多个孩子。当然除了抚养小孩的费用影响外，还有其他方面的影响因素，如城市居民的文化氛围已与农村中的"多子多福"的氛围相去甚远。其次是城市职工的工作节奏比农民的生活节奏快许多，农民只是农忙时节，如"双抢"（即抢收抢种）时节紧张，而城市职工是一年忙到头，生活节奏快得多。第三，城市职工自小孩一出生，家庭生活的节奏就等于装上了一个加速器。只有一个孩子，父母期望将孩子培养成才。第四，城市职工不论在什么单位工作，基本的养老、医疗、失业保险都有了，所以城市职工的后顾之忧已不存在，养子女防老的意识已十分淡薄，而且城市里更多的情况是父母支持子女，因为绝大多数子女工作后，其收入不如父母收入高，甚至还低于父母的退休金。第五，城市职工养子女是为社会尽义务，为国家尽义务的意识不断增强。许多父母意识到子女不是自己的财产，也不是家庭的财产，而是社会的人才，因为子女长大后不知在哪个地方供职，这是父母无法左右的。凡此种种，中国城市人口的出生率接近或达到发达国家的人口出生率。这是中国努力降低人口出生率的方向，也是最佳结果。

实际上城市人口已远不是这些人，还包括许多新来的城市人口。这些人有来自农村的，也有来自其他城市的；有来自农民，也有来自工人，也有来自大学毕业生，也有来自其他城市的科技人员，还有转业军人；有青年人，也有中年人，还有年过半百的人；有从事公司正当职业的人，也有从事自由职业的人，也有从事零散工的人；有刚来城市的人，也有在这个城市居住半年以上十年以内的人，还有在城市居住十年以上甚至几十年的人；等等。不论这些人来自哪里，从事什么职业，年老年少，男女性别如何，他们有一个共同的特点：就是他们不具有所在城市正式居民户籍，因此他们不是该城市的"正式居民"，他们不受该城市对本市居民的各种优惠等。总之，这些人属于城市的外来人口，有些传媒将这些人统称为流动人口。

沿海一带开放城市，由于优越的地理位置，加上国家各种优惠政策，以及国家、各省市自治区的支持，外商的青睐，良好的投资软硬环境，尤其外商企盼进入中国市场，到中国来投资设厂，推动了沿海开放城市的发展。这些外商投资企业建成后需要大量各种技术人才，由此吸引内地众多的人力资源到各类企业从事相应的工作。由于这些人的辛勤劳动推动了沿海各城市经济的快速发展。发展越快的城市，吸引的各类人才就越多。但是许多城市采取的政策仍然是以往的政策，限制人员的流动。实际上人口在经济快速发展的推动下，不得不加速流动。有些城市外来流动人口占到该城市常住人口的20%—30%，而有些则是在40%以上，更有甚者有些城市的外来流动人口是该城市户籍人口的1—2倍。

70%以上的流动人口来自农村，他们的户籍近的在城郊，有的在周边的县市，还有的来自其他省市自治区。他们所居住的城市通常不承认他们的居民地位，他们最终要回到农村去。因此他们认识到他们比城里人有特权，可以生第二胎，所以我们看到城市中居住着许多生育二胎的人。

当然我们不能否认，城市的二胎以及多胎现象，除了农村人口外，也有城市自由职业者，企业所有者，外来人员中存在。但经抽样调查，城市中生育二胎或二胎以上的家庭85%来自农村。

在城市，农民的称谓有多种，如"农民工"、"盲流"、"民工"等，但其内涵没有改变，即农民的身份，以及他们的社会地位、待遇等都没有改变，因此用"农民工"的称谓仍然占主导。在这种称谓之下，他们的待遇是最低的，多数人基本上没有相应的劳动保障，少数人有劳动保障也是最低的。他们为所在的城市创造各种税收，居住在城乡结合部的农民房里，省吃俭用，企盼能节省一点钱寄回老家，供小孩、父母生活使用。但在城市里花费不小，除了吃饭和日常生活使用外，还得缴纳房租，最不应该缴纳的费用就是暂住证费、治安费、计生费等。他们为城市的建设发展做出了巨大的、不可磨灭的贡献，结果还要为自己所建设发展的城市交纳各种杂费。

城市出生的多数新生儿，由于他们的父母来自农村，并携带"农民"的头衔，所以他们的子女只能是农民。在西方发达国家，哪怕就是中国的香港、澳门，不论新生儿的父母来自哪个国家或地区，什么肤色，地位高低，穷人还是富人，只要新生儿在该国家或地区出生，那么该国家或地区就承认该新生儿是该国家或地区的人口。所以中国农民无法改变自己的农民身份，而其子女要改变农民的身份将会更难。这样做的结果，社会人群也就分割成不同的等级。这与中国社会性质，中国经济社会发展方向是背道而驰的。所以我们应当改变国家众多人口的最基本生存环境，主要是农民的生存环境。

农业由于生产和生活方式一直延续着传统的方式，所以农民的生育观、人口观以及其他传统观念没有发生太多变化。农民的生育观和人口观是众所周知的，即"多子多福"。所以俗话说："无子穷一世，有子穷一时"。因为小农经济下的生产方式主要依靠劳动力，没有劳动力家里的重农活就无人承担。千百年来为维系家族的传宗接代，保证自家田园和房屋等财产不落入外人之手，家中的男丁是最重要的，否则家中的一切就会改名换姓。如今农家，虽然国家以法律的形式要求一对农民夫妇，头胎如生了男孩，就不能生第二胎，但是约一半的人头胎是女孩，所以可以生第二胎；即使第一胎生男孩的家庭也梦想第二胎再生一个男孩，哪怕生个女孩也比只有一个孩子好。

中国的人口问题，除了人口多之外，摆在第二位的问题就是男女失衡。所以我们到乡下走一走就会发现，农村男孩比女孩多。许多地方人口普查发现，男女比例严重失衡，如1999年武汉男女比117∶100，全国107∶100。

有些地区大范围违反国家计划生育法规，普遍存在多生、超生现象，人们对这种现象反而习以为常；甚至个别城市都是如此。如广东、广西的边远落后地区，一般家庭都有三四个子女。

最后就是计划生育法规明确规定，少数民族地区的生育政策与汉族居民区的政策不同。这也是人口增长的一个源头。

因此自中国实行了严格的人口政策以来，新增的4亿多人口约85%来自农村，即3.4亿的增量，约15%来自城市人口的增长，大约6000万的增长。可以说这些年来，中国城市人口基本上是保持了低人口增长的态势，这是我们所追求的目标；而农村人口在三十年的时间里增长了约40%，按这种增长速度，很快就会达16亿人口。届时中国人口基数将更加庞大，人口控制将会更加艰难，留给我们的后患是人口增长将会留下更大的空间，绝对农业人口数将会进一步提高。因此，传统农业国家农业人口是该国人口增长的发动机。所以农业人口增长问题得到解决，中国人口问题也就得到基本解决。

2. 农业人口增长的原因

解决农业人口问题、解决吃饭问题、解决人口发展问题、解决一国经济发展问题，发达国家为我们做出了很好的榜样。当然发展中国家与发达国家的情况有很大区别。发达国家是在农业人口不是很庞大的情况下，开始发展工业，将农业人口的大部分吸引到了二、三产业中来。在许多发达国家，农业劳动力所拥有的耕地本来就不少，为此，一方面要保证二、三产业劳动力的供给，另一方面还要保证农业劳动力的供给，这样才能保证城市对粮食的需求。为此发达国家随着工业的发展，科学技术水平的提高，不断为农业提供各种农机具，满足农业对高效率农机具的需求。因此在十九世纪后期，发达国家就在解放农业劳动力，努力提高农业的机械化水平，提高农业工人的劳动生产率。西方发达国家的做法是完全正确的。而西方发达国家在走过这一历程时，完全是顺应市场经济发展的需要，而看不到人为主导发展的痕迹。因此一国在选择了市场经济制度后，在正常的经济发展中，不需要加入人为的因素，只要跟随市场经济发展的步伐，规范人们的市场行为，就可以实现减少农业人口的目的。

中国封建社会虽然在1911年就结束了，但是我们可以看到时至今日中国封建社会的文化思想却不时地沉渣泛起，如封建宗族势力在当今中国农村有不断抬头的势头，凌驾于国家法律之上；封建迷信在农村有蔓延的势头，有些人不相信现代科学，而相信巫师、神棍；有些人大搞封建丧葬、婚嫁；只相信自身家庭、家族的力量，不相信国家、政府的力量；相信黑道的力量，不相信政府的力量等。这些腐朽没落的封建文化，之所以在我们当今社会滋生蔓延，其根本原因就是传统的小农经济仍然占据农业生产方式主导，并使依附这种生产方式的生活方式得以稳固化，促成中国大部分人群，脱离市场经济轨道，仍然沿着传统小农经济轨道漫步，从而使封建社会的某些腐朽没落文化得到了滋生蔓延的沃土。可以说这种腐朽没落的封建文化对中国农业人口的增长起到了推波助澜的作用。

第一，农民的基本生存和发展需要劳动力。如今国家基本解决了农民的温饱问题，当然还约有4000万农民没有解决温饱问题；同时，我们还应看到由于医疗、子女读书、养老、自然灾害等又返贫的农民。他们的生活水平仍然停留在20世纪80年代我们所确定的贫困、温饱、小康的指标之中。如今我们已跨入21世纪，城市居民生活水平已跨入一个较高的水平，尤其是沿海城市居民生活水平，更高于中部和西部城市居民生活水平。2005年城市人均纯收入在10 493元，而农村人均纯收入3 255元，人均纯收入之比3.22∶1，这也就是说按一年365天计，农民人均每天只有8.92元的最高消费额，这一支出水平相当每天1.075美元（按2005年汇率计算），实际上也就仅仅高于联合国所确定的贫困线每人每天1美元多一点点。2008年农业人均年收入4 760.6元，人均每天也只有13元，城市人均可支配收入为15 780.8元，相差3.31倍[①]。这是农民不安心农业生产，不论道路多么艰辛都愿意外出打工的最主要原因。

农民不论走到哪里，都背负着农民的头衔，因为他们的根在农村，那里有他们要耕种的土地，有众多的亲戚，有他们熟悉的一切。所以多数农民都没有忘记自己的责任，到了农忙时节返乡务农，耕种好自己的责任田，解决一家一年的吃饭问题。此外由于春节是中国人的最重要节日，外出务工的农民到了春节前，基本都会张罗着回家过年。过年后，他们又赶回原打工地，或外出寻找新的工作岗位。这就形成了铁路、公路、航空、水运全年最为繁忙的运输时节，导致人口的无序流动。因此农民传承传统的生产和生活方式、外出务工都需要劳动力。

第二，农民的养老、医疗保障需要子女解决。由于受到土地资源的限制，农户所拥有的耕地十分有限。在有限的耕地上，土地产出十分有限；在有限产出的情况下，农民将来年生产所需资源以外的产品都用于消费，也只能满足家庭最基本的温饱生活水平；还有相当一部分家庭甚至温饱生活水平都无法保障（当然有少数家庭可以达到较富裕的小康生活水平）。这两部分家庭占到农村90%以上的家庭，绝大多数农民家庭没有剩余用到未来消费。此外在城市居民消费水平不断提高的拉动下，农村家庭生活水平相对不断下降，农村家庭为达到城市居民的一般消费水平，就需要青壮年劳动力外出打工，以打工收入补贴家庭消费，以尽量达到城市家庭最基本的生活水准。农民家庭在劳动力充足的情况下，生活水平勉

---

① 参见相关年份《中国统计年鉴》。

强可以达到城市中等家庭消费水平，而这种生活水平并没有保障。因此农村家庭在劳动力还处在青壮年时期就尽量达到国家政策允许的生育范围，即生两胎，当然许多生三胎甚至多胎的情况，以保证老来有人赡养。所以农民95%以上的老人都是农民的后代赡养老人，国家并没有相应的制度保障。

最近几年，中央政府和各级地方政府也看到了这一问题，提出农村家庭少生不生，但是农民到老的时候非常凄惨，无人赡养，只能做农村的五保户。但当我们要搞农村养老保险时，又遇到现实的尴尬：农民家庭生活水平基本处在温饱或温饱以下水平，无余钱支付保险费，即拿不出用于未来消费的钱。过低的保费交纳又无法解决农民的后顾之忧。所以只能干着急，却无法为农民提供这一保障。而老有所养的问题得不到解决，农民的后顾之忧就无法解决，即老无人养。因此农业人口增长的问题就得不到解决，而政府又花了大量人力、物力、财力，农业人口增长再增长。所以，要解决这一问题我们必须快速提高农民收入，使他们有用于未来消费的余钱，购买未来保障，解决养老问题，即解决近9亿农民的后顾之忧，人口增长率才能降下来。

2009年9月4日国务院办公厅发布了《国务院关于开展新型农村社会养老保险试点的指导意见》，提出2020年前全面覆盖农村适龄居民，个人、集体、政府合理分担责任，交费分五个档次，最低100元，最高500元；中央确定的基础养老金标准为每人每月55元。优点是普及程度高，不足是养老金太低，不解决问题，同时政府负担加重。

其次就是医疗保障问题。一个社会的进步，除了生活消费水平提高外，要使人们健康拥有保障，就必须建立医疗保障体系，农民就可以健康的生活，保持旺盛的学习、工作精力，保持良好的生活情趣，拥有积极的生活态度。而近9亿农民绝大部分连养老保险都无法交付，医疗保险更是无从交付；加之农村广阔，人口众多，仅靠政府之力无法解决这一问题。当然最近几年，国家看到了农民的困苦，想方设法搞农村合作医疗，解决了一些问题。但问题只是在一个很小的面上得到部分解决，对整个农业人口来说，仍然是杯水车薪，无法从根本上解决中国农民的医疗问题。

为了解决农民医保问题，2002年10月党中央、国务院颁布《关于进一步加强农村卫生工作的决定》，提出了建立新型农村合作医疗制度。经过几年的努力，新型农村合作医疗不断完善和推广。到2009年7月2日，国务院五部局发文《关于巩固和发展新型农村合作医疗制度的意见》，指导农村地区已全面建立起新农合制度，农村居民医疗负担得到减轻，因病致贫、返贫的状况得到缓解。新农合筹资标准具体做法是，2009年个人交20元，中央财政对中西部农民人均补40元，地方财政出40元，共100元；2010年筹资达150元/人，其中个人出30元，中央、地方各出60元/人。这就解决了农村人口医保的很大问题。但这仍然是低保，同时中央、地方财政压力很大，最终能走多远，目前难以预测。

养老保障和医疗保障目前在农村还无法真正建立，这是农民高生育率的重要原因。要使问题得到彻底解决，又不是中央政府和地方政府财力所能担负得起的；而农民自身的生存都已感吃力，更加无力承担。

第三，人力资本的积累需要劳动力。绝大部分农民家庭，由于只拥有极少量土地，导致低产出、低收入。众多农民家庭子女都面临教育费用不足的情况。2006年中共中央、国务院作出重大决策，免除农村居民九年制义务教育的学费，并在2007年的实施中，还免除了农村居民九年制义务教育的杂费。这是一项利国利民的重大举措，免除了农民一项重大负担。在此之前，农民子女的辍学率很高，如中国西部贫困乡村小学的辍学率就达50%—60%，初中辍学率高达70%—80%，高中的辍学率则是90%以上；当然东中部亦有类似情况，但没有如此严重。相对较富裕的乡村，即使在西部，这种情况也会好一些。如今各级政府都在贯彻中共中央及国务院的这一英明政策，农民子女入小学、初中的入学率都有明显的回升，这是让九亿农民欢庆的大事。但是农民子女读书还是有一笔需要承担的费用，就是养育子女的费用。这笔费用对于经济状况较好的农村家庭承担起来没有问题，但对经济状况不好的农民家庭来说，仍然是难以承担的重负。不管怎样，目前的九年制义务教育给农民已经减去了多半重负。说起来这种重负也并非很高，小学的学杂费，一般一学期是500—600元，初中平均每学期学杂费在700—800元。但是这点钱也让拥有两个或两个以上子女的农民家庭多数承担不起。

以前和现在，农民子女读书最难以承担的重负是子女读高中和大学。如今我们解决了农村子女读小学、初中的学杂费问题，农民子女读书的情况在可以预见的这几年中，将会有很大的改观，入学率会有大的提高。但是高中学杂费由各家庭交，至今使众多的农民家庭望而却步，无力将子女送入高中就读。由于受生源的影响，中国许多县，人口几十万到上百万，但是全日制的高中却没有几所，少的只有两所，多的也不过 10 所左右。其原因就在于农民子女读不起高中。因为高中的收费比初中高多了，而且是全额自费。正常收费每人每年 2000 多元，加上食宿、学杂费，一个小孩一年要花费 5000 元以上，中国多数农民家庭无法承受。约 30% 的农家子弟在父母含辛茹苦的支持下读完了高中，并有相当一部分人考上了大学。这是农民家庭的大喜事，甚至是全村、全乡（镇）的大喜事。但问题也恰恰是此时产生，即读大学面临巨额的教育费用。如学费、住宿费、生活费、书籍费等费用，一般这笔钱一年约在 10 000 元左右。这笔钱对大多数中国农民家庭来说是沉重的包袱，多数家庭都是拿不出来的。有更多农民优秀子女就是这样被迫离开大学。近些年来，有许多农民家庭由于子女读高中或大学使家庭的正常生活陷入窘境，甚至破产。所以，子女读书费用成了农民沉重的负担。而农民培养出来的人才是国家、社会使用的，不是农民家庭使用的，也不是村、乡（镇）使用的，但是农民子女的成才之路，却让农民背上了太多的重负，而这一重负压垮了许多农民的脊梁，有些也压垮了农民子女的脊梁，制造了许多人间悲欢离合。为了解决子女读书问题，农民只能养更多子女，以不读书子女供养少数读书子女，或以女儿供养儿子读书。

第四，制度安排导致农业人口增长。农业不仅是行业或产业划分，还是地域、身份、等级划分。农村有农民和官员，官员有县、乡（镇）官，还有村官，地位之间不存在契约关系，但存在管理者和被管理者的关系，即官员管理农民。这种关系在人口不流动的环境中显现出尊贵与卑贱。还有农民身份与城市人口身份的划分。农民干脏活、累活、危险活，工资收入低，没有什么保障，显现出身份低微、卑贱。而土地归国家所有，农民不能自由买卖。买卖土地使用权在 20 世纪 80 年代中期以来很盛行，但土地的耕种者农民没有多少选择权，只是被动地获得一定量的土地征收费和青苗补偿费。所以，农业是一个特殊的产业，没有实行市场经济制度，农民只有将自己剩余的一部分农产品拿到市场上去卖时才感觉有一点市场经济成分。所以农业是将众多的农业人口捆绑在狭小的土地上，劳动生产率不可能得到提高，相反二十几年来，农业劳动生产率下降了，因为耕地总量在不断减少，而这些年来农业人口却增加了。因此自然经济的农业与市场经济的城市显得不协调，农民的收入与城市居民的收入差距越拉越大。

以上论述展现出农业的制度安排，包括管理体制、管理方式方法、土地所有制、户籍制度、社会保障制度、就业制度、分配制度等促成了农业劳动生产率不断下降，导致了农民收入的缓慢增长，造成了农民社会地位下降，延缓了农业现代化的步伐，促使农民与官员之间矛盾的加深，城乡差距的拉大。为此，中国农民在制度无靠的情况下，只能将自己的生存和发展寄托在"多子多福"上，不断推动农业人口增长，同时推动中国人口增长。

三、乡镇企业

中国农业有一个特别之处，即只要谈及农业肯定就要涉及乡镇企业①。乡镇企业就是农业中的二、三产业。而这些二、三产业与农业没有太大关系，但却与农业中的土地、人口、政府、市场、农民收入等密切相关。因为这些企业地处农村，需要农业剩余劳动力参与劳动，并为农业剩余劳动力带来一定的收入，缓解农民收入增长与城市职工收入增长脱节的问题；乡镇企业生产的产品有相当一部分是为了满足当地农民日常生活需要建立起来的，所以许多乡镇企业的产品是就地产销；另外乡镇企业是政府的制度安排，因为这些乡镇企业最早是由人民公社或生产大队，或生产队投资兴办的，因此这些企业的资金、劳动力、所处地域、服务对象等都来自农业，因此以前叫社队企业或社办企业。人民公社改为乡或镇后，不论是以前的社队企业，还是后来的集体或个人所办的企业，都叫乡镇企业。同时仍然把这些企业归属于乡镇，也就归属于农业。

乡镇企业的现象与各发达国家的情况完全不同。各发达国家都没有乡镇企业这一说。发达国家的农业都非常发达，农业与二、三产业属于产业之分，农业只是发达国家进行农业生产的部门，包括种植业、畜牧业、渔业、林业，但是不包括二、三产业。这些发达国家实现工业、农业现代化的先决条件，也是产业分工，专业分工，社会分工之必然。

---

① 乡镇企业是指由乡镇、村、组、农户、联产办的企业总称。参见傅殷牛主编《新经济知识辞库》，湖北人民出版社 1994 年版，第 199 页。乡镇企业走到今天，实质就是乡镇政府或村集体、农民，以单一投资者或合资形式在乡镇所辖地域所创办的第二、三产业企业。

相反中国乡镇企业情况与某些发展中国家有类似的情形，如印度等。问题是这种情况为什么会长期存在，起到了什么作用，存在哪些问题，走向何方？为此我们从以下几个方面加以阐述。

1. 农业与工业的关系

如果将手工业看成是现代工业的雏形，农业与工业的关系真是源远流长。

最早的人类是从农业走出来的。在长期的农业生产实践中人类积累了丰富的经验，为了提高劳动效率，有意识地制作一些简单的工具，如旧石器时期的石头工具等。如果将制作石头工具的手工劳动看做是人类手工业的萌芽，那么旧石器石斧、石铲、石锄、石刀等就是人类最早的手工业产品。

封建社会农业与工业的关系，刘佛丁、玉茹、于建玮认为："这就是家庭农业与手工业的结合是中国传统经济的根本特征。"① 因此封建社会的农业与工业的关系是农业为主，手工业为辅，手工业依附农业，主要为当时的农业生产和居民的生活服务的；手工业的规模都很小，主要是家庭作坊式的；农民在农闲时做一些手工业活，获取一定报酬，贴补家庭支出；生产的手工业产品主要目的不是拿出去交换，而是农民自用，或为官家制作，只有少数剩余产品才拿出去交换。

到了清末和民国期间，沿海和内地一些城市，如上海、天津、青岛、武汉、杭州、广州等出现一些近代工业，这些工业企业进行大规模的商品生产，产品主要用于交换。但是这些近代工业的产值，加上商业和其他服务业的产值，占中国国内生产总值（GDP）约7%，而国内生产总值的93%来自农业以及依附在农业的手工业。

直到2008年二、三产业占国内生产总值的88.7%，第一产业只占11.3%，农业仍然包括乡镇企业，即包括一部分第二、三产业。这一方面是历史的延续，另一方面是由于农村拥有8.7亿户籍人口。如今发达国家已进入知识经济时代，农业作为一个产业部门只占这些国家经济总量的3%以内，农业十分发达，除日本、英国部分农产品不能自给外，其他发达国家均是农产品净输出国。相反所有农业人口占该国人口多数的国家，基本上都是农产品的净进口国，如中国、孟加拉国、尼日利亚、印度等。中国与这几个国家的农业都有类似问题，即农业包含

---

① 刘佛丁、玉茹、于建玮著：《近代中国的经济发展》，山东人民出版社1997年版，第36页。

了一部分第二、三产业，社会分工发展不起来，农业保持了传统落后的面貌，聚集了大量的农业劳动力，束缚了城市的发展。

2. 认识上的误区

在农业经济发展过程中，不时出现过一些这样的提法，如农村城市化，农村工业化（即乡镇企业化），农村非农化，农村城镇化等。实际工作者也采用了这些说法，所以不断地提倡发展乡镇企业，发展小城镇，发展农村中示范的城市化村落。到 20 世纪 90 年代后期，小城镇发展到 23 000 个，基本上遍布每个行政乡（镇）。后经政府调整，小城镇保留了 19 000 多个。中国可谓是全球所有国家中小城镇最多、最密集的国家。

从这些做法来看，我们将城市与农村完全割裂开来，城市像是一个国家，农村像是一个国家，鼓励农村走各自的城市化道路，所以小城镇如雨后春笋发展起来。如从化市民乐镇（合并前的情况）全镇人口 1 万多，城镇也就 1000 人左右，但镇政府却有 130 多人，再加上其他吃财政饭的人口，就更加可观。后在村镇调整中这个镇给撤销了。这样做的目的，无非是怕农村人口流入城市，同城里人抢饭碗，使城里人的工资降低，或增加城市的拥挤度。

实际上，到 21 世纪的今天，有近 2 亿农村人口到城市来工作，城市劳动力的工作岗位并没有被抢走，而且还创造了许多新的工作岗位。其次，农民进城后并没有使城市劳动者的工资降低。最后，农民与城市常住居民和睦相处，城市并没有让人感觉拥挤不堪，推动了城市的扩大和繁荣。如广州城区扩大了几倍，到过广州的人都会说，在广州做什么都能赚钱。这就是城市扩大、人口增多所带来的商业经济环境。而小城镇为了圈住几家、十几家，多则几十家农民或集体创办的乡镇企业，发展乡镇经济，结果占用了大量经济资源，限制了城市二、三产业的发展。

以往我们总认为，城市富有了，是由于发展了二、三产业，拥有了众多企业，城市人口就能就业，就能获得高工资。因此农村也只要办乡镇企业也就可以让农民跟城里人一样，到企业就业，就可以创造价值，就可以获得高收入，企业创造税收，政府财政收入提高，经营者获得利润。如果乡镇政府在企业有投资，还可以获得红利分配。这种做法既保证了国家、企业的利益，也兼顾了个人的利益。此外发展乡镇企业还可以让农民离土不离乡，就地解决就业问题，减少城市流动人口，减轻城市压力，真是一举多得的措施。

因此,1979 年国务院颁布了《关于发展社队企业若干问题的规定》[①],明确规定了社队企业发展的方针、经营范围等,并给予社队企业一系列的优惠政策,如资金扶植、税收优惠等。但是 1989 年后国家取消了乡镇企业在信贷和税收上面的优惠政策,改由农民自己集资办企业。这与当时国家的改革政策相吻合。1993 年 2 月,国务院颁发了《关于加快中西部地区乡镇企业发展的决定》,重新提出对中西部乡镇企业发展提供信贷和产业政策方面的支持。1996 年由全国人大制定颁布了《乡镇企业法》,进一步把发展乡镇企业纳入到法制化的轨道。

由于乡镇企业发展政策的变化,所以乡镇企业自 1984 年后发展较快,但由于政策的波动也引起乡镇企业发展波动。2007 年乡镇企业已达 586 万多家(这几年有所减少),这已超过城市所拥有的企业。

但是我们应当注意到,乡镇企业是中国一定历史时期的产物,随着中国市场经济的发展必将退出历史。

城市企业与乡镇企业的不相同之处只有一个,城市企业是城市人,或城市单位、或外商投资的企业,地处城市;乡镇企业是由农民或农村单位投资兴办的企业,地处农村。这是我们独一无二的区别企业的方法。

新中国成立前,中国现有的许多城市根本不存在,还有许多城市可能仅有现在规模的几分之一、十分之一、甚至几十分之一的规模,城市也没有什么像样的企业;建国后企业快速发展起来,其中有部分企业是农民兴办的,只是我们把它们都称为企业。但是如今我们却把农民办的企业称为乡镇企业,与城市的企业区分开来。这种区分是没有根据的,应当取消,农村中的企业不再叫乡镇企业,这些企业就是中国企业。我们把农民或农村单位所兴办的企业称为乡镇企业,实质上是让农村走自己的城市化道路。这根本就行不通,并造成巨大的资源浪费和环境破坏,尤其强化了企业地区所有,强化了企业的水平分工,强化了企业之间的恶性竞争,强化了市、县、乡(或镇)、村的分立等。所以不论是华西村模式、南街村模式、苏南模式、珠江模式、温州模式等,都只是中国农民为实现城市

---

① 社队企业是乡镇企业的前身。但社队企业与乡镇有区别,社队企业通常情况下是由人民公社、生产大队、生产队(或由社员集资)投资兴办的企业,一般是集体所有的企业。而乡镇企业除有上面投资形成的企业主体外,还有私人投资、私人合伙投资、集体和个人共同投资,社队企业转制后形成的私营企业等等形成的地处农村的企业。

梦，提高经济发展水平和文化生活水平，在现代制度的夹缝中，走出的农村城市化道路。但这些模式没有一个模式具有示范的普遍意义，且这些模式多数不具有可持续性，同时这些模式相对900多万平方公里的农村犹如沧海一粟。

3. 乡镇企业的问题

由于我们认识上的偏差，造成了乡镇企业许多先天性的不足。而这些不足是乡镇企业自身无法克服的问题，长期下去就会成为乡镇企业发展的瓶颈，最终窒息众多乡镇企业的发展。实际上，中国目前已出现乡镇企业发展的困局。到2007年底中国有近586万家乡镇企业，比2000年只增长了约4.56%，年均增长约0.65%[①]，展现出明显的后劲不足的迹象。其主要问题表现在：

第一，乡镇企业外部环境不经济。99%的乡镇企业外部环境不经济。因为绝大多数乡镇企业地处农村，甚至许多乡镇企业处在边远偏僻的农村，这是地域管辖的结果。这些乡镇企业由于交通不便，远离市场，能源供应不稳定，原材料来源无法保证，或产品上游、下游都无法得到配套，一家或几家或十几家乡镇企业孤零零地矗立在乡村一隅之地，而且这些企业之间基本上互不相干，不存在产业链关系，也不存在相互之间的合理化分工；各种配套条件均无从说起，如通邮、通网、通电信、通水、通污、通汽等等，都做不到，如果要做都必须自己来完成，地方政府和村组均不会予以配套，也无力配套。

第二，内部规模不经济。乡镇企业在2000年时拥有固定资产26 224亿元，但拥有559万家企业，平均每家企业只有46.91万元固定资产；2000年总产值116 150亿元，平均每家企业产值约207.78万元；2000年利润总额6 482亿元，平均每家企业利润约11.59万元；2000年乡镇企业职工数12 820万人，平均每家企业拥有近22.93位职工，平均每个职工占有固定资产约2.04万元，平均每个职工创造的产值9.06万元，平均每个职工创造利润5 054.51元[②]。从以上数据看出，乡镇企业规模小，技术水平低，产值低，利润少，表现为内部规模不经济。即使到今天这一现状也没有改变。

第三，生产不稳定，面对狭小的市场。大多数乡镇企业生产不稳定，主要是由于上下游产品不稳定以及市场狭小所造成的。许多乡镇企业的创立，是根据当

---

① 《中国乡镇企业及农产品加工业年鉴2008》，中国农业出版社2008年12月版，第125页。

② 资料来源：《中国乡镇企业统计年鉴》、《中国统计年鉴》各有关年份。

地资源状况以及农民需求而创办的。这些先决条件，首先就造成了乡镇企业的规模、市场、效益的严重局限性。如蚊香、酒、当地特产食品等，首先就是利用当地的原材料，面对当地市场，而乡镇一般面积在 200 平方公里左右，人口由几千人到几万人，可想而知在这样一个地域和人口数量上能发展什么样的企业。当然这些年来有许多乡镇企业走出了本乡镇，面向全县、全市、全省、甚至少数企业能面向全国市场和全球市场，但这样的乡镇企业在中国是极少数。

第四，人才匮乏，资金不足，技术落后。乡镇企业由于地处乡村一隅之地，许多乡村本身就地处穷乡僻壤，连最起码的交通、通信都十分不便利，在这样的农村办乡镇企业，人力资源是不会流向这些企业的，加上这些企业本身生产落后，产值低，利润少，能拿出的工资根本无法与城市企业竞争。因此绝大多数乡镇企业严重缺乏所需的人才，只有那些已处在城市（城市发展，将乡镇划归城市），或处在城市边缘的乡镇企业才不会感到人力资源缺乏，但这部分乡镇企业毕竟只占少数，更何况它们只是城市化的企业。其次，由于以上种种原因，银行一般不愿将资金贷给乡镇企业，而热衷于将资金贷给城市里的大中型企业，因此乡镇企业很难获得银行的融资，即使融到资，条件也相对比较苛刻。最后，乡镇企业使用的生产设备大部分是 20 世纪 60 年代、70 年代，或 80 年代的设备，少数乡镇企业能使用到 90 年代的设备，个别乡镇企业能使用到 21 世纪的设备；加之技术人员匮乏，乡镇企业的生产技术是十分落后的，许多企业甚至还停留在手工作坊式的生产水平上。这些也充分展现了中国企业发展不平衡，发展水平多层次的现状，也是没有竞争力的表现。当然这些也是制度使然。

第五，环境污染问题。乡镇企业的建立只需地方乡镇工商所或县一级工商行政管理部门批准就可以建立，而乡镇企业又可以为地方乡镇、县或市带来经济利益，尤其是相对边远的市、县、乡镇，为发展地方经济，提高政绩，不管这些企业是否对环境造成破坏，一概予以批准成立，造成了对环境的极大破坏。我们在实地考察时，发现一些大小山沟里，有电镀厂、小造纸厂、小矿窑、砖厂、小焦炭厂等厂矿，有毒污水、强酸、强碱水、废气、废渣、烟尘等等都肆无忌惮地向企业所在之地排放。如今我们大力抓环境保护，尤其是城市环境保护，对污染大的企业限令拆迁，城市小区域环境有所改观，但这些企业又加入乡镇企业行列在农村又开始生产经营起来，我们堵住了城市污染口子，可是却将中国大面积的乡村让给了污染企业，江河、小溪，农村的大气、土地等遭到日益严重的环境污染。

4.乡镇企业发展的对策

乡镇企业走到今天，有成功的经验，也有失败的教训。要使乡镇企业得到持续的发展，避免乡镇企业发展过程中出现窒息的局面，我们必须对现有的乡镇企业政策做出梳理，看哪些政策有利于乡镇企业持续发展，哪些政策不利于乡镇企业持续发展。不利于乡镇企业发展的政策要予以摒除或调整，维护这部分企业的持续、快速、健康发展，推动中国经济快速发展，改善中国的环境。当然本文在此只就政策的变革做出以下探讨。

第一，为乡镇企业正名。一国农业以外的产业，从大的划分方法看，可以分为第二产业（在此将采掘业归入第二产业）、第三产业，或称为加工工业或服务业企业，不能以地域或投资者原职业来定为乡镇企业，即这些企业要么是第二产业企业，要么是第三产业企业，取消乡镇企业这一地域性称呼，同时取消这类企业划归农业的做法，推动中国社会分工和产业专业化。

第二，乡镇企业与其他企业一视同仁。取消乡镇企业头衔的企业，与中国其他地域（城市）或不同投资身份（国家、城市居民、外商等）企业享有相同的国民待遇，坚决杜绝歧视。即这些企业可以迁往中国任何一个地方，任何一个城市，并享有与当地企业或外资企业同等的最优惠待遇。

第三，绝大多数乡镇企业可以享有中小企业待遇。乡镇企业绝大部分都属于中小企业，可以将它们纳入中小企业发展的整体政策之中，予以扶植，在财政税收、信贷、企业筹建等方面给予优惠；对企业经营管理人员和一般员工实行无偿的培训，建立免费、低收费的广播、电视、网络等广告平台，为这些企业的发展创造良好的外部环境。

第四，实现乡镇企业在中国的合理化布局。我们可以利用市场调节的作用，推动乡镇企业走向专业化分工，进行合理布局。这一过程是市场经济自发调节的过程，无需政府干预，但政府可以引导，并予以政策鼓励。

四、中国现代化农业之路

记得小时候，长辈总是对我们说："一粒粮食一粒汗"。这句话直到今天还在左右着我们的行为。即使有朝一日，中国完全做到一粒粮食根本不需要万分之一粒汗水，我们同样要珍惜、节约粮食，因为中国是从一个拥有漫长农业国历史的国度走过来的，人口众多，稍有不慎我们就会跌入粮食供不应求的险境，就会有人吃不饱，就会闹饥荒，就会饿死人，就会不安定。

我们如今要实现中国的发达农业之梦，彻底改变农业传统的生产方式和农民的传统生活方式，彻底改变农业的落后面貌，彻底改变农业混浊不清的产业内涵，彻底改变日趋衰落的农业，彻底改变农业人口大国的现状，彻底解放农民，实现中国的发达农业。要实现发达农业，我们必须做好以下几方面的工作。

1. 实现农业市场经济化

市场经济从一开始就是作为自然经济发展的必然结果而出现的。所以自然经济代表的社会形态是奴隶社会和封建社会，或者是农业国，或者是农业人口大国；而市场经济代表的形态是资本主义或社会主义，或者是工业化国家，或者是后工业社会，或者是科学技术先进国家等。

从前面的论述中我们可以清醒地看到，只要我们将农业人口大国的地位保持一天，中国就不可能实现发达市场经济国家的目标，只能保持中等发达市场国家平均水平以下的经济发展水平，中国的劳动力就表现为一种无限供给的态势，中国80%以上的劳动者就无法提高工资收入，中国的贫富差距将会进一步拉大，中国的城乡差距将会使中国陷入混乱的境地，中国的市场只能停留在潜在的大市场上，无法成为真正的大市场，中国的经济发展只能是处在低水平的粗放式的发展阶段，这将使我们丧失大好的发展机遇，延长中国步入发达市场经济国家的时间，所以我们要实现中国农业的市场经济化。为此，我们就必须做好以下几方面的工作：

第一，解放农业劳动力，将他们纳入全国统一人力资源市场。在第一、二章中我们已论及市场经济要求生产要素自由流动，尤其是要求劳动力能自由流动、自由创业、自由择业、自由居住，这样在市场经济的大潮中就不会出现落后的农业，或农业跟不上其他产业发展步伐的情况。

中国是农业大国，尤其是农业人口大国，人口达8.7亿，其中农业劳动力就达5.7亿多，是中国最庞大的劳动力大军。而5.7亿多的劳动力，一年也只生产5.3亿吨粮食，这是世界独一无二的最庞大的农业生产大军，产出了世界最多的粮食和其他农产品，同时也是世界上最落后的农业生产，人均产出不足1吨粮食，而且大部分粮食让农业人口消费掉了，只有约30%—40%的粮食和其他农产品成为商品。这就是自然经济条件下的农业生产方式和农村生活方式。

在19世纪末美国、英国、法国、德国、荷兰、比利时、意大利、卢森堡等国家就已实现了农业的现代化。中国最落后的产业不是第二产业或第三产业，而是第一产业中的农业。因此，我们要大幅度地减少农业劳动力和农业人口，只有这样才能增加留下的农业人口尤其是农业劳动力人均占有的耕地面积，在长期不断地减少农业人口和农业劳动力的同时不断提高农业劳动力的收入水平，城市经济的辐射作用才能真正辐射到农村，才能真正做到在二、三产业发展的基础上同时也推动农业的发展（这是不同产业性质决定的，即农业孕育了二、三产业，第二产业发展的同时又推动第三产业发展，二、三产业的发展，又推动农业的发展）。只有这样一个国家的整体经济才能上一个新台阶。多年来，中国经济只所以在这样一个上不上、下不下的阶段上徘徊不前，其最根本的原因就在于我们忽视了农业的落后，没有意识到农业一直拖着中国经济发展的后腿，农业一直在增长人口、增长劳动力，一直保持自然经济的落后面貌，因此一直向本部门和其他产业部门无限地提供最廉价的劳动力，所以农民的收入上不去，城市的最低收入上不去，劳动力的收入上不去，经济结构难以改变，经济上不去，市场需求上不去。我们要扭转这种局面，就必须彻底地解放农业劳动力。

要做到这一点，就如我们在第二章劳动力中所提出的：必须取消户籍制度，还农业劳动力、农业人口自由，赋予农业劳动力自由创业和择业的权利，赋予农业人口自由流动的权力和自由选择居住地的权利。这实际上就是给予中国经济自由发展的权力，而不是把自己的手脚捆住，让别人来为中国发展自由市场经济，其结果只能是中国人为世界打工。只有这样做，我们才能解放农业劳动力，解放农业人口。这才是市场经济条件下的农业对劳动力要素的真正要求，即为中国市场经济的发展，施放中国最大劳动力群体的能量。这一能量足以增加中国市场经济发展50%以上的推力，加速中国市场经济的发展，推动中国产业结构升级，力促中国科学技术的发展。

美国发达的农业只占用了全国劳动力的3%，同样也只拥有美国全国人口3%的人口，所以美国只拥有900万农业人口。如果农业人口中的70%为农业劳动力，那美国只有630万农业劳动力，养活了美国3亿多人口，并且还有大量的粮食供出口。中国与美国的农业有很大的区别，即使我们走现代化农业道路，仍然需要保留农业许多的由前人已经总结的生产经验：一方面我们要大力、不断、快速地减少农业劳动力和农业人口，增加留下来从事农业生产的劳动力所拥有的耕地；另一方面我们又要保持传统的精耕细作，抢时节不务农时，大力发展和保证粮食生产，采用一年两季或三季种植粮食或经济作物的生产方式，多用农家肥，大幅减少化肥的使用，保证中国的粮食供应和其他各种农产品的供应。同时还要考虑到中国农业人口众多，劳动力十分丰富，加之中国的整体经济实力较强，而人均的收入比较低的现实，中国在近二十年里不可能达到美国现代化农业的发展水平。并且中国农业今后更多的方面是向日本、德国、法国农业学习，充分反映中国农业特征，即在市场经济的调节下，使农业劳动力人均占有的耕地成倍提高。比如说劳动力人均占有耕地约100亩，农民就会自发地走农业机械化道路，解决劳动力不足的问题。因为实现了劳动力人均占有约100亩耕地，农民不仅可以实现富足的生活，同时也会不断提高自身的人力资本，增加农业投资，当然主要是农机设备的投资，实现农业机械化。如果农业劳动力能实现人均50亩耕地，农民则会联合起来投资农机具，实现农业生产的联合或专业化分工的机械化。如果农业劳动力能实现人均拥有耕地30亩，农业同样可实现联合或专业化分工的机械化，农民80%—90%可以普遍实现小康生活水平。

如果农民普遍实现小康生活水平，即每个农业劳动力拥有30亩以上耕地，中国农业只需要约6 333万农业劳动力，如果加上林、牧、渔业和非农业劳动力人口，农业只有约1.6亿人口，有近7.1亿农业人口需要城市化。

如果在市场经济调节下，农业劳动力人均拥有50亩耕地，中国农业只需要3 800万劳动力，如果加上林、牧、渔业和非农业劳动力人口，农业人口只有约9 000万人口，有近7.8亿农业人口需要城市化。

如果今后农业劳动力人均拥有100亩耕地，中国农业只需要1 900万劳动力，再加上林、牧、渔业和非农业劳动力人口，农业人口只有约5 000万人口，中国就需要将8.2亿农业人口城市化。

这也就是告诉我们，生产5亿多吨粮食加其他农产品只需要8 000万以内的劳动力，其余的约4.9亿农业劳动力都是剩余的劳动力，我们必须将这些劳动力解放出来。当然在今后一段时间，比如说10年、20年里，我们应当严格限制每户农业家庭（3—4人，两位农业劳动力）拥有耕地的最高限额定在300亩。任何一个家庭农场所拥有的耕地超过300亩，则由政府有关部门予以没收，并将没收的土地无偿拨给少地的农户，或者将耕地按市价卖给不足 300 亩耕地的农户。

论述至此，肯定有人会惊吓一跳，如此多的农业人口、农业劳动力需要城市化，还不把中国城市挤爆？实际上根本不用担心，因为根本不会出现农业人口、劳动力挤爆城市的情况。

中国目前已有约 2 亿农业劳动力在城镇务工，加上 1.1 亿—1.3 亿农业劳动力在乡镇企业务工，加起来就有 3 亿—3.3 亿农业劳动力已经脱离了农业一线生产。如果中国推行农业劳动力流动自由化，他们可以自由择业、自由居住，这一部分农业劳动力将会是中国首批大规模城市化的自由劳动力。加上由他们带来的非农业劳动力人口，总人口约 4 亿—4.5 亿。这样一来，中国农业人口就减少了约 50%—55%，中国城市人口就会增加到约 60% 多。

所以农业劳动力和人口的城市化过程是一个动态过程，我们目前已将上述的农业劳动力或人口城市化了，这一成绩是我们在过去几十年所取得的伟大成绩。我们现在要做的工作就是从制度的角度承认他们是中国的公民，公民享有城市居民所享有的一切福利、待遇，让他们真正体会到做中国人的自由，做中国人的自豪，做中国人所享有的公民权利。他们将会以百倍的努力学知识、学技术，做好自身的工作，并热爱城市。

目前我们限制农村劳动力进城，以致经过这么多年农村劳动力处在不断积压的状况，这也是现行农业人口制度和政策的结果。这一制度和政策目前到了非改不可的地步，再不从根本上改变，将会引发越来越强烈的社会、政治问题。当我们一朝改变限制农民流动，而是利用市场看不见的手，自动调节农民是务农还是进城当工人，即不论劳动力是务农还是务工都是自由的，都是中华人民共和国的公民，不论走到中国内地任何一个地方都享有中华人民共和国公民同等的权利和义务。如果做到这一步，"市场看不见的手"就会自动承担起调节农业劳动力流动的功能，并将每个劳动力安排到各自较为满意的岗位上，发挥每个人的特长，并激励每个劳动力不断完善自我，不断提高自身的人力资本。在每个劳动力都寻找到自己合适的岗位，并得到政府和公众的认可，中国就不会有人偷渡到国外，就不会发生如此多的惨剧和尴尬，并且中国社会也会真正步入和谐社会。所以和谐社会是在市场调节劳动力配置的基础上，达到人尽其用。

但是，什么时候农业劳动力相对不向城市流动，而达到城乡劳动力相互不流动的均衡状况呢？

我们认为这主要取决于城乡劳动力的劳动报酬。如果设 L1 为农业单位劳动力，L2 为城市单位劳动力；设 W1 为农业单位劳动力的工资收益，W2 为城市单位劳动力的工资收益，其均衡状态为：

W1/L1=W2/L2

（1）当 W1/L1 < W2/L2 时，说明城市单位劳动力的工资收入多于农村单位劳动力的工资收入，农民就会弃农，进城寻求高收入的工作，而不会安心留在农村务农。

农民进城务工后，将其耕地卖给需要耕地的农民。获得耕地的农民则增加了土地资本，来年将会获得更多的收成，并提高劳动收益，进而使农民的收入与城市工人收入拉平，恢复到相对不流动的均衡状态。

当然中国目前由于农民收入不到城市职工收入的三分之一，这中间有一个很大的农业劳动力流动空间，所以当我们对农业劳动力实行市场调节后，将会出现相当长一段时间内农业劳动力流向城市的情况。如果中国城市第二、第三产业以及城市发展同步跟进，将会出现中国，甚至世界最为壮观的农业劳动力流向城市，流向第二、三产业的景象，也将会变成全国人民奔向发达市场经济国家的壮丽画面。

（2）当 W1/L1=W2/L2 时，说明城市单位劳动力所获得的收入等于农业单位劳动力所获得的收入，城市劳动力不流向农村，农村劳动力也不向城市流动。

在实际中，这种情况就是城市劳动力总数和农村劳动力总数，处在相对稳定的状况。但是并不是说没有一点变化，因为一国劳动力的流动是不会静止的，其常态是农村劳动力和城市劳动力总是在相互流动的过程中，总的趋势是农业劳动力不断减少而城市劳动力（即第二、三产业劳动力）不断增加。

例如在 20 世纪 80 年代初，当时美国的农业劳动力占全国劳动力的 3%，经过约 27 年时间，美国农业劳动力占全国劳动力的比重降到 1.5%，即比重上只占到原来的一半。如果将这 1.5% 的变化分到 27 年中，每年只有 0.05% 的变化，即每年只有约 16 万美国农业劳动力从农业流入到第二、三产业中去了。这个变化相当细微，所以我们可以认为，在这 27 年中，美国农业劳动力和第二、三产业劳动力基本处在相互不流动的均衡状态。

这种均衡状态并不难达到。我们预计，中国如果完全实行劳动力的城乡自由流动，地区与地区、城市与城市劳动力的自由流动，少则四五年，多则六七年就会实现基本均衡。届时中国的城乡分割、地区分割、城乡差别、地区差别、城市差别就基本不存在了，即中国社会最大的三大差别，我们都将会把它们丢到太平洋，人们再也不会把这些作为一个重要问题热议了。

（3）当 W1/L1 ＞ W2/L2 时，说明一国第二、三产业出现了倒退，或城市人口增长过快，满足不了新增人口的就业，所以人们从城市，从第二、三产业流向农业。从人类工业正式确立为一个独立的产业后，在正常的经济发展历程中，还没有一个国家出现过这种情况。特例的情况，只是一国遭受到突如其来的战争变故，如伊拉克、阿富汗的情况。

第二，耕地归入资本范畴，可以自由进出资本市场买卖，但作出一定的限制。中国有 960 万平方公里的陆地，换算成亩就是 144 亿亩。其中耕地有 17 亿到 19 亿亩，只占国土面积的约 11.81％到 13.19％；森林覆盖面积只有 17 亿亩左右，占国土面积的 12％左右；草地 49.2 亿亩，约占国土面积的 34.17％左右[1]；沙漠戈壁 128 万平方公里，占国土面积的 13.3％左右[2]。此外就是城市、道路、河流、湖泊、荒山、荒地等所占面积。

我们应当规划好中国的国土。如现在的农地，实际上占中国国土面积的比重并不大。印度国土面积只有 297 万平方公里，不足中国三分之一国土面积，但其耕地面积却比中国多，所以承载了 10 多亿人口。中国国土面积大，但耕地少，还有相当耕地的闲置（承包人不耕种），导致近些年来中国农业的不稳定。

究其原因，就是因为中国农业基本的生产资料——土地没有资产化，而是名义国有，实际由地方政府具体管理，由村承包给农民。

由于土地不归农民所有，农民在承包的土地上较普遍地存在几种不负责任的态度。其一，采取掠夺式的经营。因为耕地不是自己的，水资源也不是自己的，下一个承包期也不知会怎样，所以对耕地很少投入，大量使用化肥、急功近利，日趋少用农家肥；对水利只利用，甚至是破坏式地利用，而不投入。土地日趋贫瘠，水土流失严重，农作物生长越来越靠天吃饭，所以是小旱小灾、大旱大灾；小涝小灾、大涝大灾。加之气候日趋炎热，旱涝天气不定，导致农业每年受灾情况日趋严重。其二，对耕地资源随意荒芜。如果中国东、中、南以及西北地区有

---

[1] 《2008 年中国统计年鉴》，中国统计出版社，第 23 页。

[2] 《中华人民共和国国家自然地图集》，中国地图出版社 1999 年 5 月版，第 245 页。

近 10%的耕地荒芜，说明有约 1.7 亿亩耕地处于人为的荒芜状态。这是极大的资源浪费。其三，村、乡镇、县甚至市随意开发、出卖、荒置耕地。中国开发区最多时达 2 万多处，每处最少一平方公里，多则几十或上百平方公里，土地浪费十分严重，只图发展第二、第三产业，结果耕地被大量占用，二、三产业又发展不起来。此外房地产开发、小城镇的随意开发建设等等，使耕地很快减少，国土开发千疮百孔。其四，农户新建房，坟地，晒谷场，田埂（尤其水田），道路，排水沟等占用大量耕地。我们在中国南方水田区调查得出的结论是，以上非农所占用的土地面积，约占农村土地面积的四分之一到三分之一。北方以及其他旱作物种植区的情况要好一些，但也约占五分之一，合计约有宜耕土地 3 亿—4 亿亩。在实现农业市场经济化后，如有 50%的此类土地改作耕地使用，将有 1.5 亿—2 亿亩可耕地的增量。

我们在这里所说的农地资产化，仅仅是指农民耕种的水田、旱地、牧草地，还包括部分林地等，约 70 亿亩，约占中国土地面积的 49%（如果这些土地下面发现矿藏，其所有权属于国家）推向市场。虽然我们推行耕地的资产化，但是这些土地的最终所有权是属于中华人民共和国，土地的所有者、卖者和买者都必须是持有中华人民共和国永久公民证（或拥有中华人民共和国国籍的人）才拥有资格买卖耕地。对于农民如今所有承包的合理、合法耕地、草地、林地，政府应采取一定原则将土地的所有权划归给农民，使这些土地变为可以交换的不动产。至于土地的买卖纯属私人财产经营范畴，他人无权干涉。私人财产只要本着自由的原则，同时在不违反国家有关法律法规的基础上自由买卖。

俗语说："人有恒产，则有恒心"。土地实行资产化后，土地的所有者不论是农民、牧民、林地工人等，他们都会自觉地从长远打算，经营管理好自己的土地，会加强水土保持，防止沙化、石漠化，防止土地肥力下降，防止对土地的掠夺式经营，维护好土地资源以及相关的水利资源，种植和维护好防护林等。

土地资产化，必然产生土地的自由买卖问题。这个问题也许是我们最为担心的问题。因为新中国成立前曾出现大地主，封建社会时期更是如此，从而引发了中国历史上波澜壮阔的农民起义。所以在中国共产党领导的革命历程中，我们最先作出的制度变革就是土地革命，并将土地从地主手中夺回交给无地或少地的农民耕种，激发了农民的革命热情，最终推翻了腐朽没落的国民党反动统治，建立了新中国。这可以说是土地制度的第一次改革。

在 20 世纪 50 年代中后期，我们在农村推行了合作化，由低级农村合作社向高级社发展，而后建立了人民公社。人民公社下设生产大队及生产队，土地实行公有化。这是中国进行的第一次生产经营方式改革和第二次土地制度改革。

自 20 世纪 80 年代中期以后，我们对农业的生产管理方式和土地的耕作方式进行了改变，土地所有权属于国家，由乡镇和村两级实行管理，由农户或农民承包责任田进行生产经营，历史证明在中国推行市场经济的准备期和初期是适应农业经济发展的。这是我们进行的第二次农业生产经营方式的改革。当中国在城市全面推行市场经济之后，我们仍然实行农地国有和家庭生产经营承包方式已不适合农业发展，甚至阻碍了农业发展，农民收入无法持续稳步提高，城乡差别不断加大，城乡对立不断加剧，农业生态环境不断恶化，农村人口继续膨胀，农村中的恶性事件时有发生，封建迷信又开始泛滥等。为改变这一状况，我们必须进行土地所有制的改革，即第三次改革。只有改革才能消除农业所出现的各种问题，将农业纳入正常的发展轨道。当然这次改革，仅仅是土地所有制的改革，最终也会推动传统家庭农业生产经营方式的转变，其目的是解放农业劳动力、减少农业人口，增加农业劳动力人均占有农地的面积，扩大农户生产经营规模。

至此，有人势必要责问我们是否又要回到新中国成立前或封建社会的农业？我们的回答是否定的。

所有发达国家，都是实行农地私有化，这些国家几十年到几百年来，从没有出现中国历史上的农民起义，而且农业发展相当快，都实现了农业现代化，绝大多数国家保证了本国的粮食和其他农产品的需要，农业职工收入和消费水平与城市居民不相上下，土地和劳动力都得到了市场的合理配置，劳动生产率及劳动者的收益不断提高。

发达国家农业经营资本家必须亲力亲为，为自己创造利润，他们不会面对众多的耕种者，只是面对少量的农业工人，或直接与种子公司、化肥公司、农机公司进行交易，是企业与企业之间的经营行为，或是服务与被服务之间的关系，根本不存在地主与农民激烈的阶级对抗关系，契约各方利益都会受到国家法律的保护，任何一方不可能剥削另一方。市场经济国家由于劳动力享有充分的自由，某个资本所有者如土地或资本所有者，只要他们剥削的剩余价值超过社会劳动力的正常付出，资本所有者就会遭到工人的唾弃，他或她就雇用不到所需的工人，加上舆论的监督，这个资本所有者将无法在市场经济中立足。所以市场经济制度已经消除了地主与农民两大阶级对抗的土壤。

此外，发达市场经济国家为消除阶级对抗，有相应的制度保障。法律明文规定劳动力享有充分自由，劳动力的购买者与劳动力之间是平等的契约人之间的关系，任何一方如果是在非自愿的情况下订立契约，该契约就不受法律保护，一方就可以不履行契约。同时工会保护工人的各项权益；国家实行最低工资保护制度，打击一切违法用工行为。在此基础上，为防止少数人攫取大量的社会财富，形成新的阶级对抗，给国家带来不稳定，国家征收高额的遗产累进税，以制度的方式杜绝富裕阶级的产生，从而消除了阶级对抗。

土地经营是以家庭为主，如美国家庭农场和西欧家庭农庄。家庭农场或农庄受到国家政府的扶植和支持，构成了这些国家农业的最基本单位。其生产经营活动不受任何人支配，主要受市场调节。每个家庭农场所经营的土地都比较大，基本相当于中国一个村所拥有的耕地，形成规模经营。

发达国家的家庭农场或农庄为了跟上其他产业的发展步伐，也在不断发展。原因何在？就是由于一部分农业劳动力看到第二、三产业就业所获得的收入高于农业，放弃农场生产经营，将土地卖给或租给其他农场主经营，以致美国今天的家庭农场平均经营农地面积高于以往。土地资本的增加，必将给经营者带来更多的收益。

我们推行农地资产化同样是为了建立农业市场经济调节机制。在第二、三产业就业人员工资收入高于农民收入时，有一部分农民就会自发地将农地拿到土地资本市场上去出售，而后带上出售土地和房产的收益投身到第二、三产业；那些收购了农地的农户，农地增加了，生产经营规模扩大了，收获增加了，缩小了与第二、三产业就业人员的收入差距。经过几番大浪淘沙，不断有农民退出农业生产经营，带上自己的财富，到城市谋生。这样铁桶一般的城乡结构将会被彻底打破，城乡将形成共同发展，城乡差别将消失，城乡对立将不复存在。

一国经济社会发展动力在于一国的合力。当合力无法形成，并产生了相互抵消之力，一国就处在了危险的境地。因为不需要外力破坏，就是内在的两股力量或几股力量也会使一国的经济社会发展出现中止，甚至倒退。这点在中国的历史上表现十分充分。

在实行农地资产化的同时，政府要防止出现大规模的抢购农地风潮，形成新的大土地所有者，这点必须杜绝。可以预测，由于中国目前城乡收入的巨大反差，当农地资产化后，会有相当多的农民将自己所拥有的农地卖出。只要这种买卖是在自愿的基础上，没有半点被迫，就应完全让市场来调节。当然如果出现了非自愿的耕地买卖，司法就要及时跟进。其次为防止拥有大量农地所有者的出现，必须以法律的形式规定，每个家庭农场或农庄的土地不得超过 300 亩。当农场（庄）所拥有的农地已达 300 亩时，就亮出红牌，禁止再进行耕地的收购；如发现家庭农场（庄）的耕地超过 300 亩的，执法部门在调查核实的基础上，将多余耕地予以没收，并予以适度罚款。没收的耕地予以拍卖，拍卖收入和罚款纳入国库，并奖励告发者。其三，家庭农场所拥有的耕地不得挪作他用，必须用于农作物的生产经营。耕地挪作他用属非法，并将挪用耕地没收，改回耕地。其四，家庭农场所拥有的耕地不能荒芜两年以上，对荒芜两年的耕地，政府依法将耕地拍卖，扣除有关费用后，其余拍卖所得归还耕地所有者。

对西北、西部、北部以及其他地区的荒山、荒地、沙地、戈壁等，国家可以采取优惠的措施，谁育林，林地归谁所有；谁种草，草地归谁所有。当然这些地方的开发，主要是植树造林，造福于千秋万代。几千年来，我们中华民族在这片土地上生存繁衍，粗放式的经营占主导，加上战争破坏，使黄土高原和其他西北地方生态环境遭到了很大破坏，应在我们这一代开始恢复西部以及其他遭受破坏地区的生态，寄希望在不久的将来达到甚至超过历史上所展现的良好生态环境。当然在植树造林的同时，农民也需要生存自救，允许新开发林地 10% 以内的土地用作耕地。当然这些新生的家庭农场（庄）所拥有的农地比其他熟地的地力要差很远，需要长期的耕种才能达到熟地的水平。同时也为了开发这些遗弃土地，可以适度放宽开发型家庭农场（庄）所拥有的农地，比如说最高限定 900 亩（可根据实际情况确定）。此外政府还可以给予资金、技术等方面的支持。

2. 改变传统农业生产方式

落后、传统的农业生产方式，如果我们不去改变它，永远是落后的。这样将使农业与第二、三产业背道而驰，城乡差别更加巨大，甚至出现城乡对立。这种局面绝对不能在中国出现。为了做到这一点，我们必须改变传统农业生产方式。

要改变传统农业生产方式，首先就是推动农业市场经济化（见上一节的阐述）。在将农业完全纳入市场经济轨道后，农业就会在市场自发调节的作用下，自动改变农业落后、传统的生产方式，改变农业的自然经济形态，自发地实现农业机械化、专业化、规模化、科技化。

第一，实现农业机械化。发达国家实现农业机械化的时间最短也有几十年了，最长的国家已有一个多世纪。随着时间推移，发达国家农业的机械化水平仍然在不断提高。

在传统农业时期，英国每个农民一年只能创造 8 个英镑收入，而到了自由资本主义后期，一个产业工人一年可以创造几千到上万英镑。价值创造的快速增长，使劳动力的工资普遍上涨。企业快速扩张，农民不断地从农村走向城市，追求高工资收入的梦，而这些梦都变成了现实。市场调节的结果导致了低产出、低劳动生产率的农业缺乏劳动力。近代工业给予农业很好的补偿，生产出大量的农机设备，使农业机械化水平不断提高，彻底改变了农业的生产方式，农民变成了农业工人。以往农户依靠个人体力和牲畜的力量，能耕种经营 20 亩农田已是非常不容易，而农业机械化大大提高了农户耕种经营土地面积的能力，工业革命和科技革命彻底解放了农业生产力。

农业机械化是新中国建立后努力追求的农业现代化目标。时至今日我们仍然走在实现农业机械化的道路上，只有少数几个国营农场基本实现了农业机械化，农户的农业生产活动只有约 20%实现了机械化，80%的农业生产活动没有实现机械化。所以中国的农业依然保持着落后的传统的劳动生产方式，其原因就在于过多的农业劳动力和过低的人均耕地使农业劳动生产率无法提高，导致农业劳动力价格低廉，农民不使用机械，也使用不起机械。随着农业市场经济化，农民人均占有耕地的增多，农户将加强农场（庄）的投资，实现生产的机械化，彻底改变传统农业生产方式，大幅提高农业劳动生产率，不断减少单位耕地上的活劳动的投入，扩大农场（庄）的产出，提高自己的劳动收入。

农业机械化水平的不断提高，将促使农业劳动力不断脱离农业生产步入第二、三产业的生产经营，进一步推动农业机械化水平快速提高。

在农业机械化的发展过程中，随着单个农户土地面积的扩大，收入的增加，农业生产对农业机械的需求就会增加，相应农业劳动力就会减少，原因就在于农业劳动力单位劳动时间的报酬也会随之提高，这样农场（庄）就会减少劳动力的使用，大量使用农机具。当农业对农机具的需求形成一定的规模，就会有许多从农业脱离出来的劳动力以及城市的劳动力从事农业机械设备的生产和经营，中国一个新兴的行业——农业机械的研发、生产、售前售后服务等就会蓬勃发展起来。

　　中国农业目前所拥有机械数量和总动力，都会比美国在 19 世纪末实现农业机械化后所拥有的机械数量和总动力要大许多。但是美国农业机械都是为农业生产经营服务的，所以满足了当时美国农业机械在生产经营中的需要；而中国的情况则不同，农村所拥有的机械设备基本不是为农业生产经营服务的，而是从事第二、三产业生产经营活动，同时也带动着一部分农业劳动力从事非农业的生产经营活动，而农业生产劳动基本是人力和畜力来完成，原因在于农业家庭中大量的劳动力没有活干。

　　第二，实现农业生产经营的专业化。中国农业发展到今天仍然没有脱离传统农业的窠臼，原因就在囿于小块耕地上的农户产出有限，收入有限，无法满足家庭成员的生活消费。为了解决生存和发展问题，农业劳动力除了掌握农业生产经营本领之外，基本上都学习了农业以外的生产、经营技能，以便在农忙时节从事农业生产经营活动，以获取实物形态农产品收入；在农闲时从事非农业生产经营活动，以获取货币工资收入，以此维持家庭成员的生存和发展。这是耕地所限和生活需求所导致的必然结果，即中国农业基本都不是专业化生产经营，而是多种生产经营。而多种生产经营的结果就必然导致低效率，原因就在于非专业化生产经营，即不论从事何种生产经营活动，均没有做到专业化分工，更不用说专业化细分工。

　　这种现象将随着农业市场经济的推进，人均占有耕地的增多，将会有越来越多的农业劳动力永远地脱离农业生产经营，转而从事第二、三产业的生产经营活动。同时留在农业生产经营第一线的农业劳动力，由于人均耕地面积的大幅增加，转变成专业化农业生产经营者。如果我们能尽快做到这些，中国历史上最大规模的劳动分工将在中国现代社会出现，可以设想 5 亿多劳动力实现专业化分工，劳动生产率大幅度地提高，并将中国传统农业生产方式永远地丢到历史博物馆，快速推动农业和其他产业实现专业化生产。

　　第三，实现农业规模经济。中国当前农户所生产经营的耕地面积是真正的规模不经济，因为在几亩狭小的耕地上捆绑了两个以上的劳动力，所以中国每个农户的生产经营在规模上都是不经济。只要我们推动农业市场经济化，农户平均拥有的耕地就会大幅增加，生产经营由规模不经济向规模经济转化，扭转农户千年来一直向规模不经济方向发展的趋势，实现规模经济的不断扩大，提高农户的劳动生产率。

从外部规模经济看，当前中国农户外部规模不经济。原因就在于绝大多数农户生产经营规模太小，经营品种太多，相邻两农户的生产经营品种都有很大差别，展现出十足的小农经济特征，也就是非市场经济特征。各农户都在如此一个外围经济的包围之下，充分体现出外部规模不经济。外部规模不经济的现状严重影响了农户经济的发展以及效益的提高。因为各农户都只从自身生产、消费的实际出发，确定生产经营的农产品品种、产量，而不是依据本地区，周边的资源状况，面向市场去确定自身生产经营的农产品品种和产量，所以一种新产品谁先种植，谁先获利；当大家都去种植该种新产品时，即使这种农产品很受欢迎，也会面临众农户之间的激烈竞争，最终导致价格暴跌，以致各农户又竞相摆脱该种新产品的生产经营。因此在外部规模不经济的情况下，由于买者往往会面对众多的卖家，形成买方市场，哪怕某种农产品在总量上并没有供过于求，农产品价格也很难在较长时期内维持高价。由此农民往往在丰收年份反而收入减少，在歉收年份收入有可能提高，以致农民的生产积极性受到了极大的创伤。多年来各种农产品的生产都表现出这一规律，原因就在于非市场经济农业的外部规模不经济。

只要实现了农业市场经济化，农场（庄）的内部和外部规模经济都会快速发展起来，中国农业的规模经济很快就会建立起来。这不仅有利于稳定农业生产，还有利于稳定农产品价格；有利于农民将丰收的成果变成实际高收入，鼓励农民增产丰收；减少农产品流通费用，降低农产品收购成本，减少消费者消费支出。所以发展规模农业势在必行，可以稳定农业的基础地位，不断提高农业劳动生产率，提高农业劳动力的劳动收入。

第四，实现农业生产经营的科技化。小农经济无太多科技而言。因为农业生产经营规模小，多一点撑不死，少一点饿不死。农民心里都想着多创造财富，但农户所承包的几亩地不可能使他们富有，因此农民对生产经营科技化没有兴趣，也没有能力，只要能将前辈的农业生产经营管理经验接收过来也就够用了。所以小农经济是没有竞争力的，农民会受到生产经营规模、专业化程度、个人科技文化知识水平、经验、财力等限制。

农业科技发展的现状也影响了教育的正常发展。一方面，农业院校每年招生都困难，报考学生有限；学生到毕业时都很难找到对口的工作，许多学生只能改行就业，这是人力资源的极大浪费。另一方面，农业整体科技水平低下，如农产品品种、农业生产、经营管理、加工生产、流通销售等都缺乏科学技术的支持。

如果实现了农业市场经济化，上述情况将会改变。因为农场（庄）耕地扩大后，农业生产的机械化、专业化、规模化不断提高，农业生产经营管理者要经营管理好自己的农场（庄）就必须学习相关的科学技术知识，比如说生产经营稻谷的市场行情预测，谷种选择，农机具购置，价格成本控制，栽种技术，田间管理、肥料施放，病虫害防治，杂草清除，收割销售，加工运输等都必须筹划实施，以求获得好的经济效益。如果生产经营管理不善导致颗粒不收，就预示农场（庄）将面临破产。在此市场条件下，农业科学技术研发、教育和培训都会得到很好的发展机遇，推动农业的全面协调发展。

3. 转变农业人口的生活方式

农业人口的生活方式是指农业人口作为"消费者个人或群体的物质和精神生活的方法与形式。它反映着经济和社会性活动，日常生活和人际交往，品行和思想方式等方面的特点。"[①] 不同社会形态条件下的生产关系决定着农业人口的生活方式。但是在一定的社会形态之下，一国生产力发展水平的高低是影响一国农业人口生活方式的最主要力量。如果一国农业生产力水平高，农民的生活方式就展现出健康、积极向上的高生活水平；相反一国农业生产力发展水平低，农民的生活方式就属于不健康的、缺乏朝气的低生活水平。

中国农业属于自然经济下的小农经济，农业人口众多，耕地资源十分有限，生产力低下，农民人均收入过低，以致农业人口的生活方式基本保留了传统的低水平生活方式。在小农经济生产方式和生活方式的共同作用下，历史上没落腐朽的封建文化滋生蔓延，如赌博、吸毒、卖淫嫖娼、人口贩卖、封建迷信、黑帮、制假贩假等现象日趋严重，严重侵蚀了人们的思想和行为。

要遏制这种态势，我们只有发展农业生产力这一条道路可走，除此之外别无他径可行。即使我们采取一些经济政策和措施，暂时可以缓解农村中所出现的最急迫、最现实的问题，但这些政策措施只能起到暂时作用。从长期来看，这些政策措施就会失去其最初的作用，甚至变得毫无意义。如在最初的农业改革中我们所采取的提高农副产品价格，增加农民收入的做法，随着原材料价格的普遍上涨，推动工业品价格也普遍上涨，致使最初的农产品提价变得没有太大意义，甚至此后这种政策措施基本失效。至于其他惠农政策，如减免农业税收、扶贫以及

---

① 林白鹏主编：《消费经济辞典》，经济科学出版社1991年6月版，第45页。

政府其他的转移支付措施，都只能起到短暂时效，因此要改变农民传统、落后、低水平的生活方式，就必须大力发展农业生产力，提高农业劳动生产率，在此基础上提高农业劳动力或农业人口的人均收入水平，逐步改变农业人口传统、落后、低水平的生活方式。

当前农业人口传统、落后、低水平的生活方式是在农业低生产力水平条件下所形成的农民低收入造成的。到 2008 年农业人均收入只有 4 460.6 元，其中约 70%用于农业人口的生活消费，即农民收入的大部分用于吃、穿、用、住、行上面，而用于其他方面的消费资金十分有限。

要提高农业生产力，我们就必须在农业中推行市场经济制度，解放农业劳动力，给予农业劳动力自由流动、自由居住的权利，鼓励农业劳动力自由创业、自由择业，大幅减少农业人口，允许耕地在资本市场上自由买卖，禁止更改耕地的性质，这样就会有大量的农业劳动力流向第二、三产业，大量的农业人口流向城市。农业劳动力自由流动将推动全国劳动力实现合理化分工，促进生产力合理布局，实现各地区、城市的优化分工和资源合理配置；推动产业聚集，形成产业、行业、企业核心竞争力；深化产业、行业、企业内部分工，拉长产业链，推动城市合理布局和快速发展，最终推动中国市场经济快速发展。这样做的结果将消除中国人口增长的发动机，大力发展农业机械化，实现农田改造，增加农田保有量，推动农业生产专业化、规模化和科技化，不断增加农业产出，提高农业生产效益，增加农场或农庄的收入，进而增加农业人口人均收入，实现城乡收入均等化，彻底改变农民传统、落后、低水平的生活方式。

4. 农业变革的制度和政策供给

要使农业变革获得最终成功，政府的制度和政策供给就变得十分重要。因为没有制度和政策的供给，这场变革不可能推进，更不可能实现其最终目标。

第一，取消户籍制度。（参见第二章有关"劳动力的自由流动"的相关论述）

实际上市场经济制度是否能在中国最终获得确立，就在于我们能否尽快取消或废除户籍制度。如果我们能尽快取消或废除户籍制度，就会为市场经济制度在中国最终建立扫清最大的制度障碍，就可以使农业劳动力和城市劳动力自由流动、自由创业、自由择业、自由居住，推动农业及中国生产力的发展、科学技术的进步、市场经济的发展，消灭城乡差别、地区差别打下坚实的基础。

第二，实行农地资产化。中华人民共和国成立以后，随着社会主义计划经济体制的建立，农地实行国家所有，由各人民公社行使所有权和使用权。这种土地公有制是适合计划经济体制需要的。但时代在变化，在前进，目前我们实行的经济制度是社会主义市场经济制度。在市场经济制度条件下，公有制只是所有制的一种形式，而且这种所有制形式主要集中在关系到国计民生的部门或行业中，如金融、能源、通信、交通、高科技领域以及其他公共产品行业。对于竞争激烈、需要大规模生产经营的经济部门，国有经济自然退出。所以各发达市场经济国家对农业都是实行农地私有制，充分利用市场自发调节的作用，充分发挥家庭农场（庄）生产粮食和各种农产品的积极性，充分利用土地资源，同时也是保护好所有土地资源，不需要政府花费一分钱，使这些资源充分发挥资本效用，推动各发达国家粮食和其他农产品的生产经营，保障市场供给。

如今，我们虽然已推行市场经济制度，但是农地仍然属国家所有，只是分成小块土地承包给户籍制度限定在农村的农民耕种。如果废除户籍制度，农业人口可以自由流动，农村就会出现空户、空村的现象。因为城乡收入和生活水平的反差，农业劳动力就会到城市追求更高收入的工作，放弃在农村的生活，这是市场经济自发调节的结果。所以解放劳动力，让劳动力自由流动起来是建立健全社会主义市场经济制度必须要走的路。当我们真正让劳动力（包括农业劳动力）自由流动起来，农地如果还是不能自由流转，那时将会出现土地大面积荒芜。这样在农业推行市场经济制度时，将会出现制度供给的空白或不足，将会导致粮食和其他农产品供给的短缺，引发社会恐慌，甚至动乱。所以在我们取消户籍制度之前，我们必须先实行农地资产化，将农地直接划归给承包责任田的农户，变成农户的私有财产，农户可以自由耕种，也可以将农地转卖给其他需要农地的农户。

农地所有制改革的前 20 年，所有农地划拨、转让限定在中国目前的农户之内进行，其他非传统农户的农地划拨、转让均属非法，政府没收非法划拨、转让的农地，重新将农地划归给传统农户。

此外，由国家法律法规限定，一切农地，无论如何买卖，农地的性质不能改变，都只能用作农地。如实在需要改变农地的性质，必须经过省一级人民代表大会审议，三分之二以上代表表决通过才能实施，否则农地的性质不能改变。这样中国农地的保护，就真正纳入法制的轨道，不论谁违反了法律的规定，都将农地没收并拍卖，拍卖所得收归国库。国家各级地方政府都应严格履行农地保护法令，对一切违法行为予以查处，并对有功人员予以奖励，而且还可以通过资源卫星监测农地保护状况。因为在农地自由买卖的情况下，农地很容易挪作其他经济用途，危及中国的粮食安全，实际也就危及中国的国家安全，在国家安全方面的问题，我们决不能放纵，并可以将农地保护的监督权交给全国人民，由全国人民来监督，并坚定法律制裁到底的决心。这点做好了，中国的粮食安全问题也就解决了。

在农地实行资产化后，再实行中国人口，即中国公民的自由流动，这样农地不会荒芜，更不会丢失，同时还可以调节进城人口。

第三，家庭农场（庄）的企业化道路。随着农业市场经济化的推进，小农经济将退出历史舞台，让位于家庭农场（庄）。初期家庭农场（庄）就如中国众多的企业一样，按着市场的法则进行运作，农地、财产私有，家庭农场（庄）所有者或经营者自主经营管理。当然家庭农场（庄）既然是企业就必须履行企业的责任，并享有企业相应的权利。政府维护企业的权利，同时也监督企业履行义务的情况。

第四，政府机构职能的转变。如今中国农村的最基层政府组织是村委会，所管辖的范围在中国南方一般在 2000 亩耕地上下，有些村还有山地，人口在 10 000 人左右，村委会组成人员在 10 人以下；在黄土高原、华北平原、东北平原所管辖的耕地面积要大些，管辖人口也差不多，管理人员也接近。从职能上来说主要是维护法律秩序，调解民间纠纷；督促农业生产、不误农时，维护好各项水利工程及水资源，兴办一些公共工程，如修公路、建饮水工程等；搞好计生工作等农村中所涉及的各项事务。其中最主要的工作就上传下达上级各项方针政策，维护法律秩序，搞好计划生育工作等，基本都是做人的工作。

随着市场经济在农业的推行，农业规模经济的出现，农业人口不断转为城市人口，目前自然村的情况也将随之发生变化，快速变化后的自然村人口快速减少，因此今后具体的服务、协调、监管等职能将由镇一级政府承担，村委会自然退出历史舞台；农业生产经营由家庭农场（庄）自己负责；大型公共设施建设由政府投资招标建设。当然出现这种情况正好可以与中国的"小政府、大社会"的改革方向结合起来，小的镇、县合并，主要发展农业生产，农产品加工和服务业，减少政府机构和人员，并可以将县一级政府直接纳入省、市、自治区的直接管辖，县与市政府平级。市、县实现分工，城市主要是发展二、三产业，集聚大量的人口，是人口密集区，是密集投资区；县是农业区，发展农业生产和农产品加工。

第五，人口制度变化。现行人口制度基本是一种静态人口管理制度，原因是人口都归各户籍所在地政府管辖，至于流动人口只是纳入各级地方政府临时管辖。随着农业市场经济化，户籍制度的废除，人口制度将转为动态人口服务制度，即人口工作将由当前的管理型转变为动态流动人口服务型，以利于人口的正常流动，并推动各地区和国家经济的发展。

动态人口服务制度与当前中国户籍制度下的静态人口管理制度的最大区别是：一是静态人口管理制度强调的重点是户籍管理，而动态人口服务制度强调的重点是为人口流动提供服务，即为经济发展服务。二是静态人口管理制度突出两方面人口，即本地户籍常住人口和外来户籍流动人口；而动态人口服务制度对在本地登记的人口都是为本地经济建设和发展作贡献的人口，是纳税人，所以政府要为所有在此地登记的人口提供优质服务，方便他们来去自由。三是静态人口管理制度将人口分成不同等级，如中心大城市人口、中小城市人口、小城镇人口、农村人口等；而动态人口服务制度将人口只分为纳税人和其家属，没有人口等级之分，实现中国人口大融合。

第六，农业的优惠政策。不论是小农经济条件下的农业，还是市场经济条件下的规模农业，其农业的特性并没有改变，农业依然是提供粮食和各种农产品的部门。而变革农业现行制度的目的只是为了持久不断地提高农业生产力，增加和稳定粮食和其他农产品的供给，解放农业劳动力和其他农业人口，大力发展第二、三产业，发展城市经济，消除城乡差别。因此作为政府，保护粮食和其他各种主要农产品生产和市场价格稳定，依然是政府必须坚持要做好的工作。当然有关农业各方面的优惠政策我们依然要做好，如粮食、棉花最低收购价，主要农产品的国家储备，农业生产资料的价格补贴等。

第四章
企　业

　　当今世界，不论是经济相对落后的发展中国家，还是经济领先的发达国家，其社会构成无非是由个人、家庭、企业、社会团体、国家、国家集团等主体构成。其中作为国家或社会经济细胞存在的社会经济组织形态是个人、家庭、企业、社会团体。至于国家或国家集团只是特定范围内的社会经济细胞群体利益的代表，在国际或世界范围内维护其特定范围社会经济细胞群体的整体经济利益，即国家利益或国家集团利益。而个人、家庭、社会团体作为一国的经济细胞由来已久，自人类诞生以来，或人类社会发展的早期，他们就作为经济细胞已存在。时至今日，这些经济细胞依然发挥着作用。因此，所谓社会经济细胞就是指特定社会经济形态下的经济和社会组织，这些组织既是社会经济物品的生产者和消费者，又是社会组织。

　　在原始社会，由于人类生活的艰难性，为了共同的生存，人们联合起来，共同猎取动物，采集食物，并进行一定的农业生产，如种植粮食，发展畜牧业等，形成了最早的社会群体原始群或原始公社①。原始公社即是社会组织，也是经济组织，而且是以经济功能为该组织的基础，该经济组织经常将其生产的剩余产品拿出去与其他原始公社进行交换，以换取本公社急需或不能生产的产品，以满足本公社的消费需要。原始群、氏族公社或原始公社，这种经济细胞是人类历史上

---

① 原始群："原始社会初期，人类为了共同劳动和抵御敌人，由有血统关系的人自然形成的集体。"原始公社："人类社会历史上最早阶段的社会组织，延续了数十万年"。参见：中国社会科学院语言研究所词典编辑定编：《现代汉语词典》，商务印书馆 2005 年 6 月版，第 1675 页。

最早的经济细胞，它主宰了人类社会漫长的历史，这是由于人类早期生产力低下，并以社会群居的形式进行生产和生活所决定的。

家庭经济细胞最初的功能是家庭农业，家庭农业又包括了种植业，采集业，渔业，畜牧业，随着生产力不断发展，又出现了家庭手工业和家庭商业。家庭经济细胞的最大特点是以家庭为单位。

家庭经济细胞在人类经济社会发展的长河中，承载了人类由原始社会极度落后的社会，向高度发达的市场经济社会过渡的历史，是社会经济物品生产的社会组织，同时又是自然经济社会形态下的经济组织。家庭经济单位所生产的经济物品主要是满足家庭成员的消费，只有部分产品(或货币)以税收的形式交给政府，还有少部分剩余的产品拿到市场交换。当然这是自然经济的特点。还有许多家庭是租种他人土地，其收入中的一部分是以地租或租金的形式交给土地所有者。家庭经济细胞是自然经济形态最具有代表性的经济细胞，他伴随着自然经济的发展而发展，伴随着自然经济的兴旺而兴旺，伴随着自然经济的衰退而衰退。

个体经济细胞，是指以个人为单位的社会经济体。这种经济细胞的出现晚于社会群体经济细胞和家庭经济细胞。其主要原因是以个人为单位的经济细胞在人类发展的初期是很难生存下来。只有到了人类生产力有了很大提高之后，个体相对于家庭处在独立的生存位置，但同时又是该部落人群中的一员时，以个人为经济细胞的独立体才诞生。从上述的分析中，我们得知这种以个体为单位的经济细胞诞生于原始社会后期的母系社会。

每一种社会形态都有一种占主导的经济细胞，犹如原始社会主要以原始公社(原始部落)为主导的经济细胞。当私有制出现后，即家庭私有制出现后，社会占主导的经济细胞就是家庭经济细胞。

随着人类的不断发展，到了近代(世界近代史)，诞生了一种崭新的社会经济细胞——企业。而资本主义社会以及以市场经济为主导的社会，企业就成了社会占主导地位的经济细胞。

一、认识企业

企业，亦称"厂商"、"公司"、"供应商"等，但一般称其为企业，它是从事商品和服务生产经营的社会经济细胞，或经济社会主体①。

1. 企业的产生

在人类原始社会、奴隶社会、封建社会，企业是不存在的。它诞生的历史最早可以追溯到资本主义市场经济形成的时期。企业的诞生是随着资本主义生产方式的确立而产生，随着资本主义社会的发展不断壮大。

企业这种经济细胞，首先是孕育在家庭经济细胞之内，当家庭经济细胞不断发展，从事家庭经济的生产者超出家庭成员的范围，实质上这时的家庭经济就已不属于家庭经济的范畴，它已带有现代企业经济细胞的基本特征。奴隶社会奴隶主阶级将奴隶变成家庭的私有财产，所以不论奴隶主家庭驱使多少奴隶，这一家庭经济细胞的特征并没有改变。到了封建社会，这一性质发生了变化，地主阶级（在欧洲为封建农奴主阶级）雇用了大量的具有自由人身的农民或自由劳动者为自己家庭经济服务，生产农作物，从事手工生产或经营商业，打理钱庄，或为地主家庭提供各种传统服务，如做家务，照顾老人，抚养小孩等，并给这些农民或自由劳动者报酬。此外，社会还存在大量的以家庭为单位的农业、手工业、商业等经济细胞，其生产者仅仅限于家庭成员。从这两种经济细胞看，后者仍然是典型的以家庭为主导的社会经济细胞；而前者则不完全是。如果从其表现形态上看，仍然展现为家庭经济，如大地主或中小地主，只是大中小地主所包含在内的经济含量有很大的区别，差别越大就是说明这个地主家庭经济由家庭以外成员所创造的价值就越高；相反，差别越小，说明这个地主家庭经济主要是由家庭成员创造。不论大地主还是中小地主家庭经济形态，只要有雇佣家庭成员以外的劳动者从事生产性劳动，包括提供服务劳动，就已不是完整意义上的家庭经济体，即家庭经济细胞，已经孕育了现代企业某些成分，但其又不是完整意义上的现代企业。尤其是到了封建社会后期，如中国明、清时期，15—16世纪的欧洲，许多大型的手工工场和手工作坊的出现，都已经是现代企业的雏形，具备了现代企业许多特点。我们现在一般称其为家庭手工工场或家庭手工作坊，如果这些手工作坊在国家法律认可的条件下，并照章纳税，依法生产，并定时（一个月、一个季度、半年、一年）付给劳动者工资，那这种手工作坊与现在中国农村小城镇的家

---

① 企业是从事商品生产、流通和服务性活动的经济组织。企业是商品经济发展到一定水平的产物。参见：刘树成主编《现代经济辞典》，凤凰出版社、江苏人民出版社2005年1月版，第780页。

庭企业已没有什么不同。

到了 17 世纪中叶，英国爆发了资产革命，这些聚集在城市的手工作坊，已远远超出家庭经济细胞的范畴，获得了现代企业称号，其最主要标志是企业实现了社会化分工，超越了以往家庭内部狭小的分工，并担负起相应的社会责任，享有对应的权利。企业在资本主义市场经济中得到真正确立，并在经济生活中起到主导作用，是在 18 世纪后期、19 世纪初大机器生产得到确立之时。

2. 企业经济细胞与家庭经济细胞的区别

现代企业经济细胞与家庭经济细胞的共同之处在于，它们都是某种社会形态的社会经济体，生产经济物品，满足人类社会发展的需要。它们之间的区别在于：

其一，家庭经济体（经济细胞）的规模十分有限。家庭经济体的劳动成员仅限于家庭成员，最具代表性的劳动成员就是夫妻双方，并且很稳固。中国目前农村家庭经济体就是如此，但在市场经济的冲击下，已经变得七零八落。而现代企业经济体（经济细胞）的规模则是没有边界的，企业最具代表性的特征是社会化分工的产物，企业依据市场需求的大小以及当时科学技术发展水平，确定企业的规模。

其二，家庭经济体受到人类自身发展的限制。劳动对象如土地或其他自然生产物，劳动工具为简单工具，如锄、犁、铲、耙、锤、锯、锉、钳等；动力来自于自然力，如风力、水力、动物力、人力等；生产目的主要是家庭消费。越是传统的家庭经济体，对传统的劳动对象依赖就越大，如目前中国家庭农业经济就是如此，农民生产的粮食大部分供自己消费，只有少部分粮食拿到市场去实现其价值。而现代家庭手工业或家庭商业则不同，他们生产出的产品除一小部分用来满足自己消费外，大部分的产品和服务需要通过市场来实现其价值。但其分工并没有超出家庭成员的范围，仍然属于传统的家庭经济体范畴。有人会问，既然中国已成为市场经济国家，为什么家庭经济体在现代社会生活中仍然大量存在？其实原因很简单，中国只是处在市场经济的初期，我们还没有建立起完善的市场经济制度，以致我们的思想、意识、方式方法、制度和政策还带有非市场经济的烙印。这些传统的烙印，有封建经济的，也有战时经济的，还有计划经济的，最重要的原因就是我们的市场经济制度还不完善，导致经济社会信用不健全，市场经济缺乏有力的推动力，以致人们为了自身的生存，只能采用古老的生产方式，保留家庭经济体。至于现代企业的劳动对象和劳动手段已完全不受传统家庭经济体的限制。如果说资本主义市场经济制度在建立的初期，除劳动分工采取社会化分工外，其劳动对象、劳动手段还受到传统经济发展水平的限制。但是在经过第一次，尤其是第二次工业革命洗礼后，这种传统的劳动对象和劳动手段已基本消除。到了第三次产业革命，即现在仍然在进行中的信息产业革命，人类已完全脱离了传统劳动对象、劳动手段和劳动方式，在现代科学技术、企业制度、企业运行方式、企业经营管理模式规范下，传统的家庭经济体形式或模式离我们越来越远。如一家大的超级市场建立，使其周边传统的家庭小摊小贩不知生意萧条了多少，又不知挤垮了多少个体经营户；一个大的物流公司，使周边多少弱小的家庭批发商、批发零售商生意萎缩了多少，破产了多少；几家连锁快餐店，对全国餐饮行业起到了多大的垄断作用，当然在这样一个纷繁多样的饮食市场，完全垄断是不可能的，尤其是中国这样一个具有优秀饮食文化的国度要想统一饮食文化根本是不可能的，但是我们同样看到，稳居龙头地位的餐饮企业仍然是快餐企业。

其三，家庭经济细胞属自然经济的产物。它主要受到人力、畜力、农地、劳动工具、生产对象等的限制，其经济追求目标就是满足家庭成员的温饱生活水平，高层次的目标就是家庭成员丰衣足食。现代企业经济细胞属于市场经济条件下社会化大生产的产物，应用的动力主要是电力以及其他能源，如石油、太阳能、核能、地热、风能、潮汐能、水能等。所有生产要素，包括劳动力、机械设备、原材料等要素来自全国各地，甚至国外，商品或服务不仅销往全国各地，甚至销往全世界，追求的企业目标是将企业不断做大，满足资本，劳动力，土地所有者，经营管理者，政府等各方面的利益。

其四，家庭经济细胞内部的组织形式是很简单的。家庭经济细胞由于参与生产活动的劳动力有限，仅限于家庭成员，这种家庭经济约占封建社会时期经济的 70%—80%；当然还有些家庭经济雇佣家庭以外的劳动力，一般雇佣人数不多，极个别的家庭雇佣几百人，大的家庭经济体也就十几人到几十人，小的也就几人，或采用临时雇佣。家庭经济体的管理方式是家长制，家长凭借自己的经验对家庭经济进行生产经营管理。而现代企业经济细胞，不论是农业企业，还是第二、三产业企业，不论是大型企业、中型企业，还是小型企业一般都会出现以下几种组织结构形式：①以企业管理者和职工为划分基础，实行上级对下级的垂直领导的组织结构；②在企业中设立职能管理机构或设立职能管理人员（小型企业）对其所管理的部门或人员进行领导；③企业在总经理或总裁以下设职能部门，由部门将上级指令具体贯彻执行，这种组织结构又可称为 U 型企业组织结构；④企业以自治的运营事业部门为基础形成的分权制企业内部组织结构，又称M 型企业组织结构；⑤由职能部门和事业部门有机结合，共同构成的部门制企业内部组织结构，亦称为 X 型企业组织结构；⑥部门型分公司与母公司二者之间的依附关系，但无内部控制关系的企业内部组织结构，一般又称为控股公司型企业组织结构，亦称为 H 型企业组织结构[①]。

其五，家庭经济体的出资方只有一个。家庭经济体的出资方通常只有一个，就是该家庭为唯一的出资方，家庭经济体的实物资本、货币资本和其他资本，以及出资方式、出资额等均不明确。而现代企业的投资方可以是一个，如个体独资企业；也可以是两个或多个，如合伙制企业，合资企业，合作企业；还可以是公众公司，如上市公司等。现代企业的出资方、出资额、出资方式、出资形式、出资方的权利义务等等在企业中都有明确规定。

其六，家庭经济细胞的经营管理者就是家庭的家长。经营者一般凭个人道德观、风俗习惯、市场惯例进行经营，生产管理没有什么技术创新，也不可能有什么技术创新，只需从前辈那里继承有关的生产经营管理经验，加之自己摸索的经营管理经验进行生产经营管理，因为只是年复一年的农业生产，手工业生产以及简单的商业贸易。现代企业完全不同，是以追求经济利益为目标，兼顾各投资方、经营者、劳动者、消费者、政府等方面的利益，面对日趋激烈的国内外市场竞争，对企业的经营管理者要求很高，通常由职业经理人来经营管理，他们不仅要具备丰富的企业经营管理知识，还必须了解国家相关的法律法规和政策，具备广泛的银行、保险、证券知识，有较高的管理、协调能力，具备开拓和创新精神，具有处理各种危机的应变能力，科学决策力等。

其七，家庭经济细胞所承担的义务是十分有限的。其义务主要是满足家庭成员的生存需要，此外还承担少量的家庭发展需要，以及向政府缴纳一定的赋税。现代企业承担的义务远不是家庭经济体可比拟的，企业必须面对投资方，经营者，劳动者，消费者，国家等主体；必须对各方承担相应的义务，出资者获得红利，经营者赢取利润，劳动者得到工资，国家获得税收，履行对消费者的承诺，

① 刘树成主编：《现代经济辞典》，凤凰出版社、江苏人民出版社 2005 年 1 月版，第 797—798 页。

维护社会安定和谐，遵守国家法律法规和政策等。

3. 企业经济细胞必然取代家庭经济细胞

现代企业在中国市场经济中已得到很大发展，已真正成为中国经济发展的中流砥柱。但我们仍然看到家庭经济细胞在中国还广泛存在，如2亿多家庭经济体是中国经济的组成部分。这些家庭经济细胞主要从事传统农业生产经营，同时多数家庭经济体还从事手工、服务业生产经营，其数量远远超过1086万家企业。这些经济细胞所影响的人口达9亿多人，占中国人口的70%以上；这些经济细胞影响的范围主要是农村经济，还有一部分城市经济；这些经济细胞缺乏发展动力和发展能力；在市场经济的冲击下，家庭经济细胞变得日趋弱小（参见第三章农业）。

中国推行市场经济制度已经17年多了，已将国有、集体、股份制，合资合作以及私营企业纳入市场经济轨道，乡镇企业部分纳入市场经济轨道，这些企业成为市场经济的经济细胞，推动中国经济向前发展。但是我们还有众多的家庭经济细胞迫切需要转轨，需要纳入市场经济轨道，需要改变传统的生产方式，提高生产力水平。可以说农村家庭经济细胞的转轨是中国市场经济改造的成败所在，家庭经济细胞顺利并快速转变为市场经济细胞，中国的市场经济转轨最终才能取得成功。因为众多的家庭经济细胞在不断吞噬市场经济所获得的成果，它们无法发展、壮大，在激烈的市场竞争环境下不断萎缩和消亡。为此，我们必须将它们改造为农业企业或其他行业企业，使之在市场竞争环境中不断发展壮大，成为推动中国市场经济发展的动力。

二、企业发展取向

企业发展取向是指在一国市场经济制度和政策环境下，该国企业所确定的企业发展速度、规模、数量，竞争力，内外资企业构成等。

1. 企业发展数量的取向

企业数量的多寡，在一国政治、经济、社会、军事、文化等稳定的情况下，主要受一国企业制度和经济政策的影响。一国企业制度和经济政策有利于企业创建和发展，则该国企业不断涌现，企业数量不断增加，并可能出现企业快速增加、快速发展的局面；如果一国企业制度和经济政策不太有利于甚至某些方面限制了企业的创建、生存和发展，则一国的企业数量增长缓慢，企业发展也十分缓慢，甚至出现企业减少的情况。

2006年夏天，笔者去一中等工业城市旅行，到了中午吃饭的时间，到去年曾经吃过午饭的一家小饮食店就餐，老板依旧是原来的老板，只是桌椅、墙壁旧了许多。老板说的第一句话就是："小饮食店越做越难做，今天这个来收钱，明天那个来收费，自己做广告牌不行，要统一制作，费用比原来贵了2000多元，而原来自己做广告牌只需1000元，现在要3000多。真是经营不下去了。"企业经营者在市场经济大海里游泳，本身就是很难的事；而企业经营者除了要面对市场进行正常的企业经营管理外，重要的工作还包括要面对乱收费，乱摊派，乱设关卡，高收费，乱罚款等问题，只要一个衙门没有拜到，就会出现阴沟里翻船的情况。

其实在中国创办一家企业本身就不容易，门槛比所有市场经济发达国家都要高很多。首先出资额就使99%的中国人都感到十分困难。比如注册登记一家"有限责任公司的注册资本为在公司登记机关登记的全体股东实缴的出资额。有限责任公司的注册资本不得少于以下最低限额：①以生产经营为主的公司人民币五十万元；②以商品批发为主的公司人民币五十万元；③以商业零售为主的公司人民币三十万元；④科技开发、咨询、服务性公司人民币十万元"①。"股份有限公司注册资本的最低限额为人民币一千万元"②；"发行公司债券，必须符合下列条件：①股份有限公司的净资产额不低于人民币三千万元，有限责任公司的净资产额不低于人民币六千万元；②累计债券总额不超过公司净资产额的百分之四十"③。加之中国内资企业创办难度大，如经营范围、名称、所交纳的费用、审批程序等，一般都需要2—3个月，如果希望加快企业登记，就得寻找中间人。这个中间人可能是个人，也可能是一家专门为企业登记服务的专业公司，手续费通常是2000元到6000元不等，有时费用更高，关键看所审批的内容多少，难易程度。在这样一个企业登记制度的约束下，中国企业数量只能是缓慢增长。到

---

① 参见《中华人民共和国公司法》。

② 参见《中华人民共和国公司法》。

③ 参见《中华人民共和国公司法》。

2007 年中国按三次产业分法人单位数 649.5 万个，其中，第一产业 9.85 万个，第二产业 203.97 万个，第三产业 435.68 万个[①]。法人单位包括第一、二、三产法人单位数，其中还包括公共服务部门，如教育、卫生、社会保障、社会福利、文化、体育、娱乐业、公共管理、社会组织等，如果剔除这一部分，企业数约在 500 万家；另外，这些数字没有包括农村的乡镇企业。这就是中国 4 亿多城市人口所拥有的企业，这也是约 3 亿中国城市劳动力为之奋斗的企业，即约 60 个城市劳动力拥有一家企业（实际还有农业劳动力参与其中）。

在 1947 年美国就拥有中小企业 807 万家，占美国企业总数的 99%，即美国约有 815 万家企业；到 2000 年美国共有企业 2 500 万家，其中 99% 是中小企业，即 2 475 万家中小企业[②]；到 2002 年美国共有 2 727 万家企业，其中 99% 是中小企业，即 2 700 万家中小企业[③]。而 2002 年美国人口约 2.7 亿人，也就是说每 10 个美国人中就有约 1 人自己创办企业，成为企业的经营管理者。所以多年以来，美国实现了劳动力的充分就业（4% 以内的失业率），失业率保持在 1.7%—3% 之间。

企业作为现代市场经济社会的经济细胞，首先表现为一国（尤其是发达国家）的国内生产总值（GDP），或国民生产总值（GNP），利润的 90% 以上都是由企业创造出来的；一国 90% 以上的就业机会是由企业创造出来的；一国 90% 以上的财政收入是由企业创造的；一国约 70% 的科学技术成果是由企业创造出来的；一国 90% 以上的管理人才是由企业培养出来的等。总之，一国的发达国家地位，一国强有力的竞争力，现代史上的辉煌成就，一国的国际地位，一国人民的幸福美满生活，一国的先进军事装备，一国的先进科技水平，一国的先进文化，一国的先进理论思想，一国的强大综合实力等都是由企业创造出来的。可以这样说，一国如果没有众多的企业，该国就不可能成为发达国家，这就是 90：10 的现象。

从发展中国家来看，之所以这些国家是发展中国家，就业率低，人均收入低，国际地位低下，社会出现不稳定，其根本原因就在于这些国家没有足够多、

---

① 参见《中国企业管理年鉴（2009 卷）》，企业管理出版社 2009 年 10 月版，第 684 页。

② 刘森：《美国中小企业政策及其启示》，《中国工商管理研究》2005 年第 2 期，第 48 页。

③ 彭十一：《美国政策必扶持中小企业融资的成功经验及其启示》，《生产力研究》2006 年第 11 期，第 246 页。

足够强的企业，企业竞争力低下，企业科技落后，企业管理人才匮乏，企业缺乏创新力，企业缺乏开拓力，企业产品落后等。

中国是一个拥有 960 万平方公里土地，拥有 13.2 亿人口的大国家。可以设想，如果中国能像美国一样，每 10 个中国人中间就有 1 个人创办并经营管理自己的企业，那么中国将会拥有约 1.3 亿家企业。如果每家企业一年生产 50 万元人民币的国内生产总值（GDP），那么中国一年的国内生产总值就达 65 万亿元人民币，这一数值已是 2009 年中国一年的国内生产总值的 1 倍多。如果平均每家企业一年生产 100 万元人民币国内生产总值，那么中国一年的国内生产总值就达到 130 万亿元人民币；如果到了这一经济发展水平，中国人均国内生产总值就达 10 万元人民币，基本达到最低发达国家人均收入水平，国家一年的财政收入也将达到 13 万亿—18 万亿元人民币。从现实看，中国企业发展到 1.3 亿家是完全可能的，而每家企业年均生产 100 万元人民币国内生产总值也是完全可能的。

但是目前中国城市所拥有企业数徘徊在 500 万家，而在广阔的农村却散布了 586 万家乡镇企业，比中国城市所拥有的第二、三产业企业还多 86 万家，中国农村和城市合计共有企业 1086 万家。假设中国的国内生产总值达到 60 万亿人民币，每家企业一年生产的国内生产总值平均达到 552.49 万元人民币。美国在 2002 年国内生产总值为 104 290 亿美元[①]，而美国当年的企业数为 2727 万家，平均每家企业年均生产国内生产总值（GDP）约 38.39 万美元，如果人民币与美元的兑换比例按 7∶1 换算，美国企业在 2002 年平均每家企业生产的国内生产总值约为 268.75 万元人民币，而美国人均劳动生产率在各发达市场经济国家中处在中上水平，具有较强的代表性；加之美国在各发达国家中人口最多，达到 3 亿多，同时美国的国土面积与中国相差不大，均属大国之列，具有较强的可比性。到 2005 年美国的国内生产总值（GDP）达 123 979 亿美元[②]，而美国的企业数约在 2900 万家，平均每家企业年均生产国内生产总值（GDP）约 42.75 万美元。如果仍然按人民币与美元的兑换比例 7∶1 换算，美国企业在 2005 年平均每家企业生产的国内生产总值约为 300.66 万人民币。因此即使我们的劳动生产率达到美国的劳动生产率水平，我们也无法达到上述平均每家企业产出国内生产总值 552.49

---

① 《2005 年国际统计年鉴》，中国统计出版社 2005 年 10 月版，第 46 页。
② 《2009 年国际统计年鉴》，中国统计出版社 2009 年 10 月版，第 29 页。

万元人民币的水平。因此，要实现发达市场经济国家目标，中国唯一的途径就是要大力发展企业，使企业数量快速增加，尽早实现每 10 个中国人中就有一人创办自己的企业，使中国的企业总数达到 1.3 亿家。

中国许多人经过这么多年的打工后，应当更加热衷于自己创办自己的企业，自己当老板。这是好事，应当鼓励劳动者创办自己的企业，如果有约 10% 的人口拥有自己的企业，将对中国经济发展、就业、社会稳定起到决定性的作用。

当然我们所说的 1.3 亿家企业不仅仅是数字上的要求，同时也是企业综合竞争力的要求，即每家企业都是在中国市场经济制度环境下，具有很强竞争力的新兴企业，它们能同世界上所有国家的企业进行竞争，并能在激烈竞争环境中生存、发展、壮大。如果能做到这些，中国也就立于世界发达市场经济国家之林，实现了国内的充分就业，消灭了城乡差别，基本消灭了地区差别。

2. 企业发展规模的取向

据 2009 年英国《金融时报》公布该年度全球 500 强企业排行榜，在金融海啸影响下，上榜企业总市值从去年的 26.8 万亿美元锐减至 15.6 万亿美元，跌幅达 42%，其中银行总市值减少逾半。能源类取代银行业成为最值钱行业，埃克森美孚及中国石油分别蝉联冠、亚军。中国共有 47 家企业（包括香港企业）榜上有名，较去年增加了 6 家，市值 13.1 万亿元（人民币，下同）；美国 181 家，市值 42.3 万亿元；英国 32 家，市值 7.9 万亿元；日本 49 家，市值 7.6 万亿元；法国 23 家，市值 5.4 万亿元；德国 20 家，市值 4.2 万亿元[①]。

实际上这一规模业绩对中国只有约 1086 万家企业来说，已是十分难得，充分反映了中国企业发展的数量和发展水平状况。我们没有必要仅仅在企业的发展规模上与美国、日本、欧盟等国家或国家集团去比较，我们应当与发达市场经济国家企业发展的数量和总体水平(如技术水平、管理状况、竞争力等) 进行比较，找出差距，积极追赶。至于企业的规模，进入全球 500 强企业的多寡，只要中国的企业数和企业发展总体水平上去了，进 500 强的企业自然就大幅增加。

从发达市场经济国家企业走过的历程来看，企业都是在市场环境下，通过企业自身的不断发展、壮大，新企业的不断创建，才拥有了当今企业的数量和企业的规模。它是一个过程，这个过程是通过各国劳动者、企业、行会、政府等共同

① 资源来源：http://coolgus.uueasy.com/read.php？tid-471.htm。

努力创造的结果。大中小企业的分布呈金字塔式，即任何一个发达市场经济国家 98%—99% 的企业是中小企业，只有约 1% 的企业是超大型企业，而美国、欧盟、日本等国的超大型企业是在本国或国家集团众多的中小企业基础上形成的，是众星拱出的少数月亮。美国企业数是中国企业数的约 3 倍，在此基础上才脱颖出比中国要多的超大型企业，也只比中国超大规模企业多 3.8 倍，从总市值上只多 3.2 倍。所以，超大型企业只有建立在众多的中小企业基础上，才能根深叶茂、不断壮大，否则根基不稳，只能是在特殊政策环境下形成的空架子。

比如汽车制造企业，要制造一台高质量的名牌轿车，不是创办一家汽车总装厂就算完成了汽车由进口到国产化生产的全过程，其结果必然是由原来的整车进口转为零部件进口。中国这些年来汽车发展之路就是这样。全国几万家汽车制造企业，能生产整车的汽车制造厂就有 300 多家，有年生产能力在 30 万台以上的企业，还有年生产几百台汽车的企业，其结果是中国大量进口汽车零部件。各地区热衷办汽车制造企业，主要是看到汽车的高额回报和广阔发展前景。在这些因素的驱使下，外资大规模涌入，世界所有知名汽车制造商都力争在中国这个正在快速成长的汽车市场上占据一定份额，使中国汽车行业进入战国时代。在激烈的竞争中，民族汽车企业技术、经营管理落后，中高级人才匮乏，经营理念不足，营销战略不明确，战略规划缺失等。在这样一个总体格局下，民族汽车企业只争得一部分低端市场，中高端汽车市场我们刚刚起步，基本上将中高端汽车市场让给了外资品牌。外资汽车企业的技术、知识存在外溢。但必须指出，所有外溢的技术、知识都不是外资企业的核心技术和知识。因为核心技术和知识是外资企业赖以生存和发展的基础。这些技术和知识包括外资企业的专利技术[①]和专有技术[②]等，所以外资企业外溢的技术和知识只能是较成熟的技术和知识。

汽车产业发展和技术引进成功的国家是日本和韩国。这两个国家的汽车工业

---

① 专利技术是指"得到法律认可和保护，可以向社会公开并传授和转让的已取得专利的技术知识。根据授予专利的三种类型，专利技术也可以分为发明专利技术、实用新型专利技术和外观设计专利技术。"参见曾庆敏主编：《法学大辞典》，上海辞书出版社 1998 年 12 月版，第 112 页。
② 专有技术："亦称技术秘密、技术诀窍。与专利技术对称。为生产某种产品或采取某种工艺流程，以及为此目的建立某种企业所需要的知识、经验和技巧的综合。包括设计方案、设计图纸资料、操作程序、工作细则、数据资料、技术示范等。"参见曾庆敏主编：《法学大辞典》，上海辞书出版社 1998 年 12 月版，第 106 页。

较之欧美汽车生产晚了半个多世纪。但是这两个国家之所以取得成功，尤其是日本汽车产业所取得的成功，是世人有目共睹的。两国都向汽车生产先进国家学习，积极引进先进的技术，但引进先进技术并不是这两个国家的最终目的，最终目的在于消化、吸收和提高。

这些年来，中国汽车产业有了一定的发展，但民族汽车产业面临巨大的竞争，是在夹缝中求生存、求发展。今后中国汽车产业发展的成败，不在于外部因素，而在于民族汽车产业能不能进行合理化分工，培育出众多中小汽车零部件生产企业群，形成专业化、规模化的产业集群，生产出技术、质量世界一流的汽车发动机，铸造中国汽车产业的特色，确定中国汽车产业明确的发展方向，培养出一大批汽车产业的各类人才群体，建立拥有民族自主知识产权、世界知名品牌的汽车，达到效益最大化，或是帕累托最优[①]。

至于其他许多产业或行业，我们都有必要加强专业化分工，实现规模化生产经营与分散化生产经营相结合的发展道路。如医药产业目前处在各省市自治区、甚至市县分割的状态，生产规模小，研发能力薄弱，市场分散，恶性竞争，销售渠道灰色化、地方化，给消费者带来巨大的负担。

又如零售业，20世纪90年代以前各省市自治区，包括市县，均有国有零售百货企业，各自为政，互不隶属分布在960万平方公里的土地上；还有全国供销合作总社在各省市自治区以及地、市、县、乡镇都设有分支机构，是一套自上而下的商品零售企业；此外全国物资购销系统企业，自上而下，遍布全国，均属国有企业。现阶段在市场经济环境下，我们应当将这些资源整合，实行资产多元化组合，组建股份制物流企业集团，形成零售业巨无霸，即大型物流企业，增强中国物流企业的竞争力，夺回生产大国本国市场占有率。

再如运输业，主要是公路和水路运输。各省市自治区以及市县都有自己的大型运输企业，它们处在块块分割的状态，导致运输能力的极大浪费，如由于运输

---

① 帕累托最优：又称帕累托最优资源配置，是"福利经济学中资源配置的最优状态或有效状态。在资源配置中，如果在不减少一些人的福利的情况下可以增加另一些人的福利，那么这种资源配置是可以进一步改进的，因此被视为无效配置；如果不减少一些人的福利就不能增加另一些人的福利，这种资源配置就是帕累托最优配置。这个理论是由意大利经济学家帕累托（Pareto, Vilfredo, 1948—1923）在20世纪初发展起来的，故以其名字命名。"参见刘树成主编：《现代经济辞典》，凤凰出版社江苏人民出版社2005年1月版，第754页。

业务不足，运输工具闲置或放空，或者就是货物装卸次数的增加，运输时间的增加，给消费者增加了额外负担；企业重复设立、资产重置现象严重，造成了社会资源的浪费。块块分割下的运输企业相互恶性竞争，削弱了竞争能力，运输工具超载违规运输。为此运输企业应当实施资产重组，提高生产经营管理效益。

此外，中国的有线电视网络企业、基础设施建设企业、家用电器企业、日用化工企业、纺织服装企业、玩具企业、食品企业、饮食企业、旅游服务企业等都应当进行资产重组，形成规模化经营管理。而有些行业则应当分散化经营管理，如银行业、典当业、拍卖行业、电力、燃气、石油、邮电等过于垄断的行业，降低准入门槛，允许中小企业进入，增强行业竞争，拓宽服务市场等。

中国产业、行业、企业资产重组一方面形成规模经营，另一方面又要分散化经营，就是要打破条条块块的限制和分割。多年来政府一直努力将企业从条条块块的控制下解放出来，但是条块分割问题依旧如此，成了中国经济发展的绊脚石。打破条条分割，就是要打破有碍国家福利水平提高的行业垄断；打破块块分割，就是要推动生产要素的自由流动，尤其是劳动力的自由流动。在充分发挥市场调节作用基础上，政府加强对垄断、恶性竞争的调控力度。

3. 内外资企业的取向

各市场经济国家由于发展时间早晚不同，国家大小不同，市场经济制度的差异，贫富不同，科技发展水平不同，经济规模的不同，政府服务方式不同等，导致各国在内外资的选择上出现很大差别。

从时间看，20 世纪 70 年代以前实行市场经济制度的国家，不论是发达国家还是落后国家，选择发展本国经济的资本来源主要是以内资为主。这本身也与当时的国际国内环境有关。因为 20 世纪 80 年代以前，国际间资本流动、技术流动受到各发达国家的严格限制，各国发展经济主要利用本国资本。

20 世纪 80 年代以来，这种情况出现了很大转变。首先，各发达资本主义国家经过战后近半个世纪的和平发展，经济总量达到了空前的水平，一般都是战前的 2 倍到 10 倍之间，个人收入大幅提高，企业也积累了大量的财富，国家的财富也大幅增加。其次，20 世纪 70 年代以来各主要发达国家经济危机不断，有些国家滞胀问题迟迟得不到根本解决，国内投资出现了萎缩，大量货币资本急于寻求快速成长的投资场所。再次，二战后世界第三次产业革命不断地集聚能量，到了 20 世纪 80 年代各发达国家急于将传统行业，主要是劳动密集、资源密集、污染大的行业淘汰转移出去，而这些行业主要属于第二产业。至于第三产业则适应了第三次产业革命发展的需要，现代服务业纷纷从第一、二产业分离出来，同时又成为第一、二产业发展的推动力。所以各发达国家大力发展本国第三产业，加强对外转移行业的直接投资。第四，发达国家劳动密集型、资源密集型产品受到新兴工业国家同类产品强有力的竞争，不得不从这些产业或行业中退出。最后，二战后跨国公司成了资本和落后技术转移的急先锋。因为跨国公司是以全球视野来降低生产经营成本，扩大资本收益的。

在这几股力量的推动下，资本输出、对外直接投资、技术转让成了当代世界经济的主流，由此也推动了国际贸易的快速发展。如 1983—1988 年世界部分国家或地区吸收的外国直接投资额是 915.5 亿美元，到了 1991 年跨国公司对外直接投资（FDI）1548 亿美元，2001 年为 8 322.5 亿美元 [①]，到了 2007 年跨国公司对外直接投资已达 19 965.1 亿美元 [②]。所以随着国际大环境的变化，仍然处在发展中国家地位的国家以及一些新兴市场经济国家，为了改变自身资本不足、技术落后、管理水平低下、市场份额小、外汇缺乏的现状，开始将引进外资与增加国内投资相结合，以内资为主导，以外资为辅。中国与许多发展中国家一样，都大力引进外资。为了吸引外资到本国来投资，中国以及其他发展中国家，制定了各种优惠政策，如税收优惠政策，利润再投资的优惠政策（退还 40% 到全部退还所得税）；对外资企业的保护政策；加速外资企业筹建，缩短外商投资企业的注册登记时间（一般一周内就可以办好企业工商注册登记）；让出一部分国内市场；为外资企业产品出口提供各种便利，鼓励外资企业产品外销；先进技术企业可享受《国务院关于鼓励外商投资的规定》以及有关省、市自治区所规定的特别优惠，并可以享受在中国境内由政府承诺的各种便利快捷服务等。在完善外商投资制度建设的基础上，中国沿海和部分内陆城市创办了多种形式的经济特区，如综合经济特区（如海南、上海浦东新区、深圳等），经济技术开发区、高新技术开发区、保税区、出口加工区，以及其他各种开发区等。各经济特区为外商投资创办企业提供熟地、厂房以及企业创建需要的各种相关服务，并为经济特区提供各种便捷的道路交通、通信、铁路、航空、水运以及生活后勤保障，同时也为企业提供各

---

① 资料来源：《世界经济年鉴》，1996 年卷，第 750 页；2006/2007 年卷，第 635 页。

② 资料来源：《国际统计年鉴 2009》，中国统计出版社 2009 年 1 月版，第 351 页。

种便捷服务，如金融、咨询、设计、招工、市场、广告、会计、审计、法律等服务。所以经济特区建设，廉价的劳动力和资源，较完善的服务体系，各种优惠政策，广阔的市场等为外商在中国投资创办企业起到了积极的孵化作用，推动了外商投资企业的创办和发展。到 2009 年 9 月，中国已有外商投资企业 66 万家，而在 1993 年中国外商投资企业还不到 3 万家，16 年增长了 22 倍。

外商投资企业在中国以及在其他新兴市场经济国家受到欢迎并快速发展的原因主要有：第一，20 世纪 70 年代后一些国家在步入市场经济发展轨道后，一般都遇到了资本匮乏的情况。解决这一问题的方式主要有两种：一种方式是大量借取外债发展本国经济。采取这一方式的国家主要集中在南美洲国家，如巴西、阿根廷、智利、秘鲁等国家，所以引发了 20 世纪 90 年代的债务危机，直到今日，南美洲许多国家的债务问题也没有得到根本解决。因此，单纯依靠借贷发展本国经济的做法已被证明是走不通的，它将给借债国家和人民带来沉重的包袱，最终限制或阻碍该国经济发展。另一种做法是在吸取这些国家经验的基础上，采取了不借外债，或少借外债的方式，直接将外资引到国内投资创办企业，即直接投资。到国内来直接投资的外商是自带资本，资本可以是货币资本、实物资本、技术资本、人力资本、信息资本或各种资本兼而有之。而对投资接受国来说不需要归还这些资本，将自己投资发展本国经济的风险降到了零，这就避开了依靠借债发展本国经济的发展模式，防止了债务风险。

第二，新兴市场经济国家面临技术滞后，经营管理人才缺乏，市场狭小，依赖国外市场的局面。新兴市场经济国家在实行市场经济转轨后，以往的经济运行机制已不适应市场经济运行机制，国内产品技术与国际市场所需要的商品生产技术脱节，本国生产的产品在国际市场销售有限，发展需要的外汇十分缺乏；加之非市场经济发展模式缺乏培育市场经济环境下的经营管理人才，因此这些生产要素的获得只能依赖市场经济国家的投资者将其带到国内来。与外商投资企业一同带到国内来的还有市场信息、国际市场以及外商对国内市场开拓的方式方法，而技术、经营管理、市场信息均有外溢存在，对投资接受国家是有益的。

第三，经济转轨国家缺乏对市场经济制度、运行机制、管理的方式方法等的感性认识。外商投资企业进入后，经济转轨国家很快对这些有了全面认识。

第四，外商直接投资的涌入，对中国经济的发展是有促进作用。1993 年，外商投资企业在中国还不足 3 万家，其商品进出口总额只占到中国商品进出口总额的 31%；到 2009 年 9 月外资企业已近 66 万家，其商品进出口总额已占到中国商品进出口总额的 53%。自 20 世纪 90 年代到 2008 年，中国经济步入快速发展轨道，年均约 9% 的经济增长。这种增长的 70% 是由沿海开放地区和经济特区贡献的，因为沿海开放地区和经济特区经济年均以 10% 以上的速度快速发展。而形成这一快速发展的主要因素就是外商投资企业的快速发展，它们给沿海开放地区和经济特区经济增长率带来约 80% 的增长率。

第五，外商投资企业的快速发展，促进了中国对外贸易的发展和国际收支的平衡。自 20 世纪 90 年代中期以来，中国对外贸易每年基本上都以两位数增长，许多年份是以 20% 以上的速度增长，远远高于中国经济发展速度。到 2009 年中国进出口总额达 22 072.7 亿美元（比 2008 年下降 13.9%），其中出口 12 016.7 亿美元，进口 10 056 美元，顺差 1960.7 亿美元[①]，外汇存底已超 2.43 万亿美元，是世界上外汇结存最多的国家。这一成绩的取得，外商投资企业的贡献约占 50%，而民族企业的贡献约占 50%。

第六，外商投资企业对财政税收贡献不断加大。外商投资企业自 20 世纪 90 年代中期以来，对中国的财政税收贡献逐年增加，对中央财政税收的贡献在 30%—37% 之间；但是对中国沿海开放地区、经济特区的税收贡献则在 70% 以上。因此各级政府都热衷于搞各种类型的经济特区，只要圈一块地，将生地变成熟地，并提供政府各类服务，形成筑巢引资的格局，外商就会带着资本、技术、市场、信息、经营管理等生产要素创办企业，招收当地和外地员工，投产经营。只要外商投资企业生产经营，地方财政税收也就不断增加，这是一本万利的区域经济开发。所以后起市场经济国家都热衷于对外招商引资，一时间经济特区在全球新兴市场经济国家快速发展起来，包括以前采用借债发展的国家都在对外招商引资，使这一经济发展模式得到较为广泛的认可和推广。

第七，发达国家跨国公司在中国的快速发展消除了各国对中国经济发展的疑虑，同时也为发达国家带来了丰厚的回报。

中国经过约 30 多年的对外开放，大力创办各种经济特区，积极对外招商引资，使外商投资企业得到了快速发展。这些对加快中国的对外开放，加速中国经济发展，加快中国对外经济贸易交往，提高中国的国际影响力，加速中国市场经

---

① 资料来源：《北京晨报》，2010 年 1 月 11 日。

济转型，提高企业的竞争力等方面都起到了积极作用。

中国外商投资企业能一枝独秀地快速发展，是因为得到了政府的高效服务以及法律法规的有效保护和国内外舆论的有效监督。相反内资企业的发展就没有这么幸运，它们只得到了政府的低效服务，仅注册一家新内资企业所花费的时间就是外资企业的几十倍，或上百倍，甚至更长；对内资企业（不同内资企业在同一法律下所受到的保护是有差异的，股份制企业、国有企业境况要好些，而小型的合作、合资、私营企业的境况要差很多）只有《中华人民共和国公司法》对其进行保护。而外商投资企业在受《公司法》保护的同时还受到相关优惠法律法规的保护，如《中华人民共和国外资企业法》、《中华人民共和国中外合资经营企业法》、《中华人民共和国中外合作经营企业法》、《国务院关于鼓励外商投资的规定》、《中华人民共和国外商投资企业和外国企业所得税法》、《中华人民共和国海关对出口加工区监管的暂行办法》、《中华人民共和国海关对进出上海外商桥保税区货物运输工具和个人携带物品的管理办法》、《中华人民共和国外汇管理暂行条例法》等；以及各经济特区给予外商的各种法律法规的保护，如《上海浦东开发区十项优惠政策》、《上海市外商高桥保税区管理办法》、《江苏省人民政府关于鼓励外商投资的若干规定》、《山东省经济技术开发区管理条例》、《大连经济技术开发区若干优惠待遇的规定》、《广州经济技术开发区土地管理试行办法》、《广东省经济特区涉外公司条例》、《天津经济技术开发区劳动管理规定》、《北海市涉外税收优惠规定》、《宁波经济技术开发区商品经营基地暂行规定》等。这些优惠对于中国内资企业则是难以望其项背，内资企业所享有的法律法规保护远低于外商投资企业，但缴纳的所得税却远高于外商投资企业，即使是 2008 年全国人民代表大会讨论此问题依然没有扭转这种局面，外商投资企业仍然只需缴纳 15% 的企业所得税，而内资企业所缴纳的企业所得税从 33% 降到了 24%，内资企业所要缴纳的所得税仍然高于外商投资企业 9 个百分点，也就是说内资企业赚 100 元利润就要比外商投资企业多缴 9 元的所得税。内资企业是中国自己的企业，我们不予以优惠，反而优惠外商投资企业，内资企业就没有享受到自己国家的国民待遇，如果内资企业现在享受的待遇就是国民待遇，外商投资企业就享受了超国民待遇，所以外商投资企业不断涌入中国，而内资企业步履蹒跚。

内资企业享受的政府服务远没有外商投资企业在中国境内享受的服务多。如从企业筹建看，中国各经济特区政府将土地由生地变熟地，最起码实现三通一平，一般情况都实现了七通一平或九通一平，外商投资企业都享受到了这种服务；而内资企业除了少数在经济特区创办的企业外，其余90%以上的企业都享受不到这种待遇，只能自己奔波于政府各部门之间，将时间和资本都花在了三通一平或七通一平上，以及对企业创办和发展毫无益处的路途之中。外商投资企业在中国还受到监督机构的保护，这种保护主要来自两个方面：一方面是来自舆论的保护。外资企业在自身的发展道路上，如果遇到什么不利于企业发展的事物，企业就会向国内舆论曝光；如果国内不予以曝光，相关信息就会拿到国际上曝光。这种曝光必然引起国内相关政府部门的紧张，通常情况下问题就会得到及时解决。另一方面是特区政府对外商投资企业的重视。各外商投资企业有什么难以解决的问题，一般都会找企业所在地政府最高领导解决。外商知道在中国只有找当地最高领导问题才能得到最快、最好的解决；如果当地政府解决不了问题，他们则会越级找上一级政府最高领导解决。通常一级政府不能解决的问题，到了上一级政府问题也就解决了。相反内资企业，一般情况是有问题自己解决，自己解决不了通常向有关政府部门反映，问题一般得不到解决，所以出现投告无门的情况。至于舆论通常较少关心内资企业创办、发展的相关问题，即使企业向舆论曝光，国内舆论界也很难刊登，因为舆论主管部门对内资企业问题的报道最终基本都会被砍掉，问题又回到了原点，甚至问题可能变得更加复杂和更加难以得到解决。因此多年来，许多内资企业不愿打内资企业的牌子，反而希望挂上外资企业的牌子。内资企业的投资者或经营者想方设法将自己的身份变成拥有外国护照（身份）的外籍华人，而后再回国投资设厂；或者寻找国外的投资合作伙伴，只要外商投资超过一定比例（规定为25%以上），企业就可以转换身份，变成外商投资企业，并享受国家给予外商投资企业的一切优惠待遇；或者借国外亲戚朋友的名头，将资本转借一下，企业同样变成了外商投资企业。实际做法林林总总、五花八门，我们在此只归类为以上三种。不论什么做法，目标只有一个，将企业改头换面变成外商投资企业，而绝不要留下内资企业的外衣，这样就可以得到政策优惠，良好服务以及政府和舆论的保护。据估计，中国这类假外商投资企业占到外商投资企业总数的30%左右。这是我们企业法律法规政策扭曲的结果。这些也使内资企业享受不到国民待遇，使内资企业感到作为内资企业的悲哀。

从发达市场经济国家的情况看，各国所采取的法律、法规和政策主要用来保护本国企业，即保护内资企业的创建和发展，防止外来企业对本国同类企业的生产经营造成伤害，限制、约束外来企业，以此来维护内资企业的安全和国家经济利益。由此各国出现歧视外来企业，给外来企业设置较高、较严格的准入门槛，降低外企的竞争力。为此，二次世界大战后，在 1948 年 1 月 1 日在关税与贸易总协定（GATT）建立时，各成员国为了消除歧视他国产品和企业共同制定了"国民待遇原则"①，其目的就是当外国（成员国）的产品、企业在进入本国后，给予同本国产品、企业同样的待遇。即使如此，这种歧视也不可能完全消除。

对外开放是现代世界经济主流，是任何一个国家和地区要融入国际社会，而不被国际社会抛弃必然要走的路径。所以各国都积极对外开放，尤其是当今仍然处在发展中国家地位的国家更是如此。为了争夺国际直接投资（FDI）各国竞相提供优惠条件，创造良好投资环境（小环境经济特区），以致许多国家甚至以损害本国企业利益、国家利益的情况下向外国直接投资者示好，以赢得更多外商直接投资，创造就业机会，快速增加政府财政收入。实际上，这种做法对于长远发展本国经济，发展内资企业，创造就业机会，提高人均收入是适得其反。

首先从吸引创业者和投资者来看，由于我们实行差异性政策，给予各种类型的经济特区和开放地区相对非经济特区和开放地区更多的优惠政策，产生了法律、法规和政策的倾斜。这些倾斜又主要是面对外商投资企业的，而不是对内资企业的，所以能够享受这些优惠政策的企业主要是外商投资企业。这在中国对外开放的初期无疑是正确的，也是必要的，起到了吸引外资到中国来投资的很好效果。所以自 20 世纪 90 年代中期以来中国是吸收外商直接投资的第二大国，有些年份还是第一大国。当外资进入中国已步入正常发展状态时，我们就应当调整这一政策。因为中国的对外贸易，对外经济，国际收支状况，财政税收状况不断向好，所以我们的制度、政策调整可以对外商投资企业保持不变，保持其连续性；但对内资企业实施与外商投资企业同样的法律、法规和政策。

可以设想，只要我们实行这一政策，各省市自治区以及市、县都会行动起来，吸引国内外的创业者和投资者，当然最主要的创业者、投资者将是中国人。

---

① 国民待遇原则：按最新世界贸易组织（WTO）的解释为"在其他成员的产品、服务或服务提供者及知识产权所有者和持有者进入本国后，其所享受的待遇不低于本国产品、服务或服务提供者及知识产权所有者和持有者所享有的待遇"。参见：刘树成主编：《现代经济辞典》、凤凰出版社、江苏人民出版社 2005 年 1 月版，第 389 页。

而这些新创办的内资企业绝大部分都是中小企业（估计中小企业会占到99.9%），可以预见中国的风险投资也会迅速发展起来，风险资本也会快速膨胀起来，企业将会出现一个空前快速增长时期，民间资本、民间投资真正成为中国经济增长的主力军，真正实现藏富于民、民富国强的目标；科学技术快速发展，成为推动中国生产力和经济发展的主要动力。届时外商投资企业到中国来投资办企业的目的已不是为了节省加工费，降低产品生产成本，而是为了开辟和抢占中国的市场，拿出他们先进的技术产品到中国来参与竞争，并学习中国的先进技术，自行调整他们的产业结构，否则将会被中国市场排挤出局。

其次，从外商投资企业推动中国经济发展看。中国经过几十年的发展，人均年收入虽然已达到约3000美元，但二元经济的城乡差别、地区差别、城市差别，使这种繁荣只表现在点和带上；外商投资企业主要集中在沿海一带城市和少数内地城市，也展现出点和带的特征。外商投资企业对中国经济发展的推力可以说在这近30年的发展中已尽显其中，已出现强弩之末的态势。但中国仍然只是潜在的大市场，而不是现实的大市场，外商到中国来投资主要是利用中国廉价的劳动力和原材料。相对全国近9亿劳动力和13亿多人口，这些推动力显得十分有限。尤其是2008年金融海啸爆发后，以美国为代表的国家为了增加本国的就业率，发展本国的制造业，都已加大了对中国输出产品的限制，中国世界加工厂的名头已出现下滑的迹象。2010年第一季度中国已出现入超的情况，而出口则出现增幅下降的势头。原因就在于劳动密集型、资源密集型以及低技术产品在国际市场上已出现饱和，甚至过剩，加之中国在这些产品的加工生产上已逐渐失去比较优势。

为此我们更大的开放是对内开放，对全国劳动力的开放，对全国人民的开放。当然点和带的对外开放必不可少，因为它是连接世界经济、世界市场的桥梁。只有这样，中国经济发展才能建立在960万平方公里的沃土上，有着无限发展的纵深，中国经济才能迎来无限的快速发展机遇，使中国经济向发达市场经济国家迈进。因此，我们真正到了要以内资企业、内力经济作为推动中国经济发展的主导力量，以外商投资企业、外力经济作为推动中国经济发展的辅助力量。而内资企业是以民间资本、民间投资为主导，形成中国的内力经济主体。

最后，从创造就业机会看。美国经济学家刘易斯（1962年）感叹"落后国家的劳动力供给是无限的"。所以发达国家可以把他们的生产基地充分地转移到这些国家去，充分利用这些国家廉价的劳动力生产出廉价的商品返销到发达国家，从而提高发达国家人民的整体福利，同时也帮助发展中国家解决一部分人的就业问题。

前面我们已论述到发展中国家的劳动力供给不是无限的，而是有限。但是1990 年到 2005 年珠三角工人的实际工资只增加了 50 元，这似乎又在告诉我们，中国的劳动力供给确实是无限的。其实不然，无限劳动力供给一般出现在发展中国家向中等发达国家转变的过程中；而中等发达国家向发达国家转变一般不存在劳动力无限供给的情况。因为在第一个转变过程中，发展中国家都在尽最大的努力解决劳动力过剩、半过剩问题，大力发展第二、三产业，提高劳动生产率，推动国内劳动力的充分就业[1]。通常只有实现劳动力的充分就业，一国才算真正步入中等发达国家行列（中国就业状况由户籍制度扭曲了）。当然这里并不是指某个国家已经步入中等发达国家，由于一时的经济危机，导致劳动力出现短时间的高失业率就称该国家不是中等发达国家。

从外资进入中国的几十年情况来看，外资在中国，创办了几十万家企业，吸收了一定量的劳动力就业，但是外资无法从根本上解决中国劳动力的就业问题。从世界各开放市场经济体的情况也能充分说明这一点，即没有一个国家或地区的劳动力的充分就业是依靠外商投资实现的。世界所有市场经济国家或地区，只要实现了充分就业的国家或地区主要是依靠本国或本地区的内资企业实现充分就业目标的。中国以及其他所有发展中国家要解决充分就业问题，同样只能依靠本国投资、本国企业的发展来解决。

原因何在？因为外资到发展中国家投资办企业，其目的就是利用廉价劳动力资源以及自然资源来降低产品成本，以求获得比较成本优势，使该产品在国际市场获得有利竞争地位，增加市场份额，获取高额利润，为企业投资者和经营者带来丰厚的回报。所以，外资企业不会根据投资所在国劳动力多而增加投资，更不可能去解决该国劳动力过剩问题；他们更希望投资接受国劳动力的供给永远处在

---

[1] 充分就业：是指在一国经济运行过程中，劳动力生产要素得到充分利用的情况。充分就业并不是指所有劳动力都及时到了就业，而是存在自然失业率（亦称：充分就业失业率或长期均衡失业率），即经济处在正常发展情况下仍然长期自然存在的失业水平。参见：刘树成主编《现代经济辞典》，凤凰出版社、江苏人民出版社 2005 年 1 月版，第 1296 页。

无限供给状态，这样就可以保证企业在该国永久的投资利益。因此，在投资接受国出现劳动力供给偏紧，劳动力工资普遍开始上升之时，外资企业就开始转移他们的投资，将资本转移到劳动力供给更充裕，劳动力价格更低廉的国家或地区，以保持企业的比较成本优势。而民间资本追求的目标是充分利用所有的生产要素，尤其是劳动力资源，以达到资本的增值。在这一点上，民间资本与外资的目的正好相反。

如果外商投资企业追求的目标不是低廉的劳动力价格和自然资源价格，而追求的目标是市场份额，是盈利，情况则与上述情况相反。因为在劳动力价格高昂的同时，市场广阔，在增加市场占有率的同时，可以大幅增加企业总的利润，尤其是不会使企业生产技术落伍。这一点我们可以从发达国家之间的相互投资清晰地看到。所以二战后发达市场经济国家相互投资快速增长，加强经济合作，并在市场上相互渗透，增强企业的竞争力。

因此，从以上几方面来看，要真正实现一国或一地区投资的长期、快速、稳定增长，从根本上解决一国或一地区劳动力的充分就业问题，只能以内力经济为主，即以民间投资为主，大力发展内资企业。

以内资企业发展为主并不需要过分对内资企业进行政策倾斜，只要将内外资企业放在同一起跑线上就可以了，即给予内外资企业同样的市场环境，市场准入条件，或者兑现同样的国民待遇，内资企业就会快速发展起来。因为外资进入的多寡，主要看投资接受国市场大小，回报率的高低，如果投资接受国投资旺盛，经济发展很快，居民收入快速提高，外资就会持续快速进入该国或地区，而且投资创办企业所追求的目标也会从利用廉价劳动力资源和自然资源，转变为长期、大规模投资，以追求市场份额，获取最大利润。由此，一国国内投资必然成为投资主体，而外资自然处在次要的辅助地位。同时，还会推动一国国内不断改善投资环境，吸引、留住人才，创造良好投资环境，发展本地和本国经济全力瞄准民间投资，同时吸纳外资。

4. 企业所有制的取向

所有制是指资本的所有制，即资本由谁占有；企业所有制是指企业资本由谁占有。资本可以是人力资本（或智力资本）、技术资本、货币资本、实物资本（如机器设备、厂房、劳动对象等）、土地、信息等。占有者可以是个人，也可以是两个投资人，两人以上投资者，或是上市公众公司等；还可以是一级地方政府，也可以是国家；可以是一国国内的所有者所有，也可以是一国内外所有者共同所有，还可以是一国之外的所有者所有。

公有制企业是指国家所有制企业，以及其他的公有制企业。国家所有的公有企业又由于历史和现实的原因，又变成了以国家为代表的公有制企业，以地方政府为代表的公有制企业，以及以国家和地方政府各部门为代表的公有制企业。另外，还有两种公有制企业在近二十年来得到快速发展。一种是股份制企业，其实际表现形式又分为两种：一是公开上市的股份有限公司[①]，这类企业又称为公众公司；二是非公众公司，即那些没有公开上市的股份制企业[②]。在这两种股份制企业中，只有第一种即公开上市的股份有限公司属于公有制企业；而后一种由于企业出资人的有限性，一般是归类为私有制企业。此外还有两种公有制企业则是由国有或集体企业控股的有限责任公司，以及现存的集体企业[③]。

公有制企业有以下几方面特点：第一，公有制企业出现多样化的特点。以往公有制企业只有国有企业（或全民所有制企业）和集体企业两种。而现在公有制企业除以上两种形式外，还出现了股份有限公司，国有企业或集体企业控股的有限责任公司。

第二，公有制企业的调节机制发生了变化。以往国有企业主要受国家宏观计划调节；地方、部门所属国有企业，又受地方、部门计划调节，但这种调节又是在国家宏观计划调节之下的调节。而如今，国有企业除少数涉及国计民生的企业主要受宏观计划调节外，绝大部分国有企业都是受市场调节。至于股份有限公司，公有制控股企业、集体企业都受市场调节。

第三，地方和部门国有企业占主导。以往国有企业，均属全民所有，主要受

---

① 股份有限公司：亦称公众公司，是指将企业全部资本分为等额股份，通过发行股票（或股权证）筹集资本，股东以其所认购股份对公司承担有限责任，公司以其全部资本对公司债务承担责任的公司。参见：刘树成主编《现代经济辞典》，凤凰出版社、江苏人民出版社 2005 年 1 月版，第 312 页。

② 非公众公司：即没有公开上市的股份制企业，这种形式的企业是出资人（企业投资者或股东）以投资如股的方式而共同设立的企业，企业一般有两个以上的出资人，最多时可达 50 个出资人。

③ 集体企业：在我国企业资产归集体所有，并按《中华人民共和国企业法人登记管理条例》规定登记注册的经济组织。集体企业是社会主义公有制经济的组成部分，包括城乡所有使用集体投资建设的企业；以及部分个人通过集资自愿放弃所有权并依法经工商行政管理机关认定为集体所有制企业。参见：刘树成主编《现代经济辞典》，凤凰出版社、江苏人民出版社 2005 年 1 月版，第 480 页。

政府管理和调控。而如今，除少数的几百家企业由国家管理或调控外，其余国有企业均由国家转给地方政府、或部门监管。至于集体企业则由原来地方政府或部门管理，转为出资人自行管理。在这种情况下，出资人也只能依据市场变化随时调整自己的经营管理。实际上国家管理的企业大部份仍然归部门管理，如电力、铁路、航空等国有企业，均为部门管理。

第四，国有企业和集体企业出现整体萎缩的情况。1995 年，注册登记的国有企业有 221.9 万家；集体企业 533.8 万家，到 2000 年注册登记的国有企业降到了 149.2 万家，而注册登记的集体企业则下降了一半多，只有 262.8 万家；到了 2006 年国有企业只剩下 71.7 万家，集体企业只有 109.4 万家 [①]。

第五，新型公有制企业发展较快。1995 年全国共有股份制企业 2.8 万家，1998 年则为 10.5 万家，2000 年达到 17 万家，2002 年则有 24.2 万家。此后《中国经济年鉴》栏目没有专门的股份制企业统计资料，只有笼统的"股份合作企业"一栏，且不断处在减少的趋势。从中国不断增加的上市公司来看，中国股份有限公司是在不断发展的 [②]。

以上情况基本符合中国市场经济发展导向，即随着经济不断发展，公有制企业所占比重将会不断下降，而非公有制企业如私营企业，股份合作企业、外资企业、中外合资合作企业的比重将会不断增加。不太符合企业发展规律的方面是国有企业、集体企业在中国经济快速增长的今天，出现了快速下降的势头。这一方面说明公有制企业改革所带来的结果；从另一方面则显现出公有制企业非正常情况死亡或转制的结果，即有众多公有制企业被非法改制为其他类型的企业。

从现实考证，既然我们推行的经济制度是市场经济制度，那么市场经济具体需要什么样的所有制企业就应当让市场说了算，完全由市场进行调节，而不应惯性地仍然由行政主导。市场在某一行业需要公有制企业，市场就会在某一行业创办并发展公有制企业；市场在某一行业需要大规模的公众企业，市场就会在某一行业创办并发展大规模公众企业；市场在某一行业需要发展私营企业，私营企业就会快速发展；市场不需要什么样类型的所有制企业，市场同样会给予特别的明示，即该种类型的所有制企业就没有投资者，企业发展不起来，即使已有此类型

---

① 数字来源：《2001 中国经济年鉴》、《2007 中国经济年鉴》，中国经济年鉴出版社，第 975 页。

② 数字来源：《1996—2003 中国经济年鉴》。

所有制企业也会随着市场经济发展而消亡。

我们现实的许多做法是一种非市场经济的做法。如我们许多的省市自治区、市县镇在发展外向型经济政策的导向下，将本省市自治区、市县镇的最好的地块划为开发区，对外实行特殊优惠政策，当然包括软硬众多方面的优惠。从这些做法的初期来看，为了吸引外资到中国来投资，将中国的小区域市场环境与国际市场环境接轨，这无疑是正确的。实际上我们也做到了，吸引了大量的外资到中国创办企业，展示出市场经济一般形态，让我们学到了市场经济条件下企业运作的相关知识。但是当我们将这种经济特区不断扩大化、长期化、多样化、常态化，就走向了市场经济的反面，就不是市场经济。在这种非市场经济政策主导下，国有企业、集体企业，以及国有企业和集体企业控股的企业都出现了大幅萎缩，同时中国的私营企业，包括个体私营企业、合伙私营企业、公私合营企业都没有发展起来。所以这些年来中国的企业数在不断徘徊，有时增加，有时下降，近几年企业就在不断减少。企业减少导致就业形势日趋严重。

发达国家所有企业发展完全由市场主导，市场调节，政府不加任何干预，政府只是创造出良好的市场经济制度环境，任由企业发展。在这种制度环境下，一国拥有众多的中小企业，也就是私营企业。众多的中小企业或众多的私营企业，最终烘托出约1%的大企业。在发达国家，大型企业尤其是超大型企业基本是公众公司或国有企业，即公有制企业。

中国的现实与发达国家市场经济国家有所不同，我们是社会主义国家，是由计划经济向市场经济转轨，公有制经济占较高比重是很正常的情况。

有一点必须明确，那就是我们需要大力发展中小企业，即大力发展私营企业。因为，首先，要发展中国经济就必须发展中小企业，即私营企业，否则我们就无法实现中国的充分就业。中国的充分就业，只能寄希望于中小企业发展，即私营企业发展。因为外资企业在20世纪80年代中后期到中国来投资办企业，一直到今天，它们的目的是利用廉价的劳动力和自然资源，同时利用中国的优惠政策，产品两头在外，只在中国加工生产，中国只获取低廉的加工费。当中国的劳动力和原材料价格提高，优惠政策降低或其他国家的优惠政策与中国相同，甚至比中国的优惠政策还优惠，他们就会转移产品加工地。金融海啸以来外资加工企业快速退出中国就充分说明这些。其次，有少部分外商投资企业是在瞄准中国市场。这些瞄准中国广大消费群体的外商投资企业主要从事消费品的生产，如洗涤用品、护肤用品、手机、小轿车、食品、饮料、饮食、旅游、零售业、贸易、酒店等。当然这些外商投资企业同样也看上廉价的劳动力和原材料，同时也看中了企业在中国的成长空间和获利空间。这些外资企业所能提供的技术十分有限，只是中低技术或成熟技术，这类企业自动化程度高，不能解决多少就业问题。再次，就是资源型企业的外移。由于发达国家长期的经济发展资源枯竭，或为了保护国内的资源，同时又避开他国的资源保护，他们将资源密集型企业外移，充分利用他国的自然资源，降低产品的成本，获取高额利润。当中国资源出现枯竭，这些企业会继续外移。最后，就是污染严重的企业外移。由于发达国家污染严重的企业越来越受到本国制度和高额罚款的限制，纷纷到发展中国家谋求发展。

因此，在2008年，外商投资企业在中国现实的经济总量、市场规模、市场制度、生产要素、人口等因素下已达到了发展的最高峰，今后的走向只能徘徊在这一水平，甚至出现缓慢的不断地下降。因为各发达国家以及其他新兴工业国家都会注重国内实体经济的发展，限制外来消费品的大量输入。

由此看出，当前中国真正迫切需要发展国内的中小企业，转变经济增长方式，改变经济增长的动力，拓展经济增长的广度和深度，解决长期困扰中国的就业问题；推动科学技术发展，培养中国的企业家和职业经理人队伍，铸造中国世界一流科学技术人才；解决中国长期可持续发展问题，加强中国的环境保护等。这些关系到国计民生的问题都聚焦到中小企业的发展上，也就是聚焦到私营企业的发展上，即聚焦到启动民间投资上。

中国现有1086万多家企业，平均规模偏大；太缺乏深度分工，即垂直分工和交叉分工；企业太偏重水平分工，重复投资严重；太偏重加工装配，缺少技术开发创新；相对庞大的劳动力大军，企业太少；相对经济增长，市场主导的企业发展太慢；在缺乏知识产权保护的环境下，企业太偏向于激烈的恶性价格竞争；企业的恶性竞争，无法形成中国的高效优势企业、行业、产业；现有企业数量和企业平均规模，无法支撑起更大、更多的超大型高效优势企业；企业科学技术水平普遍偏低，侧重在低技术、低附加值的竞争；企业较少注重科技人才聘用，更多招用一般普工；企业较少注意自己的品牌、商标，较多采用贴牌、借用商标；企业管理多为传统家长式（不论国企、公众公司、私营企业），较少现代企业管理；企业在用人上少奖励，多管理，多"任人唯亲"，少"任人唯贤"等等。这些都表明我们已经到了必须大力发展中小企业的历史时期，即发展私营企业、启动民间投资。

在大力发展中小企业的同时，我们还必须解决好公有制企业的发展问题。因为公有制企业，主要是公众公司、国有企业、国有控股企业都是中国的大型或超大型企业。这些企业经营管理的好坏，直接关系到中国产业、行业、企业竞争力强弱、科学技术整体发展水平的高低、经济发展快慢、市场经济秩序的好坏、信用经济是否建立等。

当今公有制企业存在的问题主要有以下几个方面：

第一，公有制企业没有完全按市场经济原则运营。中国公有制企业众多，形式也有多种，所以企业所面临的非市场因素也不尽相同。

大型公有企业一般都是中国的某个行业、或部门的垄断企业，如铁路，石油、石化、邮政、电视网络、电力、电信、金融、公用事业、钢铁等均是如此。这些企业的经营管理主要不受市场调节，更多地受政府计划或政策调节。当然对任何一个市场经济国家，关系到国计民生的某些行业，政府实行垄断无可非议，因为这些行业如实行自由竞争将会扰乱一国市场经济秩序。同时中国以往实行的经济制度是计划经济，公有制经济占主导，所以在许多产业或行业公有制占主导，并形成垄断亦是历史必然。但我们可以对一些垄断行业或企业进行改造，加入竞争的成分，如邮政、电视网络、公用事业、金融、钢铁等。

第二，公有制企业没有按市场经济原则进行人力资源管理。我们提出政企分开已经快 30 年了，但直到今天政企分开只是在非公有制企业中表现十分充分，而公有制企业依然政企不分。人是企业的主体，企业的生存、发展、破产均是由主要经营管理人员行为所决定的。而公有制企业的高层经营管理人员，包括决策人员均是由政府任命或委派的。而这些任命或委派更多地考虑被任命者或委派者的行政级别、资历、学历、社会关系等，较少考虑被任命者或委派者的经营管理能力、知识结构、以往的经营管理业绩，管理者的责任感、职业道德、理想抱负、诚信等，以致出现众多的"空降企业领导"、"外行领导"，企业等级森严。所以不管什么样的公有制企业都有人敢去经营管理，因为企业亏了是国家或集体承担；企业盈利了算是个人经营管理业绩，可以获得高额奖励，即高年薪。

由于企业主要领导（如企业董事长、副董事长、总经理、副总经理、监事会主席）由上一级政府或部门任命或委派，而企业领导班子聘任企业中层、基层经营管理人员，甚至企业一般员工也由企业领导班子聘用，所以企业领导班子对企业员工拥有聘和不聘的权力，尤其是企业主要领导更是一言九鼎。加上企业一般没有明确的经营管理目标，所以企业人员配备基本是裙带关系为主。这种裙带关系首先是血缘关系，其次是利益关系，再次是朋友关系，第四是同学关系，第五是同乡关系等，即"任人唯亲"，形成了企业内部以裙带关系为纽带的利益集团。这个利益集团左右着企业的过去、现在和将来，基本的路径是使国有企业、集体企业从经营状况良好转变为不好，亏损，最终破产。这些年来破产或消失的国有企业以及集体企业有大部分属于这种情况。现存的170多万家国有企业以及集体企业，出现亏损和经营管理不善的企业基本也是属于这种情况。

第三，企业缺乏监督。市场经济环境下的企业经营管理，监督应当是无时不在，无处不在。如私营企业，投资者通常就是企业的经营管理者，投资者或经营管理者将监督的职责贯穿于企业生产经营管理的各个环节，将监督的内涵溶于企业文化之中，即履行企业经营管理职责的同时，又履行企业资产监护人的职责，是二者合一。所以私营企业的监督管理是一种自我全面式的监督管理。

相反，公有制企业或集体企业的监督只有一种形式上的监督，即严重缺乏监督，或基本无监督。从投资者来看，国有企业的投资者就是国家政府，集体企业的投资者就是集体大众，按市场经济规则，谁投资谁监督，所以国有企业的监督者就应当是国家政府，集体企业的监督者就应当是集体企业各投资者，或者国家政府、集体将这种监督权委托给企业所有员工（现在的公众企业就是如此）。但实际上，由于国家政府只是一个很广泛的概念，具体没有一个部门真正履行监督职责，以致监督缺失。为解决这一问题，并经过多年的实践，国家政府将监督管理的职能具体落实到国有资产管理委员会（简称国资委）。国资委在监督国有资产运营时只对上级主管政府负责，不对国有企业员工负责。此外国企经营班子受聘上一级政府，由组织部门具体任命或聘用，并向上一级政府负责，所以国资委的角色在政企不分的怪圈中显得十分尴尬，监督也不是，不监督也不是；而国企经营班子拿国资委不当一回事，视其可有可无，所以企业所有重大决策只向上级政府通报，出于礼貌最多告知国资委，所以国资委的角色十分不明确，起不到对国有资产监督的作用。而企业员工更加无法起到对企业的监督作用，因为他们随时可能被解聘。因此，这些年来，国有企业实际上缺乏监督，如果说有监督只是形式上的监督，所以公有企业出现的案例基本是大案，延续时间长。至于集体企业，由于各入股人所占股比太小，股权分散，形成企业主要经营管理者控制企业的局面，企业主要领导可以随时辞退任何不听话的员工或持股人，以致企业只有一人或几人说了算，反对意见销声匿迹，实际出资人的权力也被剥夺，所以企业主要经营管理者变成了天马行空的家长式管理，最终有许多经营管理者将企业变成私家企业。究其原因，公有制企业监督体系缺乏制度设计和制度供给。我们应当设计一套行之有效的监督制度体系，防止公有制企业腐败、违法的产生，如产生后可以及时发现，防止长期腐败、违法。

5. 企业产业的取向

企业的产业取向是创业者或企业依据市场的机遇，最终确定企业所从事的行业或产业发展方向。所以企业的产业（或行业）取向完全是由市场调节，不以我们的意志而转移，我们无需在此问题上花费成本。可是在实际经济运行中，我们又太在意第三产业在中国经济中占的比重，原因就在于中国经济是否已进入后工业社会①，第三产业是否超过第一、二产业。如果没有超过，说明中国经济还没进入后工业社会，第三产业还有很大发展余地，还可以增加就业。因为中国经济太需要进入后工业社会，中国失业人口和半失业人口太多，以致影响社会安定，所以我们要加速第三产业的发展，扩大劳动力就业。为此我们在第三产业的发展上花费了大量的人力、物力和财力，其结果第三产业不断加快发展步伐，到2008 年第三产业占 40.1%，第一产业降至 11.3%，第二产业降至 48.6%②，已属中等发达国家的产业水平。

从现实情况来看，我们只是满足了经济发展表面上的指标，实际并没有达到中等发达国家产业发展的平均水平。

发达国家和中等发达国家的第三产业内涵已超出了传统服务业的范畴。传统服务业主要包括传统的商店、商铺、货郎担、个体商贩、菜贩、传统自然风光和历史文化旅游、人力车、三轮车、铁路运输、水路运输、公路运输、餐饮酒店、理发、桑拿、按摩、修剪手脚指甲、家政、保姆以及传统文化、体育、娱乐、戏曲等等。

---

① 后工业社会："工业发达国家在完成工业化以后，服务业取代工业制造业而成经济结构主体的社会发展阶段。对目前称为'知识经济'和'知识社会'的发展新阶段最早的系统性描述和推测。美国社会学家贝尔（Bell, Daniel, 1919—）在 20 世纪 70 年代出版的《后工业社会的来临》一书中提出了后工业社会理论。"参见：刘树成主编《现代经济辞典》，凤凰出版社、江苏人民出版社 2005 年 1 月版，第 431 页。
② 《中国统计年鉴 2009》，中国统计出版社，第 38 页。

现代服务业，亦称现代第三产业，是二战后快速发展起来的新兴服务业，主要是为第一、第二或第三产业服务的相关服务业，这些现代服务业与传统的服务业有着截然不同的内涵，其内涵主要包括现代银行业、保险业、证券业、投资业、现代咨询业、科研业、技术开发、产品设计、产品开发、口岸金融、物流、超级市场、网络市场、现代快捷运输、航空业、网络服务、电信服务、现代个性化服务、现代投资服务业、现代教育、文化、会计、审计、法律、典当业、拍卖业以及当代不断产生的各种新兴服务行业，如电脑工程师、网络工程师、装修工程师、理财师、美容师、企业家、精算师等等。

对照以上行业划分，我们不难看出这些年来中国的现代服务业虽然有所发展，如银行业、保险业、证券业、现代交通运输、物流业以及现代大型商业、会计、律师、审计业，以及某些咨询业等有所发展。而其他的现代服务业均发展不足，为企业服务的科研业、技术开发、产品开发、产品设计、投资服务、企业管理咨询、市场咨询、营销咨询等发展严重不足。当然这些不足，不仅仅是这些服务业本身发展不足，同时推动现代服务业发展的先决条件，即企业本身就严重发展不足。因此也就经常出现有些高等院校举行技术拍卖会，结果参与购买技术的企业太少，所以不论是成交项目或成交额都十分少。

美国拥有 3000 多万家企业，企业需要什么服务会主动去寻找相关的现代服务性企业，如科技研发、产品设计、产品开发、经营管理、市场、营销、理财、人才猎取等等，以求获取最佳的服务和经济效益。现代服务企业亦会强化与其服务企业的紧密联系，随时为企业提供各种所需的服务，以追求服务效益最大化。现代服务业的发展也推动了政府为企业的服务，生产经营环境不断改善，创造出美国众多的一流企业，也是世界的一流企业。可以这样说，现代世界一流企业是由现代服务业发展推动的结果，没有现代一流的服务业也无法形成现代一流的企业。当然有人会提出中国没有一流的现代服务业，但中国也有世界 500 强的企业，而且在 2009 年有 47 家企业挤进世界 500 强，这点不可否认。但是我们也不可否认的现实是我们首先是没有形成一流的企业集群，其次是我们进入 500 强的企业与世界 500 强的同类（同行业）企业相比还有一定差距，而且许多挤进世界 500 强的中国企业是由于在中国市场的自然垄断地位所形成的，并非由市场竞争产生出来的，企业的经济效益都比较低。

如果我们对中国的现代服务业作一分析，不难看出其中存在的不足。例如：

金融企业 2005 年全国只有约 1000 多家（农村信用社为一家），而香港就有 3 万多家金融企业，美国有 40 多万家金融企业，说明中国金融高度集中，尤其是四家大型国有银行更是高度垄断，结果只有大中型企业能获得足够的金融服务，中小企业根本无法获得足够的金融服务，其中最突出的问题是中小企业贷款困难，长期处在饥饿状态，并由此导致民间投资严重不足，技术进步严重滞后，只能依靠技术引进，跟着世界经济走，就业问题越来越严重。

攀比的结果，我们只能拔苗助长，结果是事与愿违，现代服务业没有发展起来，而传统服务业却快速膨胀起来。如个体工商户约在 2500 万户，如果加上流动生意人应在 3500 多万户。个体工商户过多，导致恶性竞争，互相拆台，甚至大打出手，经营效益日渐下降；加上现代大型超市的挤压，众多个体工商户惨淡经营，今不如夕；为了维持生计，不得不卖假货、劣质货，多级批发，偷税漏税，开假增值税发票，假中介所，违法行医，生产有毒食品药品、地下生产经营等等，市场显现一片混乱，消费者随时都有被欺骗的可能。因此消费者只能处处小心，时时提防，货比多家。这种现象的出现，只能说是中国传统商业过渡发展的结果。从另一种角度看，又说明中国洗脚上田的农民和下岗职工能从事的职业太少、太窄，他们中的许多人、许多家庭只能从事传统工商业。传统服务业与现代服务业没有任何关系，但是却占用了大量的社会经济资源，延缓了中国现代服务业的发展，增加了消费者的支出，扰乱了市场经济秩序。

中国现代服务业发展缓慢的原因，一方面是前面所论及到的中国企业太少而且分散；另一方面原因就是这些年来大力发展的企业基本是对外加工企业和外资企业。而对外出口加工企业和外资企业都不需要中国的现代服务业，这些企业的现代服务基本是由外国的现代服务企业所提供，而中国的现代服务性企业还没有形成与外资同类型服务企业同台竞争的实力，尤其是科技研发，新产品开发、营销、企业管理等方面。因此，我们看到美国等发达国家的服务业之所以发达，其服务业产值所占的比重占到该国国内生产总值（GDP）的 60%—85%，是由于长期以来，这些国家的现代服务产业成了这些国家的优势产业，这些优势现代服务产业所属的企业，不仅为这些国家的所有企业提供服务，同时还利用自己的优势把触角伸入到经济全球化所能辐射到的国家和地区。所以这些发达国家的现代服务企业是全球化的急先锋，它们把服务卖到了全球化所能涉及的各个角落，以此赚取高额的利润，提高各发达国家整体的资本利润率；同时还可以压低落后国家的劳动者工资、资本利息和企业家的利润。

落后国家要在竞争力严重不对称的竞争中取得胜利，就必须为本国的企业发展创造最佳的生存和发展环境，积极发展本国生产性企业，积极地扶植本国的现代服务企业的发展；选择本国的优势或相对优势产业或行业，努力推动这些产业或行业企业的发展，使这些生产性企业以及为这些生产性企业服务的企业都能达到或超过发达国家的同类型企业水平，只有这样中国的现代服务业才能真正得到发展，企业、行业、产业才能上一个档次，才能与发达国家的企业、行业、产业站在同一起跑线上。

6. 企业责任的取向

任何一个市场经济国家，最重要、最广泛的经济细胞就是企业，但与企业关系最密切的客观主体，依次为人、家庭、企业、行会、地区或国家政府。人是企业最重要、最基本的要素；人还是消费的主体，是组成家庭的主体，是形成地区市场，国家市场的主体；但是地区与个体人所形成的市场是不同的，前者是形成一个大的区域市场，同时与个体市场的消费形式、内涵、规模也有很大的区别。如果只是自然人、自然家庭，就不会有企业，这种社会只能是原始社会，或其他自然经济社会。到了市场经济社会，人类的生产活动，不论是实物商品的生产活动，还是服务商品的生产活动，基本都归结为企业的生产经营管理活动。因此企业不仅是市场经济社会的经济细胞，同时也是市场经济社会的社会细胞。人们的生产经营管理活动要依托企业，同时人们的日常生活也要依托企业，因为劳动力创造价值是依托企业来实现的，企业是劳动力劳动的承载体，同时又是劳动力报酬的支付主体。没有在企业就业的劳动者（除个体就业者和政府职员除外）只能是失业者，就不是一个完整的社会人，而只有从事一定职业的人才是一个完整的社会人。因为一个人只有从事了对企业、社会和国家有意义的工作，才是市场经济中完整意义上的人。当然在市场经济社会中还有另一种参与社会、从事劳动的场所，那就是政府。政府是为市场经济的正常运转，即为企业的正常运转提供服务的，所以这种服务本身就留下了社会的烙印。当然从事政府工作的人，亦是完整意义上的市场经济社会人。此外就是个体就业者，他们同样是市场经济社会劳动群体，是完整意义上的社会人，但个体劳动者在市场经济社会处在次要地位。在市场经济社会中处在中心和绝对统治地位的社会经济组织形式是企业，企业为社会或国家创造了绝大部分的新价值，同时又弥补以往所有价值的消耗，是经济社会发展的真正动力源。因此没有企业的发展就没有一国市场经济的发展；一国企业发展的快，说明该国经济发展快；一国经济由外来企业为主导，说明该国经济就为外国企业所主导；一国企业主要以外资为主导，该国经济也就为外资为主导，该国经济增长也就以外资企业增长为主导。一国企业发展不仅决定了一国现代经济发展的状况，同时也决定了该国今后很长一段时间内经济发展的状况；一国企业发展是否健康，也决定了该国经济发展是否健康，还决定了该国社会发展是否健康；一国企业文化发展状况，也基本反映了该国文化发展状况；一国企业信用所达到的水平，也就反映出该国信用所达到的水平；一国企业的遵纪守法状况，也基本表现为该国的整体遵纪守法状况等。

由以上我们可以看出一国企业在市场经济国家的中心位置，而如今我们更多方面是展现政府的中心位置，或是政府主导方向的中心位置。这种错位导致了中国市场经济条件下企业中心位置的失落，所以中国的企业发展远远不够，远远不能满足中国经济发展需要。企业的发展是中国经济发展的根本，没有企业的发展，就没有中国经济的发展；没有企业的发展，中国就业问题就得不到解决；没有企业的发展，中国的城乡分立必然存在，城乡差别将会进一步拉大。

有鉴于此，由于现行制度的限制，各省市自治区以及下属的市、县、乡（镇）、村都处在分立状态。而在行政区划上，各个地区不论大小，不论国家还是各地区，都只是服从小的利益，都不考虑上一级大地区的利益，因此所谓国家利益，民族利益都只是一句空话。还有一个非常现实的情况是，本地区没有工业，经济就发展不起来，本地区也就没有财源。如此情况导致村、乡（镇）、区、县、市财政收不抵支，地方不仅缺乏资金，更重要的问题是本地区政府公务员的工资都没有着落。为此一个村、一个乡（镇）、一个区、县、市或省市自治区为了地方利益，都以牺牲上级利益为代价，增加地方利益，而相对大地区利益，又被其下属的小地区利益所取代，无法形成上一级的地区整体利益。而国家和上一级地区利益维护只能通过法律或行政手段加以强制维护，否则国家利益或上一级地区利益就会被下一级利益所侵吞。而这种相对利益机制就表现在企业的创办和维护上。在 20 世纪 90 年代期末，中国曾出现过各地区中小纺织企业将上海等地区的大型国有纺织企业所需的最基本原料棉花从源头上卡断，结果各地区中小纺织企业棉花原料充足，而大型国有纺织企业则只能停工待料。虽然大型纺织国有企业效益好，但就是收不到生产所需的棉花；而中小纺织企业虽然经济效益差，但这些企业就可以获得充足的棉花。另外中国的卷烟企业也曾出现这类情况。还有一种情况就是小地区为了维护自身利益，哪怕是没有条件也要上项目，尤其是资源性的项目，如山西、陕西等地的煤炭资源很充足，地方为解决财政收入问题，认为自己守着一座黑金山，可地方财政却是等米下锅，有些地方政府（有些甚至都不是一级地方政府的村）竟下文将大型国有煤炭资源批给那些没有技术、资金、经营管理能力的私营企业进行开采。这种开采不仅破坏了自然资源，还造成资源的极大浪费，同时对劳动力也是极大的摧残。

为什么会产生这种现象？即我们的企业、政府公务员、某些民众，他们既没有国家、民族的观念，也没有地方、企业、个人、家庭的观念。这种现象的出现都是现行一些制度造成的。

在推行市场经济制度伊始，我们没有立足统一国内大市场，而是条块分割。在条块分割情况下，我们不允许劳动力、人口的自由流动，而是以户籍制度将生产力中最活跃的劳动力要素限制在历史上已确定的生存之地。由此中国的劳动分工和生产分工在全国就没有形成，相反只是加强了各行政区划之间的水平分工，即什么行业赚钱各地一窝蜂都来参与，并不管上这种项目有没有条件，因此重复引进，重复建设，恶性竞争，造成巨大浪费，产业、行业优势建立不起来。

从中国的现实看，各地区对企业的责任要求非常简单，只要企业能维持生产，并向当地政府和国家缴纳一定税收也就万事大吉（这是明显的政府只为政府服务的行为）。而企业的经营者对企业亦形成一种定式经营管理模式，即企业只要能盈利，为企业的所有者以及经营管理者带来丰厚的收益也就是成功。盈利也就成了各地衡量企业成败的唯一经济指标。所以广州市第一届企业十大改革家，最终只有一人能全身而退，其余不是经营管理失误落马，就是因违法进了监狱。至于全国的许多优秀企业家，亦是如此。许多企业家昨天还是名满全国，辉煌耀眼，结果第二天就成了阶下囚，原因就在于我们平时赋予企业的责任过于单一。

纵观中国市场经济十几年，众多出名的企业家许多都是过路烟云，能够善始善终的企业家不多；能始终辉煌的企业家更少，为此我们真是扼腕叹息，并同时思索其中的原因。

其实并不是中国这块热土不能培育出众多的常青企业家，而是市场经济的造化，加之制度供给缺陷导致了这样一种结果。企业经营者的沉浮在许多情况下也决定了企业本身的兴亡，所以在一批企业经营管理者倒下去后许多企业也随之倒下去。由此多年来中国企业的平均寿命只有 3.4 年、私营企业只有 2.9 年；而发达国家企业平均寿命约 24 年，是中国企业寿命的 7 倍多。究其原因就在于中国企业的责任太单一了。加上地区分割，地方为保证税源，更加重了这一问题，即地方政府对企业根本不闻不问，只要有税收其他一概不管；甚至某些企业干着违法的勾当，地方政府也只是睁一只眼闭一只眼，如对工人的残酷剥削、造假贩假、走私、偷工减料、损害公众利益、破坏环境、损害公众健康、危害国家利益、乱开乱伐等。

如何杜绝这些弊端呢？我们认为在保证企业创造经济效益的同时，还应保证企业严格履行以下责任：

一是企业的法律责任。市场经济是法制经济，即国家用法律法规约束企业。企业按市场经济的法律法规经营运作，中国的法制经济也就基本实现。企业要正常的生产经营，首先就不能违法生产经营。如企业违法生产经营，就应立即取缔。多年来，我们由于企业法律责任不明确，标准不一致，法律执行力度不够，以致许多企业钻法律的空子，违法生产经营。为此我们应当严肃法律，取缔一切违法经营企业，如危害国家、人民、工人利益的企业等。

二是企业的社会责任。企业是现代中国最普遍、最广大、最重要的经济社会组织，它必须承担起发展国家经济的责任，同时还得承担起相应的社会责任。这种社会责任就是对劳动者的保障，包括劳动者的安全和健康保障、劳动者的工资保障、劳动者的劳动时间保障、劳动者的生育保障，劳动者为企业服务必要的教育保障（劳动者身心健康保障）等。这些保障即是劳动者的社会保障，有许多也是法律保障。这些保障有许多企业做得很不够，政府某些部门的监督做的也不够，以致有关法律法规形同虚设，如劳动者的工资保障、生产安全保障、劳动时间保障等最基本的保障都普遍存在问题，有些企业甚至存在严重的违法行为。

三是企业的信用责任。信用是企业生存发展的基础，没有信用的企业很难生存和发展；相反有良好信用的企业则如鱼得水，得到快速发展。但中国的市场经济建立不久，对企业信用的监督、管理还很不完善，多数情况下民众、政府、社会组织对企业的信用是没有监督。所以企业的信用责任变成了企业的经营者仅凭个人的良知在没有明确（除非存在严重的违法行为之外）限定和监督之下任其作为。由此企业信用也成为市场经济生活中的一大问题，如企业三角债问题，又如消费者不论是吃、穿、用、住、行、娱乐等方面都面对企业信用的问题。原因就在于我们的制度不健全，监督不到位。为此，中国的消费者、舆论、执法机构必须加强监督，明确奖罚，让企业认真履行市场经济最重要的信用责任。

四是企业的伦理道德责任。企业还是伦理道德规范下的企业。企业遵守伦理道德的约束，就是承担起企业伦理道德责任。这种伦理道德责任可能来自风俗习惯，也可能来自宗教文化，更多的方面还是带着企业所在地人们在生产和生活中所形成的道德准则。企业在面对这些伦理道德准则时，应当认真遵守。

三、企业的创建

企业是发达市场经济国家90%以上劳动力就业的场所。一国在充分就业条件下，失业劳动力只占一国劳动力的4.5%以内；同样，企业也可以使一国的全部劳动力都得到就业，不断提高最低工资水平。企业是一国新价值的最主要创造者。至于政府所提供的服务间接创造了价值，但政府的服务不直接创造价值，因为它没有创造用于交换的服务产品（少数服务收费只占极小比重），而政府收入或支出的主要来源是税收，所以政府服务的好坏，间接地体现在市场经济制度和市场环境上，体现在企业的经济效益上。企业是一国科技进步主要推动者，是新产品的开发者和生产者；企业是一国重要的消费者，99%以上的生产性消费都由企业完成，还有很大一部分非生产消费由企业承担；企业是一国企业家的摇篮，可以培养出大批的职业经理人；企业还是国民整体收入水平提高，扩大国内消费市场的最主要推动力量；企业是一国信用经济的最主要、最基本的支撑者和维护者。如果中国能够使一亿多家企业健康生存和发展，届时中国肯定是发达市场经济国家，中国的市场经济制度、市场信用，同样属于世界先进行列。

但是在不同的市场经济国家，如在发达市场经济国家创建一家企业是一件极其平常的事，创业者只需在自我筹备完善的基础上到工商管理部门花1元钱，当天或几天时间内就可以将企业注册登记完毕，企业就可以运转起来。如在美国，创办新的企业只需投资者在筹划完毕的基础上，花1元钱到工商管理部门注册登记，一家新的公司（企业）就已存在了；而在中国或其他新兴市场经济国家或其他落后经济体，企业的创建却是非常艰难的。原因何在？原因就在于企业创建的门槛过高、创办企业十分繁琐（具体参阅表4—1和表4—2。）为此，我们仅就以下几个主要方面加以阐述：

表4—1 2008年企业开业成本 [①]

国家和地区	企业开业所要办理的手续数（个）	企业办理开业手续所需时间（天）	企业登记注册费占人均GNI比重（%）
中　国	14	40	8.4
中国香港	7	11	2.0
新加坡	1	5	0.5
加拿大	6	6	0.7
美　国	5	7	1.0
法　国	9	18	5.6
德　国	2	2	0.8
澳大利亚	1	1	0.4
新西兰	13	30	70.1
印　度	11	76	77.9
印度尼西亚	8	47	4.6
伊　朗	4	4	0.7
泰　国	8	33	4.9
巴　西	18	152	8.2

注：人均GNI即人均国民收入。

1. 创业者

所谓创业者，又称企业创造者，是指那些自己创办企业，自行就业，同时还能解决他人就业的劳动者，亦指那些不断创办新企业作为自己职业的劳动者。在中国创业者不多，创业成功者更加稀少，所以劳动者不论是有知识或缺乏知识的劳动者，他们所面对的就业压力越来越大，就业条件越来越恶劣，所以一部分劳动者积极到国外去谋生，甚至冒着生命危险偷渡到国外谋生。

这种情况是否就说明中国缺乏创业者呢？实际是缺乏的，但有意创业的人则

———————————

① 资料来源：《国际统计年鉴2009》，中国统计出版社2009年1月版，第15页。

4—2 企业经营环境排名（2008年）①

国家和地区	企业经营环境排名	开办企业	申请建筑许可			雇用工人		注册财产			获得信贷	投资者保护			缴纳税款	合同执行			关闭企业		
	排名	排名	排名	手续(个)	时间(天)	排名	工作时间刚性指数	排名	手续(个)	时间(天)	排名	排名	披露指数	投资者保护指数	排名	排名	手续(个)	时间(天)	排名	时间(年)	收回率(美分/美元)
新 加 坡	1	10	2	11	38	1		16	3	9	5	2	10	9	5	14	21	150	2	0.8	91.3
新 西 兰	2	1	2	7	65	14		3	2	2	5	1	10	10	12	11	30	216	17	1.3	76.2
美 国	3	6	26	19	40	1		12	4	12	5	5	7	8	46	6	32	300	15	1.5	76.7
中 国 香 港	4	15	20	15	119	20		74	5	54	2	3	10	9	3	1	24	211	13	1.1	79.8
英 国	6	8	61	19	144	28	20	22	2	21	2	9	10	8	16	24	30	404	9	1.0	84.2
加 拿 大	8	2	29	14	75	18		32	6	17	28	5	8	8	28	58	36	570	4	0.8	88.7
澳 大 利 亚	9	3	57	16	221	8		33	5	5	5	53	8	6	48	20	28	395	14	1.0	78.8
挪 威	10	33	66	14	252	99	40	8	1	3	43	18	7	7	18	7	33	310	3	0.9	89.0
日 本	12	64	39	15	187	17	20	51	6	14	12	15	7	7	112	21	30	316	1	0.6	92.5

① 资料来源：世界银行《全球营商环境报告》2009。

第四章　企　业

续表：企业经营环境排名（2008年）

国家和地区	企业经营环境排名	开办企业排名	申请建筑许可			雇佣工人		注册财产			获得信贷排名	投资者保护			缴纳税款排名	合同执行			关闭企业		
			排名	手续(个)	时间(天)	排名	工作时间刚性指数	排名	手续(个)	时间(天)		披露指数	排名	投资者保护指数		排名	手续(个)	时间(天)	排名	时间(年)	收回率(美分/美元)
泰国	13	44	12	11	156	56	20	5	2	2	68	11	10	8	82	25	35	479	46	2.7	42.4
沙特阿拉伯	16	28	50	18	125	45	40	1	2	2	59	24	8	6	7	137	44	635	57	1.5	37.5
马来西亚	20	75	104	25	261	48		81	5	144	1	4	10	9	21	59	30	600	54	2.3	38.6
爱沙尼亚	22	23	19	14	118	163	80	24	3	51	43	53	8	6	34	30	36	425	58	3.0	37.5
韩国	23	126	23	13	34	152	60	67	7	11	12	70	7	5	43	8	35	230	12	1.5	80.5
德国	25	102	15	12	100	142	60	52	4	40	12	88	5	5	80	9	30	394	33	1.2	52.2
立陶宛	28	74	63	17	162	131	80	4	2	3	43	88	5	5	57	16	30	210	34	1.7	48.0
法国	31	14	18	13	137	148	60	166	9	113	43	70	10	5	66	10	30	331	40	1.9	44.7
南非	32	47	48	17	174	102	40	87	6	24	2	9	8	8	23	82	30	600	73	2.0	32.2
斯洛伐克	36	48	53	13	287	83	60	7	3	17	12	104	3	5	126	47	30	565	37	4.0	45.9
保加利亚	45	81	117	24	139	60	60	59	8	19	5	38	10	6	94	86	39	564	75	3.3	32.1
罗马尼亚	47	26	88	17	243	143	80	114	8	83	12	38	9	6	146	31	31	512	85	3.3	29.5

续表：企业经营环境排名（2008年）

国家和地区	企业经营环境排名	开办企业	申请建筑许可			雇佣工人		注册财产			获得信贷	投资者保护			缴纳税款	合同执行			关闭企业		
	排名	排名	排名	手续（个）	时间（天）	排名	工作时间刚性指数	排名	手续（个）	时间（天）	排名	排名	披露指数	投资者保护指数	排名	排名	手续（个）	时间（天）	排名	时间（年）	收回率（美分/美元）
墨西哥	56	115	33	12	138	141	40	88	5	74	59	38	8	6	149	79	38	415	23	1.8	64.2
中国台湾	61	119	127	29	193	159	40	26	3	5	68	70	7	5	100	88	47	510	11	1.9	80.9
意大利	65	53	83	14	257	75	40	58	8	27	84	53	7	6	128	156	41	1210	27	1.8	56.6
哈萨克斯坦	70	78	175	38	231	29	40	25	5	40	43	53	7	6	49	28	38	230	100	3.3	25.3
巴基斯坦	77	77	93	12	223	136	20	97	6	50	59	24	6	6	124	154	47	976	53	2.8	39.2
中国	83	151	176	37	336	111	20	30	4	29	59	88	10	5	132	18	34	406	62	1.7	35.3
阿根廷	113	135	167	28	338	130	60	95	5	51	59	104	6	5	134	45	36	590	83	2.8	29.8
俄罗斯联邦	120	65	180	54	704	101	60	49	6	52	109	88	6	5	134	18	37	281	89	3.8	28.2
印度	122	121	136	20	224	89	20	105	6	45	28	38	7	6	169	180	46	1420	140	10.0	10.4
巴西	125	127	108	18	411	121	60	111	14	42	84	70	6	5	145	100	45	616	127	4.0	17.1

很多。作者曾经做过这样的调查，调查 100 位大学毕业生，有约 60 人说想自己创业，即使现在不创业，等到条件成熟后也要自己创业。至于其他劳动者，尤其是已经在企业摸爬滚打了几年的劳动者，这个比例更高，达到 76 人。这说明在当今中国就业环境日趋恶化的现实面前，更多的人会选择创办自己的企业。

多年来，中国就业市场波动很大，就业难的情况不断变得严峻起来；2008 年的金融海啸，更加重了就业难的程度。但社会的现实是越是就业难，人们就越想自己创业；反之，越是就业容易，工作稳定，工资收入较高，生活安逸，人们就越不想创业。

2. 企业创建的制度供给

既然有这么多的人选择自己创建企业，而现实中国却没有多少人创建企业，这是一个矛盾。其实，在中国有如此之多的人梦想创建自己的企业，之所以还没有创办企业，是因为作为一个中国人在自己的国家创办企业比在发达国家，或中等发达国家，或在中国的台湾、香港等地创办企业要难得多。

2000 年夏，本人到意大利旅游，有幸到了佛罗伦萨的意大利皮具城。进去一看，各式皮具琳琅满目。商城的销售人员有意大利人，也有中国人面孔。首先接待我们的服务员是一位约 50 岁的意大利人。这位意大利人操着较为标准的普通话向我们热情地推销各种皮具，并诚恳地告诉我们这个皮具城的所有老板都是中国人，而且大部分都是浙江温州人；他是为中国老板打工。听他介绍完，着实让我们一行人惊诧了一阵，中国人在意大利撑起了一片蓝天。这不仅是中国人的骄傲，也是意大利人的骄傲。

香港人要创办自己的企业犹如美国人一样容易，只需一个港币，用 11 天时间就可以在香港注册登记自己的企业。香港有 693 万人口[①]，在 2005 年共有73 359 家新公司注册登记；2005 年底所有登记注册的公司共有 54.9 万家本地公司，有 620 家海外公司，年底共有来自 80 个国家的公司在香港登记，合计共有注册公司 55.7 万家[②]。由此得出每百香港人中，有 8 个多人创办自己的企业。在中国内地，没有一个省市自治区能达到 1% 的人口注册登记自己的企业。

在发达市场经济国家或地区，有心创业的劳动者遇到的最大难题是他们能不

---

① 参见《香港经济年鉴 2006》，经济出版社 2006 年 9 月版，第 379、656 页。

② 参见《香港经济年鉴 2006》，经济出版社 2006 年 9 月版，第 379、656 页。

能寻找到市场商机 ①；如果能寻找到商机，他们就可以大展拳脚，因为这些国家或地区的市场制度环境随时会为他们创办企业提供充分的服务，提供较充足的投资资本，绝对不会阻碍他们为国家、社会创造财富。

在中国情况就大不相同，许多有心创业者，虽然看到了商机，但只能让这些商机白白流失。因为绝大多数商机只是在短时间内显现出来，而随着时间的流逝也就自然消失。比如汽车发动机行业，20世纪末期，轿车所需的发动机基本都需要从国外进口，或是从中外合资企业或外资企业购进，如果能及时抓住机会就可以减少中国对国外汽车发动机的依赖，降低国产汽车成本，增强国产汽车竞争力，增加国产汽车市场份额，甚至还可能推动合资、合作品牌汽车转用国产汽车发动机。可是 某创业者在了解到创办汽车发动机企业，仅仅申办时间就要半年到两年时间，就打了退堂鼓。中国市场经济制度已建立了17年多，企业创建的制度没有面对中国的实际情况，所以这些制度不仅没有促进企业创建，推动企业发展，而是限制了企业的创建和发展。这种限制性制度主要表现在以下几方面：

第一，户籍制度的限制。通常情况下，创业者创办新企业一般都需在户籍所在地。不在户籍所在地创办企业除非创业者拥有资金优势或技术优势、或社会关系优势，否则很难在异地创办企业。即使创业者在非户籍所在地创办了企业，也会受到户籍制度的困扰，如办理暂住证、办理出国手续、开具证明、办理独生子女证、小孩入托读书、养老医疗就业保险、子女的就业以及有关社会保障等问题让创业者忙得不亦乐乎。因此通常情况下创业者选择户籍所在地注册创建自己的企业。如农业人口通常只能在户籍所在地创办乡镇企业。

但是，绝大多数梦想创办企业的创业者并不是在自己户籍所在地看到商机。只有哪些不断流动的人口才能在差异经济中看到商机，尤其在经济越发达的地方商机就越多，人们萌发的创业想法也越多，创业的冲动也越强。这本身也是市场经济国家城市发展的最大推动力，企业也会快速增加；相反城市越不发达，人们所能看到的商机就会越少，创业机会也会很少，企业也会很少。

第二，创业门槛的限制。世界所有发达国家和中等发达国家的企业创办门槛都低于中国。前文中我们已列举《中华人民共和国公司法》所规定的有关企业注

---

① 商机：通常理解为贸易经营机会。在此我们理解为劳动者创业的机会，包括商品，服务的生产、经营机会。

册登记的资本限额。这是创业者创业所需资本的法律界线，没有达到这一标准资本额的创业者，要想创立自己的公司是根本没有可能的。如劳动者依靠打工赚取创业资本是十分困难的，原因就在于劳动者工资低，生存和发展成本不断提高，能够积累下来的创业资本很少，短时间内劳动者要积累起十万元或几十万元的创业资本基本上是不可能的，可以说比200—300年前资本家的原始积累还困难。

在以往的认识中，我们认为企业没有法定注册资本金，企业只是一家皮包公司，做违法经营。这是几千年来中国重农抑末思想在现代市场经济中的集中反映，所以展现在公司法中的注册资本金就成了明文规定。实际上现代市场经济是信用经济，信用经济要求市场经济中的每一个人以个人的信用来约束自己的经济行为。当然个人信用是以法律为约束，以伦理道德、个人名誉等为辅助，促使每一个人守信，并为市场经济社会所承认，使之成为市场经济社会所有人遵循的基本准则。然而个人信用要经过一个历史时期才能在全社会建立，在其建立过程中还必须受到法律法规的约束、维护，否则以个人信用为基础的市场经济社会就无法建立起来，或者需经历漫长的历史时期才能建立。

在以信用为基础的市场经济环境中，个人创办企业到底需要多少创办资本？对于这样一个严肃的问题，公司法是用法律的形式加以固定，以此来确保市场经济中没有买空卖空、没有欺诈的行为。这根本做不到，因为一切违反法律法规的行为都会受到相关法律法规的制裁，无需在公司法中再加以限定，这样做的结果只能是以法律法规限制企业的创建，同时削弱了法律、法规的作用。因为即使那些按公司法要求注册登记的公司，在相关法律法规、伦理道理、个人名誉等约束软化的情况下，公司同样会出现各种违法违规的行为。所以在此次金融海啸中违法经营、买空卖空、欺诈他人、搅乱美国乃至世界金融市场的公司均是一些赫赫有名的金融大企业，绝非美国金融中小企业。相反金融中小企业是十分谨慎、循规蹈矩，时刻防止企业的倾覆。退一步说，中小企业即使搞违法经营很快就会自取灭亡，经营者在没有任何成就的情况下就断送了自己一生的信用，而给社会带来的损失却是十分有限，更加不可能引发一国的金融危机。

但是公司法的企业创建门槛却把中国90%以上可能创建的企业扼杀在孕育之中。因此此次金融海啸给中国带来的企业破产倒闭之风，虽然较美欧各国和缓许多，但我们也深受其害。原因就在于受冲击的企业绝大多数都是劳动密集型的企业，破产一家企业就有几百或几千工人失业，以致全国有约4000万工人失业，对就业市场形成巨大的冲击。

第三，资金限制。金融机构出于自身利益考量，只会将大笔的钱放贷给大中型企业，这样做经营成本小、风险小；加之中国不允许中小企业集资，创业板刚刚开市，上市企业十分有限，同时上市公司自有资金及企业规模亦要求相对较大，解决不了中小企业发展资金问题，以致真正需要资金扶植的中小企业总是处在断奶的过程中，所以创业者要创建一家新企业资金筹集是非常困难的。

如今早已不是资本主义市场经济建立初期严重缺乏资本，而是有大量的资本闲置，而这些闲置资本都在寻找有利的投资渠道。中国同样拥有大量的闲置资本，2005 年以来中国金融机构每年的贷款余额资金就达 19 万亿元以上；此外，到 2011 年中我们还有 3.4 万亿美元外汇结存，二者加起来中国就有约 40 多万亿人民币的可用资金。从 1980 年到今天，美国在中国的投资总额不足 4000 亿美元，创造出大大小小的企业约几万家，同时也创造出了众多的美国老板。而中国把 1.3 万亿美元投放在美国，仅仅只是一位债权人，时刻遭人算计。如果我们构想将 3.4 万亿美元外汇加上约 19 万亿人民币贷款余额用在企业创建上，假设每家企业投资 100 万元人民币，就可以创办 4000 多万家企业，加上中国现有的 1086 万家企业，中国将有 5100 多万家企业。届时中国就成为世界各国中企业最多的国家，抵御金融海啸的能力将增强约 4 倍以上。另外，如果在中国投资是有利可图，我们还会成为一个真正的资本净输入国。多年来中国就是一个资本净输出国，每年国外输入中国的直接投资额平均约在 650 亿美元；而中国购买国外的有价证券，借出资本，对外投资加起来肯定超过 650 亿美元，这还不算非法流出的资金。如果我们能把国际上的游资吸引到中国来，中国的企业总数达到 6000 万家以上，抵御危机的能力就更强，也会使世界经济早日走出危机的阴影。

第四，对中小企业的保护力度有限。当今有些人认为，大企业需要保护、需要扶持，所以我们把大量的人力、物力、财力、政府服务等用到了大企业的保护上，认为这样大企业就可以强壮，可以抵御来自各方的竞争；而对中小企业我们则很难挤出一点资源促其发展，这是我们认识上的误区。一家经营良好的大企业犹如一个健康的青年人或壮年人，他们有着强壮的肌体，能够抵御各种风寒。对大企业我们只需引导、规范企业的行为，不需要过多的保护和扶植。相反过多的保护和扶植，只会削弱企业的竞争力，使企业强壮的肌体快速萎缩下来，所以发达国家只是让大企业在自由市场环境下任其发展。

可能有人会提出，我们的说法有悖于美国在此次金融风暴中对众多大型企业的保护和扶植。其实不然。美国此次对一些大型银行、投资公司、两大汽车公司等的保护和扶植，是由于美国在经济状态较好的时期，尤其在这些大型企业状况良好的时期，放松了对这些企业的监督和引导，导致这些超级大型企业重病缠身。在医病开始时，美国政府不得不给予这些企业以保护和扶植，否则就不能下药，如不是先扶植后下药，这些企业等不到病治好就已死去。这些大型企业的死去，对美国经济所形成的创伤将是巨大和不可估量的，所以美国此时先予以保护、扶植，而后迫使企业拿出整改方案。

而孕育中的企业、新生企业以及中小企业犹如新生儿，都还处在人生最脆弱的时期，如果我们不给予他们应有的保护和扶植，就会出现新生儿的夭折；即使企业能存活下来，由于积弱太深，也很难发展壮大。只有极少数新生企业在巧遇较好的内外发展环境，成就了强壮的肌体，具有较强的竞争力，并发展壮大起来，但这毕竟只是少数。

有鉴于此，我们认为中国企业最需要保护和扶植的企业是将要出生的企业、新生的企业和中小型企业。因为这些企业只要有一个高门槛就无法诞生；只要有一个乱收费、高收费、乱罚款，或得不到充足的资金，或缺乏市场信息，企业没有强有力的经营管理者就可能夭折。企业夭折是中国经济的损失，社会的损失，投资者的损失，国家的损失。

四、企业的发展环境

企业的发展环境主要表现在两个方面：一方面是企业发展的硬环境，如企业所处的地理位置，气候条件，要素供给状况、交通便利程度，通信设施，水、邮、电的供给状况，通汽、污水处理，网络发展情况等等。从地区产业开发情况来说，人们一般将其归类为三通一平（三通：通路，通水，通电；一平：是平整土地），或七通一平（除上述三通外，通邮、通电话、通排污、通汽），或九通一平（除上七通外，还通网络、通有线电视），或更多"通"，如通全球定位等。总之企业的筹建对硬环境的要求是越来越多。中国各地为了发展外商投资企业，不断地完善投资硬环境。

从中国经济今后发展的方向看，硬环境建设今后将不再是以外商投资企业为中心，而是步入中外企业一视同仁的时期。这种一视同仁的结果，必将形成以内资企业发展为主导的格局，推动中国企业向纵深（高科技、现代服务企业方向）、横向（企业数量大幅增长）发展。如果这种情况出现，各地区将会掀起一股新的企业发展硬环境建设高潮，而且这一高潮的到来必将改变中国经济发展以外商投资企业为主导的情况，出现内资企业与外商投资企业同台竞争的局面，其结果是内资企业在竞争中将会不断地增强竞争力，形成以内力经济为主导，外力经济为辅助的经济发展模式，推动中国经济长期而稳定地向前发展。

另一方面是企业发展的软环境。市场经济制度赋予企业的权利和义务，政府服务的方式方法和服务质量，企业创建、发展的外部市场环境等。

1. 企业发展的硬环境

企业发展的硬环境是企业生存和发展的基础条件。有许多硬环境是人类无法改变的，如果硬去改变这种环境，企业则无法生存。如在沙漠地区建设精密设备企业，可能带来的成本会使这家企业所生产的精密设备找不到购买者。所以说对于中国这样一个大国，东西南北跨度都很大，南北方向分布有寒温带、温带、亚热带、热带；东西方向从东南沿海向西北延伸，各地降雨量依次减少，到了西北内陆非常干旱，所以出现大片沙漠、戈壁、荒漠等，此外，还有河流、山脉、平原、丘陵、高原等，大自然造化出各种不同的地理硬环境。而这些硬环境对人类的生存、发展，尤其经济社会的发展带来了许多好的、坏的影响；同时也形成了中国各地区千姿百态的生产和生活方式，文化、风俗、习惯，政治、思想、宗教等。这就是硬环境给人类经济、社会带来的差异。

人们为了克服自然硬环境带来的巨大差异，千百年来中国人民在这片热土上不断地拼搏、奋斗，力求尽量将这些由于自然硬环境所形成的巨大差异抹平。在抹平差异的漫长历史中，人们的迁徙、语言、风俗习惯、思想、宗教等发挥了巨大的作用。当然城市是人们抹平各地区巨大自然和文化差异的集中地带，尤其在商品和服务生产上人们需要抹平巨大差异，以求创造出好的经济效益。可想而知，如果各省市自治区、市县、乡镇在硬环境上都存在巨大差异，恐怕我们发展中国经济社会将会变得十分困难。

但是不同创业者在现实中所遇到的投资硬环境就存在巨大的差异。我们需要抹平更深层次的硬环境差异。如同样是一位创业者，一位是外商投资者，一位是中国城市居民，还有一位是出生在中国某个农村的公民，他们各自投资创办自己的企业，所遇到的硬环境差异是十分巨大的。

外商投资者可能选择在中国沿海最大的城市——上海进行投资，那里是长江入海口，背靠中国广大腹地，生产要素齐备，劳动力素质高，各种交通十分便利，是中国经济、科技、市场最发达的地区，所以外商在上海投资是立足上海，放眼中国，享有最好的投资硬环境，具有战略投资眼光。

中国城市居民投资者，可以是私人投资者，也可以是若干投资者所形成的集合体。他们只能在其所在的城市进行投资，因为不仅受到户籍的影响，同时还受到他们的社会关系、风俗习惯、悉知的各种生产要素来源等方面因素的影响；他们投资的产业是否符合该城市产业分工发展方向无从考证，因为每个城市的产业结构都比较近似；他们只能选择三通一平的投资硬环境，因为他们不是外商；由于资本有限，无法获得融资，他们只能聘用中低水平人力资源；所投资企业外部环境好坏，他们只能被动适应；企业产品在当地是否适销对路，他们无从选择等。谁都可以评判该投资者缺乏投资战略眼光。

第三位投资者是农民。农民投资创建的企业基本只能在农村，所以这些企业不论是从事加工还是从事农业生产，或者从事第三产业经营，企业只能叫乡镇企业。而乡镇企业只能处在边远落后的农村，多数建立在没有任何基础设施的土地上。企业外部环境不经济，缺乏相互之间的社会分工，投资仅限于传统行业，市场只局限于当地，生产要素匮乏等。

三位投资者所拥有的投资硬环境给中国经济、社会发展所造成的影响主要表现在：首先，外商投资企业在人力资源上处在优势地位。硬环境优势加上高工资使外商投资企业获取了稀缺的高素质人力资源。高素质人力资源通常只向经济高度发达地区流动，因为发达地区才能为这些劳动力提供高工资、施展拳脚的工作场所以及良好的生活环境，并使他们获得相应的荣誉和地位。当然这些人都具有很强的竞争力。相反，中小城市就不具有这种优势，农村更不具有这种优势。这是劳动力的自然选择——人往高处走，水往低处流。因此每一年的大学毕业生择业，具有较高素质的大学毕业生的就业地一般是沿海的大城市，而后才是沿海的中等城市或内地的大城市，几乎没有人选择乡村。原因何在？原因就在于外资大中型企业一般都集中在沿海的大中城市或内地的大城市，这里的硬环境较中国其他地方好。当然这里所说的高素质劳动力包括高素质的科技、管理、营销人才以及其他高素质专业人才。在中国，高素质的人才大多数都被外商投资企业抢走了。从人才的角度上看，外商投资企业已经处在竞争优势上。

其次，企业所处的空间地理位置给企业带来的交通便利，便于物流等。大型外商投资企业（投资都在一千万美元以上）一般都设立在水运、公路运输、铁路运输、航空运输十分便利或较为便利的城市，很少选择那些交通不便利的地方，除非所生产产品所需要的原材料有特殊需求，为了降低大规模的原材料运输费用，不得不选择交通不太便利的地区投资设厂。

如外资轿车企业的零配件供应商均限定在半经 20 公里以内，这样企业就可以实现零仓储费。所以外资轿车企业都建立在中心城市，如上海、西安、广州、沈阳、南京、武汉等地。这种选择可以减少外商投资企业的投资成本，不需要投资建设大规模的原材料仓库。

再次，沿海、内地大城市在供水、供电、通邮、通信、网络、排污、供天然气等都有保障，而这些又是现代企业所必需的，缺少某一样基础供应都可能制约企业的发展。中小城市，尤其是内地的中小城市多缺乏此类供应保障，不时出现断电，断水，网络不通，电讯短路、无法排污等情况。

第四，距离市场近。外商投资企业地处大城市，尤其是沿海大城市，居民收入普遍比中小城市收入水平高。中国的商品、服务市场中心基本集中在这些城市，当然这些城市也就成了外商投资企业竞相开发的市场。如今外商投资企业所涉及的所有产业或行业都与国内相同产业和行业的企业形成了激烈的竞争，如汽车产业、日用化工行业、家电行业，纺织服装、照相器材、乳制品行业、饮料行业、酒店业、金融服务行业、信息产业、物流业、商品零售业、咨询业等。而且外商投资企业基本处在主导地位，如沃尔玛、家乐福、麦德龙、梯恩梯（TNT）等大型零售或物流企业基本控制了中国的大型零售市场；又如外资轿车企业所生产的品牌汽车最接近中国有支付能力的消费者群体，因此在 2009 年，欧美日汽车厂商在本国市场哀鸿遍野的情况下，中国则出现了汽车产销两旺，许多品牌汽车出现零库存的情况。

第五，外商投资企业所获得的硬环境优势将长期发挥作用。如上海浦东地区的外商投资企业，只要长期坚持在中国生产经营下去，就可以获取硬环境给这些企业带来的竞争优势。

如果我们将城市居民投资创办的企业划分为地处超大城市、大城市投资的企业和地处中小城市的企业。由于超大和大城市在中国为数不多，加起来只有约40—50个，而中小城市有 600 多个。地处超大和大城市的企业与地处中小城市的企业之比约在 3 : 7 之间。

超大和大城市居民投资创建的企业，由于受到投资者的资金、技术、经营管理水平以及投资者户籍所在区、街的限制，绝大多数企业没有进入政府所设立的各类经济特区。此外内资企业之所以没有进入经济特区，原因是最初设立经济特区是为了吸引外商投资企业的。外商在经济特区内设立企业可以享受许多的优惠，国内投资者到经济特区投资创建企业在 20 世纪 90 年代中期以前是受限制的；即使后来可以到特区投资创办企业，内资企业也没有享受到外资企业同等的优惠待遇，如优惠税收、进出口货物的优惠以及其他政策优惠，所以内资企业较少到经济特区投资创建企业。因此，城市居民在超大和大城市投资设立的企业在硬环境上是不如外商投资企业所享受的硬环境。这些企业一般享受不到七通一平、九通一平的待遇。而许多的"通"，如通信、通水、通电、通邮、通路等这些基本的"通"都需要投资者与相关部门报审才能建设。所以城市居民投资创办企业的周期长，投资回收期也长。随着城市的快速发展，这些原处老城区的内资企业又面临各种污染的限制，纷纷搬出老城区，在边远的城市郊区建立新的企业，地理位置更处在不利状态。许多企业基本是独处一地，没有相应的配套基础设施，企业"大而全，小而全"的情况更甚。

城市居民在中小城市投资创立的企业，所享有的硬环境还不如超大和大城市居民投资企业所享有的硬环境。因为中小城市基础设施配套能力相对超大和大城市为弱，尤其在市场、交通等方面表现更为逊色。

农民投资创建的企业，基本只能放在农村、或乡镇、或县城，可谓是地处最边远的企业。农民不断创造农村工业化道路，城市化道路，他们是在没有任何工业化基础的农村创建现代中国工业水平最低的农村工业。当然农民的壮举在 20世纪末也创造出几个较为成功的新兴工业区，如华西村、南街村、温州的某些村镇、珠江模式、苏南模式等，但这只是几颗点缀在广大农村中的几颗星星，不具有普遍意义。农民所创办的企业如果能享受到在县城投资的待遇就是最好的情况，有可能获得"三通一平"或"四通一平"（通电、水、路、邮、平整土地）的待遇。当然能提供如此基础设施的县城一般都是经济实力处在中国百强县之列，而非百强县以外的 2200 多个县的县城同样是享受不到如此高的硬环境待遇，能有一平一通（通路）的基础设施建设已属不错。至于在乡镇、农村投资建设的乡镇企业，少数经济实力强的镇可以提供"三通一平"，但这些乡镇只占中国约19 000 个乡镇的极少数，而 97% 的乡镇都属经济实力薄弱的乡镇。而薄弱的乡镇根本无钱为农民投资创办企业提供基础设施建设，只能靠农民自己解决，甚至包括平整土地的问题，通路的问题、通水的问题、通电的问题以及通讯通邮的问题，至于其他的"通"则不要想了。

当然在中国，还有一些农民是在村里投资办企业，由于绝大多数村投资环境差，所以这类地处农村深处的乡镇企业在乡镇企业中所占比重不大，只有经济条件较好、投资环境稍好的村才有农民投资创建乡镇企业。

乡镇企业代表了农村第二、三产业的发展水平，也标志着农村城市化的水平，同时也反映出最落后的工业化水平和传统服务业的状况，也是中国保有的低效经济。其中属于第二产业的乡镇企业基本还处在 20 世纪中期的水平，如各种草编、竹编、牙签、传统纺织业，各种祭祀用品以及农村其他传统保留下来的工业品生产，即绝大部分具有地方消费特征的产品；第三产业如农村中的货郎担、杂货铺、小商品及运输等。这种加工业、小商业可以说是效率最低下的加工制造业或商业，也是资源最为浪费的加工制造业和商业。

中国农村工业化、城市化的发展道路，农民早已进行了各种方式的探索。这种大规模的探索一直可以追溯到中华人民共和国建立之初。那时，中国是一个纯粹的农业国，国民经济的 93% 是农业，只有不到 7% 的近代工业零星散布在中国少数几个大城市。所以在新中国成立以后，我国就开始了工业化、城市化道路的探索。这种探索主要表现在以国有和集体所有制企业为主导，其他所有制企业为辅的工业化和城市化发展道路。改革开放以来，我们又以外商投资企业和私营企业为主导，其他所有制为辅大力地推进工业化和城市化。这些探索从计划经济到市场经济从来都没有停止过，无需我们至今仍然让全国各地的农民广泛地去探索。

以上这些做法使我们付出了巨大的代价。这些代价主要表现在：

第一，硬环境限制了内资企业发展，极大地延缓了中国城市化的进程。从人类的发展史看，当人类的手工业和商业有了一定发展后，城市才开始真正出现。说明城市的出现是人类产业分工、经济发展的结果。但是仅仅依靠手工业和传统的商业所形成的城市在公元 10 世纪的北宋时期就已发展到了顶峰。当时北宋都城汴京的人口已达 120 万—130 万，这是当时世界上最大的城市。再经历了 900 多年，清王朝的首都北京，依然是如此规模。只有到了资本主义大机器工业时代，大机器工业取代手工业，大规模商业取代小商业，城市化水平才得到了突飞猛进的发展。到了 20 世纪 80 年代过后，后工业化时代到来，即知识经济时代的出现更为人类城市化发展提供了一个无限广阔的空间。第二、三产业企业加速在城市聚集，专业化分工不断深化，同一产业内的相关企业，为降低成本、提高经济效益都向一处聚集，形成产业优势，创造出企业的外部经济环境，并由此推动世界城市化水平达到了空前的高水平。可惜我们却把农村中的第二、三产业拒之于城市化发展之外，这使我们与世界城市化水平的相对差距不断拉大。

第二，硬环境限制内资企业发展，极大地限制了产业、行业分工。硬环境资源的区域化、外向化，助长了地区、城市保护主义。所以 31 个省、市、自治区，包括各大中城市都进行着同步的分工，尤其是第二产业，只要某个新兴的行业有发展前途，利润空间大，这个行业就会在众多省、市、自治区的城市全面开花，最具中国时代代表性的行业就是汽车行业。美国、日本的汽车业赶上老牌汽车发达国家的水平都只用了 20 年左右的时间，而且使汽车工业成了这些国家经济社会发展的支柱性产业。我们要做到这一点就必须改变中国汽车工业目前所走的路径，推动汽车产业在各省市自治区的合理分工，推动产业的优化组合，充分利用和发挥汽车产业发展的各种稀缺资源，大力推动汽车产业集聚，促使汽车产业生产经营的专业分工，生产开发具有自主知识产权的汽车零配件，推出中国的一流汽车品牌来。只有如此，中国汽车产业才算真正建立，汽车产业才能真正成为中国经济的增长点或支柱产业。

至于中国的家电产业，日用化工产业、电子产业、电脑产业、手机产业、中医中药产业等均面临同样的情况，需要我们去改变发展战略。

要真正改变这些产业现在的发展路径，就必须消灭地方保护主义，尤其是城市保护主义，为此就必须消除现行户籍制度对人、财、物、信息等生产要素流动的束缚，形成统一的中国大市场，让各地区、城市的内资企业与外商投资企业在平等的市场环境下竞争，增强内资企业的竞争力，推动中国经济社会发展。

第三，硬环境的定格化，极大地限制了劳动力的主观能动作用的发挥。不同区域的劳动力定格在不同区域的硬环境范围内，使劳动力的主观能动性根本无法发挥出来。劳动力是最宝贵的生产要素，只是我们没有充分发挥劳动力主观能动作用，所以就出现劳动力的过剩。

第四，硬环境定向吸纳投资者，造成了众多的乡镇企业地处偏远地区。

第五，硬环境区域化导致低效经济长期存在，造成了生产力的多层级化。农业是落后的象征。这种象征来自于硬环境的区域化。如果说沿海一带的大中城市以及内地大城市的第二、三产业处在第一阶梯，代表当代中国最先进生产力；而内地中等城市和全国的小城市的第二、三产业代表中国中等生产力发展水平，处在第二阶梯；而广大农村不仅代表最落后的产业——农业，还保有最落后的第二、三产业企业。这就是硬环境区域化的结果，是制度供给缺陷所致。

第六，硬环境区域化导致城市缺乏辐射力，只是从农村吸取营养。城市的辐射力，绝对不是城市财政拿出一定财力支持农村某项公共事业发展，也不是以资金的方式解决农村的某项燃眉之急，而是在城市聚集了大量的第二、三产业企业，形成巨大的企业群体；企业群体不断壮大，推动城市经济快速发展，将大批农业劳动力从低效经济中吸收出来，从事高效经济的生产经营，提高收入水平；同时为留下来的农业劳动力增加土地占有量，实现农业的规模化、机械化、市场化、科技化，大幅提高农业劳动生产率，提高单位农业劳动力供养的城市人口数，大幅提高农业劳动力和人均收入水平，使城市、农村经济实现一体化。这才是城市辐射力的真正内涵。

第七，硬环境区域化导致企业数量增长缓慢，企业过于分散，现代服务企业发展不起来。硬环境区域化导致农村、区域、城市自扫门前雪，无法形成统一的经济体，结果城市缺乏创业者，农村缺乏创业硬环境，区域经济缺乏联结纽带，企业发展不起来，现代服务企业缺乏服务对象，因此不可能发展起来。由此，城市经济要发展只能大力吸引外资，填补经济增长空间。这样做的结果更加限制了企业的聚集和发展，现代服务业的外在化—发达国家提供。要改变这种现状，我们必须建立中国的自由市场经济制度，让所有劳动力在法律法规、信用、伦理道德的约束下自由流动，创办、经营自己的企业。只有这样中国的企业才能快速增加，现代服务企业才能快速发展，劳动力才能充分就业，人均收入才能快速提高。

企业发展的硬环境包括两个方面，一方面是前面论述的投资硬环境，另一方面就是人的生活硬环境。以往我们建设企业发展的硬环境往往只注重投资硬环境的建设，不够重视人的生活硬环境建设，最终影响了整体的企业发展硬环境。

人的生活硬环境包括十分广泛，如居住地的地质情况是否宜于人类居住，气候环境、住房、道路、交通、商业网点、通讯网络设施、各级学校、医院、公共设施（如公园、体育设施等）、娱乐场所、金融机构，以及其他各种生活服务设施等，居住地的规模，与城市其他功能区的相互配套关系等，都应做到宜于居民生活。

2. 企业发展的软环境

企业发展的软环境是指企业发展硬环境以外的所有有利或不利企业发展的环境，主要包括企业发展的一般制度环境、法律法规和政策环境、资金环境、思想意识环境、政府提供的服务环境、现代企业服务环境等。

首先，影响企业发展的最基本的软环境是一国的经济制度环境。一国的制度环境就是一国企业发展的一般制度环境。一国的经济制度是什么样的，就决定了一国企业发展的状况。

市场经济国家有多种形式：有自由市场经济国家，如 20 世纪初以前的各资本主义市场经济国家属于自由市场经济国家；有政府调节的自由市场经济国家，如当今各发达国家和部分中等发达国家；官商垄断的市场经济国家，即官商结合的市场经济国家，当今世界有一些这样的国家；二元或多元经济的市场经济国家，即那些既保留自然经济形态，又拥有市场经济形态的国家。

以上四种市场经济制度中，只有前两种自由市场经济国家制度是最有利于企业发展的制度，因此我们看到各发达国家和一部分中等发达国家不论在企业的创建，还是在企业的发展上，都表现出最好的一面。如这些国家企业数量多，劳动力实现了充分就业；高技术企业多，现代服务企业多；拥有较多的世界知名品牌、产品；企业家多，人口素质普遍较高，鼓励劳动力创办企业，企业有良好的发展软硬环境；人力资本得到了较充分的发挥，基本上每个人都可以找到适合自己特长、爱好的工作岗位；生产率的提高主要依靠科学技术的进步；在国际贸易中处在有利地位，贸易条件对本国有利；各种知识产权基本都得到有效保护；国家实行统一的市场经济制度，实现了社会合理分工，各种经济资源得到有效配置等。

社会主义市场经济国家处在经济转轨时期，市场经济制度并不完善，仍然处在向政府调节的自由市场经济制度转变的过程之中，所以有许多制度并不完全符合自由市场经济制度，需要不断地变革阻碍市场经济发展的相关制度，以求建立自由市场经济制度。

后两种形态的市场经济国家，其一是官商结合的市场经济国家，这种国家基本剥夺了人民的权力，将市场经济引向了歧途，如不改变官商结合、违法腐败的问题，这种国家很难发展成中等发达国家。其二是二元或多元市场经济国家，这种国家经济社会处在块块或条块分割的状态，没有形成统一的全国市场经济，只是处在向完全市场经济制度国家转轨过程中。转轨经济体是不完全的市场经济体，需要不断调整、完善各项制度，建立全国公平、公正的市场经济制度。

此外，自由市场经济制度国家的法律、法规是对全国所有地区、所有人口而言，不是对不同地区、不同人口采取区别对待。只有这样，这些国家的市场经济制度才能是自由、公平、公正的；只有这样，这些国家的制度才能推动企业快速发展，并在企业发展的基础上推动经济快速发展，科技快速进步；只有这样才能创造无数的就业机会，实现劳动力的充分就业，并使劳动者获得充分的劳动保护、养老医疗失业保险，解决劳动者以及人口的后顾之忧；只有这样才能实现国内合理分工，生产力合理布局，形成优势产业群、行业群、企业群等。

因此，一般的制度环境应当是一国的根本制度环境，由一个国家通过法律法规的形式确定下来，并在全国统一实施，不存在差异，以便实现全国市场经济快速、协调、稳定发展。

第二，具体影响各个地区企业发展的法律法规和政策。各地区的法律、法规和政策是中国各省市自治区，以及下属的市县，根据国家所确定的市场经济制度，具体依据本地区各种经济资源状况，本着实现资源最优配置，尤其是发挥劳动力的主观能动性而制定的地方性法律、法规和政策。只有这样，地方政府才能充分调动劳动力发展经济的积极性，推动企业创建和发展，深化社会劳动分工，拉长产业链，实现同一产业、行业内部垂直分工，推动产业、行业、企业聚集，为发展本地区经济创造出广阔的前景。

打破现有的各地区之间广泛存在的水平分工，实现各地区之间交叉分工 ①。多年来中国各地区存在的分工主要是水平分工，反映不出各地区劳动力资本的异同和资源禀赋，形成重复建设，重复生产，抢夺资源，恶性竞争，加之地方保护，使水平分工一直延续到村镇。当全国实行统一的市场经济制度，即国家所制定的法律、法规和政策在全国各地无一例外地执行，各地区只是根据国家统一的

---

① 参见第七章科技对交叉分工的解释。

法律、法规和政策，在认真分析、研究本地区资源禀赋以及确定本地区经济今后发展方向的同时，制定出有利于发展本地区产业、行业、企业的法律、法规和政策，形成本地的垂直分工，产业、行业聚集，形成本地区的特色经济，即优势经济。如果各地区都形成了优势经济，地区之间的水平分工就会大幅减少，取而代之的主要分工方式就是交叉分工，即你有我没有，我有你没有的分工，加之一定的垂直分工。

在交叉分工的推动下，各地区的产业、行业或企业都会向分工的纵深发展，不断提高产业、行业、企业的科学技术水平；向人类各个新的产业、行业发起冲击，创造出新的科学技术和产品；创造出自己的品牌、商标；创造出各地区、各产业或行业、各企业新的知识产权，包括专利技术和专有技术；推动各地区企业快速发展；形成现代服务企业群；吸引国内外投资，创造出中国经济长期、持久、稳定的发展格局；消除国内的恶性竞争和价格混战，增加企业、劳动力、地方政府和国家的收入。

当然中国是一个大国，不可能在自己的经济内部只发展垂直分工和交叉分工，而完全避免水平分工，这是不可能的，同样也是不现实的。现实的情况是每一个产业、行业内部、每一家企业都需要自己的竞争对手，只有这样，每一产业、行业、企业在"狼来了"的呼声中，都主动地调动本产业、行业、企业的积极性，不断创新，不断提高科学技术水平，不断创造出新的产品，不断改进或更新产品，不断提高产品质量、服务水平，形成本产业、行业、企业最强有力的核心竞争力，占领国内市场，拓展国际市场。所以在通常情况下，我们应当消除一家企业对产业、行业甚至某一产品的独家垄断，尽力保证产业、行业内的竞争和企业之间的竞争。而这种一国内的产业、行业内，企业之间的竞争，就等于将国际市场上的竞争搬到了国内，所以中国产业、行业内部以及企业之间的竞争是必须拥有，也是必然存在的。国家和地区的法律、法规和政策都必须予以支持，但必须杜绝纯粹的行政干预，只需建立完善的自由市场经济体系。而同一产业、行业内部以及企业之间的竞争就是建立在垂直分工基础上的水平分工，产品或服务的价格具有一定的刚性，因为产品或服务不是一家企业或几家企业说了算，加之同一产业、行业、产品的生产企业大幅减少，众多企业形成上下游垂直分工，届时恶性价格竞争在中国将不复存在，取而代之的竞争将会是产品的质量、规格、花色、形状、品种、服务、理念、偏好等。

第三，企业创建、发展的资金环境十分重要，尤其是中小企业资金环境的好坏将决定企业的创建、生死及发展快慢。

中国中小企业严重缺乏创建和发展资金，这是一个众所周知的问题，而且是一个长期得不到有效解决的问题。所以这些年来企业数量不是增加而是徘徊；内资企业发展不起来，主要发展外资企业；就业形势日趋严重，企业劳动力工资长期得不到增长，或增长十分缓慢，远远没有跟上经济发展的步伐，以致中国市场长期处在潜在大市场的位置上。

这些情况存在原因，首先是劳动力的不流动。其次，一方面是由于中国创办企业的门槛过高，另一方面就是中国中小企业严重缺乏创业资金和发展资金。劳动力的不流动和创办企业的门槛过高，我们已在前面有关章节中作了阐述，本节只就企业资金问题做出论述。

传统认识认为企业的创业资金和发展资金是企业创建者的问题，即企业资金的原始积累问题。历史上在资本主义市场经济发展初期所有的企业在其发展之初都有一个原始资本积累时期，企业只要完成资本的原始积累，创业资金和发展资金问题就基本解决，因此如今的企业也必须走完资本积累这一历程。

其实不然。市场经济制度在创立之初，所有企业的发展都经历了残酷而漫长的原始资本积累时期，夹杂着资本家对工人的残酷剥削、对外的掠夺、血汗工资制等，由此激起了严重的阶级对抗。面对如此现状，随着资本主义市场经济的发展，企业模式出现多样化，合伙制、参股制、股份制企业快速发展起来；企业融资的方式方法日趋多样化，信用经济快速推进，将社会所有的闲散资金集中起来，推动企业（尤其是中小企业）快速发展，不断缓解了就业压力和阶级矛盾。其次，为进一步缓解企业发展资本的不足，资本主义国家推动所有资本的产权化，实现实物资本和货币资本的快速相互转化，包括土地、实物、货币、信息、科学技术、专有知识、信用、知识产权等都可以实现资本的转化。此时已表现为信用经济开始扩张。再次，资本主义国家推动资本的细小化、等额化，力争将一切民间闲散资金都吸收起来转化为资本，使之增值；同时也使绝大多数人都成为资本的持有者，实施对企业的监督之责，关心企业和国家经济的发展，推动企业提高经营管理水平，使民众、企业、社会、国家的目标实现。其四，发展创业板，为所有高新技术中小企业的发展搭建平台，为这些企业发展提供充足的资本支持，使这些企业快速发展壮大起来，形成一国具有比较优势的企业、行业、产业。一国的大企业是一国经济发展方向标、支柱；但一国的中小企业是支撑这些大企业的基础，没有中小企业的发展，一国的大企业也无法成为一国经济的支柱，尤其是中小企业占到一国企业总数的 99% 以上，经济总量占到一国经济的 80% 以上，中小企业也就变成了支撑一国经济的主要支柱。最后，20 世纪 80 年代以来，通胀经济和信用过度膨胀经济彻底解决企业的发展资本问题，并出现了资本严重过剩，寻求在全球各地的投资机会。

由此看来，当今世界早已不需要企业的开创者进行最初的原始资本积累，市场经济走到今天，早已创造出大量的闲置资本，而且闲置资本在人类经济高速增长的今天还在不断地快速增加；加之人类的虚拟经济、泡沫经济等更加加速了资本的膨胀。这些闲置资本在完善的自由市场经济环境下，可以迅速地投资到任何可以快速增值的中小企业，增加企业数量，壮大企业规模。所以当今世界根本就不缺乏投资资本。

那么，在当今世界，一个市场经济国家要发展企业、壮大企业最缺少的是什么要素呢？最缺乏的要素是科学技术发明创造者、创业者和企业家。（都是人的要素）为什么会缺乏这三个要素？有些人会回答说中国科学技术本来就落后，本来就缺乏创业者和企业家。实际这种回答是存在片面性。因为中国目前已是市场经济国家，如果科学技术水平长期处在落后水平，又缺乏创业者和企业家，这只能说明我们在制度供给上存在问题，以致这些问题严重阻碍了中国科学技术发明创造者的创造，阻碍了创业者的创业，阻碍了职业经理人队伍的扩大，阻碍了职业经理人转变为企业家。而这种阻碍从本节内容来分析，就是缺乏对中小企业创建、发展的资金供给，根源是缺乏资金制度供给。

其一，市场经济制度是需要不断完善的制度，也就是说中国的市场经济还没有成为信用经济、法制经济、自由市场经济，在制度上缺乏对中小企业信用的供给。其二，金融过于垄断，缺乏中小型金融机构，缺乏风险投资企业，缺乏风险投资家；大的金融机构一般只关注大企业、大项目，有保障的贷款、投资，而对中小型项目的贷款、融资、投资一般都没有列入自己的经营计划范畴。但是在中国，吸收存款、融资、贷款、投资又主要集中在这些金融机构。其三，中国缺乏关注新的科学技术开发、产品开发的专业投资机构。当然这种情况的出现有科学技术研发和产品开发本身的原因，因为中国民间的科学技术研发、新产品开发还处在起步阶段，成果不多，能真正开发出适合市场销售的新技术产品少之又少。

中国只有 149 万多家私营企业，没有多少企业从事新技术、新产品研发，基本都是从事生产经营的企业，技术上多采用借用或模仿。其四，民间投、融资没有真正开展。由于科学技术发明者、创业者、职业经理人受到户籍制度的限制，无法在中国各地区形成社会化分工，产业、行业、企业无法聚集，发明者、创业者、职业经理人很难与闲置资本的拥有者发生实质性的碰撞，也就无法带动民间投资，推动新技术新产品开发、企业的创办和发展。其五，企业准入高门槛的限制，致使中小企业创办难、发展难、过于分散，所以对资金的需求之声分散而零星，以致形不成有效的市场需求，所以长期的呼唤也没有形成大的规模，以致资本市场总把民间投资市场放在无关紧要的位置上。

因此，中国中小企业，尤其是私营中小企业严重缺乏创建和发展资金的原因是政府缺乏制度的供给。要解决这一问题，首先要解放劳动力，取消现行的户籍制度。其次要不断地完善市场经济制度，早日建成信用经济、法制经济、自由市场经济制度。再次要降低企业创办门槛，让科学技术发明创造者、创业者、职业经理人与投资人发生频繁的碰撞，大力创办中小企业，形成巨大的投资市场，形成投资资金需求规模，各种金融机构跟进，完善中小企业投融资体系。最后，将中国的资金吸引回国内来，为中小企业创建、发展服务，使资本在国内得到快速增值，壮大中国金融，并将国际低效率资金吸引到中国来，推动中小企业发展。

第四，思想意识环境的改进。在自由市场经济制度下科学技术发明者、创业者、职业经理人、企业家、其他职业人、家庭、社会团体等的思想意识是遵纪守法、尽纳税人的义务；政府的思想意识就是提供服务，消灭审批项目，不断改善服务，提供最优质的服务。在这样一种思想意识环境下，劳动力尽自己所能，积极地从事科学技术发明创造，推动科学技术进步，实现合理化分工，创办新的企业，发展壮大企业，实现企业合理化布局，实现充分就业，提高收入水平，缩小贫富差距，提高生活水平；劳动力在为自己以及家人创造美好生活的同时，也积极为地区、国家创造税收；政府给予公民各种保障，如自由保障、安全保障、就业保障、医疗保障、养老保障、环境保障、家庭生活保障、教育保障、公共体育文化娱乐保障等，实现人民安居乐业；政府实现"小政府、大社会"的目标，政治清明，社会安定。

第五，不断改善政府服务。为了实现政府的服务目标，政府有必要不断地改善自己的服务。因为政府服务的优劣决定了经济发展的质量和快慢，决定了人民生活的好坏，决定了国家是否能长治久安。

第六，为企业的创建和发展提供更多的现代企业服务。现代企业服务应包括两部分，一部分企业服务是由政府提供，如法律法规和政策、工商行政管理、规划、筹建、企业发展导向、安全生产、环境、治安、消防、卫生医疗以及其他各种配套服务（如安居房、员工周转房）等。政府的服务应当与时俱进。另一部分企业服务是随着企业的快速增加和壮大，各种为企业服务的行业应运而生，这些现代服务性企业的服务是本着提高其所服务企业的效率、降低企业运作成本而发展壮大起来的。如现代科技服务企业、产品开发企业、管理服务企业、知识产权服务企业、猎头企业、投融资企业、速运企业、销售企业、会计师事务所、审计师事务所、律师事务所，以及各种现代金融机构等等。

政府提供的各种企业服务，尤其是为内资企业提供的各种服务还很不够，还有很大的提升空间。现代服务性企业在中国刚刚起步，远远没有发展起来。原因就在于中国企业太少、太分散，没有形成企业之间和行业、产业内部的垂直分工，企业、行业、产业聚集不够；各地区产业、行业之间的交叉分工还没有形成，更多的企业是建立在水平分工基础上的"大而全、小而全"；加之科学技术还没有真正变成企业发展、经济效益提高的主动力等。这些问题的解决，有待劳动力的自由流动、自由创业，科学技术的发展，企业的快速发展和壮大。

第五章
城市与区域经济

　　城市，是让大多数中国人激动不已的地方，这部分人不仅包括众多向往城市的农村人口，也包括一部分城市人口。

　　农民祖祖辈辈都面对着狭小的一片土地，犹如现代社会中的井底之蛙，依靠着自己的双手创造着生产和生活的全部。在农业生产活动无法满足自身和家庭生活需要时，农民就开始了漫漫的打工之路。为了彻底改变他们的这种生活现状，他们向往现代城市的工作和生活方式是一种历史的必然趋势。

　　多数城市人口对现在的城市生活并不十分满意。生活在内地城市的人口希望到沿海城市生活，生活在中小城市的人口希望到大城市生活，生活在大城市的人口希望到生活和工作环境更好的城市生活，还有一部分城市人口（包括部分农村人口）想到国外去生活。原因何在？城市比较僵化，缺乏不断完善城市工作和生活环境的机制，城市存在越来越多的缺陷、污染、拥挤等，使人们想回归自然。

　　城市是人类文明发展的必然产物。到 2005 年中国内地已有 661 个城市，其中直辖市有 4 个，副省级市 15 个，地级市 268 个，县级市 374 个[①]。到目前为止，中国拥有城市户籍的人口约占全国人口的 31%，而占中国约 69% 的人口生活在广大的农村，即这些人口只拥有农村户籍。中国城市经过上万年的发展只将 31% 的人口吸纳到城市。约 60% 的城市是近 60 年发展起来的，约 90% 的城市人口是近 60 年增长起来的，所以自中华人民共和国成立以来，城市及城市人口都增长很

---

① 中国城市发展研究会：《中国城市年鉴》，城市年鉴出版社 2006 年 12 月版，第 145 页。注：2006 年以后的《中国城市年鉴》在城市的划分上，就没有采用行政级别划分的方式，仅仅以地级市人口的多少来划分。

快。可是中国城市发展水平与世界城市平均发展水平仍有很大差距。全球的城市人口平均已经达到58%，亚洲四小龙的城市人口平均已达74%，发达国家则在90%以上，美国农业人口只占全美国人口的1.5%。

问题究竟出在什么地方？我们应当如何解决这一问题？这些都是摆在我们面前亟待解决的问题。否则再过30年到50年，农业人口仍然占中国人口的半数以上，那时我们的农业人口将会占到世界农业人口的50%左右，而且农业人口的绝对数可能多于现在，届时我们只能是世界上最落后的发展中国家。因为依靠手工劳动创造财富的农业人口占到总人口的一半时，从事高效经济的劳动力不会超过中国劳动力的一半，说明国家没有真正发展起来。我们必须从根本上预防这种情况的出现。

一、城市与区域经济发展

1. 城市的自我发展意识限制了人口流动

中国绝大部分城市人口都是近六十年来由农村人口转变而来的，少部分人难免用传统的小农思想意识来看待问题和解决问题。这种思想意识是一种潜意识，但这种潜意识在人们思考和解决问题时不自觉地流露出来，以致影响到中国城市化的进程。小农思想意识最大特点就是只盯住眼前的一亩三分地，而不会看一亩三分地以外的事物，更不会用全国的视角，或者全球的视角去观察问题，解决问题。因此他们在看待城市化问题上，仅仅想到，我们只有661座城市，而且发展水平还只是中等偏低，而农村有近9亿农民，这么多人一下子挤到城市来，城市都会被挤破，大家都只能排排站，根本就没有足够的生存空间。由于这样一种意识，导致许多城市人都忘记了自己以前就是农民的身份，突然嫌弃起农民来，关起了城市的大门，阻止农民入城，避免他们争抢城里人的饭碗，降低城市人的生活水平，结果农民转为城市人口的制度门槛建立起来了，而且门槛是越建越高，高的无法逾越，这样也就形成了中国最大的差别，即城乡差别。

城乡差别是由来已久，而且越来越大。从早期的1:1无差别到2008年的1:3.31。所以农村劳动力涌入城市，到城市来谋生。但是由于他们没有城市户籍，所以城市人口不把他们当作城市人看待，只称呼他们为"外来工"，或"农民工"、"流动人口"或"盲流"等。没有一个称呼是给予他们恰当的称呼。既然城市的农业人口是外来的，所以城市对他们很少予以保护。而他们基本承揽了城市最脏、最累、最危险、劳动时间最长、劳动强度最大等最为艰苦的工作，所获得的收入却是最低的。20 世纪 80 年代到 90 年代中期城市极少有农民收入最低保障，只是到了 90 年代后期，由于农民不堪多数城市企业对他们的剥削，在国家对农业扶植政策的背景下，他们愤然离开了城市，重新从事农业生产劳动，故此城市出现了"民工荒"。城市第一次出现了由于农民不干了而引发的恐慌，企业停工或半停工，城市卫生没有人打扫，城市家庭无人做保姆工作等。为此，许多城市出台了最低工资保障制度，并取消了城市对流动人口的收容制度，降低了农民入城打工的门槛，减少了农民入城打工各种费用征收，并对某些拖欠农民工资的企业进行了处罚，这样才基本扭转了农民离城的势头。由于城市的高门槛和少数企业的过度剥削、压榨，各种过激行为在我们的社会时有发生，而且这种行为在城市仍将继续。

在制度安排将农村人口定格在农村的情况下，农村人口要转为城市人口，是一条十分狭窄的车道。其主要的途径是：第一，子女考大学。现在中国每年招收 600 多万大学生，约有 37% 的学生来自农村。99% 的农村大学生在毕业时不会回到农村，都会选择在城市谋生，因为城市的就业机会比较多，工资收入远高于农村。第二，农村人口由于城市发展划归为城市人口。为解决城中村的问题，通常解决的办法就是将整村的土地和人口都划归城市，农民也就成为了城市居民。这种情况在发展较快的城市较为普遍。第三，创业移民。农民在城市投资创建企业获得成功，将农村户籍转为城市户籍。这部分人在 20 世纪 80—90 年代多一点。进入 21 世纪后，由于企业的创办难度加大，竞争激烈，所以这种情况减少。第四，由于婚嫁农村户籍转为城市户籍。这种做法在上世纪后期多一些，本世纪以来则很少。原因就在于城市人口的人均收入和与农村人口的人均收入差距拉大。在较大的反差下，这种婚姻在减少。第五，转户籍入城。少数农村人口有一定的社会关系，通过这种社会关系而将农村户籍转为城市户籍。这种情况不同地区情况不一样，中小城市此类情况多一些。第六，投资移民。有些农村人口通过购买住房获得某些城市的蓝户籍，并在该城市居住 7 年后，就可以转入该城市正式户籍。农村户籍人口转为城市户籍人口的途径主要是以上六种。其中只有第一种情况较为稳定，而且逐年在增加。其余途径均不确定，且人数有限。

此外，城市不仅不欢迎农业人口，同样也不欢迎其他城市的人口，尤其是超大或大城市不欢迎中小城市人口，所以中国人口流动十分艰难。其原因就在于，所有城市人口流动是以人才学历和职称为标准，学历越高、职称越高的人，相对在各城市之间流动较容易一些。因为这些人只要寻找到对口工作单位，一般就可以办理工作调动，并转换户籍所属城市。中国最难进入的城市是北京、上海，其次就是西安、沈阳、天津、广州、杭州、南京、青岛、厦门、成都等城市。像北京、上海这样的顶级城市，如原户籍不是该城市的大学本科毕业生，基本上是不可能将户籍留在这两个城市。而其他的大城市要求学历在本科以上，而大专生毕业生的户籍无法转入这些城市。当然对一些中、小城市，哪怕是内地的中、小城市，如果没有专业知识，或者正规院校毕业证书也很难流动。至于职称，像北京、上海一般需要正高级职称才能流动；其他大城市需要中级以上职称就可以流动，中小城市一般也需要初级职称才能流动。总之中国城市间的人口流动门槛很高，尤其还需要双方的城市、接收单位同意，方能最终实现流动。因此城市间的人员流动，由于户籍和档案问题，就大大限制了城市间的人口流动；再加上流动人员的配偶问题、子女读书问题等，城市间的人口流动对中国这个人口大国来说只是少数。

2. 城市发展过程中存在的问题

现有户籍制度、人事制度以及人口管理制度安排，限制了城市化的快速发展和城市经济社会的发展，产生了一系列的城市病和中国特有的经济社会问题。

第一，城市本身夜郎自大，故步自封。中国城市从某种意义讲，更像是城邦。因为每个城市基本上是"大而全"、"小而全"，基本上都有相同的产业结构，城市人口增长缓慢，一定程度上对外封闭，每座城市都自我感觉良好。

多年来，户籍制度、人事制度、人口管理制度以及"大而全，小而全"的城市保护主义政策等，造成了城市的自我封闭。自我封闭的城市使外来人口根本无法在城市生根。外来人口犹如过往的候鸟，到一定时候就要从哪里来回哪里去；加之城市对他们的各种歧视待遇，如办理暂住证、缴纳有关费用，工资较当地人为低，不享受该城市为当地职工提供的各种社会福利待遇，有了问题当地政府也很难为其解决。拥有该城市户籍的人口才是该城市的真正居民。

各个城市对内封闭，对外开放，如外籍人员来去自如，政府提供各种优质服务，不收取任何费用，鼓励外商投资并给予各种优惠等。

这种制度安排导致非城市户籍人口的不安定，他们没有长远打算，只会打一枪换一个地方。从该城市户籍人口看，他们安于现状，不思进取。对于外籍人士来说，他们获得了超国民待遇。

第二，城市发展规划趋同。当翻开各省市自治区的发展规划时，我们看到的规划是：发展第一产业的农业，发展第二产业中的汽车制造业、新材料产业、电子产业、信息产业、能源产业等，发展第三产业中的交通运输业以及其他的各种服务业等，即重点发展产业规划基本相同。从现实考察，各城市的产业结构基本相似，如北京、上海、南京、天津、广州、武汉、重庆、西安、沈阳等城市的产业结构基本相同，到底哪个城市在某种产业上有比较优势看不出来，只是简单的重复建设，没有形成合理分工，也展现不出各城市的资源禀赋，造成各地生产要素的极大浪费，无法形成优势产业。各省市自治区、城市产业结构趋同，说明经济结构趋同；经济结构趋同说明市场调节失灵。市场调节失灵说明中国还没有形成统一的市场经济。

第三，城市人口增长缓慢。由于城市发展缓慢，又实行严格的人口政策，还限制外来人口流动，导致城市人口增长缓慢。可是每个城市又认为人口已经饱和了，并以此决定城市经济、人口以及社会的发展，所以经过多年城市人口仍然只占中国总人口的31%。

第四，有些城市流动人口多于常住人口。沿海城市由于户籍制度的限制，许多城市的流动人口多于本地人口。这些城市临近沿海，大量吸收外资以及全国各地的投资，使许多劳动密集型、资源密集型的企业迅速发展起来。这些企业要正常运作都需要大量的工人。而当地人一般都不会到这些企业就业，他们通常可以寻找到收入较高的工作岗位。因此这些企业一般只能招外来工，而且大部分是来自农村的农民，由此流动人口超过了当地的常住居民，如深圳2006年流动人口突破1100万[1]，而常住人口只有196.83万[2]，只是流动人口的五分之一。

第五，造成人口的不对称流动。自20世纪80年代中后期开始，中国就出现了两股巨大的人流。一股就是"孔雀东南飞"的人口，即那些有一定文化知识的人，从中国的中西部流向东南部各城市，而东南部各城市快速发展的同时，大量需求各类人才充实各个工作岗位。在此情况下，这些人的流动正好满足了这一需

---

① 《南方都市报》2006年7月8日星期六A13版。

② 《中国城市年鉴2007》，中国城市年鉴社出版2007年12月版，第92页。

求，这些人一般都会在东南沿海城市落户，具有固定的工作和居住地。

另一股就是所谓的"盲流"。这部分人远比上一股人流大的多，几乎占到 20 世纪 80 年代中后期以来人口流动量的 90% 以上，绝大部分来自农村。这部分人文化素质一般在高中或初中文化水平，少数在初中以下文化水平。

第一股人流数量有限，即使流动，他们主要是旅游或探亲。但是另一股人流动性非常大。因为他们无法成为城市居民，工作单位又非常不稳定，工作收入低，他们不停的流动是期盼能找到一份收入较高，工作较稳定的工作。所以他们一般没有在工作地安家，即使安家，绝大部分家也只是临时的家。为此他们只能不停地流动，尤其在春节，都会回自己的家团聚，看看家里的情况，获得家的温暖。因此这就形成了中国交通最难以解决的问题——春运。

第六，中国城市发展不平衡。总的来看，东南沿海一带的城市发展迅速；中部城市有所发展，但比沿海城市发展缓慢；西部城市发展又较中部城市发展缓慢，约为中部城市发展速度的 70%—80%。（参见表 5—1）

表 5—1　中国中、东、西部分省区城市非农业人口增长情况

东、中、西部	年份 省市自治区	2000 年地区以上城市 非农业人口	2008 年地区以上城市 非农业人口	增长率%	年均%
东部	河北	686.53 万	956.59 万	39.3	4.9
	江苏	911.57 万	1640.56 万	80	10
	浙江	432.32 万	672.45 万	55.54	6.9
	福建	307.37 万	466.46 万	51.76	6.47
中部	湖南	567.11 万	742.75 万	30.97	3.87
	湖北	827.45 万	1015.41 万	22.72	2.84
	河南	795.90 万	1035.96 万	30.16	3.77
	江西	302.78 万	469.56 万	55.08	6.88
西部	陕西	431.60 万	572.91 万	32.74	4.09
	新疆	151.39 万	175.3 万	15.79	1.97
	四川	652.38 万	996.1 万	52.68	6.58

第七，城市常住居民以高学历和高职称为主。由于城市主要吸收高学历和高职称的人才，对低学历和低职称人才通常是不予以接受，即前者可以入户籍而后

者不能入户籍，所以城市变成了高学历和高职称人员工作和生活之地，而低学历、低职称的人只能生活在小城镇和农村。当然城市也有一定量的低学历人口，这些人基本上是城市的老居民以及没有读大学的城市中青年居民，或者是城市发展将周边的农村居民划归城市居民。

这种情况的出现加剧了城乡之间的差别。因为这犹如发达国家吸收发展中国家高素质人才移民到发达国家一样，高素质人力资源流到发达国家，而将众多的低素质人力资源留在发展中国家。发达国家为了维护国内的高工资、高消费是必然要这样做的。因为高素质人才移民到发达国家，可以创造更多的财富，创造出更多的就业机会，加快发达国家的经济发展速度。

但是从一个国家来分析，将一国劳动力分为高学历、高职称的人，这些人主要工作和生活在城市；而将低学历、低职称人口分居在广大的小城镇和农村这就不正常了，而且大大增加了经济发展成本，绝大多数劳动力无法实现专业化分工；众多的人口在旅途中，众多的稀缺资源不断浪费等。

第八，人口的负面阻力在不断增大。生活在城市的人口有长期居民，也有短期居民；有高素质的人口，也有低素质的人口；有高收入者，也有低收入者；有工作、生活较为满意的人口，也有工作、生活不太满意的人口，还有工作、生活不满意的人口等。为了城市经济、社会持续发展，我们应当调动一切积极因素，最主要、最基本的积极因素就是人的积极因素。而这里所说的人是城市的全体人口，不分性别、年龄、知识水平、素质高低、高低收入、何种职业等，只有这样城市才能快速发展起来，减少怨恨、对立、等级，鼓励所有的人多作贡献，这样城市就会欣欣向荣。但是我们将人口分成许多层级，人的情绪也分成许多层级，有许多层级是我们体察不到的层级，这种情况可以说形成了城市发展巨大的阻力，这种阻力主要来自低层阻力，越往上阻力会不断减弱。由于低层人力资源占大多数，如再加上部分中等层次人力资源，就占绝大多数人力资源，所以现行人口制度下，城市发展的阻力大于动力。

第九，城市犯罪问题日趋严重。如广州市公布2007年发案8万起，比2005、2006年有大幅下降（原因是广州市在2007年禁止摩托车行驶），但还是每天约有230起案件上报到了公安部门。沿海和内地大中城市犯罪问题都是趋于严重。近些年来，城市公共设施总是遭到损坏，如电缆被剪、下水道盖被偷、公共广告牌被拆以及其他一些公共设施被毁坏等。

　　第十，经济发展缺乏支撑点，更缺乏支撑面。中国城市现行制度，尤其是户籍管理制度，限制了城市人口的正常增长和流动，导致了城市发展缓慢。而城市却采取了相反的更加严厉的措施，限制外来人口的进入，当然只允许高素质人才的进入，这不仅给城市经济社会发展设置了巨大的障碍，同时还使城市的各项社会事业发展遇到了阻碍。因为现代社会，人的流动本身就是经济活动，并以此为国家、社会、企业创造财富，而我们恰恰就是限制了人在城市的经济活动。上海是中国最大的城市，人口有 1 309.15 万，其中城市人口就有 1 174.05 万[①]。假设上海的城市人口减少一半，只有 587.03 万，可以说上海就不可能成为长江流域经济的龙头，也不可能成为中国内地沿海城市中最耀眼的都市。日本京坂地区虽然面积不大，但是吸收了日本全国 42%的人口，约 5 400 万，支撑了全日本约 60%的经济，而日本到 2005 年底人口为 12 796 万[②]，因此我们的各种做法引发了上述诸多的城市病。

　　城市是一国经济发展的龙头，也是一国经济发展水平的综合体现。中国城市发展水平在发展中国家中属低水平，远达不到发展中国家平均城市人口发展水平。中国城市是分布在 960 万平方公里国土上的耀眼明星，有些城市是全国经济、社会发展的领头羊，有些城市是地区经济发展的领头羊，城市被人口众多的农村包围着，众多的农村人口盼望着城市快速发展，带动中国经济发展起来。

　　目前，在中国经济发展中起领头羊作用的三个城市群是长江三角洲城市群、珠江三角洲城市群、环渤海城市群。三个城市群似乎是三驾马车，牵动着中国经济向前发展，充分展现了领头羊在中国经济发展中的作用。但是这三只领头羊都是面向大海，辐射的范围只是周边的约 150 公里到 300 公里，而中国经济腹地却连绵 4000 到 5000 公里，显然是带不动的。中国中部城市对沿海城市就没有明显的反应，发展速度远比三个城市群的发展速度缓慢；中国西部城市只是按照自己的步伐蹒跚地向前走。中国人口太多，地太广，可以说仅靠三驾马车着实拉不动，就是中国一半的人口涌入这三个城市群，也会把这三个城市群的道路踩塌，所以中国经济、社会的发展不仅缺乏支撑面，也缺乏支撑点。

　　中国城市与城市之间的联系在不断加强，尤其是空间距离近的城市，如 150

---

① 《中国城市年鉴 2008》，中国城市年鉴社出版 2008 年 12 月版，第 171 页。

② 谢伏瞻主编：《2006/2007 年国际统计年鉴》，中国财经出版社 2007 年 1 月版，第 124 页。

公里以内，容易形成相互的直接影响，这与当今世界产业空间布局限定在较短距离内有关。所以长江三角洲和珠江三角洲的许多城市已经连在了一起，形成了一个大的城市群体。城市群体是以产业链为纽带，存在着紧密的上下游产业分工，此外就是市场环境的好坏影响很大，至于其他因素则处在次要地位，如交通、气候、人文等。

发展较快、经济较发达的城市，郊区农民收入普遍比发展较慢、经济不发达的城市郊区农民收入要高出许多。东南部城市郊区农民收入最高，中部城市郊区农民收入居中，西部城市郊区农民收入最低；离城市越远的农民收入递减。

二、城市的规模和数量

多年来，经济理论界和实际工作部门占据主导的一种认识是，中国的城市已经够大了，尤其是超大城市和大城市已经处在饱和状态，不能再扩大了，再扩大就会出现某些国家大城市已经出现的城市病。拿来作比较的城市一般是墨西哥城，她为世界第二大城市，常住人口达 1 810 万；她"饱经沧桑，天灾人祸集于一身；人口太多、旱涝交替、地震频繁、火山爆发、犯罪猖獗、污染严重"[1]。此外，"世界各国的城市都陷入了住房短缺、交通堵塞、环境污染、水资源缺乏、贫困、犯罪等诸多困境。这些城市病，在全世界蔓延，已经成为政府、媒介和老百姓最为头痛、最为关切的问题之一"[2] 还有"城市十大隐患"，如特大城市内涝加剧、存在地震危险、风灾日趋严重、化学品泄漏及重大危险源成社会杀手、环境污染与自然灾害交织、地面沉降、管线老化和水管爆裂、停电、火险严重、噪音污染、化学污染、电磁污染、放射性氢污染[3]。甚至美国学者吉尔博尹、赫金博瑟姆认为，中国可能染上"拉美病"：两极分化的城市社会、加剧的城市冲突和落空的经济承诺[4]。

---

① 法国《回声报》："难以管理的墨西哥城"，2001 年 3 月 16—17 日连载文章。

② 法国《回声报》："难以管理的墨西哥城"，2001 年 3 月 16—17 日。

③ 《工人生活报》1999 年 3 月 31 日。

④ 乔治·吉尔博伊、埃里克·赫金博瑟姆："中国正在拉美化？"，美国外交学会网站 2004 年 9 月 30 日文章。

由于以上现象和认识，中国这个世界上人口最多的国家，一谈起农村人口城市化就似乎十分可怕，农民一入城，城市就会出现上述的各种城市病，并且是综合征，无可救药。以致农村人口城市化步履缓慢。但是农村人口多，富余劳动力缺乏生存之道。有人提出"农村城市化"的蓝图，认为只要发展多种经营，提高收入，农民生活水平与城市人口生活水平就可以拉近。但是随着城乡居民可支配收入差距的不断拉大，试图使农民的生活水平达到城市人口的生活水平已经不存在任何可能性。因此，某些人又大力鼓吹发展农村小城镇，当然主要是乡镇和村镇。为此，小城镇最多时发展到 2.3 万个，这几年经过调整减少到 1.9 万个。

以上说明，由于我们对城市的规模和数量在认识上缺乏一个总体考量，致使城市化进程缓慢，并出现一些乱象。为此本节内容着重解决两个问题。

1. 城市规模

我们把非农业人口在 20 万以内的城市定为小城市，将非农业人口在 20—50 万的城市作为中等城市，以非农业人口在 50 至 100 万的城市设定为大城市，而非农业人口在 100 万以上的城市确定为特大城市。这样一种标准，已经比联合国确定的城市人口标准高多了。联合国确定的城市标准是，城市人口两万以上，就是城市；10 万人以上就列为大城市，100 万以上就称为特大城市。

但现实是，中国是世界上人口最多的国家。目前实行的城市人口标准不切合中国的实际，不能让不切合实际的标准束缚中国城市的发展。城市是经济发展的产物，尤其是现代城市就是第二、三产业发展的结果。人类经过几百万年的发展，在知识、思想、文化上积蓄了大量的能量，到了资本主义市场经济时期迸发出巨大的发明创造能力，推动经济、社会高速发展。而且这股能量还在不断地进行着聚合反应，将进一步加速人类经济、社会向前发展。而人类最杰出，最集中的发展就表现在城市快速发展和壮大，推动农业与第二、三产业在地域空间上的分工，同时又促进了农业和第二、三产业向纵深发展。

在资本主义市场经济出现以前，城市发展十分缓慢，犹如人眼能观察到的星星，点缀在地球的陆地上。那一时期由于人类生产力发展水平很低，劳动力创造的财富十分有限，不可能为城市人口提供更多的生活消费品，所以只能供养少量的手工业和小规模的商业，城市数量也十分有限，稀疏地散布在一国的江河旁。所以我们把那一时期的城市文明定格在奠基阶段。

自十七世纪中期到二战前，随着两次产业革命的爆发，社会生产力得到了极大的提高，社会财富也获得了很大的增长，新的城市不断涌现，原有的城市规模成倍扩大。英国在 19 世纪中期就出现了城市人口多于农村人口的情况，美国在 19 世纪末也达到了这一目标。但是当时世界上绝大多数国家还处在农业社会，城市发展水平还很低。因此，我们将这一时期的城市文明称为快速发展阶段。

二战后至今是城市文明的成熟时期。在这一时期，各市场经济国家的农业劳动力充分证明了自身的价值，利用现代科学技术成果，大力发展农业机械化，提高农业劳动生产率，生产出比自身消费多得多的农产品，使更多的农民脱离了传统农业生产，加入到第二、三产业行列，实现了农业与第二、三产业同步发展。随着城市的快速发展，农业劳动生产率随之提高，农业劳动力不断从农业生产中分离出来，进入城市，从事第二、三产业生产。所以城市的发展，首先得益于农业的发展。中国农业为工业发展，同时也是为城市发展提供了最初的原始资本积累；如果没有农业支持，中国工业或城市不可能发展起来。一国第二、三产业的发展推动城市的发展；第三产业的发展又服务于第一、二、三产业的发展；一国第二、三产业的发展，就会不断地从农业中吸取劳动力，增加农业劳动力人均占有的耕地面积，农业工人和农业经营家就会更多地利用现代第二、三产业为农业提供的更为先进的机械设备、科学技术等，推动农业改变传统的生产方式，不断地提高农业劳动生产率，减少人力资源投入，使农业步入现代化农业。一国农业实现了现代化，说明一国人口城市化过程也基本完成，一国经济就实现了现代化，即该国经济也就基本步入了发达国家经济行列。如二战前后的加拿大、澳大利亚、新西兰、芬兰、瑞典、挪威、新加坡、韩国、中国台湾等均是走的这样一条道路。这一过程完全是市场经济自发调节完成的过程，不需要政府的干预。

二战后许多先后独立的发展中国家实际上也走了这样一条道路，即独立后国家就大力发展工业化，把大量的农业劳动力吸引到城市，从事第二、三产业活动，减少农业人口，推进农业机械化，促进了农业生产力的提高，提高了人民的生活水平，提高了城市化水平。到 21 世纪，许多发展中国家城市人口已经超过农业人口，如 2003 年，伊朗城市人口占该国总人口的 66.1%，以色列占 92.1%，蒙古占 56.8%，菲律宾占 61%，土耳其占 67%，南非占 59.2%，墨西哥占 75%，阿根廷占 88.6%，巴西占 82.8%，委内瑞拉占 87.6%，哈萨克斯坦占 55.9%，朝鲜占 61.1%，马来西亚占 59.4%，保加利亚占 69.9%，捷克占 67.5%，波兰占 63%，罗马尼亚占 55.7%[①]。其他发展中国家的农业人口，也都有一定程度的下降，城市人口所占的比重都有明显的提高。如印度尼西亚 1990 年城市人口只占到总人口数的 30.6%，到 2003 年提高到 44.1%；尼日利亚 1990 年的城市人口占总人口的 35%，到 2003 年提高到 46.6%[②]。从全世界来看，1980 年农业人口占全世界总人口的比重只有 50.18%[③]，到 1985 年农业人口只占 47.2%[④]。这就告诉我们，到了 1985 年世界农业人口占全世界总人口的比重不到一半，而世界城镇人口的比重已超过农业人口。到 2003 年世界农业人口占世界人口总数的比重已降到 41.2%[⑤]，世界城镇人口已占到世界人口的 58.8%。

世界城市人口的快速发展，说明人类农业紧跟第二、三产业的发展步伐，不断实现农业的机械化、专业化、科技化、市场化，即现代化，努力把农业人口从传统的农业生产方式中解放出来，提高农业生产力。

以往人类将一个拥有 2000 人以上的区域就称之为城市。经过几千年的发展，人类的城市已膨胀到前人无法想象的地步，据 1999 年加拿大《克林》杂志援引"1999 年世界现况"报道公布的世界最大城市是日本东京，预计到 2000 年城市人口将达到 2800 万。实际到 2006 年 8 月，东京都市圈的人口约在 3 400 万以上，继续保持世界上最大城市的头衔，同时也创造了人类一个城市拥有如此多人口的空前奇迹。而这些人口 99% 以上的人都属于城市人口。而中国的上海市号称超大型城市，在 2007 年将城郊的 135.1 万农民全算进去，还只有 1 309.15 万人口，仅仅排在世界大城市的第十位[⑥]；北京在 2008 年总人口为 1 142.48 万，其中还包括 240.52 万农业人口[⑦]。

从今天的世界大城市发展趋势来看，城市只有下限，没有上限，即没有达到一定的人口数，不能称之为城市。中国的超大城市与世界超大城市相比，只能说是小巫见大巫。原因何在？原因就在于人类科技水平已发展到很高水平，以往城

---

① 中华人民共和国国家统计局编：《国际统计年鉴 2005》，中国统计出版社 2005 年 10 月版，第 130 页。

② 中华人民共和国国家统计局编：《国际统计年鉴 2005》，中国统计出版社 2005 年 10 月版。

③ 朱之鑫主编：《国际统计年鉴》，中国统计出版社 2000 年 12 月版，第 66 页。

④ 张塞主编：《国家统计年鉴·96—国家·地区·企业》，中国统计出版社 2005 年 10 月版，第 131 页。

⑤ 中华人民共和国统计局编：《中国统计年鉴·2005》，中国统计出版社 2005 年 10 月版，第 131 页。

⑥ 《中国城市年鉴 2008》，2008 年 12 月版，第 169、171 页。

⑦ 《中国城市年鉴 2008》，2008 年 12 月版，第 169、171 页。

市发展中所遇到的城市病，在很大程度上都可以解决。

第一，交通堵塞。城市交通堵塞由来已久。人类拥有汽车已快 200 年了，所有发达国家在其城市化的道路上都遇到这个问题。当这一问题没有解决时，人们总是认为人口多造成交通堵塞的，但实质上这一问题的症结并非是人口太多造成的。如纽约市拥有 1660 万人口，是世界第五大城市，由于该城市有发达的地铁交通网，便利的公路交通网以及其他交通网络，加上现代化的交通管理系统，并没有显现出中国某些只有 200 万—300 万城市人口所展现的交通堵塞现象，而是各类交通都比较快捷。原因何在？原因涉及城市的空间分布，城市道路网络的设置，道路网络的合理性，交通网络管理的方式方法以及管理的水平，交通法律法规的制定和执行情况，人们遵守交通法律法规、规则的意识等。另外随着科学技术的不断发展，城市交通堵塞问题也将会随着时间的推移迎刃而解，所以我们不能因为城市交通堵塞问题就限制城市发展，那样做就会闹出因噎废食的笑话。我们知道，城市建地铁、建道路的费用是很高的，但是我们还看到一个拥有 300 公里地铁的城市公共地下交通会十分便捷。相反，如果将 500 万人口散布在广阔的农村，为了村村通公路，以及农村居民建住房，我们将会在 3000—5000 平方公里的土地上占用多少路基？毁掉多少良田？减少多少植被？花费多少金钱？恐怕是城市的十几倍，几十倍，甚至可能上百倍。有朝一日中国实现了农业现代化，这些地上建筑、设施都会成为难以解决的污染。

第二，城市环境的污染。只要有人类的活动，尤其是现代人类的活动，环境污染也就随之产生，这是不可避免的。曾记得，英国的伦敦，美国的纽约，法国的巴黎，巴西的里约热内卢等城市，都曾经是环境污染十分严重的大都会。大城市出现大污染这似乎是必然的。但是，自 20 世纪 60 年代以来，以上各国在城市发展和建设上增强了环境保护意识，加强环境建设，努力改善环境，使这几个曾经污染十分严重的城市环境得到了很大的改观，甚至得到了根本的改观。这本身就是人类的进步。有些人会说这种改观投入很大，值得吗？可以这样设想，如果将 1000 万人口散布在广阔的农村，他们所造成的污染肯定远比一座 1000 万人口的城市所造成的污染大，不仅污染了大气，还污染了周边的环境；不仅毁灭了众多植被，还有大量的生活垃圾散落在广大的土地上；不仅污染了大地，还污染了水源；而且这种污染会随着时间的推移不断加重。如果我们去治理，治了今天，明天仍然如此，而且治理的费用肯定远比将这 1000 万人口集中在城市所产生的治污费高出许多倍。如果这 1000 万人口在城市，由于产出高，治污费用有着落；相反，分散在农村的污染治理成本肯定是城市污染治理成本的几倍、几十倍，治污费却没有着落。其结果是我们要了小环境，丢掉了全国的大环境。如果我们不丢掉全国的大环境，城市的小环境同样可以保护好。

第三，城市缺水问题。据 2003 年 8 月 26 日贾斯伯·贝克尔在香港亚洲时报在线文章指出，中国三分之二的城市面临缺水问题；并列举了天津 60%的土地存在陷落问题，而太原等城市的生存也受到威胁等。中国许多城市缺水是有目共睹的现实，但是我们不能以此拒绝城市发展，那样做的结果，只能让城市更加缺水。其原因在于，我们继续将 8.7 亿农民散居在 960 万平方公里土地上，他们只能耕种小片的土地，收入来源十分有限，由此只能保留着传统的思想意识："多子多福，养儿防老"，多生育子女，加速对日趋贫瘠土地的掠夺式经营，为了多产一点粮食，养活一家老小，只能将旱田改为水田，以获得生存的口粮。水不够就只能多挖井，没柴烧，只能将山上的树木柴草砍来烧，缺食物只能将天上飞的、地上走的、水里游的都拿来吃，以致在 960 万平方公里的土地上不保护水源、空气、植被，而在几百座城市保护水源、空气、植被，显而易见是根本做不到的，只会加速环境破坏，加速城市缺水，加快城市下沉。如果设想，8.7 亿农民有 8.5 亿被城市吸收了，农村只留下 2000 万人口，900 多万平方公的土地上植被将得到休养生息，加上恢复性植树造林，植被就会回到一千到两千年以前的状态，水土就会大幅减少流失，甚至不流失；千百万口水井就会变成蓄水池，所有水源都会得到有效保护，整个中国的生态环境都会得到根本的改善。届时几百上千城市就不会出现缺水问题，土地也不会下沉，空气也会得到净化。

第四，城市贫困人口问题。有些人认为，发展中国家的城市贫困人口问题源自于城市人口太多，故此中国应当控制城市人口规模。从现实看，有些发展中国家的城市确实存在许多贫穷人口，影响了社会安定及城市形象。但是城市人口两极分化不是由于城市人口规模造成的，两者不存在因果关系。中国城市目前也存在贫困人口问题，这些人贫穷的原因不在于外来人口，尤其不在于外来务工农民，其真正的原因在于中国产业结构调整，致使一部分人结构性失业。这些人失业后，由于自身年龄已大，重新就业渺茫，以致这些失业者转为长期失业。长期失业者由于没有收入来源，或收入来源不稳定，加之收入较低，因此成为城市贫穷人口。还有人认为，这些人本可以从事技术要求不高的一般工作，但是这些工作岗位让外来的农民工占据了，以致这些下岗人员很难找到新的工作岗位。其实不然，即使外来人员不占据这些就业岗位，城市下岗人员也不一定就会选择这些工作岗位，因为这些工作岗位一般都是劳动强度大、时间长、危险大、工资报酬低，下岗人员大多数已无法干这些工作；其次城市下岗职工，多数有一技之长，对这些体力工作不屑一顾，需要寻找有一定技术的工种。再次城市生活费用不断提高，这些工种工资收入太低，加上养家糊口的压力，他们寄希望于寻找工作稳定、离家不太远的就业岗位就业，所以对于大多数城市下岗人员来说，要满足以上就业条件对他们来说十分困难。因为传统就业岗位在经济结构调整中，有许多工作岗位永远消失了。因此城市失业者再就业与外来人员的就业并不对立，如果说完全不对立，这就与实际不符，但是外来人员在占据了众多就业岗位的同时，他们又创造出许多新的就业岗位，也为城市下岗人员提供了新的、更多的就业岗位。如外来人员所创办的企业，招收了大量的职工，其中包括城市再就业者；此外外来人员创造了一个大市场，他们的吃、穿、用、住、行、烧、学、娱乐等都需要城市第三产业为他们提供服务。所以两样相抵外来人员所创造的新岗位远大于他们所占据的就业岗位。如果还有失业人员无法就业，政府就必须担负起培训失业人员的职责，使他们重新就业。

第五，犯罪问题。随着城市的发展犯罪率也在不断上升。因此有人得出结论：城市人口增加，犯罪率也随之提高。其实人口城市化与犯罪率提高不存在必然联系。中国城市近 4 亿人口，加上流动人口，约有 7 亿人口在城市生活。城市人口在 20 世纪 80 年代中期以来一般都有过这样的经历："没有丢过自行车的人就不算某某城市的人"；进入 21 世纪，这句话变成了"没有被抢过的人就不是某某城市的人"。可想而知，犯罪与城市化同步而行，难怪人们将犯罪与城市化联系在一起。但是，世界上有比中国超大城市大得多的城市，城市人口也比中国多得多，但发达国家城市犯罪率比中国城市犯罪率低很多，一般只有中国的 1/5 到 1/3。原因何在？原因就在于发达国家已经度过了艰难的发展期。其次是发达国家是一种公民社会，每个公民都享有最低公民生存安全保障。这点中国目前还做不到。其三发达国家公民社会意识普遍比发展中国家的公民意识要强很多。因为发达国家从小就对其人口进行公民教育，只有少数发展中国家开展公民教育。

第六，自然灾害和人祸。某些城市的发展伴随着某些自然灾害的发生，有人则认为城市人口增加加剧了自然灾害。其实不然，人口的城市化与自然灾害没有必然的联系。除非出现某城市在其发展过程中不遵循自然规律，盲目扩张城市，引发自然灾害爆发，如城市排水系统不配套，只要遇到雨水多的时日，出现大小水灾；又如城市本身就处在地球板块的断层处，而城市在建设中为了节约成本而放弃防震，或者由于腐败而偷工减料，当地震爆发时，肯定会出现小地震、大灾难的情况；再如，城市的发展破坏了植被，遇到天旱就会造成城市供水短缺等。实际上，人类充分利用现代科学技术知识，绝大多数自然灾害是可以避免的。如果某些城市在发展的同时，自然灾害增加了，可能出现了以下两种情况：其一，人类对某些自然灾害影响城市建设和发展的因素还没有认识清楚。这种情况即便有，也是很少见的。其二，人祸。人祸的一种情况是无心造成的，这种无心实质就是无知；另一种情况是违法、腐败造成的。所以城市化与自然灾害没有必然联系，与人祸存在因果关系。

因此，人口城市化是步入发达国家的必由之路。我们应当奋起直追，为人口城市化松绑，为人口城市化改变现行制度。

但是城市发展规模究竟取决于什么？从发达国家城市发展的成功经验来看，没有哪个国家城市的发展受到人为制度因素的限制，包括人口密度比中国高出许多的国家（参见表5—2[①]），如日本、意大利、英国、德国等。

表5—2　中国与部分发达国家国土面积与人口密度（2005年）

国　　家	国土面积（万平方公里）	年中人口（万人）	人口密度 人／平方公里
中　国	960.0	130756	139
意大利	30.1	5747.1	196
英　国	24.4	6020.3	247
德　国	35.7	8248.5	236
法　国	55.2	6074.3	110
日　本	37.8	12795.6	351

这些国家城市发展是顺其自然，完全由市场调节，政府不干预。人们只关心国家、城市与区域经济发展的状况。

新兴工业国家或地区来也同样是如此。如中国香港、新加坡、韩国、中国台

①　资料来源：联合国粮农组织数据库。

湾的人口城市化发展道路亦是政府或城市顺其自然，城乡人口自由流动局面（参见表5—3①）。

表5—3 中国与新兴工业化国家或地区土地面积与人口密度（2005年）

国家或地区	国土或地区面积（万平方公里）	年中人口（万人）	人口密度 人／平方公里
中　国	960.0	130756	139
中国香港	0.1104	681.3	6180
新 加 坡	0.1	435.1	6329
韩　国	9.9	4839.4	487
中国台湾	3.6	2277	629.2

　　所以无论是发达国家，还是新兴工业化国家或地区，无论国家人口多少，人口密度有多大，这些国家或地区实行人口自由流动，农村人口自由流入城市。因此随着这些国家或地区城市化不断发展，城市人口占该国家或地区人口的比重不断提高，农业人口持续下降。这一发展过程就是城市对农村的辐射作用，是城市带动区域经济向前发展，城市带动整个国家经济、社会向前发展，或者说城市是一个国家或地区经济发展的火车头。城市化发展推动农业机械化、科技化、规模化、市场化，这个过程就是城市反哺农村，也是二、三产业反哺农业。由此可以得出，农业的发展为城市发展提供充足的粮食和其他农产品，同时还为城市发展提供了充足的人力资源；快速发展的二、三产业吸收大量农业劳动力从事高效经济，实行农业人口城市化，推动农业由低效经济转为高效经济，一、二、三产业创造出大量财富，提高劳动力人均收入水平，形成巨大市场需求，减少中国对世界市场的过度依赖，推动生产快速发展。所以城市与农村之间，农业与第二、第三产业之间是相互推动、相互促进的作用，制度和政策的约束只会导致城乡差距的拉大，经济和社会发展受到阻碍。

　　但是，城市与农村，农业与二、三产业之间调节机制又是如何呢？在市场经济制度环境下，城市与农村，农业与二、三产业之间的调节机制就是市场调节机制。完善的市场经济制度将推动高效经济发展，即推动二、三产业发展；二、三

① 资料来源：联合国粮农组织数据库，《中国统计年鉴》，中国统计出版社2007年9月版。

产业发展必然会吸收大批的劳动力就业，主要就是吸收低效农业劳动力，因此劳动力报酬也随之提高，用公式表示为：W1=W2+△W……

W1 为从事二、三产业职业的劳动力报酬，W2 为从事农业生产的劳动力报酬，△W 为从事二、三产业职业劳动力获得的多于农业劳动力报酬的部分。

第一种情况当△W 越大，说明一国或地区从事二、三产业职业劳动力所获报酬比农业劳动力报酬高出越多，说明城乡差别越大，很多农业劳动力不愿从事农业生产经营，情愿到城市从事二、三产业工作。如 2008 年中国的状况：

△W=W1–W2=15780.8 元–4760.6 元 [①] =11020.2 元……

或 W1/W2=15780.8/4760.6=3.31 倍……

从以上得出，2008 年农业劳动力与二、三产业劳动力报酬之差为 1∶3.31，即农业人口人均年收入比城市人口年均收入少 11 020.2 元。城乡居民如此大的收入差距就是户籍制度及相关制度所造成的结果。所以农业劳动力大量流往城市，但劳动力流动过快，导致中国缺乏高技能产业工人；农村多数从事二、三产业职业的劳动力受到剥削，城乡之间差距不断拉大。

第二种情况是：二、三产业劳动力报酬等于农业劳动力报酬。此时城乡人口处在相对静止状态。

即：△W=0 出现：W1=W2……

第三种情况是：△W＜0，即农业劳动力报酬高于二、三产业劳动力报酬，导致劳动力从二、三产业流向农业。从人类经济社会发展趋势来看，这种情况一般不会出现。如果一国出现严重自然灾害、战争等特殊情况，有可能出现△W＜0 的情况。

通常情况，农业劳动力流向二、三产业，就是流向城市。但是由于一些非市场经济因素的影响，导致中国农业劳动力流向二、三产业后，并没有流向城市，一方面仍然在农村的乡镇企业；另一方面人在城市，户籍在农村，最终要回农村。这是现行户籍制度导致的结果。只要政府取消户籍制度，城乡人口区别就会消失，取而代之的区分就是职业区分，如白领与蓝领，科学家与发明家，职业经理人与职员等。这将促使所有职业人追求职业的完美，实现科学技术进步和发明创造。

困扰中国经济、社会发展的最大障碍就是城乡分隔。城乡分隔的消失，地区

---

① 数字来源：《中国统计年鉴 2009》，中国统计出版社，第 317 页。

与地区、城市与城市的分隔也随之消失。城乡分隔是地区分隔、城市分隔的基础。

户籍制度取消后，新的人口管理制度也要建立起来。今后身份证的信息主要是身份证号码、姓名、出生年月日、性别、出生地等。身份证的基本功能就是中国公民的身份证明；只要是中华人民共和国的公民，就享有公民应享有的一切权利和义务，不存在权利和义务的差别。这样公民就可以在国家赋予的公民权利和义务范围内自由选择学习方式，人生道路，自由选择职业，自由创业，自由选择婚姻，自由选择居住地，自由选择生活方式等，充分享有个人自由。这样就可以充分调动和发挥每个人的主观能动作用，向经济、科学技术、社会的各个领域发起最强有力的冲击，推动中国经济、社会、文化、思想等各个方面快速发展。

当中国公民享有充分自由之后，每个人所期盼的宽松生产和生活环境就会出现，每个社会人都将依据自己对经济、社会发展状况的判断，规划人生，确定奋斗目标，努力实现自我价值，并在客观上对国家、社会作出贡献。当这种情况出现后，人们对中国经济社会的认同将达到很高程度，国家和社会将出现高度和谐，国家实现了充分就业，犯罪就会越来越少，人口非法外流 ① 就会消失。

要实现这种高度和谐社会，中国必须实行劳动力的自由流动。

人口自由流动是城市化发展的基础。一个连劳动力都留不住的城市是没有前途的城市；一个人口不多的城市是一个市场有限、发展有限的城市；一个把劳动力都拒之门外的城市是一个市场经济制度不健全的城市，这个城市是缺乏竞争力的城市。当众多的城市缺乏竞争力时，该城市所在的区域也必然缺乏竞争力；当该国的城市和区域都缺乏竞争力时，这个国家也就缺乏竞争力；一个缺乏竞争力的国家是无法步入发达国家行列的。

当然，如果中国实施人口自由流动，可能会出现某些城市人口增长过快，或某些城市人口出现在现有基础设施条件下过度饱和的状况。当这种情况出现之时，我们也不必大惊小怪。因为中国城市封门锁城几十年，一朝出现人潮涌动亦是正常现象。当这种现象出现后，某些城市就会出现就业难的问题；其次就会出住房吃紧，房价和租房价都会上涨；再次这些城市的其他各种消费物价亦会上涨；最后就是社会治安形势可能会面临考验等。如果某些城市出现这种情况，说明这些城市具有很强的吸引力。从现阶段来看，具有很强吸引力的城市都是具有

---

① 人口非法外流：是指偷渡人口，或人蛇。

很强发展后劲的城市。当消费物价快速上涨时，某些城市就成为中国生活费用最昂贵的城市。这对企业是好事，说明某些城市市场需求旺盛，企业就会增加投资，推动城市快速发展。当今世界生活费用最昂贵的城市是俄罗斯的莫斯科，其次是韩国首尔，第三是日本东京，第四是中国香港，第五是英国伦敦，第六是日本大阪，第七是瑞士日内瓦，第八是丹麦哥本哈根，第九是瑞士苏黎世，第十是挪威奥斯陆。这十个生活费用最昂贵城市，有些还是世界有名的超大城市，没有一个城市对昂贵的生活费用感到惊慌。北京排在十四位，上海排在二十位 [①]。另外，当某城市生活费用居高不下时，她就失去了吸引力，低收入者就会从这个城市逃离，或不到这个城市去寻找就业机会，而选择生活费用较低的城市就业；只有那些高技能、高收入的劳动力留在高消费城市。假设某些城市能获得高收入，而生活费用却比较低，那些高技能、高收入的劳动力就会迁徙到低生活费用城市去工作和生活。随着高消费城市人口的离去，某些城市的消费物价都会降下来，甚至大幅下降。美国硅谷就演绎了这么一个过程。这种过程用图5—1表示为：

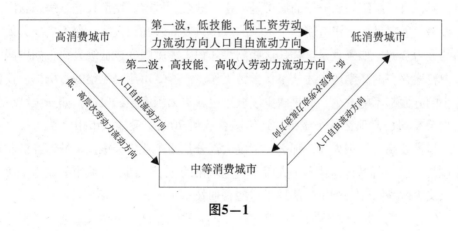

图5—1

所以我们得出这样一个原理：一个或多个城市人口的快速增长将导致这个或这些城市消费物价的上涨，进而推动人口向其他低消费物价城市转移，并促进这些城市快速发展，同时促进高消费物价城市减少人口、降低消费物价。

城市这几十年的发展历程告诉我们，外来人员的涌入不仅没有降低任何一个城市原居民的收入，相反由于他们的流动和杰出贡献，推动了城市的快速发展和

---

① 资料来源：《南方都市报》2006 年 6 月 27 日 A30 版。

居民收入的提高。而那些无法接受或接受很少外来人口的城市经济发展缓慢，居民收入增加缓慢。

因此，我们可以得出，中国城市要进入良性、快速的发展轨道，必须是所有城市或绝大多数城市全面实施人口的自由流动 [①]，如只开放一个城市或者少部分城市的人口自由流动都达不到最佳的人口自由流动效应，并可能造成人口流动的局部失衡。

2. 城市数量

目前我们总的认识是城市太少，人口太多，所以要大力发展小城镇，目的就在于让 8.7 亿农民不离土不离乡。因为大、中、小城市只欢迎高学历或高职称的人员进入。

从现实去认识，任何一座大、中、小城市就像一个人的躯体，有头、躯干、四肢等。一个城市只需要高级知识分子，并将这些高级知识分子当作城市的头脑，至于四肢、躯干等都不要了，这种人根本无法存活，也就无法发挥头脑的作用，所以只要高级知识分子的城市是一座不健全的城市，城市只能是病态状况下的缓慢发展。世界上没有哪一个国家的城市只要高级知识人才，而不需要其他方面的人力资源，如果真是这样，这些高级知识人才就蜕变成低级人才，如中国城市中普遍存在的高学历人才从事低学历工作。一座城市应是完整的有机体，任何细小的方面都不能缺少，如果缺少了城市也就失去了完整的机体。如一座城市仅缺少公交司机，那么这个城市的运转就会放慢 70%；又如城市拒绝普通技术工人，只需要高级知识人才，那么中国绝大部分加工企业将会停摆，城市经济、社会也将停摆。所以普通技术工人就是一座城市的躯干、四肢，城市要成为一座真正意义上的城市，一刻也不能缺少这些普通技术工人。

但是，城市户籍制度将外来普通技术工人排除在城市常住人口之外，把他们划归为流动人口，挂上"农民工"、"盲流"等贬低人格的称呼。这些人要将户籍转为某个城市的常住人口比加入任何一个发达国家的国籍（一般为 7 年）还难，这就限制了人的自由发展，所以少数人宁可冒着极大的危险偷渡到他国，说明苛刻的人口户籍制度猛于虎。城市真的不能接受他们吗？可是他们中绝大多数人都在城市工作生活了半年以上，有些人甚至工作生活了 30 年以上。

---

① 人口的自由流动包括城乡人口、城市人口、区域人口的自由流动。

　　造成这一现状的原因何在？最重要的原因就是认为中国城市太少。既然城市太少，我们就应当大力发展城市。但是相关制度安排又限制了城市的发展，却鼓励发展小城镇。而这些小城镇是依靠乡镇或村的行政力量建立起来的，有悖于市场经济条件下由市场主导发展起来的产业型小城镇，所以这些小城镇大部分缺乏市场经济基础，它们将随着中国市场经济的深入发展走向消亡。

　　如果我们仍然要以行政的非市场经济的制度和政策维持这些小城镇的存在，就会应了某些人提出的"农村城市化"。如果农村都城市化了，中国人口还吃什么？我们还需要多少人口来填补小城镇空间？我们还有多少生存空间？所以"农村城市化"是根本不可能实现的。原因何在？原因就是城市是发展二、三产业的地方，是分工、效率、效益所决定的；农村就是农村，是发展农业生产的；随着农业生产力的提高，农业人口必然转向城市。

　　既然中国绝大部分农业人口要转为城市人口，那我们需要多少座城市呢？

　　中国目前有 13 亿多人口，如果平均每座城市容纳 50 万人口，中国将需要约 2 600 座城市；如果平均每座城市容纳 100 万人口，中国将需要约 1 300 座城市；如果平均每座城市容纳 150 万人口，中国只需要约 870 座城市；如果平均每座城市容纳 200 万人口，中国只需要约 650 座城市；如果平均每座城市容纳 300 万人口，中国只需要约 430 座城市。

　　据法新社 2001 年 7 月 10 日的一份调查报告，300 多个美国大城市的国内生产总值占美国国内生产总值的 85%，达 8.476 万亿美元，并创造了全美国近 84% 的就业岗位以及 88% 的劳动者个人收入。如果将美国各大城市的国内生产总值与世界其他国家相比，纽约在 2000 年可以排在世界第十四位，超过澳大利亚；洛杉矶排在第十六位，超过荷兰；芝加哥排在第十八位。中国经济最发达的上海市，连郊区农民的年产值算在内，2008 年的国内生产总值 13 698.2 亿元人民币，按当时的汇率计算，约为 2 014.44 亿美元，还赶不上香港 2008 年国内生产总值 2 154 亿美元①。而纽约市 2001 年的国内生产总值超过澳大利亚的 3 687 亿美元，洛杉矶超过荷兰的 3 501 亿美元，芝加哥超过 3 100 亿美元。由此看出，中国城市发展过于分散，尤其是小城镇过于分散，这使中国城市发展的稀缺资源分散到了 960 万平方公里的土地上，其中最重要的资源就是 8.7 亿农民。同时中国城

①　《中国统计年鉴 2009》中国统计出版社 2009 年 9 月版，第 362、969 页。

市的辐射作用也十分有限，影响不到周边农村，但是可以影响周边的中小城市。

所以城市发展必须追求经济规模和人口规模，也就是扩大城市规模，扬弃分散化发展道路。分散化发展模式只能削弱城市规模效应和城市竞争力。

中国人均国内生产总值在 2008 年约 3 000 美元，而美国 2005 年人均国内生产总值是 43 740 美元，是中国人均的 14.58 倍。但中国有 13 亿多人口，而美国刚达到 3 亿人口，中国人口是美国人口的 4 倍多。美国人口在 50 万以上的城市就称为大城市，中国人口在 100 万以上的城市才称为大城市。中国城市发展的实践证实，城市常住人口在 300 万到 500 万才显示出规模效应，即城市居民有支付能力的购买力约在 5 000 到 8 000 亿元人民币。这种城市的购买力与美国的中型城市的购买力差不多，所以中国较理想的城市人口规模应是美国超大型城市的人口规模。这也符合中国人口规模的情况，尤其与中国人均可支配收入相匹配。

当然中国还会出现一些超级大城市，这些城市的常住人口都会在 1 000 万人以上，个别城市可能达到 3 000 万以上。

至于中国的中小城市，可以将最低规模定在 50 万人口以上的城市，我们就可以立为一个城市，而将人口在 100 万到 300 万人的城市定位中型城市。这样中国超大城市人口在 1000 万常住人口，城市数在 6—7 个；大型城市，300 万—1000 万常住人口，城市数在 20—30 个；中等城市人口在 100 万到 300 万常住人口，城市数在 250 个左右；小城市人口在 50 万—100 万城市常住人口，城市数约在 500—600 个。由此我们可以得出要将 95%—99% 的人口吸纳到城市中来，我们大约需要 750 到 900 个城市就可以了。而中国目前拥有的 661 座城市，此外我们还拥有 2 800 多座县城，只要我们努力将目前的 661 座城市发展起来，并且在既有的县城中发展 120—270 座城市来，就可以将 95%—99% 的人口城市化了。如果再加上 1000—2000 座县城对农业劳动力的吸纳，大部分小城镇可以变成农田或者绿化带，同时还可以将农村众多的住房地基、田埂、道路、坟地、晒谷坪、荒地、荒山、空闲地变成约 3 亿多亩良田，以及几千万亩的绿化带。如果有朝一日我们做到这些就真正解放了劳动力，实现了农业的机械化、专业化、规模化、市场化。这样做才是城市反哺农业，即解放农民，充分提高他们的收入水平和生活水平，使他们与城市居民同样工作和生活，农村只留下少数劳动力，大幅提高劳动生产率，使农业生产力与城市二、三产业生产力处在同一发展水平上。

如果以上述城市规模来确定今后中国城市的发展规模，目前的城市规模和数量均未达到要求，今后城市人口会快速增长起来。在短期内，沿海城市人口增长速度将快于中部城市人口增长速度，中部城市人口增长速度将快于西部城市人口增长速度，这不仅是由城市经济发展水平决定，还受不同地区人口密度、文化等因素影响。中国城市最终会发展多少，政府无需调控，市场会推举一些城镇成为今后的城市。由市场荐举出来的城市是最具生命力的城市。原因就在于这些城市是在市场经济制度下，由劳动力分工，产业、行业、企业自由聚集形成的经济导向型城市。

当然中国城市发展和布局与各发达国家有所不同，由于中国人口基数大，加之近几十年来一些区域城市发展很快，涌现出规模很大的城市群，如辽东城市群、渤海湾城市群、长三角城市群、珠三角城市群、西安周边城市群、杭州宁波城市群、郑州洛阳城市群、兰州周边城市群、乌鲁木齐周边城市群、南宁北海钦州城市群、湘中城市群、武汉周边城市群、成都盆地城市群、福州厦门城市群等。这些城市群是中国城市特色，也是中国城市发展的必然。这些城市群今后将容纳大量人口，将成为经济最发达的地区，形成经济、社会发展的支撑点，进而成为经济、社会发展的支撑面。

三、城市和区域人口流动的意义

中国城乡之间、城市之间、区域之间的人口是流动的，这是市场经济内驱动力所决定的。这类流动人口约在3亿多，其中3亿人口是从农村流动出来的，还有几千万人口是各城市之间的人口流动。但是这些人口的流动只是短时的谋生流动，因为每一个流动的人口受到户籍的限制，绝大部分人最终要落叶归根，回到他们的户籍所在地。因为，首先户籍所在地拥有他们的财产，如房产、土地使用权等；其次户籍所在地承认他们是在籍人员，并享有当地提供的各种权利和义务，如养老保险，子孙后代的户籍、入托、读书等方面的便利；再次相同的风俗习惯；最后有众多的亲属以及社会关系网络。这些人口流动都是属于单向流动，非常不合理。人口流动的不对称给国家、地区以及流动者都造成很大的损失。

人口自由流动是市场经济国家解放劳动力，解放生产力所必须实行的基本经济制度，否则生产要素中最重要的要素—劳动力的流动就无法真正实现，并导致其他生产要素流动性减弱。多年来我们以制度的形式限制了人口自由流动，造成城乡、地区、城市之间的个人收入分配差距不断拉大，现已到了非改不可的地步。

如今是在全国范围内实行公民自由流动、自由择业、自由创业、自由选择居住地的最好时期。因为中国经济已有了相当大的发展，已经吸纳并解决了农村2亿多劳动力的就业问题；其次政府目前财力雄厚，可以支持流动人口的自主创业、自主发展；再次每年毕业的大学生、研究生都是中国经济社会发展生力军，国家可以给予财力、市场环境等方面的支持，鼓励他们自由创业，推动中国经济、社会快速向前发展；最后就是60年来中国培养了几亿产业劳动大军，他们都是中国经济社会发展的主力军，鼓励他们自由择业和自由创业。所以在现实条件下，实行人口自由流动具有以下几方面的意义。

第一，人口自由流动可以消除城乡差别。中国目前最大的差别就是城乡差别，最大的产业人群需求不足就是农村人口需求不足。如果我们让城乡人口自由流动起来，努力提高入城工人的工资收入，并使入城工人和农业劳动力的收入水平达到城市就业人口平均收入水平，这样中国不仅可以消灭城乡差别，还可以使市场需求总量提高2—3倍，那时中国的经济总量将比现在的经济总量高出3倍以上。届时居民的全面小康水平也就可以实现，社会最大的城乡鸿沟将不复存在。

第二，人口自由流动可以消除区域、城市之间劳动力的工资收入差别。改革开放以来，由于人口受户籍制度的约束，加之先期开放地区主要是东南沿海一带，导致了区域、城市之间经济差距不断拉大。再加上人力资源都流向东南沿海，高级知识人才留在了东南沿海，成为东南沿海各城市的常住居民；而普通劳动力只是青壮年时期在东南沿海谋生，到了年老体衰或出现疾病等情况时，则回到了他们的户籍所在地。知识分子所创造财富已经留在了他们所工作和生活的城市，青壮年劳动力所创造的财富大部分以税收、利润、利息、折旧、红利等形式留在了当地。由此我们可以看出，富裕的城市、区域将会不断地拉大与内地城市、区域之间的差距，中国将会面临更大的不稳定。为此国家曾经采取一系列的措施，其中最大的动作就是西部大开发，但是从过去的十多年情况看，效果不是十分理想。一些城市公布该城市的人均国内生产总值已经达到6 000美元一年，个别城市达10 000美元。这些都是差距存在和进一步拉大的表象，均为国家不安定埋下了种子。其实只要我们实行人口自由流动，区域、城市之间劳动者的收入差别就会消失，区域、城市之间的巨大差距也会加快缩小。这样政府就可以少花成本，只需削减一部分政府行政职能，修改相关法律、法规和政策，利用市场调节经济，调节劳动力流动，就可以取得这些效果。

第三，人口自由流动可以实现劳动力的合理分工。户籍制度限制了劳动力合理分工，阻碍人力资源的合理配置。目前约90%以上的劳动力学非所用，用非所长，用非所爱。因为每个劳动力都被局限在一个狭小的活动范围之内，劳动力只是一只井底之蛙。有许多劳动力总梦想到大海去游一游，但是绝大多数劳动力遥望着去大海的崎岖道路，只能深深叹息，因为劳动力的单位所有、企业所有、城市所有、区域所有将他们死死捆住。即使是北京中国科学院的一位院士，由于人才是单位所有，北京又是中国最难进入的城市，院士只能"安居乐业"，即使是西安、或兰州、或西昌的某个城市有自己感兴趣，又可以充分发挥自己所长，甚至可能创造出奇迹，他同样去不了；而那些地方的科研人员也不会想到北京有这么一位更适合开发该项目的科技人员。如果院士生活在劳动力的自由流动环境里，他就可以到自己想去的城市，完成科技发明创造。同样，如果中国实行劳动力自由流动，技术工人会有无穷的遐想，他会看到那山比这山高，向8级技工、10级技工发起冲击，以实现人生价值的最高目标。技术工人追求的结果是个人、企业、国家获得最大效益。

此外，科学技术研发人员的科研能力、科研水平的提高，尤其是新技术、新产品的研发必须与生产实践紧密结合，不仅自身应当有一定的科研操作技能，还要有一定的生产技能。这还不够，如果要培养、造就超一流科学家，科技人员必须与超一流的技术工人紧密配合，才能推动中国应用技术、新产品的发明创造，才能创造出超一流的科学技术。与此相对应，一流的技术工人必须与超一流的科技人员相结合，才能不断提高自己的科学水平，完善自己的技术能力，这样就可以创造出超一流的技术工人来，他们就可以加速中国的科学技术创造和技术开发。因此，无论是超一流的科技人员，还是超一流的技术工人，他们都需要有机地结合起来才能担当起中国今后的科学技术发明创造的重任。如今相关制度和政策将他们割裂开来，因此中国很难创造出超一流的科技人才和技术工人，结果中国各类科学技术人才只能停留在一流水平上，无法达到世界超一流水平。同时科技人才与技术工人的角色是可以转换的，尤其是技术工人同样可以转换为超一流的科技人才，如爱迪生只是初中毕业，但却成为世界发明大王，一生创造出许多科技奇迹，个人专利达2300多项。所以超一流的科技人才和技术工人是市场竞争环境中培养出来的，不是学校培养出来的，更不是温室里创造出来的。

要创造出这样一个市场竞争环境，只要我们实行人口的自由流动，通过市场自发调节就可以创造出人才的市场竞争环境，我们就可以培养和创造出世界超一流的科技人才和技术工人。

第四，人口自由流动可以最大限度地消除民族之间的隔阂。中国拥有56个民族，语言、风俗、宗教、习惯、爱好等都有很大的差异。中国历史上主要存在大汉族主义，当然也出现了几朝少数民族统治中国的情况，造成了严重的民族对立，为此爆发过无数次中华民族内部各民族之间的战争，付出了许多惨重的代价。中华人民共和国成立以后，各族之间的团结出现了中国历史上没有过的和睦景象。但目前的问题是，各主要少数民族与汉族是处在一种分立的状态，中国的东、中、南部是汉族占主导，西南、西北、北部以及有些省市自治区的边远地区是少数民族占主要。这种分立状况在各地区经济发展水平较为一致的情况下，民族之间的矛盾还不会怎么显现。但是，中国各地区的开放程度不同，导致区域之间的经济出现了很大的差异，较为普遍的情况是汉族人民居住区明显好于少数民族居住地区，这主要是由于地理位置以及居民文化程度的影响，这样就凸显出汉族与少数民族聚集区经济的反差。随着时间的推移，这种趋势如不加以扭转，反差继续拉大，矛盾将加深，这种情况应是每一个中国人所不愿意看到的。

为此，多年来政府采取了许多财政转移支付[①]的措施，补贴少数民族区域的生产和生活。实际上，这种财政政策是将高效益资金，投放到低效益区域，最终还是低效益。措施的结果，少数民族地区仍然维持低效率生产和低水平生活，说明财政转移支付政策没有实现效率、经济的最高目标，却花费了大量的人力、物力、财力。

其实我们要实现政府行为和资金效率的最大化非常简单，只要实行各民族人民自由流动就可以实现政府行为和政府资金效率的最大化，不需要政府的这一笔转移支付，节约政府的财政资金，节约政府的管理、服务成本。政府让人口流动

---

① 财政转移支付：财政对个人和其他的单位的无偿支出。包括：广义的财政转移支出，即对整个社会经济活动中非交换支出；狭义的财政转移支出，即不同财政级次之间的转移，财政向企业的转移，财政向个人社会的转移；规范的以及均等化为目标的政府之间的财政转移支付。参见刘树成主编：《现代经济辞典，凤凰出版社、江苏人民出版社2005年1月版，第66页。

起来，充分发挥市场调节功能，让中国境内各族人民相互杂居，相互取长补短，相互促进共同发展，不仅可以使地区之间的经济差距缩小，也会使各族人民的收入趋于一致化，由此各民族之间的矛盾将会逐步消失。

第五，人口自由流动可以淡化人与人之间的等级观念。等级观念是封建社会的思想文化意识。封建社会被资本主义社会所取代的事实，就已明确告示我们，等级观念或等级制度是封建社会扼杀劳动者创造力的罪魁祸首，而导致这一结果的原因就在于封建社会小农经济的生产方式，并由此产生了封建社会的等级观念。资本主义社会取代封建社会首先就给予了劳动力充分的自由，这种自由本身就打破了封建社会几千年来子承父业的职业传承，劳动力成为自由的劳动者，表现为劳动者可以子承父业，也可以子不承父业。每个市场经济国家的公民都可以自由选择自己所从事的职业，有些劳动力甚至还可以在一个国家群体中选择自己的职业，如欧盟各国家的公民。人的潜力是无限的，人的选择也是无限的，成功的道路也是无限的，这是现代市场经济体昭示给我们的情景。而且市场经济国家所有单位、企业对人才的选拔不看民族、性别、年龄、学历、出生地、籍贯等，仅仅考察劳动者个人的能力，看劳动者在某个岗位上所发挥的最大作用，产生的最大效益。这样一种追求正好符合了资本的追求目标，符合企业追求的目标，符合市场经济的追求目标，这也是所有市场经济国家所追求的目标。

中国是市场经济国家，追求的经济目标就是效率最大化和效益最优化。但是人口制度限制了人口的流动，尤其是农业劳动力职业固定化；城市劳动力职业选择区域化，无法满足个人爱好和个人特长。人口制度限制了劳动力的选择和发展，就等于限制了国家的选择和发展，因为国家的选择和发展是建在个人的选择和发展的基础上，没有个人的选择和发展，也就没有国家的选择和发展。

第六，人口自由流动可以基本消除区域差别、城市差别。多年来区域、城市之间的差别不断扩大，引发了高、低学历劳动力的流动，而且这种流动是不对称的，基本态势是内地劳动力向东南沿海流动，中小城市劳动力向大城市或超大城市流动，边远地区向中心地区流动。劳动力的这种流动态势，固化了区域经济之间的差别，同样也固化了城市之间的差别。随着时间的推移，这种差别拉大到一定程度，中国将会出现区域、城市的不稳定，甚至导致一种分立的态势。我们知道，香港和澳门分别在1997年和1999年回归祖国，但是为什么要实行一种分立的形式，原因就在于中国内地人均国内生产总值与香港和澳门都有较大的差距。如果部分城市出现这种分立，国内将出现不稳定。为此我们必须消除这种不对称的劳动力流动，避免区域、城市经济之间差距的继续扩大，消除区域、城市之间经济的差距，使各区域、城市之间的经济发展齐头并进，改变政府在各区域、城市经济发展中顾此失彼的做法。

要做到这一点，实质很简单，即让中国人口自由流动起来。流动起来的人口会做出自己明智的选择，并在市场制度的安排下，使中国城市之间、区域之间的收入差距，降低到社会可承受的安全范围之内。

第七，人口自由流动可以推动各种资产的产权化。如果说 1994 年中国推行市场经济以来，使企业的资产基本实现了产权化。从更深层次步入市场经济制度国家来看，我们还需要将个人资产产权化。个人资产包括：房产、耐用消费品、土地、各种收藏、声誉等等。个人最主要的资本是人力资本。如果将劳动力固定在一个企业、一个地区、一个城市、一块土地上生老病死，这个人就不可能发挥自己的潜能，就不可能拥有他所从事职业以外的任何才能，同时也很难拥有创造性思维，所以也就无法展现个人的潜在能力。

市场经济国家基本消除了悲剧产生的可能，众多的璀璨明星都能在他们的有生之年发出耀眼的光芒，让世人仰慕，并以之为榜样，如钱学森、李四光、袁隆平、华罗庚、凯恩斯、萨缪尔森等。如果我们让全国人民自由流动起来，将个人资产、人力资本产权化，人们将会热爱自己所从事的工作，充分发挥自己的聪明才智，届时各行各业将涌现出无数的人才，展现出无穷的力量。

第八，人口自由流动可以推动城市均衡发展。如今由于限制人口流动，少数城市出现人口过度膨胀，似乎是劳动力无限供给惹的祸。其实不然，这主要是现行人口制度导致的结果。由于限制人口自由流动，加之各城市经济发展极度不平衡，而这种不平衡又主要是地理位置、自然条件、周边环境、历史原因，以及国家政策推动的结果；相反，对于那些不具备或不完全具备这些优越条件的城市出现了落伍，形成巨大的城市反差，结果大量人口流入到少数城市。这些人在流入城市所创造的价值，流入城市不予承认，只将他们所创造国内生产总值统计在城市常住人口身上，所以这些城市的人均国内生产总值就快速增长起来。结果是发展越快的城市发展更快，发展较慢的城市发展越慢。少数发展快的城市吸引了众多劳动力涌入这些城市，造成了过度膨胀，展现出劳动力无限供给，引发了许多城市病,如各种犯罪、脏乱、交通堵塞、城中村、污染、缺水等。要解决少数城市过度膨胀的问题,我们就必须让中国人口正常、自由地流动起来。在人口自由流动的基础上,市场自发调节,城市均衡发展,防止少数城市过度膨胀。

第九,人口自由流动可以消灭落后的文化。中华人民共和国成立以来,政府就大力移风易俗,消除封建文化的影响。但是现在有一些落后文化又沉渣泛起,如超豪华土葬;子女生病不求医却找巫婆、神棍;为死人婚配;为婚配而倾家荡产等。这些落后文化、习俗不仅贻害当事人,同时还贻害社会。究其原因,现行人口制度给这些落后文化留下了生存的土壤。要彻底消除落后文化对民众、社会的危害,我们要让中国人口自由地流动起来,使民众远离这些落后文化。

第十,人口自由流动可以降低中国人口的出生率。市场经济的高速发展为人口的增长设置了几道屏障,让人口增长的车轮放缓下来,甚至出现人口增长停止或负增长。如欧洲各发达国家的人口出现增长停止或负增长的情况。日本人口自20世纪70—80年代达到高峰以后,这十几年来出现了持续下降的趋势,甚至有人预测,再过半个世纪,日本人口总数将少于1亿。

其原因何在? 其一,人与人之间的关系市场化。人与人之间的交往讲究的是经济,这一观念对传统观念形成很大的冲击。传统人类相互之间的关系是血缘关系、亲情关系,现代市场经济条件下所形成的人与人之间的关系,不论是同事、同乡、同学、亲戚、朋友之间,还是家庭成员之间,都或多或少地渗入了经济关系。经济关系渗入的越多,人们之间的亲情关系就越淡薄。所以美国法律规定,父母对子女可以只抚养到18周岁,18周岁后子女就成为独立的成年人;子女成人后,就要独立谋生,即使到父母家吃饭同样要缴纳伙食费(在中国出现的可能性很小)。其二,养老社会化。二战后发达国家相继发展了社会养老保险事业,传统的生儿育女养老做法已不复存在,退休老人定期领取养老保险金,老年人生活服务由相关社会服务机构提供,劳动力已无后顾之忧。其三,超前消费意识的形成。市场经济条件下,人们在创造财富的同时都在极力地追求个人生活享受,不愿将自己的收入预付给未来消费,如存钱、抚养子女等。其四,子女抚养费大幅上升。市场经济条件下,家庭抚养子女的成本随着市场经济和社会的发展不断提高。如20世纪80年代中期以前,抚养一个子女从小到成年(参加工作),约需花费3600元;到了90年代中期,广州市抚养一个子女从出生到大学毕业,需花费 48 万元；到了 2007 年，有人估算广州市抚养一个子女从出生到大学毕业需花费 70 万—80 万元。这对绝大多数劳动者都是一个巨大的成本，促使人们少养子女。在以上几道屏障的共同作用下，在人口自由流动制度下，中国人口出生率将大幅下降，甚至在不久的将来出现人口负增长。

第十一，人口自由流动可以防止腐败。在人口自由流动制度下，人们就不受户籍的约束，减少了流动的成本，鼓励了人口流动，取消了政府对人口管理的职能，增加了政府为人口流动服务的职能。如今围绕人口管理产生了许多违法、腐败，给所有中国人造成了很多烦恼和不便。如果今后实行人口自由流动制度，政府只为人口流动提供对应的服务，就没有产生违法、腐败的土壤。

第十二，人口自由流动可以推动中国城市之间的竞争。如今中国的各大、中、小城市均处在一个相对封闭的状态，每个城市都自认为做得很好了，因为有众多的人排在城市的大门外，等待进入城市的严厉考核和检验，只有完全符合城市标准的人口才能最终进入城市，否则这些人只能游离于两地之间，或城乡之间。这种现状与中国市场经济制度是不相称的。发达国家的城市总是张开自己的双臂，时刻准备拥抱来自该国任何地方的人口，并希望他们长期居住下来。因为有了人口，城市就增加了消费需求，企业就会扩大生产，城市就发展了。

为了留住人口，城市就必须创造出良好的生活环境，提供良好的工作环境，否则人口就不会流向该城市，甚至出现人口从该城市流向其他城市，该城市也就会出现衰退。

第十三，人口自由流动可以解决人口不对称的流动。多年来，中国形成了独特的候鸟人群。候鸟人群有规律地不断迁徙，单向流动，造成巨大的经济资源浪费。而且候鸟群体还在不断扩大，人口在 3 亿多。如果实行人口自由流动，候鸟人群就会减少 80%—90%，我们的资源浪费也会减少。

第十四，人口自由流动给每个人都创造出无穷的发展机会。如今想要拥有一点流动性的人口选择最多的一条道路就是读书，考大学，获得高学历或高职称。对于这样一条道路，最终每一同龄人能挤入大学门槛的莘莘学子只有约 25%机会，剩下 75%的人只能远离大学。远离大学的 75%劳动力都是不能自由流动的人口，他们的发展机会和创业的机会都受到了极大的限制，他们的聪明才智和个人能力都得不到发挥，似乎成为中国经济、社会发展的累赘。其余的 25%学子由于受到正规大学的良好教育，获得了一定的学历或职称，留在了各城市。实际上，经济、社会的事物也是相互影响的，75%的劳动力不能自由流动，他们的才能发挥不出来；而那些受过高等教育的劳动力也只有很小的流动性，给中国经济、社会的发展造成了不可估量的损失。

如果中国实行人口的自由流动，所有劳动力都可以自由流动起来，在社会实践的大课堂里，人们要么就业要么创业，相互碰撞，相互交流，相互学习，相互提高，同时还可以结合社会实践，重新走入大学学习，不断提高个人知识水平和能力。这样一种自由选择环境给每一个劳动力都带来无穷的发展机会。当每一个劳动力都有无穷的发展机会，就等于中国拥有无穷的发展机会。

第十五，人口自由流动是城市和区域经济协调发展的需要。在自由市场经济条件下城市经济发展必然带动区域经济发展。当一国经济向高附加值的二、三产业发展时，企业必然需要大量的劳动力。当农业劳动力被吸纳到二、三产业就业后，农业传统生产方式就会被淘汰，农业规模化、专业化、机械化和市场化步伐必然加快。这一过程将会持续下去，一直到农业劳动生产率与二、三产业劳动生产率基本持平，农业劳动力与二、三产业劳动力的工资收入基本持平时，这一进程才会相对停止。而二、三产业是城市的主导产业，二、三产业的发展就是城市的发展，所以限制人口自由流动就是限制了城市发展，维持了城乡二元经济结构，即维持了城乡差别。因此，我们必须实行人口自由流动，才能推动城市经济、社会与农村经济、社会的协调发展。

第十六，人口自由流动可以降低学历攀比之风，减少资源浪费。当今中国学历攀比之风十分盛行，以致在教育资源十分紧缺的情况下，许多人在读了大专以后，马上又去读本科，本科读完后又去读硕士，硕士读完后又去读博士，博士读完后又去做博士后。这其中有一点是值得肯定，即人们在攀比学历的台阶上，不辞辛劳，有利于提高人群的知识文化水平。人们攀比学历仅仅是为了攀比一个学历台阶，与科学技术进步、经济社会发展毫无关系，结果是高学历低使用，甚至是学非所用，造成巨大的教育资源浪费。这种情况的出现是由于人事制度赋予学历拥有者一定的流动性。只要实行人口自由流动，这种学历攀比之风就随之消失。

第十七，人口自由流动可以基本消除地方保护主义，实现生产力合理布局。当前由于法律、法规和政策的区域性倾向，加之户籍制度的限制，致使地方保护主义盛行，生产力布局日趋不合理。总的趋势是向东南倾斜，中部基本维持不变，西部出现衰退，形成了当前三梯度经济格局。这种局面导致了中部不稳，西部趋乱的态势。要基本消除地方保护主义，改变三剃度生产力布局，我们就必须尽快实行人口自由流动，实现劳动力的合理化分工，给所有劳动力、企业、城市、区域一个公平、公正、公开的发展机会，进而实现中国生产力的合理布局，优化资源配置，消除三大差别，消除内部不稳定因素。

第十八，人口自由流动可以解决留守儿童、少年，夫妻分居的问题。多年来，农村的留守儿童、少年、老人、妇女成了困扰中国的社会问题；而城市的夫妻分居、子女与父母分居的问题也是长期困扰一部分城市人口。这些问题，尤其是农村中的留守儿童、少年问题，如果任其发展下去，将会带来严重的社会问题，如低素质劳动力问题、犯罪问题、黄赌毒问题等。要彻底解决这些问题，我们只有实行人口自由流动，这些问题就可以从根本上永久解决。

四、城市、区域经济的竞争

市场经济是竞争性经济。只有竞争才能提高效率，才能合理配置资源，才能使资源效用最大化，才能淘汰低效经济，才能促使科技进步，才能使经济、社会得到快速发展。相反，竞争被限制在一定地区、一定产业、一定行业、一定企业、一定劳动者，从一个国家来衡量都是低效经济。为此我们必须改变这种低效经济。

1. 竞争的多样性

所谓竞争是指"在市场经济中，商品生产者为经济利益而进行的斗争"，"竞争包括同一产业、行业部门的生产者争夺市场份额的竞争和不同产业、行业、部门的生产者争夺有利投资机会的竞争"[1]。竞争的原则是公平、公正、公开，杜绝一切暗箱操作，并在此基础上实行优胜劣汰。只有这样才能充分发挥市场调节的作用，否则市场调节的功能就发挥不出来。在市场调节发挥作用的经济领域内，市场调节是最经济的调节；在市场调节没有充分发挥调节功能的经济领域，只会扭曲市场经济，产生不经济的经济运行形态。

---

[1] 刘树成主编：《现代经济辞典》，凤凰出版社、江苏人民出版社 2005 年 1 月版，第 574 页。

　　比如农业就没有完全市场化，其最主要的表现就是劳动力和土地两个要素没有市场化，而是在现行人口制度和产权制度左右之下，使农业整体发展水平远低于二、三产业发展水平，农业劳动力大量过剩，土地闲置和被占用情况很多，最终导致农业没有竞争力。

　　又如，各城市、地区之间缺乏竞争，其原因就在于各城市、区域经济发展基本建立在天时、地利之上。所谓"天时"就是中央政府在改革开放的初期和过程中，为了促进沿海地区的经济发展，在用人、财税、资金、对外开放程度、优惠制度、外资进入等方面给予沿海经济特区、开放地区的特殊制度和政策，并以此形成中国现今对外开放制度和政策的基础。"地利"就是沿海地区的优势地理位置。在"天时"、"地利"条件下，沿海经济特区、开放地区人民和政府的开拓精神，勇于创新，激发个人、企业、政府的积极性，用足用好中央所给予的制度和政策，充分发挥沿海地区的区位优势，积极推动沿海地区经济发展，并使之成为中国经济、社会发展的领头羊。此外，沿海地区的发展离不开全国人民的支持，不论是高素质人才，还是普通的劳动者，他们不断地涌入沿海地区，为沿海地区经济社会发展做出了突出的贡献。

　　其实，政府用差别制度和政策调节经济发展，在很大程度上就放弃了市场调节的手段。其结果导致区域经济发展不平衡，沿海地区发展速度不断加快，因为各种生产要素都往沿海地区集中，形成了要素的虹吸现象，极大地促进了沿海地区经济社会的发展；中部和西部经济社会发展缓慢，与东部差距不断拉大，形成了中国东部、中部、西部的三阶梯划分。这种情况的出现对中国整体经济、社会的发展是极不利的，应当尽快加以调整，防止差距的进一步拉大，影响安定的发展局面。

　　市场竞争不仅仅限于企业、行业、产业、部门内部的竞争，它存在于市场经济的各个方面以及各个时期，包括劳动力要素竞争，企业竞争、行业竞争、产业竞争、城市竞争、区域竞争、政府竞争、民族竞争、国家竞争、洲际竞争、政策竞争、管理竞争、环境竞争、资源竞争、手段竞争、制度竞争等。这些竞争还可以细分为许多方面的竞争，如劳动力竞争包括知识竞争、智力竞争、技能竞争、意志竞争、体能竞争等。可以说竞争在市场经济国家无处不在，无时不在。相对于竞争，一国制度、政策的作用是有限的，用有限的制度、政策去限制市场经济中的竞争，是不经济的，只有让市场经济在自由竞争环境中发展才是最经济的。

经济制度转型国家都或多或少地存在用传统经济制度约束新的经济运行，用传统的思想意识规范刚建立的经济制度。例如在 19 世纪末期以前，资本主义国家占主导地位的经济思想就是自由竞争，政府不干预经济。但此后，自由资本主义开始向垄断资本主义转型，此时也是第二次产业革命时期，随着科学技术的进步，生产力快速提高，商品生产出现了过剩。随着时间的推移，这种过剩情况不断加重，但是各资本主义国家仍然抱着自由经济教条不放，以致引发了 1929—1933 年的资本主义世界最严重的生产过剩危机，各国经济无一例外地遭受了重创，大踏步地倒退。直到这时资本主义国家才清醒过来，意识倒自由市场经济制度并不完美的，在需求没有扩大的情况下无节制的扩大生产必然引发严重过剩危机，带来世界性的灾难，由此催生出"凯恩斯主义"[1]及"罗斯福新政"。[2]

因比，不论哪个国家的经济制度和政策不可能是一成不变的，而必须随着经济社会的发展不断变化和改进，使经济制度和政策能够不断适合一国经济社会发展。只有这样经济制度和政策才会成为一国经济社会发展的推动力，加速该国经济社会的发展；否则经济制度和政策就会成为该国经济社会发展的桎梏，带来灾难性的后果。

这就告诉我们：市场经济的活力来自竞争，没有竞争就没有活力；没有活力的经济就不是市场经济。但是竞争并不是天生就存在于任何一种经济形态中的。如战时供给经济形态不存在竞争；新的经济形态在最初出现时通常不存在竞争。

在市场经济条件下，没有竞争的市场或行业大多数情况下是不经济的。比如

---

[1] 凯恩斯主义："由英国经济学家凯恩斯在 1936 年所创立的宏观经济理论。该理论打破了此前 100 余年间在经济学界一直占统治地位的古典均衡论，故学术界称之为凯恩斯革命"。参见刘树成主编：《现代经济辞典》，凤凰出版社、江苏人民出版社 2005 年 1 月版，第 592 页。"凯恩斯摒弃了被古典经济学视为金科玉律的'萨伊定律'，推翻了传统经济学关于宏观均衡的国民收入和就业量必须是充分就业的教义，提出了'有效需求原理'。以求解决资本主义经济在自由竞争中所引发的过剩危机。

[2] 罗斯福新政："面对 1929——1933 年世界经济大危机，1933 年罗斯福接任美国总统后，为挽救经济所采取的一系列社会、经济政策的总称。其主旨是强化政府干预，通过采取一系列发展国家垄断资本主义的措施来克服严重的信贷危机及经济衰退"。参见刘树成主编：《现代经济辞典》，凤凰出版社、江苏人民出版社 2005 年 1 月版，第 680 页）。扩大政府及民间投资，增加就业，提高有效需求，减轻经济危机的损失，防止经济危机再度猛烈爆发。

说完全垄断市场就存在利益流失，即垄断者将消费者剩余①压到消费者最大可承受的最低限度，以此增加垄断者的垄断利润，从而损害了社会的整体利益。

因此，市场经济只有在竞争的状态下，才可以显现出经济或不经济，竞争创造经济，不竞争就产生不了经济，只有在竞争中才能体现优势。

中国推行市场经济制度，所追求的目标就是效率、效益，实质也就是经济。为实现这一目标就应当大力推动竞争，创造竞争环境，并维护良好的竞争环境。而良好的竞争环境，从某种意义上讲就是良好的市场环境，或良好的市场秩序，其原则仍然是公平、公正、公开的市场经济原则。

2. 城市、区域之间的竞争

人类社会发展到今天，展现给我们的现实是：城市是一国经济发展的龙头，是一省、一区域经济发展的龙头。换句话说，区域经济发展的龙头就是城市经济，城市经济发展的腹地就是城市周边的区域经济。所以不论是城镇还是农村，只是城市经济发展的腹地或纵深；城市经济发展水平决定了区域经济发展水平。一国、区域的城市经济发展落后，那么一国、区域的经济就落后；一国、区域的城市经济发达了，那么一国、区域的经济也就发达了。所以当今发达国家的城市经济都十分发达，且布局较为合理或合理，发展水平较为均衡或均衡，一、二、三产业均衡发展。发展中国家的情况恰恰相反，城市经济较不发达或不发达，城市布局不合理或较不合理，城市发展不均衡或很不均衡，一、二、三产业发展不均衡，第一产业落后于二、三产业。如中国农业人口占一国人口的大多数，二元经济十分明显，农业落后于二、三产业。

是不是中国的城市发展不起来？不是的。中国城市发展一直受到自身制度和政策的限制，得不到有效、快速的发展，甚至使城市的龙头作用展现不出来。因此城市的辐射作用一般不会超出城市郊区的范围，表现的形式是城乡人口超稳定状况。新中国成立以来到现在，我们可以将这种超稳定的城乡经济发展划分为两个阶段。

第一阶段是从中华人民共和国成立之时起到20世纪80年代中期。一步步实

---

① 消费者剩余：指"消费者为了获得一定数量的某种商品（或服务）所愿意支付的最高款额与其实际支付款额之间的差额。就单位商品（或服务）来说，消费者剩余是消费者愿意接受的最高价格与市场价格之间的差额。它被用以测度消费者从消费某种商品（或服务）中所获得的总的净收益。"刘树成主编：《现代经济辞典》，凤凰出版社、江苏人民出版社2005年1月版，第1085页。

现工业化，满足国内的市场需要，并逐步建立较完整的工业体系，某些基础工业部门超前发展。在此种情况下，城市及城市经济都得到了发展，城市人口随之增加，城市不断增多。

第二阶段是从 20 世纪 80 年代中后期至今，消费品生产得到了长足的发展，并出口到世界众多国家，为国家创造了大量的外汇，改善了中国国际收支状况，外汇出现大量盈余。20 世纪 90 年代中后期，部分消费品产能出现过剩，甚至有些消费品出现积压，因此部分经济理论工作者提出中国经济已由短缺经济[1]走向了过剩经济[2]。此时中国人均收入还不到800美元，即使有过剩也是低层次的"过剩"，只是城市居民对大部分家用电器、日用化工、纺织等产品的"过剩"，而广大农民仍然需求不足；其次中国经济的短缺，由以往民用产品的短缺转到高技术装备以及核心技术产品的短缺。

随着消费品工业的快速发展，推动城市经济快速发展。但是城市发展落后于城市经济发展；而城市人口发展还滞后于城市发展。

城市竞争对城市发展的推动作用主要表现在以下几方面：

第一，城市竞争可以实现生产要素的合理配置。今后中国经济社会发展的成败从地域上判断将取决于城市发展的成败，而城市发展的成败取决于城市竞争的强弱。城市之间竞争激烈，生产要素得到合理配置；城市之间缺乏竞争，生产要素得不到合理配置。目前中国城市之间缺乏竞争，各城市均自我感觉良好，夜郎自大，因为在户籍制度的约束下城市人口基本是只进不出，还有大量的人口排在城市大门之外，等待进城。最重要的生产要素配置就是劳动力的合理配置，只要实现了劳动力的合理配置，其他要素也就实现了合理配置，因为其他要素的配置是随劳动力要素的配置而配置。

而劳动力的合理配置就是实现劳动力的合理分工。分工是指"各种社会劳动的划分和独立化"[3]，其目的是要以最小的投入，获得最大的产出，并将分工节约

① 短缺经济：总需求长期超过总供给，社会产品紧缺的一种经济状况。参见刘树成主编：《现代经济学辞典》凤凰出版社、江苏人民出版社，2005 年 1 月版，第 198 页。
② 过剩经济：与"短缺经济"相对，有学者认为存在一个"过剩经济"，即有学者认为，买方市场的出现说明我们经济进入了过剩经济时代，认为我国已经发生了从短缺为经济常态到以过剩为经济常态的转折。参见刘树成主编：《现代经济辞典》，凤凰出版社、江苏人民出版社 2005 年 1 月版，第 414 页。
③ 许涤新主编：《政治经济学辞典》，人民出版社 1980 年 3 月版，第 107 页。

出来的稀缺资源用到经济、社会发展的其他行业中去。

　　一国的分工主要有地域分工、产业分工、行业分工、企业分工和企业内部分工。从一国来看，地域分工是其他分工的基础，只有在地域分工合理的基础上其他分工才能实现合理分工。中国目前由于户籍制度的限制，没有实现地域之间的合理分工，所以产业、行业、企业之间、企业内部的分工在地域上多呈现水平分工，缺乏垂直分工和交叉分工。如果我们实行了劳动力的自由流动，就实现了地域之间的合理分工；在此基础上，产业、行业、企业之间、企业的分工在地域上就多呈现垂直分工和交叉分工，同时也存在一定的水平分工，即实现了合理分工。

　　在实现合理分工的基础上，"大而全"、"小而全"的城市将基本消失，地方保护主义将基本消除，城市将张开双臂拥抱每一个劳动力，产业、行业实现合理布局，劳动力实现了理想的就业。这样，中国的产业链将不断拉长，个人、企业、科研机构将向各个科学技术前沿领域发起强有力的连续冲击，各种产品的核心技术均掌握在内资企业手中，重复引进、重复建设将不复存在，中国内部的恶性竞争将消失，各种生产要素都获得有效配置。

　　第二，城市竞争将给劳动者带来良好的工作环境。劳动者的工作环境包括劳动者的工作手段、工作的方式和方法、工作场所的舒适度和文化氛围等。这些都取决于经济、社会发展水平以及社会文明程度。在劳动力自由流动的社会里，城市竞争十分激烈，一座城市工作环境得不到改善，达不到社会文明程度的一般水平，城市将会面临人力资源的流失，经济社会发展将出现萎缩。在生产要素流失和经济社会发展的巨大压力面前，城市政府将会加强法律、法规和政策的不断完善，督促企事业单位保证劳动者的安全，采用效率高的新型劳动工具，改进工作的方式方法，提高工作的舒适度，进而使城市各行各业的工作环境提高到各城市一般工作环境水平之上，甚至拥有一国最好的工作环境。各城市的不断竞争，将会使劳动者的工作环境不断得到改善，由此达到劳动者满意度更高的工作环境，降低或消除工作安全隐患，进而不断提高社会文明程度。当前和今后一段时间内，我们非常需要城市和区域之间的竞争，努力改善劳动者的整体工作环境，减少甚至消灭工作环境安全隐患给我们带来的劳动力伤亡事故。

　　第三，城市竞争将为劳动者及家庭提供更舒适的生活环境。劳动者 8 小时之外的时间属于劳动者个人及家庭的生活时间。一个城市能否为劳动者个人、家庭生活提供优良、舒适的生活环境，将成为该城市整体竞争力高低的重要指标。2009年中国房地产价格出现大幅度的上涨，尤其沿海各大中型城市上涨最快，从而带动内地大中城市房地产价格的上涨。如果各城市之间存在激烈的竞争，沿海、内地小城市就增强了竞争力，起到了平抑房价的作用；沿海、内地大中城市就会自己作出快速反应，降低房地产价格，增强城市的竞争力。当然涉及人们生活环境的方面还有很多，如教育环境、医疗环境、生活市场环境、娱乐环境、体育锻炼环境、居住整体环境、交通环境、生态环境、治安环境、社会文化氛围等都极大地影响人们的生活环境好坏，都需要城市政府去改善，为城市所有人口提供一个安全、舒适、发展、提高的生活环境。

第四，城市竞争将形成城市发展的强大推动力。一国经济的发展不仅需要企业、行业、产业的发展，还需要城市的发展。因为一个大国（从国土面积、人口、经济总量衡量）的经济发展不可能由少量企业、少数行业、个别产业、少数城市的发展带动起来，必须由越来越多的企业、更多的行业和产业、所有的城市带动起来，这样经济才能长期快速发展。在企业、行业、产业和城市的发展中，企业是经济社会发展的点，行业是经济社会发展的线，产业是经济社会发展的带，而城市是经济社会发展的面，城市必须承载中国经济、社会发展90%—99%的面。多年来我们大力推动小城镇、乡镇企业的发展，使广大农村不仅承载了农业生产和大量人口，同时还承载了大量的二、三产业企业，使农村不像农村，城市不像城市，同时还制约了城市的发展，不仅造成了环境的污染、企业之间空间距离的拉大，还造成了资源的巨大浪费。这是一种最不经济的经济社会发展方式，我们应当在消除城市篱笆的基础上，让城市竞争起来，把散布在广大农村的586万多家二、三产业企业，除了为农业生产服务的企业、行业外，都吸引到城市来，形成中国强大的城市经济中心。

五、城市环境的经济与不经济

1. 城市戈壁的出现

人类自诞生以来经历了约300多万年，而城市的出现，至今也只有约10 000年。但是在这10 000年的发展历程中，城市发展非常迅速，尤其是市场经济生产方式得到确立后，城市更是高速向前发展，将世界 70 亿人口的 58%吸纳到城市工作和生活。所以城市造成的各种污染占到人类对地球污染的 70%以上。

环境污染并不可怕，但是我们必须认识各种污染，并能采取各种有效的方式治理污染。地球自有生物以来，就产生了污染，只不过最初的生物污染物成为地球环境改善的条件。当地球生物规模不断扩大时，比如在白垩纪时代，地球出现了超大型动物——恐龙，它们以自身的存在，对地球造成了巨大的污染，毁灭了地球绝大部分植物，对地球造成了毁灭性的污染，使地球变得干燥、炎热，最终导致了地球气候和环境的巨变，同时也确定了曾经在地球上不可一世的恐龙的灭绝。人类同样是地球上的生物，但人类与地球曾经和现今出现的其他生物不同，具有发达的大脑，能够制造出比人类自身力量大得多的机械设备，并赋予设备一定的人类智能，使之改变地球。人类的活动不论从历史上考察，还是从现实考察，都对地球原有的良好生态环境造成了极大的破坏，尤其是人类的文明—城市的存在就对地球的生态环境造成了很大的破坏。

我们可以这样形容人类现今的城市，人类城市的崛起，就是戈壁在地平线上的突起；城市的发展犹如地球戈壁的不断蔓延，一座座城市就犹如一个个戈壁滩。戈壁滩无非就是砾石、沙粒所覆盖的大地，只有稀少的植被；而城市戈壁都被巨大的水泥块、瓷块、石块、瓦片、玻璃、金属、沥青等所覆盖，少部分地方有些植物，所以我们把城市看作人类创造出的城市戈壁。城市戈壁就是城市环境的不经济。

2. 城市戈壁的防治

城市戈壁比自然界中的戈壁对环境造成的污染要大得多。城市拥有戈壁滩所具有的热辐射和冷辐射。戈壁滩的气温随着太阳的上升也很快上升，随着太阳降落气温也很快下降。所以人们形容吐鲁番的气温是："早穿棉袄，午穿纱，晚上围着火炉吃西瓜"。这是戈壁气温升降的最好写照。以往我们总说中国有四大火炉，所指城市就是南京、武汉、重庆和南昌，其主要原因就是这些城市在夏天不论是白天还是晚上的气温都很高，以致人们不仅仅白天工作时要承受难熬的 40度以上的高温，就是晚上睡觉，由于气温仍然很高，难以入眠。如今这种类型的城市已远超过四个，如北京、西安、合肥、广州、济南、长沙、郑州、安庆、徐州、九江、襄樊、郴州等城市都已步入"火炉"城市的行列，原因就在于城市戈壁在快速发展，进而使长江中下游、黄河中下游、珠三角地区的气温持续上升，夏日里酷热难熬，而且酷热一直延续到晚上，比戈壁滩夜晚的冷意还难熬。

如果再加上水污染、大气污染、声污染、土地污染、光污染等，生活在城市的人们，由于这些污染所造成的恶劣环境使人们生存的成本大大提高了。为了给城市生活的人们提供一个良好的工作和生活环境，竞争中的城市应当为改变城市戈壁做出积极反应。

人类目前在许多地方做着改变沙漠、戈壁的创举，并取得了很大的成绩，积累了丰富的技术和经验。实际上，人类目前更加迫切需要治理城市戈壁。如果我们能将城市环境治理好，就可以减少70%以上的热辐射，光辐射、声辐射也会大幅下降，水污染同样也会大幅减少，土地的污染也可大幅下降。因为人类所带来的这些污染90%来自于城市，而城市又是人类居住相对集中的地方，治理污染相对更容易，并且治理成本也会比分散治理的成本要低很多。

我们可以这样构想，早期人类都居住在自然的岩洞中。他们虽然已是社会化的群体生活，但是他们对自然环境的破坏或者所造成的污染可以忽略不计，原因就在于人类生活在地球表面植被之下，没有对地球表面的植被造成破坏。随着人类文明的进步，加之地球环境的变化，人类开始走出岩洞，建筑自己居住的房屋。最初人类建筑房屋所使用的建材都是自然物，如树木、竹子、树叶、草、泥土等物料。这些建筑材料对自然界造成了一定的破坏和污染，但是相对于人类今天普遍使用的建筑材料来说，就是十分环保的建筑材料。

由于人类无休止的战争以及人口的快速增长，对森林、灌木丛、草地、土地、大气、淡水资源等造成了极大的破坏，加之现代工业迅速崛起以及城市戈壁的快速发展，对地球造成极大的污染，以致地球的臭氧层出现了巨大的空洞，地球的温室效应不断加重，厄尔尼诺现象和拉尼娜现象交替出现，这实际也是地球沙漠化、石漠化、戈壁化的一定反应，使得我们赖以生存的环境变得日趋脆弱和恶化，促使人们思索着地球延续到哪一天就不再适合人类生存，人类面临自己所创造的怪物——恶劣的环境可能吞噬人类自己。

当然，人类目前还没有临近这一天。同时人类的忧患意识已经提醒我们，我们必须采取行动，改变经济、社会发展给人类带来的毁灭颓势。要达到这一目标应当怎样做呢？很简单，我们必须扩大地球的植被覆盖面积、增加植被密度。有人会说地球都让农田和城市占领了，绿地面积越来越少，已无法扩大地球的植被面积。其实不然，人类今后完全可以将城市隐藏在绿色植物之下。比如说我们可以立法规定城市的建筑物，无论是房屋、道路、桥梁等基本隐藏在绿色植物之下。这样人类城市又回到人类诞生初期的"穴居状态"，即生活在茂盛的绿色植被之下。如果所有城市都能将建筑物、道路隐蔽在绿色植物之下，城市戈壁就会变成城市绿洲，城市的平均气温就会下降4度到7度。

要做到这些，只要我们充分利用当今科学技术成果就可以做到。例如，我们目前可以做的城市绿化环境工作是，让建筑物的墙体、屋顶都披上绿装或隐蔽在绿色植物之下，并利用自然的雨水为其浇灌（全部或大部分植物生长所需的灌溉水源以自然雨水为主）；对道路，不论是公路还是铁路，都隐藏在绿色植物之下，为此我们可以种植高大的乔木，或藤类植物，把道路全部遮蔽起来；对一些大的广场，我们也可以用草地、树荫广场取代水泥或者瓷砖广场。此外我们还应尽量减少大面积的用水泥、瓷砖、石块将土地遮盖，这样做不利于水土保持，相反我们将大地的毛细孔都封闭了，大地成了热导体，使地表温度快速上升；同时这些水泥、瓷砖、石块阻碍了植物的生长，不利于我们为大地换上绿装。

如果我们将城市披上绿色植被，不仅大幅度降低热辐射、光辐射、声辐射，还可以净化水源，吸纳空气中的尘埃，降低噪音，减少土地污染，吸收空气中的二氧化碳，制造氧气，降低城市气温，减少能源耗费，减少污染源，调节大气，美化环境，增加植被覆盖率，并给人类带来新的产业—绿色环保产业，构建城市良好的新生态环境系统，根本改变以往城市发展、戈壁产生的恶性循环路径，为人类城市发展提供一个经济的前景。

第六章
就业与劳动保护

就业①一词牵动着千家万户，牵动着每一个劳动者的心，牵动着企业、社会和政府。当一国实现了充分就业，一国的劳资关系就趋于缓和，劳动保护就到位或比较到位，社会就安定，国家就稳定；相反，当一国没有实现充分就业，劳动者大量失业，劳资关系日趋紧张，劳动保护就存在许多问题，家庭出现不稳定，社会显现乱象，甚至出现动荡。因此就业问题千万不可掉以轻心，问题绝对不能不认识到，解决问题的法律法规和政策不能不到位，只有这样我们才能实现充分就业，进而实现国家经济、社会的稳定发展。

一、就业问题

1. 就业问题的现状

就业问题是中国当前以及今后相当长一段时间内所面临的最大问题，亦是最难解决的问题。这一问题考验政府的执政能力，亦是能否实现发达市场经济国家目标的最主要、最基本的标准。如果政府能够实现劳动力的长期充分就业，劳动

---

① 就业："广义讲，就业指一种生产要素投入生产性活动，并带来要素收入的全过程。狭义讲或通常讲，就业指劳动力得到有报酬的使用，或者有劳动能力并自愿和可以工作的人拥有一份工作。"参见刘树成主编：《现代经济辞典》，凤凰出版社、江苏人民出版社 2005 年 1 月版，第 575 页。此处就业含义为就业的狭义。

力创造的财富就越多，劳动力所获得的收入就越高、越稳定，社会的有效需求也就越大，中国市场也就越大越成熟，中国经济也就会越来越强大。

旧中国留给新中国 4.5 亿人口，中国是当时世界上人口最多的国家；加之中国十分落后，没有什么现代工业，只有一点落后的近代工业散布在几个大城市；劳动生产率十分低下，大量的失业人口造成劳动力严重过剩。新中国成立后，二、三产业得到了快速发展，城市也有了相当的发展，生产方式发生了根本的改变，人民生活水平得到了不断地提高，从而推动了中国人口的快速增长。近些年来，由于我们采取计划生育政策，城市人口出现了低增长或零增长，但农业人口还存在一定增长势头，以致中国内地人口达 13.2 亿，是世界上首屈一指的人口大国，占世界人口的五分之一。在这庞大的人口中，只有 4 亿多人口生活在城市（城市户籍人口），约 8.7 亿人口属于农村户籍人口，形成了 8.7 亿农业人口为 4亿多城市人口提供相对足够的各种农产品，并基本上满足自身对各种农产品的需要。全国城乡就业总人数估计在 8.7 亿左右；其中城市就业劳动力估计在 3 亿左右，而农村就业人口在 5.7 亿左右。

从现实考察，就业问题依然十分严重。如在 20 世纪 80 年代中期到 90 年代后期，我们最担心的就业问题是随着国有和集体企业改革的不断深化，凸现出下岗企业职工的再就业问题。这部分人当时约有 1500 万到 1700 万人。由于政府实行再就业工程，其中大部分人得到了再就业。但到"2009 年 9 月末，全国城镇登记失业人员 915 万人，城镇登记失业率为 4.3%。"[1] 城市新增就业劳动力有"30%—40%的人员属灵活就业，这一群体的社保覆盖面仅占一半左右，另一半没有社保支撑的就业处于不稳定状态。"[2]

到了 20 世纪 90 年代后期，大学毕业生的就业开始出现问题，每年有 10%以内的大学生在当年找不到第一份工作，到 21 世纪初期约有 10%以上的大学毕业生当年找不到工作；到了 2007 年约 20%的大学毕业生在毕业当年找不到第一份工作，2008 年由于金融海啸近 30%的大学毕业生在毕业当年找不到工作，2009 年中国有 610 万大学生毕业，"截至 2009 年 9 月 1 日，高校毕业生的就业

---

[1]　资料来源：《第一财经日报》，2009 年 11 月 6 日，作者：郭晋晖："就业数据继续反弹，大学生就业率达 74%"。中国劳动保障科研网。

[2]　《第一财经日报》，2009 年 11 月 6 日。

率为74%，比去年同期略高一些。"① 从中央经济电台的报道看，2009 年春节期间，某些劳动力就业市场新就业的大学生开出的工资价一般在 1000 元 / 月，这比 2008 年的 1500—1600 元 / 月又下降了很多。每年都有不断增加的大学毕业生在毕业时找不到工作，并沉淀下来，要等到来年再去寻找就业机会，这样势必给来年的就业造成更大压力，使大学生的就业形势变得更加严峻。再加上大学的扩招，今后每年大学毕业生只有增加没有减少，将更加增加大学毕业生的就业难度，并降低他们第一次就业所获得的工资报酬。

此外，中国还有不断增加的农村劳动力就业问题。这部分不断增加的农村劳动力主要是由于城市经济的发展，城市居民人均收入的提高，导致城乡差距不断拉大，促使越来越多的农村劳动力弃农。弃农的方式通常是未婚青壮劳动力外出务工；或农户拥有两个劳动力，一个劳动力外出打工，一个劳动力在家务农；或者全家两个劳动力都外出打工，小孩留给老人照看，责任田留给老人或给他人耕种。外出打工的农村劳动力有 2 亿多。如果城乡差距继续扩大，将会有更多的农民步入打工行列。在这 2 亿多外出务工的农业劳动力中，约有 1.1 亿—1.2 亿被乡镇企业消化；还有约 1.2 亿—1.3 亿被各城市所消化；此外还有 2000 万—3000万劳动力游离在各城市之间，他们没有固定的工作和收入来源，一般在各城市的城乡结合部，多人合租住房，或自己搭建房屋，从事各种临时性的服务性工作，如踩三轮车、开摩托车、开小四轮汽车运货、送人，或做钟点工、打扫卫生、照顾老人、帮厨等，或装卸货物，或从事摩托、自行车修理，或找其他零活，或捡破烂，甚至还有一部分人沦为乞丐等。而 2008 年下半年到 2009 年 1 月底，由于金融海啸的影响，有 2000 多万农民工下岗回乡。"到 2009 年 9 月底，根据国家人社部250 个村庄的直报统计已经返城的农民工达到了 94%以上"②。由此得出在农村务农的劳动力在 3 亿到 3.4 亿。在家务农的劳动力由于只是从事低效经济活动，加之农闲时间太多，充其量只能算半就业。

在如此庞大的失业、待业和半就业劳动力面前，要实现充分就业是十分艰巨的任务。

---

① 《第一财经日报》，2009 年 11 月 6 日。

② 资料来源：郭晋晖"就业数据继续反弹，大学生就业率达 74%"，《第一财经日报》，2009 年 11 月 6 日，中国劳动保障科研网。

2. 就业不充分引发的问题

多层次、多原因、大量、长期的就业不充分引发了一系列的经济、社会、政治、文化问题。

一国经济要达到该国应达到的相对最高经济发展水平，最起码的条件就是实现劳动力的充分就业；没有实现充分就业的经济发展水平肯定比实现充分就业的经济发展水平要低，甚至低很多。

多年来，中国的经济发展都是在没有实现充分就业条件下的经济发展，是一种低水平的经济发展。这种低水平经济发展主要表现在：各省市自治区经济发展十分不平衡，沿海和中部、西部经济之间的差距不断拉大；生产要素，尤其是劳动力资源无法在各地区之间自由流动，无法实现各地区劳动力的合理分工，人力资源存在较大浪费，生产要素无法在全国范围内得到有效配置；经济发展主要依靠增加投资和劳动力投入；以劳动密集型和资源密集型产品为主导，产品技术低、附加值低，与发达国家形成垂直分工格局；加工生产只是走着模仿、授权生产、贴牌生产老路，生产、技术很难有根本上的突破；经济发展处在国家工业化的初、中期阶段，有大量产品出口，对国际市场依赖大；信用经济不发达，企业数量有限，创业者不多，科技水平低或较低，缺乏经营管理人才；企业"大而全，小而全"，各地区重复投资、建设普遍存在；企业得不到合理的聚集，无法形成企业、行业、产业优势；劳动力收入增长缓慢，市场需求有限，国内市场相对狭小，无法形成统一的国内市场，地区之间的市场分割和市场保护难以消除等。此外，长期的非充分就业条件下的经济发展还引发一些社会问题：劳动者颠沛流离，无法安居乐业，家庭动荡不安；各种犯罪，如抢劫、偷盗、杀人放火、黄、赌、毒等有增无减等。

低水平的经济发展表现出劳动力的供给是无限的。因此长期看，劳动力的工资基本是固定的。如果在通货膨胀率较高的情况下，劳动力的实际工资下降，名义工资上涨，尤其是人力资本较低的劳动者实际工资下降比较明显。如四、五年前大学生的初次就业工资还在 2400 元 / 月，2009 年初就降至 1500 元 / 月；1990 年到 2005 年广东农民工的实际工资只增加了 50 元。

在就业不充分条件下，中国国内市场的扩大远低于经济增长速度。经济发展所创造的新价值都到哪里去了呢？首先有很大一部分财富到了投资者手中，近些年来《时代周刊》评论：在世界各国中中国的亿万富翁增长最快，还有一部分财富到了国外投资者的手中；其次一部分财富变成了财政收入，近八年来中国经济增长都在 10% 以上，但财政收入年增长在 20% 以上；最后一部分财富到了企业经营管理者手中，因为有一部分经营管理者在企业经济效益没有多少提高的情况，而个人收入提高较快。这些都影响了中国市场的扩大。在经济高速发展的同时，而国内市场相对缩小，这就迫使我们将新增加的各种有形商品和无形商品推销到国际市场，增加对国际市场的依存度。在金融海啸影响下，各发达国家市场快速萎缩，其他国家市场也出现了一定萎缩，这些都影响到中国产品的出口，沿海地区倒闭了一批企业，一部分外资企业转移到劳动力价格更低廉的其他国家，致使中国出现了约 4000 多万劳动力的失业。相对内地省市自治区影响很小，所以 2010 年解决就业问题主要依靠内陆各省、市、自治区。但是，我们仍然无法实现充分就业。

3. 就业问题的解决

中国就业问题由来已久。当世界史进入近代以后，中国传统的农业生产方式和小富即安的小农经济思维定式，并为延续这种生产和生活方式的制度安排，其结果就是子承父业，多子多福，因此大量繁殖人口。到 1753 年中国人口达到 1 亿人，到 1766 年中国人口达到 2 亿，到 1812 年中国的人口达到 3.6 亿[①]，到 1949 年 10 月人口达 4.5 亿。此时中国要解决劳动力的充分就业已经十分困难，劳动力的过剩已经达到十分惊人的程度，加之这些劳动力都是没有经过任何培训，只会从事传统的农业生产和手工生产，传宗接代的生育思想根深蒂固，以致劳动力的增长一直伴随着中国经济的成长而增长。

第一，政府投资无法实现中国的充分就业。为了解决各个时期劳动力的就业问题，政府都付出了巨大的努力，以致在这种努力的惯性主导下，我们基本习惯于由政府主导解决就业问题。2008 年后期所出现的世界性金融海啸，首先在其始作俑者—美国爆发了金融企业倒闭风潮，进而波及美国的其他行业，掀起了美国的失业潮。这股失业潮很快波及太平洋彼岸的中国。首先受到冲击的行业是中国沿海一带外向加工贸易为主导的制衣、制鞋、玩具、塑料制品、小五金、小家电等行业，导致约 4000 万劳动力的失业，其中大部分是农村入城务工人员。此外中国人民币在美元贬值的推动下不断升值，相反由于国际金融游资等的撤离，

① 资料来源：《人口学基础》，人民教育出版社 1982 年 4 月版，第 338—339 页。

导致中国股市一路下泻，沪指从最高的 6000 多点跌至不到 2000 点的价位；深指则从最高的近 30 000 点跌至最低 6000 多点价位。尤其是标志中国经济走向的工业生产，到了 2008 年的第四季度，出现了增幅迅速下滑的态势。

面对这样的情况，在 2008 年底，中国政府为保持中国经济增长势头，并给不断下滑的世界经济打一针强心剂，提出了 4 万亿人民币的刺激经济复苏计划，各省市自治区为了配合中央的刺激经济计划，共提出了 14 万亿到 16 万亿的经济刺激计划。中国仍然采用以往的做法，即以政府为主导，力求刺激经济尽快复苏。为了配合这一计划的实施，中国政府还推出了系列刺激经济复苏的财政和货币政策，如扩大出口退税的范围，增大出口退税率，降低存款利率，降低银行准备金率等措施，实施一揽子的经济复苏计划。这种刺激经济复苏计划在中国屡试屡奏效，所以到 2009 年春节前后，中国汽车市场首先出现了存货减少，有些汽车品牌甚至出现断供的情况。这种情况也在政府扶持家电下乡的行动中得到再现，以致到 2009 年 2 月的沪深股市开盘以后，出现了连续几日的上涨，尤其是钢铁和能源出现上涨的情况，这给中国 2009 年开了一个好头。

但是自 1997 年东亚金融危机以来，中国也尝试启动民间投资，以求实现用政府以外的方式推动经济增长。但是历经十多年，我们仍然没有看到民间投资主导经济发展情况的出现。

近几十年来政府投资主要集中在以下行业或部门：其一，基础设施部门，如铁路、公路、航道、港口，大型水利枢纽工程，体育场馆、大型文化娱乐设施，大型供电、供水系统，通信系统等；其二，涉及国计民生的战略部门，如国防、能源、战略物资储备、粮食及其他农产品储备；其三，战略经济部门，如金融服务业、大型矿业、钢铁和有色金属业等；其四，农业投资，如水利建设，防护林建设，自然保护区建设和维护等；其五，教育投资；其六，科学技术投资等。除此之外政府都很少进行投资，这也就是说，自经济转型以来政府的投资主要集中在战略部门、基础设施、公用事业等无利可图的部门，对于竞争产业或行业政府基本不涉足，甚至还从许多竞争行业退出。

所以，政府投资所涉及的部门十分有限，只能解决约 10% 的劳动力就业；加上政府公务员，政府所创造的就业岗位不会超过 15%。

第二，外商投资不会解决中国的充分就业问题。近 20 多年，外商在中国的投资十分活跃，建立了大量的外商投资企业。2009 年 9 月 8 日国务委员、国务院秘书长马凯宣布,自中国对外开放以来累计批准设立外商投资企业近66万家,实际使用外资金额累计8990亿美元。这些投资曾经和正在对中国经济发展起到了很大的作用,解决了中国的一部分就业问题。今后我们仍然要不断地吸收外商到中国来投资,弥补我们的投资不足,扩大就业需求。

但是,我们应当清醒地认识到,目前到中国投资创办企业的外商主要利用中国廉价的劳动力,以此增强其产品的竞争优势,获取高额利润。随着中国经济发展,劳动力供给吃紧,或劳动力价格提高,这些外商就会撤离中国,去寻找无限供给劳动力的国家,继续维持或降低其产品的劳动力成本。所以外商投资不会解决中国的充分就业问题。

第三,只有民间投资才能实现中国的充分就业。要从根本上解决中国的充分就业问题就必须充分开启民间投资。自中国推行市场经济制度以来,投资交替以政府投资为主,或外商投资为主,或政府、外商投资为主,而民间投资一直处在从属地位。因此,我们一直无法解决中国的充分就业问题,致使中国经济过于依赖国际市场,生产偏向于劳动和资源密集型产品,产品技术和其他知识产权过于依赖发达国家,收取过低的加工费和税收。

相反,发达国家在较完善的市场经济制度环境下,政府努力建设信用经济,创造良好的投资环境,最大限度地发挥民间投资的主导作用,实现了国家的充分就业。只是在经济出现危机时,发达国家政府才对经济实施干预政策。如2009年奥巴马政府拿出8000多亿美元刺激经济复苏,其中只有1300亿美元由政府掌控,用于公共基础设施建设。其目的是引导民间投资增长,推动经济复苏,重新实现美国的充分就业。从中我们可以体察到,美国政府即使在经济危机时期依然要以民间投资为主,政府投资为辅实现充分就业。

因此,中国要实现充分就业同样必须充分启动民间投资,建立信用经济体系,尽快改善民间投资环境,大力推动民间投资,形成以民间投资为主导,以政府和外商投资为辅助的投资体系,促进经济快速发展,尽快实现充分就业。并在充分就业的基础上,由市场的力量自发地推动产业开发和企业聚集,在市场竞争中形成中国的优势企业群和产业群。

为此,有人可能会指出:中国人穷,缺乏投资资本;发达国家投资者不缺资本,所以他们到中国沿海经济特区投资,超大型项目投资几十亿美元,大项目投资3000万美元以上,中项目投资1000万美元到3000万美元,小项目一般也在 100 万美元到 1000 万美元，投资几十万美元的项目很少。加之他们都有自己的产品、品牌、技术、管理等，中国各经济特区只要筑好巢，搞好相关的投资服务，就只等着收税就行了。

实际上，以往我们的做法并没有错。因为在推行市场经济之初，我们不知道市场经济如何运作，资本从哪里来，技术、管理、信息、产品、品牌等从哪里来。如今我们已走过十几个年头，交了一些学费，透视了其中的奥秘，外商的投资资本并不是他们自己的，都是从金融机构和其他投资者那里筹集或借来的；至于他们所拥有的技术、管理、产品、品牌是他们长期积累的结果；市场是由于有了产品后开拓出来的。所有到中国来投资的外商充分展现了他们最优秀的一面，他们很有头脑，具备天才的经营管理能力，拥有自己的技术、产品、市场等，给我们树立了良好的榜样，我们从中学到很多。如果按中小学 12 年，大学 4 年，我们应该大学毕业了。为此，我们应当重新规划民间投资发展的路径。

其实，到中国来投资 100 万美元以上项目的外商，其投资资金的 99% 都不是投资者本人的，通常他们只是真正投资者的代理人，只是投资的经营管理者，他们不具有投资的真正决策权，决策权属于出资人。投资资金可能由国外的几个出资人合伙出资；也可能是上市公众公司从社会筹集的资金；还可能是银行或银团贷款资金等。如果资本来自美国的投资者，其资本来源就可能是中国用于购买美国国债的资金转化过来的。所以到中国来投资的外商，其投资资金来源于母国的信用，甚至可能是国际信用。这种资本富有实际上是信用富有。

至于技术、产品、品牌、信息、管理、市场等，中国都不缺乏，我们只是缺乏劳动力施展的场所。一个人只是处在打工的位置上，肯定极少思考技术、产品、品牌、管理、信息、市场等问题，所以我们缺乏这些东西。如果我们搭建好信用平台，包括个人信用、家庭信用、企业信用、社会信用、各级政府信用、国家信用平台，将中国的外汇资金、金融机构贷款余额、老百姓手头的闲置资金、国外流入中国的资金、劳动力的巨大人力资本、政府的闲置资金等合计少说也有 40 万亿—50 万亿人民币，多则有 70 万亿—90 万亿人民币，而且资金的雪球会越滚越大。将这些资金用于启动民间投资，今后多年涌现出的创业者所需要的投资创业资本都可以充裕地供给。到那时，各省市自治区将会以吸引内资为主，以吸引外资为辅，外商投资要看是否符合中国产业、环保、市场、人民的需要，不符合的项目就拒之门外，符合的项目就欢迎，改变以往只要外资进来就欢迎的局面。同时，对内开放后各城市都会建设最好投资软硬环境，吸引国内的投资者，鼓励他们创办、发展企业。

如果有 9000 万到 1.3 亿劳动力投资创办企业，中国将会有多少工程师或其他技术人员在研究、开发新技术、新产品；又有多少企业在创造自己的品牌；又有多少人在经营管理企业，创新企业经营管理；又有多少信息每时每刻在流动、在汇集、在散发；又有多少人在开拓市场，创新营销技术和理论；又有多少企业在招工，又剩下多少劳动力可供这众多企业招聘，其结果是必然实现中国的充分就业，最低工资和平均工资水平都会快速提高。如此众多的现代社会经济细胞——企业在强有力地竞争着、发展着，中国的产业聚集、合理化分工、资源合理配置、追求最佳的企业经营效益均在市场的调节下而实现。这样也就可以创造出中国企业经营管理者与外资企业经营管理者同台竞争的局面，充分展现中国劳动力各方面的才能，使他们的主观能动性发挥出来。在这样一种环境下，我们不仅可以留住各种人才，同时还能吸引各种人才回国，甚至吸引外国的高层次人才到中国来。

二、劳资关系及存在的问题

劳资关系，即劳动力与资本所有者之间的关系。在现代经济社会，资方多数情况下并不直接参与资本的经营与增值，通常是聘请代理人对资本进行经营管理，因此，劳资关系转换成劳动力与资本经营者之间的关系。劳资关系是市场经济国家在生产和经营领域最为普遍、最为重要的关系，是市场经济国家永远存在矛盾的关系，同时也是市场经济国家最易爆发冲突的关系，劳资关系处理不好就会引发社会大规模动乱。

1. 农业的人地矛盾

农业人地矛盾由来已久。在原始社会和奴隶社会可耕地表现为无限供给，而劳动力较为缺乏。到了封建社会这种情况发生根本改变，劳动力越来越充裕，耕地变得越来越稀缺。但为了养育不断增加的人口，人们只能从两个方面来实现生存和发展的目标：其一，实行精耕细作，增加耕地的肥力，减少地力的流失，提高耕地的生产率，即单位面积农作物的产出。其二，改良种子。改良种子不是现代农业所特有的行为，自从农业产生以来，人类对种子的改良就从来没有停止过。最初粮食亩产只有几十到一百多斤，到新中国成立前亩产粮食也只有300—400斤。这代表了人类经验农业单位耕地产出的最高水平。

现代农业是从农业机械化开始的。用机械将农业劳动力从繁重的自然农业中解放出来，以便单位劳动力可以耕种更多的农田，提高农业劳动生产率，增加单位劳动产出，创造出更高价值。从农业中解放出来的劳动力从事二、三产业劳动，由此推动社会生产力和劳动力工资的提高。

随着经济社会的不断发展，农业生产机械设备效率的提高，第三产业优质服务的增加，农业劳动力素质的提高，形成了三个产业的良性互动发展。二战后美国、加拿大、澳大利亚、法国、荷兰等国农业的发展就经历了这一发展历程，即单位农业劳动力所占有的耕地面积不断提高，单位土地面积的产出不断增加，单位土地面积的产值也不断增加。所以农业人口在整个人口中所占的比重不断缩小，一个农业劳动力所生产的农产品可以养活约100人，而其余的劳动力都从事高效经济。

在这一发展历程中，发达国家有两种模式：一种是英、法、日、荷发展模式，即国家在大力发展第二产业的同时，从农业中吸收了大量的农业劳动力，为了保证农产品的供给，这些国家不断提高农业的机械化水平，弥补农业劳动力的流失所造成的农业生产能力缺失，从而保障了第二产业和城市的发展。另一种是以美、加、澳发展模式。这种模式的最大特点是，这些国家都拥有大量的闲置土地，但农业劳动力严重不足。随着这些国家工业的发展，城市需要大量的农产品。有需求就有市场，有市场就有投资者投资农业机械化，开垦新的土地，使这些国家的农场不断增多，农场规模不断扩大，进而源源不断地向城市提供大量的农产品，满足城市不断增长的需要。

纵观这两种模式，没有一种符合中国的现实，我们必须走自己的道路，当然可以借鉴这两种模式的成功经验。

在自然经济条件下，中国农业充分发挥了人的主观能动性，精耕细作、改良种子。在这一发展模式下，中国形成了独特的农业——以少量的耕地养活了大量的农业人口。这也是中国最大的问题：人均耕地面积处在世界倒数几位，农业人口众多、基数庞大。1949年中国有4.5亿人，约有4.36亿人口在农村。解放60年来，农业拥有了不少机械设备，只有为数不多的一些国有大农场基本实现农业机械化，其余地区的农业机械基本从事农业以外的生产经营。同时先进农业科技培养出了水稻、小麦、玉米、马铃薯、红薯等主要粮食作物的优良品种，大大提高了单位面积的粮食产量。但是粮食生产的增长，基本上伴随着人口的增长，尤其是农业人口的增长。中国目前有 8.7 亿农业户籍人口。如此庞大的农业人口清晰地告诉所有人，中国仍然是农业国，尤其是农业人口大国，只能是发展中国家。

庞大的农业人口与有限的约 18 亿亩耕地突出了农业的人地矛盾。而我们现行的户籍制度不仅没有缓解矛盾，反而加重了人地矛盾，导致农业劳动力资源大量浪费，生产效率低下，农业绝对人口不仅没有减少，还在缓慢地增长。

人地矛盾导致大量的农业劳动力资源的浪费，农业劳动生产率低下，平均每个农业劳动力所创造的价值只有约 4700 元；农业生产不稳定，某种农产品赚钱大家一窝蜂都去生产，某种农产品不赚钱大家一窝蜂放弃生产；农业生产波动大，挫伤了农民的生产积极性；还引发了"三农"问题，造成了可持续发展环境的极大破坏，土地沙漠化、石漠化、荒漠化速度不断加快；还引发了一系列的社会、政治问题等。

这实质就是农业中的劳资矛盾，转化为人地矛盾。

2. 城镇的劳资关系

城镇的劳资关系十分复杂，不同企事业单位劳资关系表现出不同的特点。

国有企业的劳资关系，由于企业的资本属于国有，不论是国家所有的国有企业，还是地方、部门所有的国有企业，企业资本最终都属于国有。所以企业经营管理班子的任命主要由政府的组织部门或人事部门任命，企业所有正式职工均属国有企业职工。但自 20 世纪 90 年代中后期改革以来，所有员工（不包括企业经营管理班子成员）都与企业经营管理班子签订劳动合同，合同一般分为无固定期限劳动合同和有固定期限的劳动合同。无固定期限的劳动合同只需签一次，只要企业存在，劳动合同一直具有法律效用，职工不会被辞退，企业中层干部、技术骨干以及老职工（50 岁以上）签订该类合同；有固定期限的劳动合同，一般有效期为 5 年。

自从国有企业推行公司制改革以来，各级政府都赋予国有企业更大的经营自主权，并赋予国有企业所属政府有关职能部门一定的监督、管辖权限，如财政、税务、国资委、组织部、人事局、纪委、监察等都有一定的监督、管辖权。

由于国有企业的经营管理班子依然保留一定的行政级别，政府官员与企业领导可以互调，故此国有企业领导班子依然是以行政级别作为任免的依据，很少同企业的经营绩效挂钩。国有企业经营管理班子的一把手就是企业董事长，或董事长兼总经理，或党委书记兼董事长，或三职全兼。一把手除对企业班子成员不具有生杀大权外，对企业的中层、中层以下的职工均有生杀大权，加之中层以及中层以下的职工对企业经营管理班子基本没有任何监督权，所以就形成了国有企业职工对领导班子，尤其是对企业一把手的依附。其表现就是职工不会向上级提出不同的意见，哪怕执行了错误的经营管理决策；加之职工担心提意见会招致打击报复，因此在自己利益无损的情况下，通常都会采取漠视的态度，以维系管理者和被管理者之间的关系。

公众公司受到较规范财务制度的限制，企业拥有大量股东的监督，加之证监会以及其他方面制度的约束、监督，情况远比国有企业要好。股份制企业的经营管理班子是由董事会聘用，聘不聘用，聘期的长短，聘用期待遇的高低等都与被聘用者的知识结构、素质高低、能力强弱，尤其是企业经营业绩的好坏，企业发展状况等直接有关。如果企业经营管理者在以上方面都表现十分优秀，其聘用期就越长，个人所获得的待遇就越高；相反，如果企业经营管理者在以上各方面均表现不出优秀的品质，其聘用期就越短，个人所获得的待遇就越低。因此企业经营管理者为取得最佳的经营业绩，通常都会认真地聘用企业所需要的各类人才，认真定岗定职，督促企业全体员工认真完成各自的生产经营任务，以此来实现企业经营管理者的年度目标和长远目标。所以股份制企业，管理者和被管理者之间的关系是同盟关系，各自的利益目标和企业的整体经营业绩捆绑在一起。

国有企业、股份制企业的劳资关系都出现了关系的转化，资方的利益出现了弱化的趋势。尤其国有企业表现最为突出，即资方的利益在企业经营管理的前期、中期体现很少，只在后期才有所体现。因为只有在一年或几年的经营管理结束后，才有一次不太规范的审计。企业盈利了，按章给企业经营管理者提供奖励；企业亏损了，该发的工资奖金都已经发放，最终只是政府承担亏损，企业经营管理者仍然可以续用，或调入政府部门、事业单位任职。所以国有企业劳资关系就转换成企业中下层职工与企业经营管理者之间的关系。这种关系除前述的一定依附关系外，近10年来出现了经营管理者与中下层员工工资档次不断拉大的趋势，差距由以前3倍扩大到20至100倍。

股份制企业除要维护资方利益的同时，还要维护经营管理者的利益，所以劳资关系表现为双重性。一方面是劳方与资方的关系。这种关系主要表现为企业经营利润以红利的形式派发给各股东，资方通常情况下都能认真履行资本监护人的职责；而劳方在日常的生产经营中，必须维护资方的利益，即保证资方的最大利益。另一方面是劳方与经营管理者的关系。现代企业不仅仅是资方要获得红利，企业经营管理者的才能属于人力资本，拥有人力资本的经营管理者在获取与一般劳动者一样的工资收入外，还要获取人力资本创造出的利润。

在 20 世纪初以前，企业经营管理者主要凭借经营管理经验对企业进行经营管理，体现不出企业经营管理者的特殊才能。此后，世界经济、世界市场基本形成，资本主义经济危机已从各国的经济危机扩展到整个资本主义世界。在每次世界经济危机中，各企业为了生存和发展都积极寻求尽快度过或避开危机的方式方法，为此在 20 世纪初美国的泰勒提出了企业经营管理的理论——泰勒制①。该理论推动了企业经营管理从经验式经营管理向科学经营管理过渡。自此企业经营管理科学步入快速发展的轨道。二战后经济全球化步伐不断加快，国际分工、世界市场不断扩大，企业竞争日益与世界经济紧密关联；加之企业的生存和发展与企业经营、计划、监督、营销、发展战略、行为、信用、文化、工资、分红、管理制度、产品研发、投资、兼并等密切相关。企业经营管理者的好坏直接关系到企业的生存和发展。一位优秀的企业管理者，可以促使企业在激烈的市场竞争中，甚至在企业处在危机的逆境中，增强企业的竞争力，使企业不仅可以生存下去，并使企业获得丰硕的经营业绩；而一般的企业经营管理者只能使企业在激烈的竞争中获得有限发展；差劲的企业经营管理者使企业陷入困境、或破产。

在当今世界经济中，每一个市场经济国家都拥有众多的企业，而每一家企业都在经济全球化的背景下，面临着激烈的生存和发展竞争。在这样一个生存和发展环境下，企业都祈求生存和发展，都猎取优秀的企业经营管理人才。优秀的企业经营管理人才成了稀缺资源。

---

① 泰勒制：是泰勒（Taylor, Friedrich Winslow, 1856—1915）所创立的，"从工作定额原理、刺激性付酬制度、计划职能与执行职能分离等方面阐述了怎样通过对时间的利用和对工人的劳动动作进行系统的研究，来达到提高劳动生产率的目的"。参见刘树成主编：《现代经济学辞典》，凤凰出版社、江苏人民出版社 2005 年第 1 版，第 978 页。

不过，任何一家经营业绩优秀的企业，或很优秀的企业，其经营业绩是该企业众多生产要素，首先是企业全体员工共同努力的结果，当然也包括企业经营管理者个人才能的充分施展。但在实际计算这部分业绩时，企业经营管理者往往把这些业绩的大部分归入企业经营管理者，尤其归入主要经营管理者的业绩中。而这种做法的始作俑者就是美国华尔街的金融家们。

美国华尔街的金融家们，在 20 世纪 90 年代自由市场经济思想支持下，创造出了一个硕大无比的泡沫经济，塑造了美国历史上最大的神话——华尔街的金融家们可以使美元变成更多的美元。其做法就是将美元资本投入最为赚钱的产业、或者行业、或企业中（这其中有相当一部分是投入发展中国家的朝阳产业），而将"夕阳产业"的资本抽走，并使这些产业（主要是劳动密集型、资源密集型行业，甚至部分低回报的资本密集的行业）转移到新兴工业国家或发展中国家。但是在货币资本积聚到一定程度下，这部分流动性极强的货币资本，就在世界市场经济所能涵盖的范围内，寻找一切有利可图的营生，而不论这种营生是有背道德，或不背道德，因为没有相关国际法律法规对这些营生加以限制，即使某些国家深受这种营生之害，只要这种营生在经济大国中没有获得一致认可违反国际法则，这种营生就被认为是合法的。所以在 1997 年的东亚金融危机中，美国的对冲基金①狙击了日本、韩国、泰国、香港等国家或地区的货币或证券市场，引发了东亚金融危机。当然在此次的狙击活动中，获利的金融企业是美国的对冲基金，破坏了东亚、东南亚众多国家或地区的经济。中国虽然没有遭到美国金融企业的直接狙击，但是东亚金融危机给中国经济的正常发展造成了严重的影响，使中国出现了 5—6 年的通货紧缩，迫使中国政府推行了多年的刺激经济发展的政策，才使中国经济重新步入正常的发展轨道。相反，美国许多金融企业则在东亚金融危机中攫取了大量的利润，从而大大提高了美国资本的回报率。美国金融企业的损人利己行为遭到受害国家和地区的一片指责，但美国政府并没有给予他们

---

① 对冲基金：又称"杠杆基金，"是"以套利方式进行投资的一种基金。现代对冲基金已不仅是一种避险保值的保守型投资基金，而且发展成为一种基于最新投资理论和基于极其复杂的金融市场操作技巧的投资方式。在广义上，专门利用衍生金融工具如期货、期权等买卖的基金也属于对冲基金，因为衍生金融工具是以保证金方式买卖，形式上同套利相似。这种基金的特点是利用杠杆原理运作资金，以求达到本小利大的目的，但潜在风险也很大。"参见刘树成主编：《现代经济辞典》，凤凰出版社、江苏人民出版社 2005 年第 1 版，第 260 页。

任何责难，并在金融企业狙击香港和俄罗斯失手时，美国政府反而给予失手金融企业 36 亿美元补贴，以弥补金融企业的巨额亏损。

美国对冲基金的经营方式是建立在美国国内金融衍生信用的基础上，在世界范围内随时狙击、击垮目标国的金融防御体系，并且满载而归。当然不可否认，对冲基金所狙击的目标国金融体系肯定存在一定问题，如货币价格泡沫过大，或股票价格泡沫过大等，可谓是苍蝇不叮没有裂缝的鸡蛋。但是不可否认的事实是，如果没有美国对冲基金的狙击，那些存在这样或那样金融问题的国家或地区，可以通过市场或政府的调节，完全有可能降低甚至消灭金融泡沫所造成的风险，避免泡沫爆炸给本国或者本地区经济带来的巨大损失。而美国对冲基金的狙击行为使这种潜在的风险变成现实的危机，造成巨大的损失，使受害国家或地区更加难以控制危机所带来的危害。

而美国的金融家们，却把从他国或地区攫取的高额利润作为自己获取高额报酬的依据。时至今日，美国国内似乎并没有看到对冲基金这种损人利己的行为不仅是针对世界其他国家或地区，而是缘于这些金融企业在美国无拘无束的信用扩张，新的金融工具不断衍生，其做法是在严格意义上的对内信用评级放宽条件，以致给予那些寻求房贷的低信用获贷者获得高一级、或多级的信用评估等级，并将这些低等级信用获得高等级信贷的客户打包转卖给其他金融机构，当然也包括美国以外的金融机构。在积聚大量的低等级信用客户的同时，终于引发了美国的"次贷危机"，即美国一大批低等级信用客户出现了信用的断裂，他们无法按时支付他们所获得的高额贷款，引发了美国的金融海啸，促成了二战以来最严重的经济危机。在这种情况下，超大金融机构出现了历史上第一次向美国政府申请援助，但同时又在合法外衣的掩盖下，金融高管依然拿取高额的报酬，这不仅引发了美国国会的激烈辩论，更是激起了美国纳税人的反对。这种反对主要是针对金融高管不顾企业死活，仍然将纳税人所交纳的税款转化来的政府扶植资金用来发放不切实际的高额红利，以致出现了美国历史上一位刚上台的总统——奥巴马颁布政府对金融企业高管的限薪令。限薪令规定美国金融高管年薪不得超过 50 万美元，以平息美国人民的不满。从这一事实看出，金融高管的高工资、高红利是没有科学依据的，这种高薪只是建立在低信用，透支国家和人民信用的沙洲之上。引发的危机只能是国家、全民信用的破裂以及金融海啸，让美国及全世界都来承担美国华尔街金融家们所吹嘘的美元变成更多美元的恶果。

而美国经营管理者的高回报却引领了全球众多经营管理者的高薪，以致在过去的十几年里，美国出现了贫富差距拉大的情况，而世界各国同样也出现了贫富差距拉大的趋势，世界变得动荡起来，人们变得浮躁起来。鉴于此，世界各国都开始对经营管理者的高薪加以限制。

在美国华尔街神话破灭的同时，美国金融界的旷世奇闻不断，尤其以美国华尔街的金融诈骗犯——麦道夫、鲁斯纳克的金融欺诈，使他们摇身一变成为华尔街的巨富。包括在 2008 年初，中国股市创造历史最高点时，由美国的所谓金融大家在中国放出的空气球："中国股市还可以再涨五十年"。不到半年时间，沪指在 6000 多点出现了崩盘，一路狂泄，最低跌破 2000 点大关，以致到 2010 年 4 月股指才恢复到 3100 多点。这些告诉市场经济体的"经济人"们，市场经济在个人欲望、利益的驱使下，时刻都可能出现这样或者那样的泡沫，而这些泡沫的破裂将会对各个国家的经济造成不可估量的破坏和损失。

因此对企业经营管理者损害人民、国家、他国、他人的经营管理行为，并由此获取的企业利润以及个人的高报酬，全世界各个国家和地区都应当立法禁止；再出现类似情况，应予以严厉打击，防止再次出现养痈成患的情况。

外商投资企业中，由发达国家、还有部分中等发达国家和发展国家的投资者所投资的外商投资企业的劳资关系比较符合《中华人民共和国劳动法》的规定，企业能够较为严格地按劳动法的规定处理劳资关系，所以劳资之间的矛盾较少，即使有矛盾一般都能通过法律的手段得到较好的解决，基本没有留给中国政府太难以处理的劳资矛盾。

存在较严重或者很严重劳资矛盾的企业是来自某些发展中国家和中等发达国家或地区的外商投资企业，以及中国的一部分私营企业。这些企业存在的劳资问题主要有以下几方面：

第一，不遵守《中华人民共和国劳动法》所规定的劳动时间。这部分企业一般都存在强迫劳动力超时工作。劳动力通常一天要工作 12 小时或 12 小时以上，有些企业甚至强迫劳动力一天 24 小时都在工作。在企业任务紧迫时，强迫劳动力一连多天连续不间断地超时工作，严重损害了劳动力的身心健康，有些甚至夺走了劳动者的生命。

第二，企业投资者随意克扣劳动者的工资，或者逃逸不付给劳动者工资的情况时有发生。这类企业克扣员工的工资的方式方法很多，如押金克扣、次品（无法避免的次品）克扣、多扣餐费、多扣住宿费、乱扣暂住费、多扣休假费、乱罚款、拖欠工资等等；至于企业经营不善，或是企业经营期满停业，许多不良企业主违法逃逸，不付给工人工资的情况时有发生，尤其在2008年下半年爆发金融海啸后，这种情况发生率很高。

第三，资方不与劳方签订劳动合同，逃脱为工人购买医疗、养老和失业保险的责任。这种情况在上述企业中普遍存在，甚至在国有企业、股份制企业、政府部门都存在这种情况。更有一些恶劣的企业主，钻法律的空子，规定每个受雇佣的工人都必须在企业中有3—6个月的试用期，或者实习期，只有在试用期过后才签订劳动合同，但是这类企业根本就没有受雇期超过三个月或者六个月的工人，通常让这些新雇来的工人在极为恶劣的工作环境下，超强度、超长时间劳动，使他们无法忍受，最终在试用期满之前主动提出辞职，从而躲避购买"三险"。

第四，随意打骂、体罚职工，严重侵犯人权、侮辱人格。有部分企业，为了从劳动力身上榨取更多的利润，在厂纪厂规的苛刻要求下，为了达到榨取利润的目的，对劳动者经常辱骂、体罚，甚至殴打，严重侵犯了劳动力的人权，侮辱了劳动者的人格，实质就是奴役工人。

第五，降低劳动安全保障。各种死亡、工伤、职业病频繁发生，使安检部门人员疲于奔命。近些年来，山西、河南、陕西、内蒙古、广东、湖南、黑龙江、四川等地区的矿难层出不穷，少则伤亡几人，多则几百人；各种工伤、职业病都呈快速上升趋势。劳动者为了维护自身权益，工伤或职业病者许多只能自己出钱去证明，河南甚至出现自费打开胸膛验证尘肺的人间悲剧，而有关职业病防治中心还出现不作为、作假证的情况。这些让劳动者寒心。

第六，黑企业奴役劳动者。黑工厂、黑矿山对骗取或强迫来工作的劳动者实行奴隶般的压榨、剥削。

第七，雇用童工。中国是一个劳动力过剩的国家，但有许多企业仍然大量雇用童工，摧残他们的身心，极力榨取他们剩余价值。

以上是中国劳资关系中所存在的严重问题。存在这些问题的企业不仅严重违反了《中华人民共和国劳动法》，同时都存在对工人的残酷剥削、欺诈和压榨。这种情况的长期存在不仅严重毒害了中国的劳资之间的关系，也将民众分为剥削者和被剥削者，加剧了劳资关系的对立。这些年来，中国劳资关系中的对立关系从相关的劳动保障、工会或地方综合报纸中看到工人为讨薪自杀的案件几乎是不绝于这些报刊；同时企业主由于欠薪而被杀的情况也时有发生。这些情况的出现，我们必须引起高度重视。因为这些现象已不是个别企业存在的现象，而是在中国内、外私营企业中较为普遍存在的问题，这不仅影响一部分私营企业的生存和发展，同时劳资对立关系发展到一定程度就会引发严重的社会问题，导致国家的动乱。我们应当防患于未然，将问题解决在萌芽状态。

3. 劳资矛盾产生的原因

一部分私营企业、外商投资企业，少数国有企业、集体企业、股份制企业等存在上述严重的劳资问题。究其原因，我们认为主要有以下几方面：

第一，过于看重资本在企业中的作用。在生产要素中最重要的生产要素是人不是资本，这点每位懂点经济学的人都知道。但是在中国对此问题的认识上恐怕并非如此。因为中国是一个名副其实的人口大国，拥有13亿多人口，不缺乏劳动力，而是缺乏资本。为此，在市场经济的发展道路上我们经历了一段实物资本和货币资本的积累时期。这一问题的解决主要得益于经济发展，资产的产权化，老百姓的勤俭节约——高储蓄率，外资的进入。时至今日，中国已不缺资本，拥有近百万亿人民币的实物资本和货币资本。我们最缺的是各类人才，以及能让这些人才充分发挥作用的市场经济制度供给。

第二，户籍制度下的地方保护主义。在现行户籍制度下各地方的政策都是保护主义政策，对本地或本城市的劳动力实行相应的劳动保护，对非本地区的劳动力则没有按相关法律法规及政策予以保护，如优先招本地待业者就业；对外来劳动力实施登记，征收赞助费、暂住费等。在实际操作中，各地对本地企业采取保护政策，对本地企业在劳资关系上的违法行为，往往是睁一只眼闭一只眼。这种做法助长了违法行为的蔓延。

第三，企业太少。

第四，劳动力充足。在劳动力充足条件下，诱发一部分经营者钻法律的空子，以试用为借口，加大对劳动力的盘剥、压榨。

第五，资方处在强势地位，劳方处在弱势地位。资方在资本、社会关系、社会地位、社会影响等方面处在优势地位，同时又处在企业规章制度的最终解释权地位；相反，劳方一盘散沙，缺乏金钱优势，缺少社会关系，基本处在单个自然人状况，缺乏相应的社会影响，在劳资关系上处于被动地位，尤其在就业困难的情况下，他们更怕失去就业机会，所以他们基本上采取忍让的态度。劳方的处事态度及做法更加助长了资方在劳资关系上的违法行为。所以劳方展现出的面貌是被动劳动，缺乏主动性，尤其缺乏主观能动性，更不具有创造性，这些都是中国劳方被剥削、被压榨的现实所造成的。

三、劳动保护

劳动保护是"为了保护劳动生产者在生产劳动过程中的安全和健康，从法律、技术、设备、组织、制度和教育等方面所采取的综合措施。劳动保护主要是由安全管理、安全技术和工业卫生三个部分组成。……劳动保护的目的是为劳动者创造安全、卫生、舒适的劳动条件，预防工伤事故和职业病的发生，实现劳逸结合，保证劳动者的休假时间，限制加班加点，使劳动者保持持久地劳动能力和旺盛的劳动精力，促进社会生产力不断发展"[1]。劳动保护是市场经济国家经过几百年的不断探索、总结做出的制度选择，是为了充分发挥劳动力创造财富积极性，发展经济，保障社会稳定做出的制度安排。

1. 劳动保护的意义

自1994年中国确定建立社会主义市场经济制度以来，就十分重视加强劳动保护，制定了一系列的劳动保护方面的法律法规及政策，如《中华人民共和国劳动法》，儿童妇女保护法规，公平竞争、公平就业法规，卫生法，最低工资保障条例，劳动者劳动时间限定和节假日休息等。这些制度政策在劳动力的就业中不能说没有起到相应的作用，至少在大部分国有企业、股份制企业、发达国家投资者所投资企业，部分私营企业、合资企业、其他外商投资企业都能认真执行国家有关劳动保护的制度和政策，并且有些企业做得十分优秀。

在这些企业之外的企业就没有认真执行国家相关劳动保护的制度和政策，而是采取违法行为对劳动者实行剥削，甚至残酷剥削。当然这种现象并不是中国独有的，每一个市场经济国家在其工业化的初期都普遍存在这种现象。但是这种现象已被发达国家所摒弃。中国虽然仍处在市场经济发展的初期，但人类对劳动保

---

① 刘树成主编：《现代经济辞典》，凤凰出版社、江苏人民出版社 2005 年第 1 版，第 622 页。

护的认识已有几百年，并且马克思早在十九世纪中期就对这种资本主义早期的血汗工资制度和对工人的残酷剥削，在其《资本论》以及其他著作中给予了深刻的分析、无情的鞭笞。中国属于社会主义国家，即使我们现在实行市场经济制度仍然要认真履行国家对劳动力的保护职责，这关系到每个劳动者的切身利益，同时也关系到国家、民族的整体利益。我们都是劳动者，我们不能让这种资本主义市场经济制度确立初期的行为在现代社会主义市场经济中存在，影响我们的思想和行为。那样做的结果就会危害国家和民族利益，丧失政府信用等。

企业的这种行为仅仅维护了投资方和经营管理方的利益，剥夺了广大职工的利益；地方政府采取的维护资方和经营管理方利益的做法，实质是维护了地方政府的税收。企业的行为丧失了资方和经营管理者的人格、人性，以及企业的信用，是违法行为，树立了自己的对立派；地方政府的行为则丧失了地方政府的信用，是饮鸩止渴，丧失了人心、民心，留下的后患是社会的对立、不安定。

在市场经济制度转型过程中，各国都或多或少地出现了剥削情况。

在中国，部分企业的剥削不断加深，工人的过劳死亡不断增加，安全事故伤亡工人不断增多，健康卫生引发的工人职业疾病快速增加，职工杀死企业主情况的出现及增多，工人以自杀相威胁争取要回自己工资情况的此起彼伏等。这些均预示着劳资关系的对立或矛盾的激化；社会群体事件不断出现，均告诫我们经济社会出现了不稳定因素。为此我们应当防患于未然，尽早行动起来，借鉴以往成功经验的同时，也吸收发达国家在解决这类社会矛盾所采取的各项有效措施，将矛盾解决在萌芽状态，防微杜渐，避免劳资矛盾引发社会问题，推动中国经济、社会长期稳定发展。

要真正做好劳动保护工作，首先就必须实现中国的充分就业。市场经济国家实现充分就业就是最重要的劳动保护方式。一国如果长期实现不了劳动力的充分就业，仅仅只是采取措施维护劳动者的权益，那种做法只能是事倍功半。因为这样做的结果只能是花费了很大的力气，劳动者权益只能维护一部分或者大部分，原因就在于已就业劳动力总是受到众多还没有就业劳动力的竞争，他们在就业时不可能提出太高的要求（除了稀缺的人力资本），而在不良的企业主或经营管理者面前，通常会丧失一部分法律所赋予的权益，否则他们的职业岗位就有可能会被要求自身权益更低的求职者所取代，尤其是那些具有相同人力资本，或拥有更高人力资本的求职者所取代。因此实现充分就业是中国加强劳动保护的最重要、最主要的任务。

在实现劳动力充分就业的情况下，不断地提高劳动力的收入水平，以及中国人均收入水平，使劳动者缴纳得起养老、医疗、失业保险，实现绝大部分劳动力的社会保障，甚至全体劳动力的社会保障，降低政府的负担。

做好劳动保护工作的现实意义主要表现在以下几个方面：

第一，劳动保护维护了国家赋予劳动者的劳动权利。中国是社会主义国家，政府坚决实行劳动保护，严厉打击一切违反劳动保护法律、法规和政策的人和事，维护和树立劳动者的公民权，使他们具有国家的认同感，坚定劳动者的爱国之心，这是中国最大的民心工程，是功在当代，利在千秋的工程，是实实在在的民生。

第二，劳动保护保护了劳动者的劳动热情。在劳动者的劳动得到有效保护时，劳动者不仅会保持高涨的劳动热情，同时就会爱护他们所创造的一切，保护他们所创造的一切，更加不会破坏他们所创造的一切，也不会浪费他们所创造的一切，这对国家、社会、企业、家庭、个人都是最有利的。

第三，劳动保护维护了劳动者的人格。劳动者的人格是神圣的，它包含三方面的含义："①在伦理学上，指道德上的权利和义务的主体。每一个人都有人格和个性，通常又指个人的道德品质。②在心理学上指人的性格、气质、能力等特征的总和。③在法律上，指作为权利义务主体的资格"①。当劳动者的人格得到了认真、很好的维护，劳动者的权利就得到了保护，劳动者就会义无反顾地履行他们对国家、社会、企业、家庭乃至个人的义务，否则就会形成对立。

第四，劳动保护提高了劳动者的主观能动性。市场经济制度之所以能够取代自然经济制度，其原因就在于市场经济制度给予了每个劳动者自由的劳动权利，劳动者在得到社会关心和帮助下充分发挥自身的劳动能力，这种能力包括劳动者的体力和脑力，不仅为自己创造了财富，同时也为社会创造了财富；不仅实现了个人的价值，同时也实现了社会的价值。中华民族是勤劳的民族，应当把他们无穷的聪明才智发挥出来，这样国家、社会、企业、家庭、个人都会得到他们创造出来的无穷财富。

第五，劳动保护维护了国家的尊严。当劳动力得到了有效的保护，劳动力的

---

① 宋原放主编：《简明社会科学词典》，上海辞书出版社 1982 年 9 月版，第 17 页。

工作环境就得到改善，劳动力的生存环境也有了保障；这样无论内资企业还是外资企业都会自觉地维护劳动力的权益；劳动力就会自觉地维护国家的尊严，反抗任何违法的劳动；劳动力身心健康，就不会出现外流。

第六，劳动保护保护了千百万个家庭。家庭是国家、社会最基本的细胞，在劳动力公民权没有得到保护之下，农村千百万家庭都是破碎的家庭，城市也有一部分破碎的家庭，劳动者的家离自己工作之地千山万水，家里只有留守儿童或老人，或二者兼有，或两地分居，临时的家只有劳动力。这种情况是小家在被迫的环境下为了企业，为了他们所建设的城市，为了社会，为了国家舍弃了小家。但是城市只给了这些劳动者一个"农民工"或"外来工"的头衔，没有给他们完整的公民头衔。结果许多家庭破裂，同时也给我们的后代留下了众多不良的阅历，这将给我们的社会带来无穷的后患。如果我们兑现了劳动保护，破碎的家庭大部分就会消失。

第七，劳动保护维持了中国的长治久安。劳动保护就会将许多社会矛盾解决在萌芽状态，社会就不会出现长期积压的对立情绪，避免矛盾的激化。

第八，劳动保护可以基本消灭中国的城乡、地区差别。中国的城乡、地区差别都已到了不得不消除的时候，如中国的城乡差别平均在3.31∶1，地区差别（东西中比较）亦在3∶1。这是中国现实的问题，应当尽早解决，否则问题积压越来越多、越来越大。因为劳动力的自由择业、自由创业、自由流动、自由居住就会促使劳动力从落后产业、落后地区迁移出来，推动产业升级，促进城市发展，提高全社会生产力发展水平，增加劳动力收入，由此消灭城乡、地区差别。

第九，劳动保护可以促进中国劳动环境、市场环境和投资环境的改善。劳动保护，劳动者就享有自由流动、自由择业、自由创业、自由居住的权利，那些地方劳动环境好，市场环境好，劳动者的工资收入高，生活便利、安全舒适就会吸引更多的劳动力到那里创业和就业，那些地方的经济就会快速发展起来。而落后地区就必须改善劳动、市场和投资环境，劳动者才会到这些地方创业、就业，为此地方政府就会努力创造良好的劳动、市场、投资环境，防止某些地方、部门官员的腐败、违法。

第十，劳动保护可以推动中国经济持久发展、市场不断扩大。劳动保护有效到位，将促使所有拥有劳动能力的劳动者热爱自己的工作，努力创业，钻研科学技术，提高个人的人力资本，不断为社会创造更多的财富，解放低效经济劳动力，提高个人收入，不断扩大中国市场。

第十一，劳动保护可以扩大就业，提高劳动者的工作热情，大幅降低各类犯罪。劳动者在拥有完全人格的情况下，才会拥有工作热情，并吸引其他有劳动能力的人去从事对国家、社会、企业、家庭、个人有益的劳动，这样社会人口中参与黑社会、赌博、贩毒、吸毒、杀人、贩卖人口、抢劫、卖淫、偷盗的人就会大幅降低，整个国家的经济、社会环境都会得到净化。

第十二，劳动保护可以实现中国各民族的大融合。中国是一个多民族的国家，在户籍制度的限制下，各民族人民的融合十分缓慢，以致各地区分立出不同的民族、语言、风俗习惯、方言等。我们应当在市场经济制度下，消除或基本消除这些分立，实现中华民族的大融合。

第十三，劳动保护可以实现社会劳动分工，资源合理配置。劳动保护实现劳动力的自由流动、自由择业、自由创业、自由居住，各类稀缺资源都流向优势地区、产业、行业或企业，形成合理劳动分工，资源优化配置，消灭"大而全、小而全"资源配置，减少浪费，发展现代服务业，推动国民经济协调平衡发展。因此，劳动保护意义十分重大，我们必须做好劳动保护工作。

劳动保护是多层次的，我们必须将其厘清。在我们看来，劳动保护的第一层面就是对劳动者各项权利的保护，即对劳动者公民权的保护。中华人民共和国宪法赋予人民的公民权包括劳动者的自由流动权、自由择业权、自由创业权和自由居住权。欧盟现有 27 个成员国。欧盟之所以能够不断扩大，并将 27 个成员国保持在一个共同体内，关键就是各成员国的多数人民支持加入欧盟。人民之所以支持本国加入欧盟，最关键的一条就是欧盟给予各成员国人民自由流动、自由择业、自由创业、自由居住的权利。这四项权利将欧盟 27 个经济发展水平不在同一水平上的各国公民全部放到了同一起跑线上，每个劳动者在这样一个大市场环境中，可以自由流动、自由择业、自由创业、自由居住。这也是发达市场经济国家公民权的最基本权利，同时又把不那么发达的市场经济国家的劳动力、人口全部包容进去，扩大了欧盟、扩大了市场。这样做对个人、家庭、企业、社会、国家、欧盟都是十分有利的。中国已经到了消除地方保护主义，铲除地方篱笆，调动地方积极性，统一国内市场的最关键时期和最好时机。要把握好时机，只要将宪法确定的公民权真正赋予公民。这样做可以增强中华民族的凝聚力和自豪感，国力也将壮大十几倍、几十倍。

　　劳动保护的第二个层面就是依据法律法规和政策，保护公民的各项权益，严厉打击一切违反劳动保护的人和事。

2. 充分实现有效的劳动保障

　　当前和今后中国的劳动保障主要包括三个方面：劳动者的养老保障、医疗保障和失业保障。这三个保障相对应的制度就是养老保险制度、医疗保险制度、失业保险制度。要兑现劳动者三项保险（以下简称"三险"），劳动者就必须拥有较稳定的基本收入，而要有收入就必须就业，所以劳动者的就业是兑现"三险"的基础或前提，否则就无法真正保障劳动者的"三险"。劳动者的"三险"保障主要存在两个方面问题：一是资金来源问题；二是养老服务体系问题。

　　从资金来源看，由于资金来源十分有限，所以引发了一系列的问题。

　　问题一：中国"三险"覆盖面十分有限。这一点是众所周知的。劳动力中约31%的劳动力拥有"三险"，而占中国69%的劳动人口没有"三险"。在这69%没有"三险"的人口中，约99%没有"三险"的人口是来自农村的劳动人口。导致绝大多数农村劳动力没有"三险"的原因就在于农业的自然经济生产方式，以及中国现行的户籍制度。

　　在自然经济生产方式下，中国农民的生存和养老意识中根本就没有缴纳"三险"的意识，他们基本传承着自然经济条件下自己养活自己，并抚养儿子解决养老问题。儿子继承家业并承担起家中老人——父母、祖父母等的赡养，这是中国多少万年的天经地义的家庭繁衍模式。这种家庭繁衍模式不仅在农村延续着，在城市也延续着，形成了中国传承几千年的儿子传承家族香火的典型模式。在这种范式下大男子主义、重男轻女意识根深蒂固，并由此引发出多子多福的思想意识，在这些思想意识和经济条件的推动下，中国人口一直延续着高出生率，所以在和平时期中国人口的高增长只是一种历史的必然。

　　在自然经济生产方式下，加之户籍制度对这种自然经济生产方式的维护，使得中国农民虽然在国家推行市场经济制度的大环境下，仍然生活在自然经济环境中，生产囿于狭小的土地上，产出限定在基本满足自身需求上，生活规范在自足上，基于此他们没有余钱用来缴纳或购买"三险"，这就是现实。即使许多家庭有年青子女外出务工，家中有一些余钱，但这些钱他们会用来修建新房（自用或家庭的分立）、子女读书、看病、防老等，而不会将这些钱拿来购买"三险"。这就告诉我们，当农业人口刚刚满足温饱生活水平的情况下，他们会将收入完全用于当前的生存消费，而不会考虑将来的消费；只有当农业人口的收入不仅仅满足了当前的消费，还有相当一部分剩余，才会用于将来消费，即只有在广大农村人口实现小康生活水平，他们才会购买用于未来消费的"三险"。而这一情况在现今的农业制度条件下是根本无法实现的。

而政府没有如此多的财政收入去解决5.7亿农业劳动力的"三险"问题，今后任何时候也没有这个可能。因此在中国，虽然我们已经推行了十几年的市场经济，实行了十几年的保险制度，不断地扩大保险覆盖面，但是中国真正享有"三险"的劳动人口不足于全部劳动人口的31%。所以中国"三险"制度目前不具有广泛的普遍意义。这是中国"三险"面临的最大问题。

问题之二，"三险"的全国化。目前"三险"制度仅限于各市县的分立上，没有全国统一的"三险"，各市县的"三险"不能相互跨越，但是劳动者往往在全国各地流动就业，"三险"不能随人流动，出现"三险"断档，即投保地区在时段上相互接续不上。从当前看，这似乎并不影响中国经济发展，因为这些人都还年富力强，同时他们受户籍限制，并处在不断地流动中，可以创造出更多的财富供自己消费。当历史再向前推进10年、20年、30年……这些中青年人到了退休年龄，或者到了耄耋之年，届时这些人的"三险"将会充分体现出来。他们缺乏"三险"，只能依靠子女来供养。这种结果继续告诫那时的年轻人，"三险"制度不健全，仍然需要家庭解决老人养老问题，所以那时的年轻人仍然需要多养子女，以防老来无人养。这种情况不应当再出现，如再出现就是中国今后的灾难。为此，中国"三险"目标就是要使所有劳动者失业有所靠、老有所养、病有所医，降低人口出生率，增强人口体质，提高人口文化素质，加速人力资本积累。

问题之三，消除"三险"地区差异。"三险"市县分立形成了经济发达地区与中等发达地区以及落后地区之间的差别。这种情况使劳动力由于祖辈生活地区的不同，收入存在地区差，还造成了"三险"的不同。到劳动者生病或退休时，不同地区的医疗补贴或退休人员所获得的退休金也存在差别。而这种差别随时间的推移还会不断扩大。这将使各市县劳动者的收入差别延续到退休以后，加剧地区之间的矛盾，引发地区之间的不稳定。

问题之四，政府补贴问题。由于大部分劳动力没有得到充分就业，他们的"三险"自然没有资金出处，也就是处在无"三险"的境地。但是这些劳动力仍然面临生老病死的问题。当这些人丧失劳动力以后，社会问题出现了，这些人没有人养（人口政策限制生育），最终国家背负起这个包袱；众多人生病了，没有医疗，社会动荡起来，国家仍然要背起来。国家的财力是有限的，如今政府已背起了部分农村人口养老和大部分农村人口的最基本医疗保险。随着城市的发展，城乡差距继续拉大，届时政府就背不起了。所以背得起是暂时的，背不起是肯定的。最终我们仍然需要全体劳动者共同来背，这只是迟早问题。当然所有劳动力背负自己的"三险"，这才是最可取的方式，也是最可靠的方式。只要我们推行上述相关制度的改革，就可以做到。这是一条必走之路，越早走越好，越晚走难度越大。

我们的老年人服务体系建设还很不够，但目前尚可维持。再过10—20年情况将会出现很大转变，因为独生子女一代将步入老年人行列，他们的养老问题将会是一个社会问题，而且这一问题将需要社会共同解决，我们必须未雨绸缪。这里所说的老年人主要是指那些退休以后随着年龄的增长生活不能自理的老年人，至于身体仍然健康的老年人不在其列。

到2009年，中国60岁以上的老年人口已达1.69亿[①]，占中国人口的12.8%。按联合国规定，当一国60岁的人口超过总人口的10%，该国就进入老年社会。但是中国老年社会没有西方老年社会表现出强烈的对社会、经济的影响。究其原因主要三个方面：其一，中国是刚刚步入老年社会。随着经济和社会的不断发展，人口的物质和文化生活水平的不断丰富，不论男性公民还是女性公民在年满60周岁后，一般身体还比较健康、矍铄，因此还没有发展到给社会带来太大压力或者冲击。其二，农村约95%以上的老人依靠子女来抚养，城市85%的老人也是由家庭养护，这同样延缓了老年社会对经济、社会的压力和影响。其三，中国还没有实现充分就业。随着独生子女家庭人口老龄化问题的出现，以及老龄人口的增加，传统养老方式将遇到前所未有的挑战和冲击，为此我们有必要作好老年人服务体系的建设，以免影响中国经济、社会的正常发展。

3. 加强劳动力的权利保护

前面我们已经谈到，政府为了保护劳动力的各项权利，制定了许多法律法规和政策。但是劳动保护的问题又是显而易见的。问题出现在什么地方呢？

我们认为，这些问题不在于有关法律法规和政策条文的正确与否，问题出现

---

① 资料来源：《经济参考报》2009年9月8日。

在执行上，即如何监督，由谁监督，监督是否完备等。

一套较完备的法律法规和政策在其颁布之前就应当考虑到其执行问题，有必要在执行前扫清执行的障碍，否则这些法律法规和政策在没有执行前就已经大打折扣。像劳动保护的法律法规和政策就面临这样一种情况。

如人口身份制度是严格的户籍制度。而市场经济制度要求劳动力可以自由流动。因为劳动力不能自由流动，该制度就是一种不完善的市场经济制度，经济、社会的发展将受到严格的限制。市场经济制度在户籍制度约束下显得缺乏制度优势，劳动力的积极性调动不起来。加之人力资本容易获得，在劳动保护上自然偏向于资方，而忽视或降低劳方的利益。在这种情况下，劳动力的利益往往被侵犯，劳资矛盾不断加深。

另外任何一项好的法律法规和政策，要在市场经济运行中发挥作用，就必须拥有监督，尤其是有效的监督，为此就应当建立相应的监督机制。而没有完备的监督机制，要实现有效监督，只能是水中捞月。

众所周知有效的劳动保护监督机制，不仅要有监督者、被监督者，同时还要有仲裁者和执法者。劳动保护的监督者就是劳动者本身和舆论工具（如报纸、杂志、电视台、广播电台、网络等）；被监督方就是资方和企业经营管理者；劳动仲裁机构是各级政府劳动管理部门及仲裁机构；执法者就是公检法。这些角色在现实生活中都是完备的，只是这些角色在实际的运作中出了问题。首先问题存在于劳动者本身。作为单个劳动者本身都是弱势者，尤其是众多的底层劳动者，大多数文化素质不高，或并不熟悉劳动法以及相关法律法规和政策对他们的权利有哪些保护。为此，相关政府部门应当在劳动力就业之前给予他们劳动保护法律法规及政策的培训，让他们明确知道要保护那些自身利益；出现了自身权利受到侵害时，如何申诉，如何维护自身的合法权益；而地方政府在消除地方保护主义后，积极主动地维护劳动者的合法权益，树立地方公平、公开、公正的司法，维护良好的市场经济制度。其次政府应当给予弱势群体随时申诉自己的不法遭遇，不管实施不法行为的资方是谁，只要违法就要予以法律的制裁。如美国上届司法部长，就由于虐待外来女佣，受到相应的惩罚，马上被免去了美国司法部长职务，并处以高额的罚款，维护了没有美国居留权外来女佣的权益。再次任何接受劳动诉讼的政府机构或相关人员，必须按劳动法及相关法律法规维护劳动者的权利，并同时接受相关人员和传媒的监督，正确地履行自己的公职，防止或杜绝矛盾激化。

4. 工会

工会按一般的认识是"工人阶级的群众组织"[①]；或者是职工自愿结合的工人群众组织。实际上这两种解释没有什么差别。从概念上讲，工会组织是个人自愿参加的群众组织，它不存在某种社会政治力量让工人一定要参加，只是工人在自愿的基础上加入的组织；同时工人还可以自愿地退出工会组织。任何加入工会的职工必须履行工会会员应尽的义务。

中国目前有工会组织。但现有的工会已经不是真正意义上的群众组织，只是保持了工会的组织形式，实际是每一级政府的下属机构，或附属某一企事业单位，最终都隶属中华总工会。所以现在的工会组织已经不属于群众性组织，已经不能充分及时地反映职工的权利，尤其不能反映最广大的普通劳动者的权利。如今中国已建立市场经济制度，劳资关系所引发的各种尖锐矛盾已经现实地摆在我们面前，而且经常出现不良资方侵犯劳动者的权利，以致劳方的权利得不到维护，不断加深了劳资双方的矛盾，形成一种对立面不断扩大的态势。

工会维护职工权利的最激烈方式就是罢工集会。罢工集会是由于工人集体利益的某个方面或者某些方面的权利没有得到维护，如非这样，也不会爆发工人的罢工。至于个别工人权益受到的侵害只是工会地方组织或企事业工会组织与企事业单位资方协商解决，并可能请劳动部门仲裁协调解决。无论是工会整体权利的维护，还是个体工人权利的维护，都处在中华人民共和国宪法以及相关法律的规范之下进行，劳资双方解决问题的方式方法，主要是声明各自的权利，通过谈判、协商等方式解决问题；如果问题还得不到解决，就由政府劳动仲裁部门仲裁解决，或由司法机构依律解决。问题不论是在第一阶段解决，还是在第二个阶段解决，都使各方的利益得到了维护，彰显了法律法规和政策的尊严，以及国家维护市场经济中各方权利的原则，尤其维护底层劳动者的合法权益，不断提高所有劳动者的收入，并使他们的收入与国家经济发展保持相对一致的水平，逐步扩大国内市场，满足人民群众日益提高的物质文化需要，最大限度地减少社会各种犯罪和不良现象。当问题在源头上得到解决，这些违法现象就会大幅度减少，就不会形成问题的积压。

[①]　宋原放主编：《简明社会科学词典》，上海辞书出版社 1982 年 9 月版，第 43 页。

　　工会组织在所有发达国家都长期广泛存在，起到了劳资双方沟通的桥梁作用，让政府真正成为劳资双方权利的仲裁者和维护者，将劳资双方矛盾解决在萌芽状态，使劳资关系处在一个较和谐的状态上，推动了社会公平、公正、公开，维护了劳资双方的合法权益，促进了劳动者收入的提高，推动了经济社会的进步。

　　加入工会组织的职工大部分文化素质较低，他们的权益容易受到侵害。高素质人才通常知道自己那些权利受到保护，或是自我创业者，或者是企业高薪聘请的职员，他们的权利企业都会自觉地维护。所以，中国建立群众性的工会组织，主要是维护基层工人的各项权益。

第七章
科　技

　　科技，即科学技术。科学"是人对客观世界的认识，是反映客观事实和规律的知识体系以及相关活动的事业"①。技术，法国科学家狄德罗主编的《百科全书》条目中解释为："是为某一目的的共同协作组成的各种工具和规则体系"②。而"阐述技术概念这句话提出 5 个要点：①把技术与科学区别开，技术是'有目的的'；②强调技术的实现不是通过广泛'社会协作'完成的；③指明技术的首要表现是生产'工具'，是设备，是硬件；④指出技术的另一表现形式——'规则'，即生产使用的工艺、方法、制度等知识，这就是软件；⑤和科学一样，把定义的落脚点放在'知识体系'上，即技术是成套的知识系统"③。

一、对科学技术的再认识

1.人类历史上的四次科学技术革命

　　自从地球出现人类以来，科学技术就伴随着人类的发展而发展。如果从动物的角度看，人类在诞生时还是地球上相对弱小的动物，或者充其量是地球上中等强大的动物。当时人类在危机四伏的地球上生存是十分艰难的。为了种群的延

---

① 宋健主编：《现代科学技术基础知识》，科学出版社、中共中央党校出版社 1994 年 3 月版，第 2 页。
② 宋健主编：《现代科学技术基础知识》，科学出版社、中共中央党校出版社 1994 年 3 月版，第 5 页。
③ 宋健主编：《现代科学技术基础知识》，科学出版社、中共中央党校出版社 1994 年 3 月版，第 5 页。

续，人类采取了群居生活。群居生活使人类变得强大，可以共同狩猎和采集果实，在部落内部调节食物以及其他财物的余缺，使人类走过了漫长的蒙昧时期。

人类最初的群居表现为人类的社会性。在这种社会性的推动下，人类最终摆脱了恶劣自然生存环境的困扰，不断走向强大。所以社会性是人类为了适应生存环境的最初发明。而这种发明一直伴随着人类的发展。虽然在人类发展的各个时期，人类都出现过反人类主体发展道路的人或事，但是没有哪一个人或事能改变人类前进的主线。由此可以看出人类最早的发明创造是由人类意识决定的社会组织形态。

随后人类的科学技术发明主要集中在征服自然环境上。如人类首先使用的工具是来自于自然界原有的物质，如石头（旧石器）、棍棒等；而后人类发明了箭，用于射猎动物，改变了人与动物近距离接触造成人员伤亡的境况；此后人类钻木获取了第一缕非自然火种，从而大大加速了人类进化步伐——熟食。与此同时人类实现了三次大分工，即畜牧业、手工业和商业从农业中分离出来，实现了人类社会生产组织第二次变革，大大提高了人类的劳动生产率。

而后，人类出现了由火所带来的科技革命，如人类的制陶技术、炼青铜的方法，铸铁农具的出现；此外，人类打磨制作各种饰品，文字的出现（如汉字的出现），人类最早医学——中医的出现（神农氏尝百草就孕育了中医的发明，即以食物医治人类的某些疾病）等。这些都是人类科学技术的发明创造。

以上为人类的第一次科学技术革命。人类自诞生到国家产生之前的第一次科技革命就确定了人类在地球的统治地位。并战胜了自然界给人类确定的生存路线，实现了自我发展。

人类的第二次科学技术革命是从公元前3100年开始，到十八世纪后期结束。人类出现四大文明古国：中国、古埃及、巴比伦和古印度，以及公元前800年—公元前600年的古希腊，一直到大机器革命的先奏——蒸汽机发明前，即公元1781年前。在这一时期，人类科学技术出现了大的发展高潮。

在这次高潮出现的初期，人类首先仍然是以他们的社会组织形式实现了变革，由最初的人类群居，群婚的部落社会到母系部落社会，而后再到父系部落社会；由群居群婚到一妻多夫社会，而后到一夫多妻社会。

当人类整体的社会组织形态发生变化后，即国家产生后，人类社会的生产和生活组织形态也随之发生了变化，即由以往的部落组织转变为细小的生产、生活组织——家庭，也就是说在国家组织形态下，形成了家庭经济细胞。

当家庭经济细胞组织形式确立后，人类的聪明才智得到了极大的发挥，科学技术发明创造也出现了空前的加速。人类现有的基本学科都是这一时期奠定的，如哲学、天文学、数学、物理学、化学、建筑学、历法、医学、文学、生物学、军事科学、宗教、诸子百家思想、史学、政治、法律、国家体系等都是这一历史时期确定的。科学技术拥有许许多多伟大的发明创造，如汉语、阿拉伯语、拉丁语以及其他许多语言的继续发明和完善；中医学的伟大发明和基本完善；欧几里得《几何原理》；阿基米得的静力学；中国的四大发明：指南针、火药、造纸术、印刷术；张衡发明的地动仪、浑天仪；哥白尼、伽利略的天文发现；牛顿的《自然哲学的数学原理》形成了"以三大定律为核心，以万有引力定律为最高综合，用数学来描述完整的普通力学理论体系"[1]；等等。

这一时期人类的科学技术发明创造，展现出了群星灿烂，创造了许许多多永存不朽的科学技术成就，奠定了人类今后科学技术发展的基本框架，同时也是为人类今后科学技术发明创造奠定了坚实的基础。

人类的第三次科技革命是从1781年的蒸汽机发明，直到二次世界大战结束这一时期。在这一时期，人类首先发明了蒸汽机，使人类第一次实现了从一种能量到另一种能量的转换，人类摆脱了前两次科学技术革命没有解决的问题，即人类只能利用自然的动力，如人力、风力、水能、畜力进行生产和生活，使人类的生产和生活第一次摆脱了自然的束缚，实现了由人类自我所决定的更大发展空间。自此，人类的科学技术发展一发不可阻挡，大大加快了发展的步伐，以往需要千百年才能实现的科学技术发明创造成果，到这一时期只需要在一个多世纪的时间内就能实现。人类相继发明了火车、轮船、化学制药、合成纤维、合成橡胶、电报、石油开发应用、发电机、电话、电灯等。

同时人类的社会组织也出现了一个大的飞跃。人类历史上出现了资本主义生产方式占主导的国家，即英国资本主义国家的确立，为第三次科学技术革命打下了社会组织基础。因为英国资本主义制度确立后，现代人类最重要的经济细胞—企业在英国广泛发展起来，快速摧毁了奴隶社会、封建社会几千年来所确立的家庭经济细胞，取而代之的经济细胞是企业。企业这种组织形式，正好适应了人类

---

[1] 宋健主编：《现代科学技术基础知识》，科学出版社、中共中央党校出版社1994年3月版，第19页。

科学技术发明创造到这一时期所需要的社会生产组织形式,展现出强大的生命力。家庭的生产功能从家庭中分离出来,家庭基本只保留了生活功能,使人类的家庭生活变得更加温馨,夫妻双方的家庭结构得到完全的确立,人们变得更加热爱生活,更加有利于在生产中竞争、进取。

企业经济细胞在诞生初期使人类的劳动生产率得到了极大的、持续的提高,创造出巨大的财富,同时也留下了不光彩的污点,即资本主义社会初期的企业成了残酷剥削工人的"血汗工厂"。这些企业的剥削性质在伟大的德国思想家马克思的笔下,被批驳得体无完肤,同时也预示人类社会的组织形态将会出现一个崭新的社会形态——社会主义社会。在历史跨过半个多世纪后,人类社会出现了第一个社会主义国家:苏联。在二战后,苏联、中国、东欧诸国形成了社会主义阵营。社会主义国家在最初的经济、社会发展中,以及与资本主义国家的竞争中,都展现出了明显的优越性,经济发展快,社会安定,人民团结,民众的实际收入水平和消费水平都快速提高;相反资本主义国家由于自身的矛盾,劳资关系对立,单个企业生产的计划性与整个社会生产处在无序状态的矛盾,经济危机、工人罢工、社会动荡等形成鲜明的对比。所以社会主义国家在帝国主义国家的围剿、扼杀中,变得越来越强大,越来越兴旺,以致社会主义阵营不断扩大。

第三次科学技术革命在自然科学技术方面的成就表现在:①新能源—电力的发明创造,为人类生产真正步入大机器时代,以及人类今后生产和生活的发展提供了一个无限广阔的舞台。②装备工业(生产资料行业)的勃兴,使工业完全脱离了农业,成为一个新的产业部门。③此次科学技术革命真正实现了人类大机器工业生产,使商品快速增长,不仅满足本国的需要,还可以满足他国的需要,甚至满足世界的需要,从而实现了国际分工、世界市场的快速扩张,更多国家、地区纳入世界经济体系。④火车、汽车、轮船、飞机等人类运输工具缩短了地球各地之间的空间距离,推动了分工发展,商品流通、世界经济和国际贸易的发展,人的流动,人类生活水平的提高。⑤电报、电话的发明创造,便于人们的交流,拉近了人与人之间的距离,促进了生产发展、劳动分工和贸易、经济发展。⑥快速发展的工业推动军事工业高速发展,引发了军事装备的革命,彻底改变了人类以往的冷兵器战争,使战争步入了热兵器时代,为此人类爆发了两次以国家为主体的世界大战。两次世界大战使各参与国(除个别国家外)都遭到了严重的创伤。人类自确立在地球上的霸主地位后,就寻找出自己成为自己的竞争对象。在竞争实现不了某些人、某些企业、某些团体、某个国家、或某些国家的目标利益时，人类相互之间就会爆发战争，以战争的方式解决经济、政治、文化、宗教、外交等无法达到的目标，其结果是人类惨烈的相互厮杀。当然有些战争可以区分为正义战争和非正义战争；还有许多战争无法区分是正义战争，还是非正义战争，战争目的仅仅是为了利益争夺。⑦资本从稀缺变为过剩，以致在这次科学技术革命后，有些投资商开始到其他国家或地区投资高回报率的行业或企业，以弥补国内由于资本过剩回报率下降所造成的损失。⑧企业发展从少到多、从小到大，企业成为发达国家最主要的经济细胞，一国的绝大部分财富是由企业创造的。企业的管理最初是经验型的，在这一时期的后期企业管理开始步入科学管理时代。

第四次科学技术革命是二战后一直到今天，历时已 60 多年。在这期间，第四次科学技术革命经历了勃兴时期，从 20 世纪 50 年代到 80 年代；顶峰时期，20 世纪 80 年代后期到 21 世纪元年；缓慢冷却时期，21 世纪初至今。

这次科学技术革命是从 1945 年人类发明创造第一台电子计算机开始的。此后人类从以下许多个方面开始了第四次科学技术革命的征程[①]。

第一，自然科学的重大发现。

——科学家解释了物质结构，让人们真实地认识到物质是由什么组成的。在中国的周朝有人提出世界是由金木水火土五种物质组成的；古希腊认为由水、火、空气和泥土构成物质世界；此时的哲学家德谟克利特认为物质的最小单位为"原子"。现代科学家发现物质由原子组成，原子是由原子核和电子组成，直到今日人类已发现了物质是由几百种粒子所组成。随着今后人类科学技术的不断发展，相信人类对物质的认识还会不断向前推进。

——科学家研究了宇宙的起源和演化。科学家们不仅研究了太阳系的起源和演化，还研究了银河系、其他星系乃至宇宙的起源和演化，得出了许多让人类为之震惊的科学结论，认识到了地球在宇宙、银河系、太阳系中的地位。

——科学家研究了地球，较深刻地认识到了地球的起源、演化，建立了较为系统的地球科学体系。目前人类已经认识到地球的特征；她如何演进的；内部

---

① 此处以下"第一、第二"两方面的资料均来自于宋健主编：《现代科学技术基础知识》，科学出版社、中共中央党校出版社 1994 年 3 月版。

结构如何；她与其他天体，尤其是太阳的关系；地球上各种物质的演化、地壳运动等。

——地球上各种生命的起源以及演化，尤其是人类智力的起源和演化，并已探索出人类以及其他许多物种遗传密码——脱氧核糖核酸的双螺旋模型（DNA）。

第二，技术的重大进步。

——微电子的发展，推动了计算机的发明创造。而计算机的出现推动了人工智能的发展，使机器代替了部分人类的智能。

——计算机的发明创造，这可以说是第四次科学技术革命最重要的发明创造之一，它使人脑的一部分功能，尤其是对信息的储存、传输、交换、加工、收集、分配等方面产生了深刻的革命，如今计算机每秒钟可以运算 1000 万亿次以上，极大地提高了人类认识自然、征服自然、变革社会的能力。"信息技术包括计算机技术、微电子技术和通信技术等"[1]。在现代信息技术基础上所形成的互联网，让每一个接触它的人真正感受到人类信息时代的来临。

——生物技术"是应用于有生命物质的技术"[2]。现代生物技术最突出体现在生物工程，包括传统的生物技术工程和现代生物技术工程。现代生物技术工程主要集中在生命工程上，人类在认识人类以及其他动物的脱氧核糖核酸的双螺旋模型（DNA）后，在基因工程的基础上充分认识蛋白质的脱氧核糖核酸的双螺旋模型（DNA）各种特性，从而克隆出包括人在内的许多物种活体，直到今天科学家们已着手干细胞的研究，并已取得阶段性成果。

——新材料技术，所谓新材料是区别于传统从自然界直接获得的材料，而是指经过现代科学技术合成的种类繁多的材料。当今世界科学技术所合成的新材料是传统材料的几十倍，多达 1000 多万种。新材料对现代的尖端科学技术的发展是至关重要，没有这些新材料的发明创造，人类科学技术的发展将会被严重滞后。

——激光技术是人类第四次科学技术革命的重大发明之一。它是利用激光器发出的亮度极高、颜色极纯、闪光时间极短的定向光以达到其工作的效能。激光

---

① 宋健主编：《现代科学技术基础知识》，科学出版社、中共中央党校出版社 1994 年 3 月版，第 167 页。

② 宋健主编：《现代科学技术基础知识》，科学出版社、中共中央党校出版社 1994 年 3 月版，第 167 页、第 191 页。

技术在当今经济、社会应用越来越广泛，涵盖了人类生产、生活、军事等各个方面。

——航天技术是指在 100—200 公里的地球大气层以外的空间，人类所进行的科学技术实践和研究，以及对太空资源的开发和利用。它包括月球、火星、土星、水星以及对太阳系以外太空的探索、研究，人类的资源、通信、全球定位、军事等卫星系统，还包括载人航天技术。

——海洋工程，海洋占地球表面积的 71%，可以说人类的陆地都是在海洋的包围之中。而海洋蕴藏着丰富的自然资源，包括各种矿产资源和渔业资源，还有取之不尽的水资源等。

除此之外，现代科学技术在传统的生产和生活领域也都全面推进了科学技术进步，如铁路运输已步入高速、舒适、自动化；汽车已进入安全、低能耗、卫星导航阶段；机械制造、炼钢、有色金属都已走向低能耗、自动化、低污染；飞机已开始了大型化、安全、快捷、低能耗时代；船舶技术已向大型化、卫星导航、多功能化、集装箱化等方向发展；人类的环境保护意识不断地加强，各种环境保护技术快速发展，环境已在各发达国家得到较大改善，新兴市场经济国家和发展中国家的环境保护开始得到加强等。以上就是人类科学技术革命所经历的四次发展阶段。

2. 人类科学技术发展的特点

从以上四次科学技术发展的纵向和横向分析，科学技术发展主要有以下几方面特点：

第一，科学技术发展的速度不断加快，发展周期快速缩短。第一次科学技术革命历时几百万年，第二次科学技术革命历时了几千年，第三次科学技术革命经历了约 150 年。第四次科学技术革命到今天仅仅经历了约 60 多年，就已表现出了结束的征兆。

第二，科学技术成果具有广泛的普遍应用性。人类经历了四次科技革命，而每次科技革命爆发和带来的成果，一方面让人类始料不及，另一方面这些成果对人类的生产、生活都产生了深远的影响，使传统的产业、行业、人类的生活都沐浴在新科技的光环之下，充分展现出人类科学技术发明创造成果的普遍应用性。而不适应或应用性不强的科技成果就会被淘汰。当然也有许多科学技术在其发明创造出来后的一段时间具有广泛应用性，但随着人类新的更高科技出现而被淘汰。这些科学技术成果，只有一定时段的广泛应用性。

第三，科学技术不断拓宽自己的发展领域。人类的科学技术探索领域从最初的一个很狭窄的面不断扩大，以致发展到今天，人类在总结自己科学技术发展的领域时已出现了归纳的困难，因为现代科学技术所涉及的面太广了。因此人类科学技术探索的领域是呈几何级数递增，研究的领域加速拓宽，所以科学技术领域所需要的人才也是无限的。

第四，科学技术革命从表象的、感性的、经验上的科学技术成果向内在的、理性上的科学技术成果方向发展，后一种科学技术成果越来越依赖于前一种科学技术成果以及相关科学技术成果。这就是说，人类理性上的认识越来越重要。在现代科学技术发明创造时，需要更多的理性知识准备，而后才能取得现代科学技术的成果。在新的科学技术发明创造时，同样更加依赖于人类对事物的感性认识，需要人类经验的积累，尤其是当人类基础性科学出现重大突破后，要将这些最新的科学知识应用到技术的发明创造上，人类必须对事物拥有更多的感性认识，才能充分利用以往积累的经验，发明创造出新的技术，并实现产品的创新。这就告诉我们，要实现国家科学技术的快速发展，我们既需要科学家，也需要技术专家，二者缺一不可；同时不懂一点技术的所谓科学人士是成不了科学家的，因为他们不可能在科学的探索上获取什么成果；与此相对应不懂一点科学的技术专才也成不了大发明家、创新家，他们只是技术专才。

第五，科学技术发展方向越来越多，世界上任何一个国家或国家集团都不可能垄断它的发展方向。科学技术犹如火山喷发那样，起始点都集中在统治地球的人类身上，而后就会向四周喷散开来，使科学技术的门类越来越多，科学技术研究的领域越来越广。科学技术已不是人类文明发展初期，由几个国家创造出灿烂的文明，对后来的众多国家文明发展产生深刻而广泛的影响，必须在全人类的共同努力下，继续向更深、更广的领域发展，以达到推动人类经济、社会、科学技术、文化的全面发展。因此，人类的分工不仅向生产、经营、管理等经济领域广泛渗透，同时也在向科学技术领域渗透。

在当今世界，不论是大国还是小国都只能在科学技术发展的前沿领域占据一个，或几个，或几十个，甚至更多，而且一国要保持在这些领域的长期领先地位已变得越来越困难。因为科学技术发展是向外发散式的发展，当一个领域的科技发展到一定广度和深度时，通常又可以分成若干个新的领域，而若干个新领域的某一个领域，在发展到一定的水平时，又可以分成若干个新的领域。任何一个国家都很难在这种无限发展的各个领域都一直保持领先地位，必将出现某个国家，为保持在某个领域或某些领域的领先地位，而放弃在其他领域的领先地位；即使处在领先地位的国家不放弃某些领域的领先地位，但是其他国家的追赶、超越将促使领先国家自动放弃领先地位。因为其他国家可以在某个或某些领域加强科学技术研究，进行发明创造，并使自己在某个或某些领域处于领先地位。

第六，科学技术某个领域的发明创造都可以成为推动人类经济社会向前发展的动力，同时也是毁灭人类文明的可怕工具。人类认识了核能，使核能在许多领域为人类经济、社会服务；但是人类利用核能制造出核武器，这些武器不仅可以毁灭敌国，同时也可以毁灭人类赖以生存的地球，给人类文明带来很大的安全隐患。生物技术、激光技术、化学技术、能源技术都存在着与核能同样风险。但是人类在这些科学技术领域的探索是不可能止步的，因为这些科学技术领域的发展对人类经济、社会的发展起到了巨大的推动作用，使人类的文明步入一个更高的阶段。从这一点看，任何科学技术的发明创造，都会对人类经济、社会发展产生积极的影响，人类经济、社会发展需要这些积极的影响。但是人类不能忘记任何科学技术发明创造成果也可能对人类经济社会造成巨大负面影响。

第七，科学技术成果，有些只能在很短时间内保持领先地位，有些则在一段时间内保持领先地位，有些则在很长时间内保持领先地位。中国对人类文明最伟大的发明创造之一是中医学。它自神农氏尝百草就开始探索，直到今天从来就没有停止过。但是在不同的历史时期，中医展现出各时代的大师，如神农氏、黄帝（以《黄帝内经》为代表）、扁鹊、华佗、张仲景、孙思邈、李时珍等等，他们不仅在中医学探索之路上作出了杰出贡献，还使中医学在中国和世界文明史上发出灿烂的光芒。新中国成立后，中医全面走向社会和民众，为全中国人民服务；并且随着历史的推进，中医、中医学将快步走向世界，为世界各国人民提供服务。中医、中医学自诞生起，在漫长的几千年里都是中国保持遥遥领先的地位。我们应当把中医和中医学作为一个产业或行业去发展，加速其国际化的步伐。

第八，某些科学技术知识，只有一个民族或一个国家保有和发展。一千多年前世界有 6000 多种语言，到今天只剩下不到 3000 种语言。而每一种语言都在各民族之间竞争，落后民族的语言文字最终消亡，这是历史的必然。而中文就是这3000 多种语言文字中的一种。早在 7000 多年以前，中国河姆渡文化就出现了中文文字语言；到了夏、商、周时期中文得到了很大的发展；而到了春秋战国时期，可以说是中文已经进入了成熟时期，其标志就是当时的中国人较普遍地应用中文，在众多的科学技术领域创造出了让中国和世界都为之震惊的文明，直至今日我们在政治、经济、思想、文化、自然科学技术、军事、宗教等许多方面还沿用了那时的成果。而在2000多年的封建社会，中文发展较为缓慢，只是在诗、词、小说、戏剧、经文等方面有所发展。到了民国时期，中文在资产阶级民主革命中的最大发展就是由文言文转变成了白话文，使中文由官方语言，开始贴近民众。中华人民共和国成立以后，中文经历了一个大发展时期，其主要表现在以下几方面：一是中文由繁体文字简化为简体字。这对中文的普及以及让中国文字、文化彻底走向大众，走向人民的生产、生活，在节约学习、应用中文的时间方面都起到了不可估量的巨大作用。二是中文在全国得到普及。推广北京普通话，统一民族文化，促进民族团结，消除地方主义，实现各民族认同等方面，起到了空前的历史作用，使原来只有不到7%的人口所掌握的中文（从认、读、用、写几方面综合掌握），转变成93%以上的中国人口都在使用中文。三是，使中文走出了国门，真正成为国际（包括联合国）交流的正式语言之一，确立了中文的国际地位，同时还引起了全球华人华侨的共同认可，推动了中文在全世界的传播，同时也将中华文明传播到世界各地。中文发展到今天，受外来语言的侵蚀很大，舶来语渐渐增多，这些都不是中文的威胁，而是世界各文化交流的结果。它对我们唯一的需要就是保持它的发展，去不断丰富它的内涵，使它更好地为中华民族服务，为世界文明发展服务。

第九，科学技术成果有较强的扩散性。科学技术成果首先必须具有普遍的应用性，而后就具有较强或很强的扩散性，这样科学技术成果就拥有市场经济性，就会被人们广泛接受和利用，就具有市场价值。因为接触或使用科学技术成果的人越多、越广泛，人们对科学技术成果就更加了解，那么对科学技术成果仿制、改进都变得很容易。为此，科学技术成果的发明者，不论是个人，或是企业，还是国家，都试图长期独家占有科学技术成果，防止他人很快学走，通常会采取专利保护或封锁的方式将科学技术成果的扩散限制在一定范围。但不论采取何种保护方式，科学技术成果只要成为商品，就会出现扩散。只是这种扩散与没有管制的扩散在程度上有差异。基于此，任何一个后进的国家，或企业都可以充分利用科学技术成果扩散的特性，站在已有科学技术成果的基础上，采用合法或合理的方式，快速提高本国或本企业的科学技术水平。

第十，科学技术的先进与落后只是相对而言。中国是一个落后的发展中国家，各发达国家对我们都采取不同程度的科学技术封锁，尤其是美国仍然抱着巴黎统筹委员会所确立的原则，认为中国是社会主义国家，所以任何只要有可能应用到军事上的技术，哪怕是美国已淘汰的技术，他们也不会卖给我们。从现实看，美国并不是将中国真正看成敌对国家，而是将中国看成美国的战略竞争对手。我们也有一些先进科学技术，如中国的中医和中医学，但是有些人可能不认为这些是什么科学技术，所以只要有人需要，有些人就会毫不吝啬地赠与他们。又如在中国传承了近千年的宣纸制作技术，以及拥有几百年制作历史的北京景泰蓝技术，企业员工都没有意识到这些产品制造技术的先进性，结果在外商参观的同时，还允许其录像，将有关技术资料无偿奉送，其结果可想而知，这两种产品的最大生产国都已不是中国，而是日本。再如，世界汽车科学技术发展到今天，德国是世界汽车生产大国，在汽车生产技术上不亚于美国，也不会输给日本，各自汽车技术水平只是在伯仲之间。但是德国不仅拥有现代化的最先进的汽车生产企业，同时还保留了手工工艺生产汽车。这似乎不可思议，但两种形式的汽车制造企业是实实在在并存着，尤其在2008年金融海啸冲击下，企业依然取得好的经济效益。

第十一，任何具有市场价值的科学技术成果都必须通过市场的检验。市场是科学技术成果最有效的检验场所。任何一项具有市场价值的科学技术成果只要通过市场的检验，就可以表现出其是否拥有广泛的市场前景。如果某项科学技术成果拥有广泛的市场前景，那么该项科学技术成果将会推动经济社会快速发展，是增长点，甚至是增长带；如果某项科学技术成果能成为一国，甚至世界经济的增长带，或者推动人类经济社会快速发展，这项科学技术成果就会是某次科学技术革命具有标志性的科学技术发明创造成果。就如蒸汽机、发电机、电脑、信息技术等。人类即将产生的第五次科学技术革命将会出现新的、标志性的、推动人类经济社会更快发展的科学技术发明创造成果。比如说新的能源革命就具有这种潜质，而新的能源必将是低价格、低污染或无污染、取之不尽、高效能的能源。

还有一些科学技术成果，它们不会拥有上述的广泛普遍应用性，成为一国乃至世界经济增长带，或增长极。但是这些科学技术成果同样会经受住市场的检验，并具有一定的市场，会推动企业快速发展，也能给一国经济增加活力。如拖地的拖把、衣架、手电筒、鞋架、毛巾架等小发明，同样展现了传统产业的活力。

当然还有些科学技术成果，他们无法通过市场的检验。这些无法通过市场检验的科学技术成果，就没有生命力，也就得不到市场的认可，创造不出经济效益。而这些无法通过市场检验的科学技术成果，并不是说这些科学技术成果就没有价值，只是这些成果存在缺陷，如技术还不完善，以致在市场的推广中无法完全达到市场的要求；或技术太超前，以致这种技术所生产的产品没有市场。

第十二，科学技术发明创造成果必须得到制度的有效保护。科学技术发明创造成果缺乏制度有效的保护，中国就不可能出现科学技术发明创造的高潮，这样中国就不可能成为世界科学技术大国，更不可能成为世界科学技术强国。因为没有制度对科学技术发明创造成果的有效保护，科学技术发明者的权益就得不到有效保护，市场经济中就会出现大量的侵权、仿冒，科学技术成果市场就无法形成，发明创造者得不到任何补偿，也就没有人再去从事艰辛的科学技术研发，一国的科学技术发明创造只能止步不前。一项通过市场检验的科学技术成果可以说是无价的，或是天价的，而一切货币资本或实物资本都是有价的。所以制度对科学技术发明创造成果的有效保护，是一国科学技术发展的必要条件。一国要想成为科学技术大国或强国，首先就必须对科学技术发明创造成果采取有效的制度保护。

第十三，任何国家或企业要保持科学技术的领先地位只能依靠自身的力量去研究、去发明创造。我们应当更多地审视自己，真正要使中国科学技术水平赶上或超过美国，只能依靠我们自己，除此别无他路。在市场经济条件下任何一个国家或企业都不可能将自己的先进科学技术转让给他人，即使是当今世界最友好的国家都是如此，因为国家之间永远是竞争对手；而企业之间也是竞争对手。所有国家或企业都严格地保护自己的先进科学技术，决不会将先进科学技术转让给他人，使自己国家或企业的科学技术水平与他国、或其他企业处在同一水平上。如果出现某一国家或企业真的将自己正在使用的最先进技术转让给他国或其他企业，通常也是该国或该企业已经准备将目前正在使用的技术更新换代了，故此才会出现技术转让，以便采用更先进的技术。

实际上技术输入国家或企业不论输入的技术是世界最先进的技术，还是次先进技术，都只是该技术在一个时点上的技术。如果引进的技术是次先进技术，只要引进的国家或企业在这个技术基础上进行研究提高，就可以达到与先进技术同等的水平；如果引进的技术本身就属于先进技术，但如果不研究、探索更先进的技术，在技术输出国家或企业使用新的更先进技术时，技术引进国家或企业使用的技术仍然处在二流水平。当今世界，技术更新周期不断缩短，要使自己的技术在某些领域处在领先地位，就必须赶上该技术的更新周期，甚至本国、本企业新技术开发、创新周期快于世界同类技术的开发和创新周期。因此，一国或一企业要保持自始至终的行为就是不停地研究、开发新技术，只有这样才能保持科学技术的先进水平。

第十四，科学技术大国和小国的转换。这里所说的技术大国是指那些在多项科学技术领域都处在世界领先地位，并由这些科学技术支撑该国的经济处在世界的前列，人均收入列于发达国家之列的国家。科学技术小国是指那些科学技术处在落后状态，国家经济由传统产业或行业支撑，或依靠引进国外落后技术，人均收入处在低水平的国家。所有发展中国家都属于科学技术小国，而发达国家基本都属于科学技术大国。但是科学技术大国和小国是可以转换的，随着时间的推移，科学技术小国可以发展成为科学技术大国。这种实例在全球不少，如德国、美国。德国的资产阶级革命和工业革命较英、法两国要晚，直到1871年德意志帝国才宣告成立，此前德国只是一个分崩离析的封建国家，诸侯国并立。而此时的英国第一次工业革命已过去一百多年了，第二次工业革命也在悄然进行。因此德国在统一时，工业基础远落后于英、法。为了发展本国的工业，在德国统一前的1841年李斯特发表了《政治经济学的国民体系》一书，首次提出了贸易保护的理论体系，倡导保护德国当时仍处在发展初期的幼稚工业，以推动工业科学技术的发展，力争达到当时先进国家的工业化水平。德国在短短的50—60年就达到了这一水平。美国在1776年7月4日才宣布建立美利坚合众国，1783年才结束独立战争，所以美国的工业革命比英国晚了约半个世纪。同时美国刚独立后，仍然没有摆脱殖民经济的地位，国内工业消费品仍然依赖宗主国英国的供给，而美国所生产的粮食、棉花等原料仍然销往英国，而且英国在当时对美国实行不公平贸易，以致当时对刚刚独立的美国经济造成了很大的打击。在内外交困的环境下，美国奋起直追，首先从英、法等国引进先进机器设备，加速国内工业技术的研发，大约花费了近一个世纪的时间，美国科学技术水平以及经济发展水平全面超过英国，成为资本主义世界的科学技术和经济大国，引领各资本主义国家的发展。到19世纪末20世纪初期，美国已由科学技术小国转变为世界科学技术强国，全球约70%的新技术源自美国，推动美国成为当时世界工业国家的霸主。

每个发达国家都经历了自己的科技发展道路，而这一道路都展现出该国由科学技术落后到先进的历程。没有这样一个历程这些国家也不可能使成为发达国家。而每个发达国家都有其科学技术领先的领域，有的国家是整体多方面的领先，如美国；有的国家则是在几个或几十个行业处在领先地位，如日本、法国、德国等；而有些小的市场经济发达国家只在一到几个行业处在领先地位，如卢森堡、比利时、瑞士、丹麦等。这种情况的出现，主要是由于各个国家的自然条件、经济社会状况、市场环境等所决定的，如国家面积的大小、人口的多少、国内国际市场的大小等因素的影响。

第十五，科学技术发展与市场经济发展形成了相互促进的关系。我们都知道，自从市场经济在英国确立以来，自由市场经济制度就占据统治地位。在自由市场经济制度下，资本所有者为了提高劳动效率，增加利润，不断增加劳动力的劳动强度，延长劳动时间；在如此严酷的劳动环境下，劳动力加速衰亡，并随之带来劳动者的不断反抗，社会生产关系严重对立，导致了资本主义市场经济国家最为激烈的经济社会动荡。在这样一种经济社会环境中，英国爆发了第一次工业革命，人类改进了工作机，以弥补以往人类历史上任何一次改进工作机的不足，进而大大提高了劳动生产率，使劳动生产率提高了几十倍，几百倍或几千倍。在人类经济、社会普遍追求高效率、低成本的市场经济环境下，当时如果要再进一步提高人类的劳动生产率，只能是动力机的创造发明才能达到。由此在随后的近一个世纪里，人类苦苦探索，终于先后发明了蒸汽机和发电机，从而使人类的动力来源真正改变了对大自然的依赖，同时也使生产成为真正的社会化大生产，物质产品快速增长，彻底改变了人类物质产品匮乏的状况，步入物质产品丰富的时代。

由于产品快速增长，产品过剩也随之到来，人类经济社会出现了一个由于经济发展而创造出的怪物——全球性的产品过剩危机。这个怪物主要影响人类的经济、社会发展，使人类经济、社会发展出现倒退，并可能成为人类战争的主要原因，如第一、二次世界大战就主要是经济危机所带来的后果。

从人类走过的历程看，科学技术解放了劳动力，劳动力成为劳动工具的驾驭者，使人类的生产力不断提高。与此同时，由于科学技术的进步，缓解了市场经济国家，尤其是发达国家劳资之间的对立关系，加之资本主义民主以及工会组织的作用，劳资对立关系更加得到缓和；此外，劳动力还是资本主义市场的消费主体，没有消费，或消费不足都会导致市场的萎缩，不利于资本主义市场经济的发展。由于这种种原因，劳动力获得了更多的闲暇时间。加之人力资本在发达国家的作用越来越重要，所以劳动力获得了更多的学习、培训机会，进一步促进了劳动力的解放，人力资本加速推进发达国家经济的快速发展。

现代科学技术的快速发展为企业数量的增长提供了一个无限的空间，尤其是当一国科学技术在众多领域处在世界领先地位的情况下更是如此。而各发达国家在科学技术发展的同时，不断完善市场经济制度，为科学技术发展创造一个良好的市场环境，推动科学技术进一步快速发展，如给现代科技企业的发展创造人才市场、创业机会、提供投资市场、提供信用保障，并提供相应的信贷、风险投资、政府服务、广阔的市场等。而其中最重要的制度建设是自由竞争市场环境建设。在自由竞争市场环境里一国每天都有不少企业诞生，每天又有不少企业被兼并，还有一些企业在壮大，少数企业面临破产。在这样一个不断增加的企业群体中，企业进行着深层次的专业化分工，形成一个完整的科学技术研究、开发、创新、生产、销售、服务体系，二、三产业同步发展。在激烈的竞争环境中，企业只有在各方面处在领先地位，才能获得先机，才能使企业不断发展，而企业发展的同时企业的科学技术水平也在不断提高，市场经济制度亦在深层次上得到改进和完善。

第十六，科学技术的发展从深层次上推动人类社会组织、经济制度向同一方向靠近。原始社会是地球上任何一个有人类文明的地区所共有的社会形态。随后各地区的文明进化就出现了差异，有些先步入了奴隶社会，有些先步入封建社会，有些先步入了资本主义国家，还有些先步入了社会主义国家，社会组织和经济制度出现了差异。即使到了第四次科学技术革命时期，人类社会存在社会主义国家，经济制度是社会主义市场经济制度；资本主义国家，经济制度是私有制基础上的市场经济制度；封建社会国家，经济制度是私有制基础上的自然经济专制制度；在非洲等地区还有原始部落社会形态的存在。所以，当今世界是一个多种社会制度共存的全球社会时代。

随着第四次科学技术革命的快速发展，推动世界分工、世界市场的快速发展，促使世界贸易的快速增长和经济全球化步伐的加快，各国经济、社会越来越纳入到全球经济、社会中来，以致不同的社会形态向同一社会形态靠近，不同的经济制度向类似的经济制度靠拢。如二战后建立的众多社会主义国家，目前只有极少数国家仍然采用计划经济制度，多数社会主义国家转轨变成了市场经济国家，如东欧诸国、俄罗斯、中亚几个国家、中国等；还有许多亚洲、非洲、拉丁美洲的一些国家从殖民地、半殖民地国家或封建社会国家转变成市场经济国家。

从社会经济细胞的变化看，现代经济细胞—企业在不断取代自然经济细胞—家庭，成为当代最具代表性的经济细胞。同时，企业也在不断发生变化，已由最初手工作坊式的企业，发展到19世纪末20世纪初的超大型企业，这种超大型企业职工多、占地大、装备粗笨、能耗大、污染大；到了20世纪末，企业已出现了小型化的发展趋势，甚至出现一个人或几个人的企业，而超大型企业在企业中所占的比重不断下降，即使是超大型企业在科学技术进步的推动下，装备实现了小型化、低能耗、低污染、自动化、高效化，企业的劳动力需求大幅度缩减，占地也大幅度减少等。此外"大而全"、"小而全"的企业实现了企业内部职能的外在化分工，如企业的会计、审计、后勤服务、仓储、运输、产品销售、新产品的研发、零配件生产等都出现了外在化的分工，形成了一整套现代企业服务体系，大大提高了企业的专业化水平和生产效率，推动了上下游和同类企业的聚集。

二、科学技术创新发展

1. 现阶段经济发展缺乏科学技术创新的支撑

中国是一个人口大国，有13亿多人口，占世界人口的五分之一；同时中国还是一个陆地大国，陆地面积约960万平方公里，是世界第四大陆地国家；中国还是一个海洋大国，有1.8万公里的海岸线，拥有几百万平方公里的海洋疆域；此外中国还拥有相对应的广阔空域。

拥有如此庞大的人口和疆域之国，要成为市场经济发达之国，中国首先必须将自己变成科学技术大国，甚至是科学技术强国，否则就支撑不起庞大的企业群，企业总数约在1.3亿个；如果没有如此多的企业，中国就无法实现劳动力的充分就业；就会有部分劳动力从事低效经济工作，人力资源就得不到充分利用，还有部分劳动力处在失业或半失业的状态，有部分人口很难解决或维持温饱；收入分配差距就很难缩小；经济、社会就会出现不稳定，影响经济、社会的正常发展；人民生活水平就很难普遍快速提高，甚至低于世界平均提高速度；13 亿人口的市场只能是潜在的大市场；而我们希望以内需拉动经济发展的希望就会成为泡影，中国将依然依赖国际市场发展经济，为世界打工；那么中国就很难维持世界经济发展火车头的地位，中国经济在世界经济中的地位就将下降。

有人指出中国近十年的经济高速增长已经让世界为之震惊。原因何在？原因就在于"中国制造"充斥世界市场。中国实现对世界市场的高占有率，主要集中在劳动密集型和资源密集型产品[①]，如纺织品、家电产品、制鞋、小五金、食品以及其他轻化产品；当然还有一些资本密集型产品，如机械设备、船舶、汽车、发电设备、铁路装备等。从中国出口的商品结构看，高附加值产品出口很少，基本上没有出口高技术产品，绝大部分出口商品是国际上竞争激烈的商品。为占有国际市场，中国商品一般都采取低价销售，所以这些商品主要是满足国外的中低收入阶层的需要，鲜有商品（奢侈品）是满足高收入阶层需要。当然中国制造的商品是物美价廉的商品，所以吸引了进口国中低消费者的热购。

中国制造商品开疆辟地占据了世界市场一定份额，同时我们也获得了许多副产品，即部分发达国家和发展中国家与中国产生了较大的贸易摩擦，中国遭遇了越来越多的反倾销调查。被调查的出口商品价格通常高于国内同类商品价格，而且我方胜诉的情况变得越来越少，以致中国的出口增长越来越艰难。

从中国出口商品生产企业的投资方来看，外商投资企业约占 57%，中资企业约占 43%。所以"中国制造"的商品，有 57% 的商品是外商投资企业生产的，只是制造地在中国，由中国劳动力按照外商投资者的生产经营意图生产出拥有外资企业知识产权的商品，而后再销往国外。剩余的 43% 中国制造商品才是国内投资者所生产的出口商品。

从生产的性质看，约占中国出口商品的 70% 的产品是"加工贸易"[②]产品。

---

① 劳动密集型产品：是指在产品价值中劳动力价值所占比重高，而其他生产要素的转移价值在产品中所占比例小，如手工艺品、小五金产品等。资源密集型产品：是指在产品价值中，资源性原材料价值所占比重大，而其他生产要素价值所占比重小的产品，如纺织品、家用电器、鞋等。

② 加工贸易："是一国通过各种不同的方式，进口原料、材料、或零件，利用本国的生产能力和技术，加工成成品后再出口，从而获得以外汇体现的附加价值。"参见蔡玉彬主编：《国际贸易理论与实务》，高等教育出版社 2009 年 2 月版，第 361—362 页。

随着对外开放的深入和我们对外商投资企业认识的加深，中国在 20 世纪 90 年代中后期在东南沿海一带开设了出口加工区，还包括保税区、保税工厂、保税仓库等，以此吸引国外加工企业到中国来投资设厂；同时经济特区、开放地区也吸引了大量的外商投资出口加工企业，所以出口加工企业在中国异军突起，"外店内厂"由此推广开来。与此同时，一部分内资企业也加入加工贸易行列。

快速发展的出口加工业促进了沿海经济的繁荣、就业的扩大，吸引 2 亿多农民入城当工人。由于劳动力来自农村，只要"打工"收入高于农业劳动的收入水平，他们就已"知足"，所以月工资在 500—600 元，他们也就可以接受了。当然这种工资水平在 20 世纪 80 年代中后期，以及 90 年代初中期他们还可以接受。但是到了 90 年代后期，尤其是 2004 年中国经济走出通货紧缩阴影后，物价出现了大幅攀升，这种工资水平已无法维持来自农村的产业工人的基本生存。因此在"外来工"工作时间长、工作环境恶劣、工资低、各地对外来工不公平待遇等因素的影响下，出现了有史以来的第一次严重的"民工荒"①。在民工荒的压力下，各地不得不出台最低工资保障政策，在 2005—2008 年间掀起了沿海各城市最低工资的攀比，并改善劳动者劳动环境，加强劳动保护等。在这种环境下，劳动力的自我保护意识得到了提高，工资有所上升，劳动环境有所改善。但劳动力的工资只在 900—1200 元左右，约等于美国劳动力 4% 的工资水平。所以中国仍然是低工资的国度。在 2004 年以后，外资和内资出口加工企业如雨后春笋般地破土而出。中国成了出口加工业的天堂，同时也赢得了"世界工厂"的美称；与此同时，中国还赢得了"为世界打工"的称号。因为，出口加工除了一部分加工费，政府一部分税收，卖了一部分原材料给加工企业外，中国并没有获得多少收益。如生产一双"耐克"鞋，由国外输入中国的原材料价值为 3.5 美元，企业辅助原材料 3.5 美元；经企业加工成"耐克"鞋后，中方一双鞋只收取了 3.5 美元的加工费，但一双"耐克"鞋在美国的零售价通常是在 100 美元以上。从中我们可以看到加工费的比重是非常低的，绝大部分收入为"耐克"鞋所包含的各种知识产权所占有，还有一部分收入变成美国零售商的收入。所以中国政府前总理朱镕基说："中国生产耐克鞋一双只赚一美元"。

---

① 民工荒：沿海一带城市由于经济发展需要大批来自农村的农民工，但由于种种原因，如待遇问题、工作条件或环境问题等，而招不到农民工所引发的农民工紧缺现象。

　　而中国约有 1 亿劳动力在从事出口加工生产。这些劳动力所生产的出口加工产品出口到全世界就已让世界众多的国家，尤其是发达市场经济国家震惊—世界到处充斥着中国生产的各类工业消费品。如果让中国富余的劳动力都生产这些劳动密集型、资源密集型产品，还包括部分资本密集型产品，恐怕中国将成为工业消费品总的供应基地。所以各国在震惊之余也引发了恐慌，各种针对中国出口加工产品的非关税壁垒①，如数量或价值配额、各种附加税、技术标准、环境标准等层出不穷，都是为了防堵中国出口加工产品。而我们则在诉苦，因为这些出口加工产品并没有补贴或有意倾销，同时这些产品完全符合进口国家准入标准，还降低了进口国家消费者的消费支出，我们是克己为人。可是市场经济法则并不认同中国人的克己为人做法，他们认为这就是竞争，尤其在经济危机环境下一国保持或增加进口就加重了国际收支平衡的难度，增加了通货膨胀和失业压力。因此进口国家需要为这些失业者创造新的就业岗位，并保持这些人的高收入，这样该国政府就可以获得民众的支持，维持政体的安稳。所以中国出口加工产品成为"替罪羊"在所难免，必将面临更多的关税壁垒和非关税壁垒措施。

　　中国经济对国际市场的依赖度约在 70%，在世界严重经济危机环境下遭遇创伤不可避免。问题是今后我们要在传统出口商品上增大对世界市场的占有率是很艰难的，会遇到其他国家的更加强烈的抵制；另一方面，中国增加出口并不会给中国带来更多的利益，许多情况下，反而是减少了中国的利益，尤其在经济危机下各国收窄国门，提高进口门槛、大幅增加进口税，促使中国提高出口退税率，以降价的方式销售产品，有些出口企业已无盈利而言，而有些企业则是血本无归，这种做法只能减少中国的整体利益，使大量出口加工企业破产倒闭或外移，导致失业人口快速增加。为了扼制这一现象的蔓延，降低经济危机给中国经济带来的严重冲击，政府出台了一系列出口退税和扶植企业维持出口的政策。当然这些做法只能是权宜之计，无法从根本上改变出口加工企业的颓势。

　　2. 实现科学技术强国的目标只能依靠自己创新

　　在关税与贸易总协定第八轮乌拉圭回合谈判中，发达国家极力推销服务贸易，并将服务贸易纳入世界贸易组织（WTO）的框架中，实质就是为了保护发

---

① 非关税壁垒，是一国除关税以外所有限制制造商进口的措施。

达国家科学技术的领先地位，将有限的资源用于各种产品的关键科学技术的研发上，而将这些技术产品的配件生产、加工装配转移到发展中国家或新兴工业国家，降低产品生产成本，扩大消费市场，并将更多的国家纳入经济全球化的进程，而这些产品最赚钱的关键技术、知识产权、加工生产以及产品销售市场都控制在发达国家手中，从而提高了发达国家科学技术成果的赚钱能力，延长了这些科学技术成果赚钱的寿命，同时还提高了发达国家资本的收益率。

因此，二战后，尤其是 20 世纪 70 年代中期以后，发达国家极力扩大资本输出，加快产业转移，其目的都是为了扩大科学技术成果的收益率，延长科学技术产品的寿命，长期获得科学技术产品的高收益，提高本国资本的收益率，以此来维护发达国家高就业、高工资、高福利，以及国内经济、社会、政治的稳定。

如美国微软公司所开发的电脑操作控制系统（Windows），明明在本国以及全球都处在独家垄断地位，不仅创造了该公司的发展奇迹，亦创造了财富快速增长的奇迹，因此在美国反垄断官司长期缠身的情况下，最终美国的法律还是为了美国的整体利益而倒退了，维护了微软在全球的独家垄断地位，即维护了该企业的垄断利润，全球各国的消费者均为此付出了高额消费支出。此外，大到飞机发动机、火箭推进器，小到电脑硬盘、中央处理器（CPU）、电须刀电动机、耐克鞋知识产权等都演绎了同样的财富故事，维护了发达国家科学技术成果的垄断地位，保护了他们科学技术的领先水平。

在如此一个科学技术研究、开发、保护的环境中，发展中国家在政治上获得独立后，首先都推行了国家经济的工业化，借此满足国内对各种工业品的需求，同时还将一部分工业制成品和半制成品销往国外。但是所有发展中国家都必须适应由发达国家所确定的科学技术成果扩散或转移的路径，引进成熟技术，装备各自刚刚起步的工业。

新中国成立后，首先采取的发展战略就是实现国家的工业化，改变农业国的现状。因为旧中国只是一个农业国，没有现代工业，工业消费品基本需要从国外进口。为此新中国的工业化彻底改变了这种落后的面貌。随后国家又不失时机地推动工业制成品和半制成品的出口，大力发展纺织、玩具、家用电器、化工、家具、五金、食品等行业，推动出口的快速增长。加上外商投资企业在中国的发展，到 2008 年中国商品进出口总额为 25 632.6 亿美元，其中出口为 14 306.9 亿美元，进口为 11 325.6 亿美元，贸易顺差为 2981.3 亿美元[①]，外汇结余 2 万多亿美元。中国成为世界第二大贸易国。

不论中国，还是亚洲的四小龙，都经历了工业化的初期和正在步入或已经步入后工业化国家或地区行列。在推动工业化发展战略过程中，为实现每个发展阶段的目标，这些国家或地区都大量引进先进科学技术成果，不断提高本国科学技术水平，同时加强科学技术研发，用先进科学技术成果武装已实现工业化的各个产业或行业，推动了本国或本地区经济、社会的发展。当然走完工业化发展初期的国家还有许多，如阿根廷、巴西、墨西哥、泰国、马来西亚、南非、印度等。

这些国家基本上遵循着这样一条道路前进：引进先进技术设备和产品→模仿制造→改进本土化→在某些行业占领制高点。在这一路径中，不同国家或地区处在不同发展阶段，采取不同的发展战略。

对于任何一个从落后市场经济国家或地区向发达市场经济国家或地区迈进的过程中，没有哪一个国家或地区可以摆脱从科学技术先进国家引进先进技术装备和产品的命运，美国、日本、德国、加拿大、澳大利亚等国都是从引进先进科学技术装备和产品开始的，而后才成为科学技术先进国家。而我们和其他发展中国家或地区都是走的同样一条道路。

在引进的同时，各发展中国家就进入模仿制造阶段，充分利用本国比较优势生产要素，生产各种工业品，替代所有或部分同类进口产品，改变以往出口原材料的做法。这些也是发展中国家实现本国经济工业化的必经之路。但是发展中国家推行国家工业化战略的过程中有一个巨大的陷阱，稍不留意就会掉到这个陷阱中，使一国经济陷入恶性循环的困境。

二次大战前后独立的发展中国家以往基本是殖民地或半殖民地国家，其经济与宗主国存在已久的垂直分工在独立后的一段时间内，或很长时间内无法消除。在推行国家工业化发展战略后，发展中国家必须拿出一部分原材料继续供给原宗主国，换取所需的外汇购买国外先进的技术装备，并利用本国的原材料进行模仿生产。但发达国家为了维护本国在该产业或行业中的领先地位，卖给落后国家的机械设备相对落后国家是先进技术装备，相对发达国家是落后装备，发达国家永远不会将最先进的技术装备卖给落后国家。而发展中国家中有许多国家并不注重

[①] 资料来源：《中国统计年鉴 2009》，中国统计出版社 2009 年 9 月版，第 723 页。

先进技术装备生产技术的引进；还有些国家虽然注重先进技术装备生产技术的引进，并能组织科学技术人才进行研发、模仿生产这些技术装备，并供给国内企业使用。但是发达国家卖出的技术装备并不是最先进的技术装备，在落后国家开始模仿生产这些技术装备时，他们又拿出更加先进的技术装备来，以致发展中国家模仿生产的技术装备又成为落后的技术装备。在这种情况下，发展中国家为了防止这些更先进的技术装备所生产出来的更先进的技术产品大量涌入本国，避免出现以往的工业化发展战略所取得的成果毁于一旦，不得不重新引进发达国家的技术装备。但是此时发达国家并不会将先进技术装备卖给落后国家，只有等发达国家更先进的技术装备有了新的储备，即新的技术装备已研发出来时，才会将已过时的先进技术装备卖给落后国家。在这期间所出现的时滞，发展中国家只能以本国的低技术产品，以低价的方式占有部分中低端市场，而国外进口的高技术产品则拥有国内高端市场。

发展中国家在实现国家工业化的发展战略后，原材料已不再大规模出口到发达国家，所以在重新购买发达国家的先进技术装备时存在外汇短缺的窘境。为了解决这一问题，各发展中国家一般采取三种解决办法：第一，有些发展中国家在保证本国工业原材料较充足供给的基础上，多生产出一部分原材料供应出口；第二，将原材料加工成制成品或半制成品出口，换取国内紧缺的外汇；第三，有些发展中国家通过举债的方式来获取外汇。以举债方式获取外汇的国家还不在少数，如拉丁美洲的多数国家，亚洲、非洲的一部分国家，为了引进先进技术装备，从国际商业金融机构或外国政府处借取急需的外汇。在举债的国家中，有一部分发展中国家能够量力而行，尽量使债务保持在安全警戒线以内，尽量实现国家的收支平衡，所以这部分国家的抗风险能力还是较强的；还有一部分举债国家没有太多节制，结果引发了 20 世纪后期世界性的债务危机。许多发展中国家出现了一年的外汇收入不足以支付一年到期的外债本息，致使国家政府面临破产的边缘。为解决债务问题，国际社会为此作出了巨大的努力，当然各借债国的人民也为此作出了巨大的牺牲，才缓解了债务危机所带来的不利影响。当然有部分国家由于债务危机引发了国内的金融、经济、政治、社会危机，使国内经济社会发展出现了停止，少数国家还出现了较严重的经济衰退。

而发达国家为了保护本国在科学技术上的长久领先地位，在技术设备和产品出口上，采取了立法保护，如专利法、商标法等；在外交上实行了出口许可证保护制度，如选择盟友或选择没有引进技术装备开发生产能力的发展中国家等。

至于出口技术装备和技术产品的保护手段则是更加复杂繁多。如发达国家出口的技术装备和技术产品都不是最先进的技术产品，像日本出口技术产品的原则是最先进的产品放在国内销售，不允许出口，所以价格高，当然技术也最先进，让国内消费者享有一流技术产品；二流技术产品出口到其他发达国家；三流技术产品出口到发展中国家。美国同样如此，一流的技术产品即使是美国的盟友，也不会向其出口。美国将技术出口对象分为四个等级，中国属于最后的敌对国家等级，所以任何先进技术都不会出口到中国。这也是中美贸易中，中国出现巨额贸易顺差的最主要原因。

其实世界上所有发达国家的技术出口政策都是为了保护本国在科学技术上的领先地位，限制先进技术的出口，防止他国在科学技术领域过快赶上或超过他们，这样发达国家就可以长期或永远保持科学技术的领先地位。因此中国要实现科学技术强国的目标只能依靠自己的人力资源去创新。

3. 科学技术进步推动了国际分工的产生和发展

第一次科学技术革命后期到第二次科学技术革命开始，随着私有制的确立，奴隶社会的产生和国家的建立，国与国之间的贸易交往就已开始。此时的国际贸易交往只是偶然的贸易交往。交易的商品主要是各国由于地理位置的不同，物产资源的巨大差异，技术水平的不同，引发的各国互通有无。随着第二次科学技术革命不断深入发展，国际之间的分工就打上了科学技术的烙印，如古丝绸之路上，中国输往中亚、欧洲的瓷器、丝绸、各种手工艺品、各种布匹、钱币、各种金属制品等均代表了那一时期人类科学技术发展的最高水平，反映出中国各地当时参与国际分工的深度和广度。而这种国际分工只是建立在互通有无的基础上，贸易的频率大大提高了，可是仍然没有达到经常交往的水平。这种国际分工属于国际间的交叉分工。所谓交叉分工是指由于科学技术发展所引起的一国家在某个或某些科学技术领域处在领先地位，另一国家则在另一个或另一些科学技术领域处在领先地位，由此引起的国与国（或地区与地区）之间的分工。国际间的交叉分工是在各国内部各地区不同技术产品之间所形成的交叉分工基础上发展起来的。

当人类进入第三次科学技术革命之后，由于此次科学技术革命彻底改变了手工作坊式的工业生产，推动生产进入大机械工业时代，生产完全是为他人生产，产品产量快速增长，生产所需要的原材料也大量增长。当原材料需求超出一国所能供应的最高能力时，该国就会从其他国家进口此种原材料。由此，一国内部的垂直分工延伸到国外，形成国际间的垂直分工。国际间的垂直分工是由西欧资本主义国家带给其他落后国家的。虽然这种分工形式在其出现后的很长时间内都带有很强的掠夺性和血腥味，但却推动了机器大工业在世界经济中的统治地位。

随后世界在很短的时间内划分为工业化国家和落后国家。工业化国家又被称为帝国主义列强，他们利用自己的科学技术成果以及由此形成的国家经济、军事实力，大肆瓜分落后国家，将其变成了殖民地或半殖民地，其目的就是使这些国家或地区成为原材料的供应基地，同时又成为工业品的销售基地。

二战后第四次科学技术革命爆发。此次科学技术革命来之迅猛，涉及面广，影响深刻，产生了众多新兴行业或产业。企业出现了几何级数的增长，企业经济细胞出现了分裂，企业内在功能出现了外在化，企业还出现了小型化发展趋势，但是企业的科学技术发明创造功能、经济细胞功能、高效化功能、市场化功能、人性化功能、社会化功能等均大大加强了。这是人类社会经济细胞组织前所未有的发展势头，因此在可以预见的将来，人类社会经济细胞组织—企业仍然会在这些功能上继续发展，并将产生一些新的功能，让人类社会重新审视这一经济社会细胞——企业给人类带来新的功能变化。

在第四次科学技术革命快速发展的同时，人类社会一直延续着二战期间民族革命的浪潮，殖民地、半殖民地国家或地区的人民通过各种革命的方式使国家纷纷获得了独立，并开始了国家工业化的道路，有些国家或地区甚至在基本实现国家或地区工业化的同时，快速向中等发达国家或地区迈进，少数国家或地区甚至步入发达国家或地区行列。在当今国际大环境下，原有的国际垂直分工格局基本被打破，只在非洲、拉丁美洲还保留了部分传统国际垂直分工形式；加之凯恩斯主义提出资本主义国家有效需求不足，各国在经济发展的同时大幅提高劳动力的工资收入，使人们的消费心理、消费模式、消费偏好、消费水平都发生了深刻而广泛的变化，以致消费出现了人性化、层次化、多样化、批量化、大众化等发展趋势。因此，人们在消费同一类产品的理念上、质量上、花色上、规格上、外形上、服务上、功能上等都发生了广泛的变化。因此，企业在面对一个不断扩大和分化的市场时，都无法满足本国和国外消费者对某一类商品的需求。为此，各发达国家生产同一类产品的企业，在产品差异化的前提下，各种同类产品出现了国际贸易，即国际间产业内贸易。产业内国际贸易是在第四次科学技术革命的推动下，在国际间水平分工基础上形成的。这种国际间水平分工是在一国内水平分工的基础上发展起来的。

二战后，中国由于劳动力和原材料价格的比较优势，加之第四次科学技术革命成果的扩散，积极参与国际间的水平分工，将中国生产的电脑、电视机、汽车等产品输往欧盟、美国，欧盟、美国也将同类产品输往中国。所以水平分工由发达国家之间的水平分工延伸到发展中国家与发达国家之间的水平分工。

此外，发展中国家之间也形成了一定的国际水平分工。这种水平分工同样是在产品差异化的基础上形成的，各国家或地区之间的产品技术水平基本处在同一档次上。随着各国经济的发展，发展中国家之间的水平贸易也在快速增长中。

第四次科学技术革命深化了国际间的垂直分工。第三次科学技术革命已产生了国际间的垂直分工，它在第四次科学技术革命中得到了进一步发展。如今人类所生产的大型轮船、成套机械设备、飞机、航天飞机等，动则几万个零部件，多则几十万、上百万个零部件，如果由一家企业来完成，不知需要多长时间才能完成；同时一个国家也不可能都具有比较优势，故此零部件的生产扩散到许多发达国家、中等发达国家以及发展中国家。如空中客车公司和波音公司，总装飞机并生产飞机的发动机，其他国家企业生产飞机其他零部件。这种垂直分工的形式延续了第三次科技革命所形成的垂直分工形式，但是已不同于传统的垂直分工。因为新的垂直分工是科学技术大国将技术产品的一部分零部件生产外包给具有比较优势的其他工业化国家生产。这是更深层次的垂直分工。

此外另一种新型垂直分工形式是发展中国家与发达国家之间的垂直分工。这种垂直分工是发达国家向发展中国家提供技术和服务支持，利用发展中国家的比较资源优势，生产工业消费品返销发达国家市场；同时避开发展中国家的贸易壁垒，将产品在生产国大量销售。这种垂直分工同样是在第四次科学技术革命推动下，在现代服务业发展基础上形成的。正是由于这种分工的出现，世界许多原材料生产国家将原材料输往新兴工业化国家（如中国）加工，而后由新兴工业国家将原材料加工成各种工业消费品，而后再把产品销往发达国家和其他国家。

由于第四次科学技术革命呈发散式发展，科学技术的分类成几何级数快速增长，当今世界已不可能出现一国在科学技术的绝对垄断、绝对领先的情况。一国只能在几个、几十个、或上百个领域处在领先地位，其他国家则在其他众多科学技术领域处在领先地位。正是由于这个原因，历史上的交叉分工在第四次科学技术革命的推动下，出现了前所未有的快速发展势头，如美国在电脑技术、航天技术、通信技术、生物技术、金融服务、汽车制造、农机制造、微电子技术、核技术、军工技术等方面都处在世界领先地位；德国则在化工、光学、精密仪器、机械制造、汽车制造等方面处在世界领先地位；日本则在电子技术、机器人技术、汽车技术等方面处在世界领先地位；中国则在中医学、航天技术方面处在领先地位；瑞士则在金融服务、旅游、手表技术处在世界领先地位；俄罗斯则在航空技术、航天技术、军工技术上处在世界领先地位。各国都可以利用自身的科学技术比较优势与其他国家形成国际间的交叉分工。当今世界在交叉分工的推动下，国际贸易也快速发展起来。

另外，二战前传统产业属于发达国家的优势产业。二战后在第四次科学技术革命的影响下传统产业都成了低技术产业，加之二战前后独立的发展中国家在推动本国工业化发展战略时都大力发展传统工业。因为传统工业技术十分成熟，技术也不属发达国家保护之列；同时传统工业属于劳动密集型和资源密集型产业或行业；有些还是污染较大的行业，如钢铁、有色金属等就属于污染行业。这些行业基本属于发达国家的夕阳产业或行业，而发达国家在传统产业或行业都不具有竞争优势，所以发达国家纷纷从传统产业或行业退出，将技术转让给发展中国家。发达国家技术转让的方式是公开广泛地转让，导致发展中国家相互激烈竞争，不断降低生产成本，降低产品价格，为发达国家提供廉价的传统工业消费品。同时，发达国家不断发展高技术产品生产，而发展中国家进口高技术产品。因此，发达国家生产、销售高技术产品，发展中国家生产、销售低技术产品，形成发达国家与发展中国家高低技术产品之间的分工，即高效经济与低效经济的分工。

4. 中国的科学技术创新发展

中国是世界上的人口大国，要使中国劳动力获得充分就业，就必须大力推动科学技术创新，使中国成为科学技术大国，甚至强国。只有这样，中国的科学技术才能快速发展起来，众多科技企业才能涌现出来，并发展壮大，同时推动科技企业进一步加快发展，不断拉长产业链，推动科技、生产、服务企业聚集，创造出大量就业岗位，促使劳动力充分就业，不断提高劳动力的平均工资水平和最低工资水平，推动经济社会快速发展。

但是，中国面临的创新形势是严峻的。中科院院士、中国科协副主席赵忠贤指出："我国经济增长科技进步贡献率只有39%，创新国家70%以上；我国拥有自主知识产权核心技术的企业仅为万分之三，企业对外技术依存度高达50%，而美国、日本仅为5%"[1]。中国的科学技术创新不能建立在外力经济基础上。外资企业即使将研发中心放在中国，其技术具有外溢效应，即技术外溢[2]，我们从中可以学到一些先进技术，但是外溢技术永远只是外资企业已经淘汰，或将要淘汰的技术，核心技术外资企业是不会外泄给他人的。有鉴于此，我们在科学技术的发展道路上不能总是处在模仿的阶段，必须走自己的路，必须创新，必须赶超。

中国人口众多，人力资源也多，有知识的人才也多，要发展的领域也多，关键是我们要为各类人才的发展搭建最佳的创新平台，让他们自由流动、自由发展，自由创业。企业在市场机制的作用下快速增加，不断聚集，就会在多个科学技术领域，在较短的时间内达到甚至超过世界先进水平。只有这样我们才能在先进科学技术领域更多地与发达国家形成交叉分工，才能在几十个、或上百个、或几百个科学技术领域处在世界领先地位。

实际上，中国与科学技术大国（德国、俄罗斯、法国、英国、日本），甚至科学技术强国（美国）的差距并不大，在许多科学技术领域只是一步之遥，当中国跨出这一步同样可以成为科学技术大国，甚至成为科学技术强国。科学技术强国或大国在科学技术的发展道路上，都是在自力更生的基础上实现的，任何仅仅依靠引进、模仿的国家，永远不可能成为科学技术大国，更不可能成为强国。因此，我们在最先进科学技术领域的研究、开发、创新都必须树立自力更生的观念，有敢为天下先的意识。只有这样才能超越引进的二流、一流科学技术，达到一流、超一流的科学技术水平，与科学技术大国、强国平起平坐，从而在先进科学技术的许多领域与科学技术大国或强国形成交叉分工，还在已有的科学技术领域与科学技术大国或强国形成水平分工。如果中国能在上百个、或几百个科学技术领域处在世界领先地位，我们就可以实现世界科学技术大国或强国之梦，就可

---

[1] 中国经济网—新闻中心，2010年4月24日。

[2] 技术外溢："因技术的创新和扩散等引起的外部经济现象。"参见刘树成主编：《现代经济辞典》，凤凰出版社、江苏人民出版社2005年1月版，第496页。

以实现经济强国之梦，就可以实现充分就业之梦。

具体来说，在生物工程、新材料领域、纳米技术、航空航天、新能源、海洋工程、智能科学、生命科学等新兴学科的许多领域，每个国家基本上都处在同一起跑线上，谁先打开某个科学领域的大门，并使之走向市场化，谁就成为新一轮科学技术革命的先导，谁就先步入新一轮科学技术革命大国或强国的行列。为此中国要积极参与新兴科学技术领域的探索，力争率先步入新兴科学技术的大门，成为新一轮科学技术革命的领头羊，真正实现与发达国家在新兴科学技术领域的交叉分工。

在传统领域，只要这些产品拥有广泛的国内国际市场，我们就有必要对这些产品进行科学研究和技术开发，使这些产品升级换代，降低传统工业品价格与发达国家同类产品价格的差距，改善传统工业品出口的贸易条件①，实现中国与发达国家在传统工业品的水平分工。实际上，中国在这方面已有许多非常好的成功经验。如中国卷烟生产，20世纪90年代以前产品比较单一，而且主要是满足大众化的需求，所以产品价格比较低廉，市场销售也大，但企业效益有限，国家税收也有限。而此时大量外来卷烟占领了中国高端市场。面对这种情况，中国许多烟草企业，尤其是云南红塔烟草（集团）有限责任公司、湖南中烟工业有限公司常德卷烟厂和长沙卷烟厂等烟草企业奋起直追，使自己的产品多样化、高档化，迎合了不同消费者的需求，同时也带动了中国烟草企业的技术升级，以此实现了中国卷烟不仅占据了中国的低端市场，还夺回了中、高端市场，并有大量的香烟出口到国际市场。此外中国的酒业、电视机行业、牛奶乳制品行业、服装行业也都做得不错。

在传统优势领域，我们同样要进行科学技术的升级换代，不能总是抱着老祖宗留下来的先进东西，一味地故步自封。在现代市场经济环境中任何先进科学技术产品只要停滞不前都会落伍，我们要使这些传统优势领域继续保持技术的先进性，并使之成为中国的拳头产业或行业，就必须加强传统优势领域的科学研究和技术开发，使传统优势领域撑起中国经济增长的一极来。这些传统优势产业、行业或产品有：中文教学、中医中药业、丝绸业、陶瓷业、宣纸生产、各地的土

---

① 贸易条件："一国在一定时期内出口商品价格与进口商品价格之间的比例关系"。参见刘树成主编：《现代经济辞典》，凤凰出版社、江苏人民出版社2005年1月版，第691页。

特产等。这些产业、行业或产品的延续、传承、发扬光大，都需要科学技术的支撑。

三、科学技术发展的支持体系

2009年1月11日，英国《星期日泰晤士报》报道：世界上第一辆飞车准备起飞。所谓飞车就是可以在道路上以每小时90英里的速度行驶，同时它还可以以每小时115英里的速度飞行500英里（用自身加载的一箱油）。这篇消息着实让人振奋，因为英国人最早发明世界上第一列火车，目前他们又将由德国佛里特立奇发明的汽车与美国莱特兄弟发明的飞机应用到一起，创造出世界第一辆既能飞，又能在公路上跑的真正意义上的飞车。所以飞车的出现谱写了英国科技史上的又一新的篇章。

与此同时，我们又为中国没能在这一领域的发明创造达到世界首创深表扼腕。实际上早在2000年，中国"民制飞机"第一人：张斗三在第一次参加珠海航展时就展出了自己制造的超轻型飞机，并一举试飞成功。在此基础上，张斗三利用自己制造飞机的经验结合汽车的制造，发明了首辆实体陆空两用车——飞车，并参加了第五届珠海航展[①]。可惜张斗三并没有让这架陆空两用车飞离地面，以致没能真正成为制造世界首辆陆空两用车—飞车的第一人。中国许多省市自治区都有农民或工人自己制造飞机，但基本都遇到一个问题：中国领空是管制的，当地政府不允许飞机试飞。

从以上两位发明者的结局看，大相径庭。如果是个人的技能不如人，张斗三只能自叹不如，不妨去多学个三年五载。但实际上失败又不是张斗三个人的原因造成的，而是由众多的他个人不能克服的原因造成失败的结局，这就不得不引起我们的反思。

1.科学技术发展的市场经济制度支持体系

中华民族是善于思考、勤于劳动、富有创造力的民族。但是自世界近代史[②]

---

① 参见：人民网 WWW:people.com.cn。
② 世界近代史是从英国资产阶级革命开始的，即十七世纪四十年代开始。

以来我们的科学技术发明创造与世界科学技术发明创造的先进水平，渐行渐远，原因就在于中国已经延续了两千多年的封建思想、封建意识、封建制度、封建统治，以及中国人的井底之蛙、闭关锁国、夜郎自大的心态，结果到了中国近代史开始时，我们已经沦为被动挨打的地步，甚至出现了亡国的危险。在危急面前，一部分有志之士为了挽救中国和中华民族，引领了资产阶级民主革命，但这场革命最终并没有获得成功，其成果不是被新的封建主义者所窃取，就是被封建军阀或独裁统治者所窃取，使中国沦为半封建半殖民地的国家。此后，一大批优秀中国共产党人进行了艰苦卓绝的斗争，率领中国绝大多数人民进行了 20 多年的革命斗争，推翻了压在中国人民头上的三座大山，在 1949 年 10 月 1 日建立了中华人民共和国，使中华民族、中国获得了新生，同时也为我们在今后的历程中追赶、超越世界科学技术大国和强国打下了坚实的基础。

但是我们对调动、开发民众科学技术创新思维并没有经验，不知道从何着手。因此多年来中国人的伟大聪明才智并没有充分展现出来，我们在许多时候总是跟在别人的后面，亦步亦趋。农民和工人分散于各省市自治区，原因就是他们都有一个不可逾越的障碍——户籍不允许他们离土离工厂。作为一个中国人都知道中国有许多的飞机制造企业，它们地处西安、兰州、上海、南昌、沈阳等地。农民或工人发明家们的居住地可能离这些飞机制造企业不远，但实际上他们离这些企业是咫尺天涯，他们根本无法与飞机制造企业融为一体。中国如此多的农民、工人矢志制造飞机，他们却无法实现自己的梦想，相反许多并不想制造飞机的人，他们却被迫年复一年、日复一日地去生产飞机。

实际上，世界上所有科学技术处在领先地位的发达市场经济国家都建立了一整套扶持本国科学技术探索、发展的市场经济制度体系。各国所使用的体系，大同小异，目的都是消除本国科学技术发展的所有不利因素，最大限度地促使本国科学技术的快速发展，保持本国在众多或某些、或某个方面科学技术的领先地位，增强本国企业的竞争力，以保持本国发达市场经济体的地位。

相比之下，我们还没有建立起推动中国科学技术发展的市场经济制度体系。要建立这套市场经济制度体系，首先我们就应当让所有劳动力拥有自由流动、自由择业、自由创业、自由选择居住地的权利，保障所有公民最基本的权利，使每个劳动力走出井底，遨游大江、大海、大洋，从人力和智力上推动科学技术快速发展。其次我们应建立相关的法律法规制度，保障公民这些权利全面落实。再次建立健全融资体系、市场体系、优良的市场环境、良好的生活环境等，并在法律法规的基础上，促使各地着实制定科学技术发展政策，争相为科学技术发展创造条件。最后，保护科学技术发明创造成果，推动市场给予所有发明创造者应有的报酬，以及荣誉、地位等。

2. 科学技术发展的人才支持体系

一国科学技术的发展，最重要、最关键的要素是科学技术人才，不是资本、不是文凭、不是社会地位等。伟大的科学技术发明创造者可以是博士、硕士、学士，也可以是大专毕业生、高中毕业生，甚至是没有正式进入过学校的人；或者可以是农民、工人、技术员、工程师、管理者、科学技术大师等。

目前我们的人才政策却停留在学历上，以博士毕业生、硕士毕业生、学士毕业生、大专毕业生等学历等级来衡量所有中国劳动力，而且一般认为只有大专以上的毕业生才是人才，其余则不是人才。因此在户籍的迁移，干部或管理人员的提拔上，技术职称的评定上，工资和奖金待遇上，甚至医疗报销、住房分配等等方面都形成了巨大的差别。其结果可想而知，全国人民追求文凭、追求学历，高文凭人士比比皆是，国内文凭含金量大幅降低，就获取国外文凭等。但中国的科学技术发展仍然是步履蹒跚。

原因何在？原因就在于一国的科学技术发展不是由文凭堆砌起来的，而是各方面科学技术人才发明创造出来的。因此我们不能以劳动力的学历、文凭或职称确定某个劳动力是一位人才，或不是一位人才，应当依据每个劳动力在中国科学技术发展历程中所做出的贡献大小来确定，并给予他们相应的报酬。这个报酬是由市场确定，因为在科学技术发明创造领域，市场是最佳的衡量标准，市场会伸出自己无形的手，给予那些对企业、国家、世界科学技术作出贡献的人适当的报酬。对于那些从事基础和应用科学研究的科学技术人才，市场在给予他们报酬时可能出现失灵，此时政府应当依据科学技术专家背对背的评定，弥补市场的不足，给予他们适当的报酬。在各级政府、企事业都以劳动力在科学技术发明创造上贡献大小决定个人报酬高低时，中国人就会放弃追求文凭之风，形成个人、群体良好的科学技术探索之风，尊重人才、尊重科学、促进科学技术人才积极发明创造，并使科学技术研究成果获得企业、社会、国家、世界的公认，这实际也就是获得市场的认可，并享有相应的报酬。届时，中国科学技术发展步伐想慢都很难，科学技术的发展将真正成为中国经济、社会发展的主要推动力。

在科学技术人才的认定上我们还存在一些盲区，这可能受中国一些传统思想的制约。传统思想认为："劳心者治人，劳力者治于人"，所以"学而优则仕"。这种意识是中国封建社会典型的思想意识，但这种思想意识却深深影响着我们的行为。现代科学技术的发展需要劳动力相互交流，需要不同专业知识人才相互碰撞，需要人们相互之间的合作、配合等。如果失去这些科学技术的发展只能局限于井底，科学技术的发明创造只能是奢望。就拿目前代表中国科学技术发展最高水平的航天技术来说，载人航天之所以能不断地取得成功或突破，其中一个关键的因素就是为了中国航天事业的发展，我们可以从全国各地、各部门调遣精兵强将，加速中国航天技术研发，不断取得可喜成果。即使这样一批杰出的航天人，曾经创造出辉煌的业绩，但随着他们长期从事同样工作，并缺乏与外界的交流，加之生活、户籍的限制，他们同样成了一口大井里的井底之蛙，可能还不如那些今天东边打工，明天西边打工的农民迸发出的思想火花。由此看出，传统的思想意识和现行的某些制度窒息了中国人的聪明才智。

在当今世界，杰出的科学技术发明创造者一定是知识、阅历、经验、个人能力的有效结合体，那些囿于井底的人是很难做到的。而中国今后必须成为科学技术大国，才能成为一个发达市场经济国家，否则就没有可能性，只能做第三世界大国，经济处在中等国家水平；而要成为一个科学技术大国，我们就必须让各类人才自由地流动起来，让他们拥有自由择业、自由创业、自由居住的机会，促使知识分子多从事生产实践活动，普通劳动者多接触科学技术知识，激发各层次劳动力发明创造的潜能，不仅在基础、应用科学研究方面涌现出许多发明创造，还要在技术、产品、工艺、程序、实验、经营管理、商标、品牌等方面迸发出更多的发明创造，使千百万各类型、各层级的科学技术人才产生于中国劳动力充分流动的市场经济环境中，为中国培养出千百万科学技术人才和上亿企业家。

3. 科学技术发展的市场支持体系亟待完善

科学技术发展是科学技术人才推动的结果。在市场经济条件下，经济、社会最基本的经济细胞是企业，所以科学技术人才通常都依托企业，尤其是技术方面的人才更是依托企业；相反那些从事科学技术基础和应用研究的人才一般会依托大专院校和各类科研机构。而依托企业的科学技术人才，一般占到一国科学技术人才的70%—80%，在一国科学技术没有处在世界领先一流水平的情况下，技术人才甚至有可能占到一国科学技术人才的90%。从欧美发达国家的经验看，技术人才绝大部分集中在中小企业，而不是大型企业。

二战后，尤其是 20 世纪 80 年代后，在第四次科学技术革命的推动下，企业向专业化、小型化、高科技方向发展，涌现出大量的为生产性企业服务的现代服务型企业。这些企业为生产性企业提供高科技知识、新技术开发、新产品设计、新产品开发、管理、品牌、商标、市场行情、法律等方面服务。现代服务型企业的服务层出不穷，但企业基本上是以中、小型企业为主。这些企业不仅为中小企业服务，同时也为大型企业、政府以及其他法人单位、家庭、个人等提供服务。其产品可以是实物产品，亦可以是无形的产品；这些产品可以是最终产品，供生产或生活消费；亦可以是在途产品，为产品部件的生产或消费服务。

当前中国科技型中小企业面临的市场支持体系问题主要有：一是科技人才问题（参见上一个问题的相关论述）。二是资金问题。中国目前只有大型企业、垄断企业的资金供给链，而缺乏中小企业，尤其是小企业，当然也包括小型科技企业的资金供给链。其原因在于企业缺乏信用，个人缺乏信用。这种信用缺乏，不是小企业或个人没有信用，而是中国市场，尤其是金融市场发育不全，没有赋予这些企业、个人信用。加之中国金融企业结构不合理，主要是大型商业金融企业居统治地位，中小型金融企业严重缺乏；风险投资制度不完善，风险投资企业太少。三是，中小型科技企业步履维艰。近些年来中小型科技企业虽有所发展，但由于上述种种限制原因发展十分缓慢，所以时至今日只能说是刚起步，远没有形成中小科技企业强有力的发展势头，形成强大的科技中小企业群体，这样不仅形不成对科学技术人才需求的广阔市场，也没有形成推动中国科学技术发展的主动力，所以中国的科学技术发展仍然停留在引进、模仿的时代，发明创造、引领世界科学技术革命远没有成为中国科学技术发展的主旋律。四是，中国市场缺乏科技要素的流动性。科学技术日益成为市场经济主要的生产要素，而这一要素基本上不可能独立地存在，科技要素需要载体，这个载体就是科学技术人才。没有科学技术人才，即使是引进了先进科学技术，也没有人能使用它，也只能躺在那里不能在生产中发挥作用。而中国的劳动力缺乏流动性，他们受到户籍制度的束缚，只能在一个狭小的地域空间内寻找自己十分有限的职业岗位，以致不得不最大限度地扭曲自己，以适应狭小的职位空间为自己提供仅有的少数几个工作岗位，而这些岗位约 90% 都不适合职业人的理想、追求、知识结构、专业爱好，其结果是职业人缺乏创造性思维、创造性行为，同时也缺乏创造性环境，职业人只能按部就班，得过且过，职业人都被这种环境磨砺得服服帖帖，安于现状。而在生产要素中最重要的要素：劳动力，不仅是科学技术的载体，同样还是资本的载体、信息的载体、管理的载体、市场的载体、企业的载体等。现行的户籍制度使生产要素中最重要的载体，即流动体——劳动者丧失了流动性，所以中国的科学技术同样缺乏流动，当然中国的市场经济也就缺乏流动性。五是中国的产业或企业集群无法形成。产业集群按 1990 年美国管理大师迈克尔·波特在《国家竞争优势》一书中的理解是由于某个产业领域相互之间有着密切联系的企业有机体，核心企业是生产性企业，生产性企业生产出自己的品牌产品，这种品牌产品具有相当的国内外知名度，产品技术质量属独有一流，或在同类产品中属于高档之列，产品外形属于最新流行时尚；产品的规格分不同的档次，可以满足不同消费者的需要；产品的花色通常会迎合一般消费者的爱好，同时也会兼顾具有一定消费群体的特殊需要；产品的前瞻性很强，这种产品往往会引领时代的潮流，采用当今世界最先进的技术，不会落在时代的后面；产品的信誉度很高，任何有可能影响产品信誉的瑕疵，企业都会尽全力进行消弭；产品拥有自己的知识产权，如专利、品牌、商标，以及相关的专有技术、专有服务等。总之就是我们平时所说的拳头产品。

生产性企业上游的企业主要有两种类型：首先就是提供技术、产品创新研究和开发的企业。传统的大型企业，这类技术、产品的创新开发均属于企业内部工作。在企业生产专业化发展的推动下，大部分企业使这部分功能外在化，这样为生产性企业节约了新技术、新产品创新研究和开发的成本，同时使这部分科技人员提高了工作效率，他们可以为更多的企业提供服务。当然这部分技术产品的开发不属于该生产性企业的核心技术、核心产品，而是辅助性的技术和产品。这类企业保证了该生产性企业的技术、产品的先进性。通常生产性企业正在市场销售的产品属于同类产品中先进技术产品。当先进技术产品被中等发达国家，或其他国家模仿并生产出来，并形成强有力的竞争时，该生产性企业上游的技术或产品创新企业就会向该生产性企业提供新技术和新产品，该生产性企业就开始生产新的技术产品，向市场推广，并展示新技术产品的优势。对于大型机械设备，如飞机、汽车、成套装备、船舶等，生产性企业往往会把产品的核心技术留给本企业的研发机构去开发；而对于一些中小产品，如日用化工产品，技术含量并不太高，也易于研发，生产性企业就将这些产品的研发全部发包给上游的科技开发企业，由上游研发企业研发并提供最新的技术产品，生产性企业就可以降低成本，不需设研发机构、养一部分科技人员，并增加相应的固定资产；而对上游科技研发企业来说，他们在众多的中小企业、大型企业新技术、新产品研发合同的推动下，大大提高了研发效率，降低了研发成本，提高了研发的收益。

其次就是为生产性企业提供配套零部件生产的企业。这些企业一般不生产最终产品，只为下游企业提供最终产品的零部件。这类企业有被动式的配套生产性企业，也有主动式的配套生产性企业。

被动式的配套性企业往往依据最终技术产品生产企业的要求（如图纸）提供相应的产品，而自己不在技术研发上提供研发支持，或产品技术的改进。所以在当代只要在科学技术以及其他知识产权领域处在统治地位的企业，可以将本国或他国生产性企业转变为科学技术研发企业或服务企业的下游企业。这本身也是第四次科学技术革命所形成的新的研发——生产链。因此自 20 世纪 80 年代以来，发达国家将许多劳动密集型、资源密集型、少数资本密集型、高污染高能耗、低价值产出的生产性企业转移到新兴工业国家或发展中国家，就是充分利用自身的科学技术研发实力，以及其他知识产权方面的优势，将新兴工业国家或发展中国家的人力、资源优势纳入经济全球化，降低产品生产成本，增强产品的竞争力，减少本国消费者消费支出，提高国家的福利水平。

主动式配套生产性企业根据配套技术产品生产要求，主动为最终技术产品提供相关零部件。这类企业拥有自己的技术研发机构，可以研发出新的配套技术产品。这类企业生产出的各种配套产品具有很强的市场竞争力，因为这些企业的配套产品在同类产品中属先进技术水平，所以产品售价绝对不是只收取加工费的问题，还会收取很高的技术研发费用。所以主动式的配套生产性企业包涵有技术、产品创新研究和开发的功能，又兼有配套生产上游零部件的功能。

此外就是为生产最终产品企业提供各类服务的企业，如广告、会计、审计、法律、运输、通讯、市场研究、金融、物流、零售、售后服务等企业。

所以，一个大型机械设备生产性企业不仅有科学技术研发、配套生产性的企业，还有众多的各种类型的服务性企业，形成一个生产性企业链。生产性企业链可能涉及几十家到几万家企业。如世界知名品牌汽车生产性企业链，大型客机生产性企业链等。生产性企业链所形成的企业集群是该企业集群的有机结合。企业集群中的任何企业出了问题，都会对整个集群造成影响。

相比之下，由于我们限制了市场经济中最活跃的生产要素劳动力的流动，从而丧失了各省市自治区以及市县、乡镇参与全国性分工的可能，所以各省市自治区的产业结构基本一样。某个产业或行业在当代有钱可赚，各省市自治区都会积极参与其中，如汽车制造业，各省市自治区均不依据本地区是否有条件发展汽车产业，都创办本地的汽车企业。目前这种情况已经困扰我们多年了，我们应当彻底改变这种情况，让劳动力要素充分流动起来，让劳动力在全国范围内自由流动、自由择业、自由创业、自由居住，推动分工向深层次发展，使劳动力向专业化、研究化、深层化、务实化、理论与实际相结合方向发展，避免重复建设和重复引进，消除"大而全"、"小而全"所造成的巨大浪费，改变科学技术发展步履蹒跚的状况，形成中国强大的企业或产业集群、行业或产业技术市场、人才市场等，从根本上推动中国科学技术向前发展，使中国真正成为一个科学技术大国，进而成为科学技术强国。

4.科学技术知识产权保护

科学技术发展本身是一个矛盾体，一方面人类经济社会发展需要大力发展科学技术，另一方面人类又要加强科学技术知识产权的保护。

人类设计的市场经济制度之所以给予科学技术发明创造者充分的物质和精神奖励，其原因就在于科学技术发明创造成果可以推动生产力的发展，进而推动经济社会的发展。而这种发展是建立在满足发明创造者个人或集体需要的基础之上。当然我们不否认有些党派、社会团体，某一群人、某个人为了国家、民族、人类而努力奋斗，不计个人或集体得失。但同时我们还应该看到，在市场经济环境下，绝大多数人都是在物质和精神利益的驱使下做着他们认为应该做的事情，尤其是科学技术发明创造者主要是在双重利益的驱使下创造出来的。

人类第四次科学技术革命硕果累累。这些硕果大多源自美国科学技术人才的发明创造，它支撑了美国成为二战后世界最大的经济体、最强的军事体以及主流文化体。这就告诉我们，下一个或几个科学技术强国必然是在人类第五次科学技术革命中在多个科学技术领域处在世界一流水平，否则根本就不可能成为科学技术强国。不能成为科学技术强国就不可能成为世界经济强国。

我们要成为科学技术强国，就必须利用市场经济的有效机制，给予中国所有科学技术发明创造者以物质和精神方面的足够奖励。但到目前为止，市场并没有给予发明创造者足够的奖励报酬。如果中国科学技术发明创造者在市场机制条件下不仅获得丰厚的物质奖励，主要是工资、奖金、红利等分配上的丰厚收益，或者高额的成果转让收入，还获得很高的社会荣誉，中国就会有众多的知识分子尽自己所学去从事科学技术的发明创造，中国科学技术就会出现快速发展的局面，推动产业全面升级，彻底改变中国目前低水平产业结构。中国低水平产业结构形成的原因就是科学技术发明创造的市场激励机制还没有真正建立起来。其结果市场上只有一部分高等院校、科研机构以及企业的科技人员拿着自己的发明创造成果，寻找市场的购买者，结果需求者寥寥无几，科学技术成果卖不起价（还有诸侯经济因素的影响）。此外，有些买方在获得科学技术成果后，并不认真履行合同条款；少数买方甚至在技术产品开发出来，获得了丰厚的回报后，倒打一耙反说技术产品的发明者没有履行合同。至于发明创造者的上诉之路，多半旷日持久，最后不了了之，司法没有真正起到维护发明创造者的利益。

造成如此结果的原因是多方面的。其一，科学技术发明创造者的成果并不十分成熟。首先，多年来高等院校和科研机构的科技工作者多从事理论工作，实践相对很少；其次，科技工作者对现实技术发展状况并不十分了解；再次，科技工作者所发明的科学技术成果，并不一定马上就可以变成技术产品，即使可以做出技术产品到市场推广，并使消费者接受，这中间还有一段路要走。这是世界所有科学技术发明创造所面临的共同问题，只能尽量缩短科学技术发明创造周期，不可能完全消除这一周期；科学技术成果的发明创造者对自己成果如何作价，参考市场是国内还是国外，与买方采取什么交易方式，卖方与买方如何合作等等问题均不十分明确，即买卖双方并不十分清楚如何担当自己的角色。

其二，买方存在的问题。买方要使用专利技术，必须通过交易来完成。而中国大型企业习惯拿来主义，或者总装企业不重视技术引进；多数中小企业是加工企业也不重视技术更新；剩余的企业产业链不健全，或是乡镇企业缺乏资金等。

其三，科学技术市场还没有真正形成。科学技术市场应是中国市场体系最为重要的组成部分之一。但是科学技术市场只是某些超大城市或大城市不定期或定期组织一些科研院校的科研成果，举办科学技术成果洽谈会，买卖均不热烈，规模亦有限，交易也不大，所以这些科交会影响都不大。同时，中国自己的科技成果猎头公司还没有大量产生，相反外来的科技成果猎头公司在中国较为活跃，这种情况致使许多中国人的科技成果，墙内开花墙外香，即国内居然没有人识货，而外国人则将其视为宝贝，推向市场，并获得巨大的成功。如电脑中文输入系统，最早是由中国人发明创造，但其利用却是美国微软公司。又如中医的足部按摩保健方式方法，在中国已延续了几千年，但是为了让国人认同足部按摩健身方式方法，却不是老中医来教诲国人，反而是一个没有太多中医知识的外国人做示范。从这些情况看，中国还没有形成一个真正意义上的科学技术成果交易市场。

其四，科技知识产权缺乏应有的保护。科学技术成果是知识产权保护的最重要范畴。所谓知识产权，"是民事主体依据法律的规定，支配其所有的信息，享受其利益并排斥他人干涉的权利"[1]。而知识产权保护则是通过一国或国际立法加以保护。随着科学技术发展的不断加快，以及科学技术发明创造在人类经济、社会发展中的作用不断加强，科学技术成果日益成为知识产权保护最重要的组成部分。但是我们在科技知识产权保护上做得很不够，侵犯了科学技术发明创造者的权益，以致严重影响了中国科学技术的发展。

有一个众所周知的案例，即电蚊拍的科技知识产权保护官司已经打了13年多了，两家企业都声称对电蚊拍的生产技术拥有发明专利权。可是事到如今仍然没有一个定论。与此同时，众多中小企业很快就破解了电蚊拍的技术问题，并加入到该产品的生产行列。电蚊拍的价格从最初的50—60元/把，暴跌至10元/把，地摊上最低售价5元/把。当然这种情况也反映出中国许多新的科技产品所走的同一条路：科技产品成本快速下降，但是销售价格下降更快。这是知识产权保护不力的表现，同时也是诸侯经济环境下造成的恶性竞争。

这种做法充分展现出中国加工工业的生产能力，技术很快扩散，企业快速增加和外延粗放式扩张，竞争日趋激烈，产品快速增长，生产成本和销售价格快速下降，不仅占领了国内市场，同时也快速占领了国外市场。

而这种做法的不利之处表现在：第一，习惯于模仿。新技术产品缺乏保护，没有人愿意从事科学技术发明创造，只希望模仿他人的技术，降低产品开发成本。

第二，丧失经济增长点和带。产品产量上去了，市场份额扩大了，但仅仅利用了廉价劳动力和资源，获取了少量加工费，劳动力收入没有增长，国内市场没有扩大；尤其是发明创造者没有获得市场带来的任何好处，极大地挫伤了发明创造者的积极性，使技术产品止步于此。所以从新技术产品出现到市场大量充斥各种品牌的同类产品，很少再有升级的技术产品出现，说明市场丧失了该产品技术

---

[1] 张玉敏：《知识产权法学》，中国检察出版社2002年版。

提高的动力，故此无法形成一个行业或产业，原因就是发明创造者的技术产品没有得到有效保护，缺少回报，缺乏持续发明创造动力，中国经济增长的一个点或带消失了。相反我们看到市场上销售的菲利普电须刀、吉列剃须刀、派克笔等产品的技术复杂程度与电蚊拍差不多，但不断有新的技术产品出现，形成了世界知名品牌，并长期成为荷兰或美国经济增长的点。

第三，无法形成优势产业群。加工工业的分散快速发展，适合了中国目前非统一的市场环境，便于各地区经济的分立，使各地区都可以分到新产品开发的一杯羹，阻碍了各地区依据比较优势进行产业分工的可能性。所以中国无法形成优势产业群，尤其是为新技术产品开发提供服务的企业群根本没有产生的土壤，形成了科学技术发明创造的麻雀战，说不清某个产业或行业哪天出现一个新技术或新产品，但都很难成行成市，导致科技资源的浪费。有人可能说中国许多出口大的行业不就是优势行业吗？其实不然，这些行业只是强势行业，但绝不是优势行业。因为劳动力、企业、投资者、国家均没有从这些行业中获得高额回报，都是低收益、高投入、低技术或者还有高污染等。我们在此所说的优势产业或行业是高技术、低投入、高回报、低污染并具有一定垄断性的产业或行业。

第四，政府保护功能的缺失。由于政府对科学技术成果保护功能的缺失，导致发明创造者（个人或法人机构）的权益得不到有效的保护，挫伤了发明创造者的积极性，所以中国民间科学技术发明创造基本处在休眠状态，政府支持的科技研发项目得不到民间的支持，难度加大，投资增加，周期拉长，结果难以预料。如果我们切实做到了对科学技术知识产权的有效保护，民间科学技术发明创造的积极性被调动起来，结果就可能会出现政府所需要研发的项目，只需从民间将各种所需要的技术或技术产品购买过来就可以了，不需要政府投资研发，或只需少量投资研发所缺少的配套产品；或者就把项目委托民间科研机构研发就行了。而这种方式在其他发达市场经济国家被证实是最切实可行的，提高了科研资金效率。

导致中国科学技术发明创造成果缺乏保护的主要原因在于：第一，对科学技术知识产权缺乏保护意识。一般人认为，中国是一个科学技术落后国家，发达国家在科学技术的研究开发上已进行了几百年，少则也有一百多年；我们在前进，别人也在前进，所以要在几十年赶上或超过发达国家的科学技术水平是不可能的。因此我们在科学技术的发展上，重引进、重模仿，而实际上的消化吸收和提高则很少，更不要说科学技术的发明创造。所以在这样一种情况下，我们很少有意识地去保护国内的科学技术发明创造成果。

第二，科学技术知识产权保护的执法难。执法难首先面临的问题是科学技术知识产权的侵权行为较难确认，取证困难以及周期长。其次中国市场不是统一的大市场，地方保护主义盛行。某一科学技术知识产权的侵权行为，面对"诸侯经济"显现出软弱的一面。

以上的意识和做法是我们短视造成的结果。而这种意识和做法的直接结果就是中国科学技术仍然处在落后的位置上，科学技术发展基本步入引进、模仿、再引进、再模仿的怪圈之中。这是我们无法接受的现实。

如果我们拥有相反的意识和做法，这种结果就会得到有效改变。第一，如果我们有很强的科学技术知识产权保护意识，就会在立法、宣传、执法上加强对科学技术知识产权的保护。没有科学技术知识产权的法人机构或个人也会自觉地保护所有者的权利，并通过市场规则获得科学技术知识产权的使用权或所有权，这样社会就会形成自觉维护科学技术知识产权所有者的权益。而科学技术知识产权所有者就可以通过市场实现科学技术知识产权的高收益，提高自己的知名度。这种示范作用就会告诉一切后来者，要认真学习科学技术知识，积极做好科学技术发明创造，就可以名利双收，就不会只往公务员队伍中挤。

第二，如果我们对科学技术产权所有者实行切实的保护，就可以遏制剽窃、抄袭行为的产生。而剽窃、抄袭行为将招致名利双损，甚至违法者很难重新站起来。这样所有企业、个人以及执法者都会维护自身的正面形象，避免遭到玷污。这样就会有大量的人才积极从事科学技术探索，攀登科学技术高峰，热衷于创办自己的科技企业，从市场获得利和名，推动中国科技市场快速发展。

第三，如果我们建立起繁荣的中国科学技术市场，才能真正地保护科学技术知识产权所有者的利益，维护社会和国家的利益。在科学技术发明创造者的权利得到维护后，劳动力将迸发出高涨的科学技术研究和开发激情，推动中国更多的人才步入科学技术研发的殿堂，形成科技研发大军，创造出几千万家高科技企业，形成巨大创造财富的中等收入人群，并为国家带来巨大的税收。

第四，如果形成几千万人的科技大军，中国将成为科学技术强国。中国拥有8.7亿劳动力，任何非科学技术领域都不可能使如此多的劳动力实现充分就业，并使如此多的人口人均收入达到发达国家人均收入水平。因此我们要向科学技术的深度和广度进军，吸纳更多的各类型、各层级人才，自觉从事科技发明创造，推动科技研发、生产、服务企业的创建，形成世界最庞大的科研、开发、创业、管理经营队伍，在他们努力奋斗、创造的同时，为家庭、企业、社会、国家创造出大量财富，推动中国超大规模企业群体的形成，实现中国的充分就业，形成新一轮科学技术革命。

第八章
教　育

　　教育从广义上是指："社会上一切影响人的思想品德，增进人的知识和技能的活动，如学校教育、社会教育、家庭教育等。教育从狭义上专指学校教育，即按照一定的要求，有目的、有计划、有组织地向年青一代（儿童、少年、青年）传授知识和技能、培养思想品德、发展智力和体力的活动。"①本章所论及的教育不仅仅是从狭义上的学校教育论及教育，还会从多视角的广义方面论及教育。

　　俗话说：十年树木，百年树人。从中我们可以感受到"树人"的艰难和长期性。为了搞好中国的教育，2009 年 1 月 5 日温家宝总理发表署名文章《百年大计教育为本》，文章提出了许多要解决的教育问题，其目的就是要培养出多方面、多层次一流的大批科学技术创造性人才，同时还要培养出一大批既有创业能力又具有经营管理能力的人才，此外还要使所有的劳动力都符合时代发展需要的、具有较高思想道德水平、遵纪守法，并拥有较强身体素质的人才。这是我们遵循了多年的教育指导思想，但是要真正做到还真不容易，尤其是在经济社会制度转轨的时期，我们难免出现这样或者那样的偏差。但无论如何，我们总的方向并没有发生变化，并取得了很大的成就，这是我们引以为豪的方面。同时我们还应当认识到当前的教育存在许多的问题，需要我们去解决、改进，只有这样我们才能不断前进，克服前进中所遇到的这样或那样的问题，使教育保持正确的方向和快速的发展。为此本章主要论及教育公平、教育创新和教育发展三个问题。

---

　　①　宋原放主编：《简明社会科学词典》，上海辞书出版社 1982 年 9 月版，第 910 页。

一、教育公平

市场经济制度必须建立在公平、公正的基础上。只有这样所有劳动力才能公平地劳动，并在个人贡献大小的基础上，公平地获取自己劳动所应该获得的报酬，即工资和奖金；开展公平的竞争，在竞争中推动劳动力人力资本的积累，增强劳动者的竞争力，使劳动者通过企业的组织形式创造出更多的财富，提高国人的平均收入水平和人均消费水平，并使国家富强起来。而公平、公正的来源和基础就在于教育公平，即教育公平是所有公平、公正的基础，没有教育的公平，劳动力劳动的公平就缺乏先决的条件。所以在人类社会发展史上，最先大力发展教育、普及教育的社会是资本主义市场经济社会，使社会所有的青少年都拥有受教育的机会，并尽力使这种机会趋于公平。即使如此，资本主义社会的教育同样存在诸多不公平，如学校有好学校、差学校之分；有钱人子弟可以读高价私立学校，无钱人子弟只能在公立学校就读等。同时发达国家都能为青少年提供12年的免费义务教育，并拥有发达的高等教育，平均能接受高等教育的人口占到总人口的50%以上。美国最好的公立院校与最好的私立院校相差并不十分明显，只是在师资、科研、教师待遇等方面有些差别，都可以培养出世界一流的科技人才、创造性人才、管理人才、教育人才等。

1. 教育中的不公平

中国教育公平程度还没有达到发达国家的平均水平。这主要表现在：

第一，高等和高中教育资源稀缺造成教育不公平。中国不论哪个家庭的子女，如果必须将子女放在国内读书，都面临高等和高中教育资源稀缺的困扰。

首先高等教育资源的稀缺。这些年来中国高等教育的确有很大的发展，招生人数不断向上攀升，2010年各类高等院校招生650万人，报考学生960万人，考生录取比例约10∶6.7。中国录取的大学生数量十分庞大，这一数字比美国、德国、英国、法国当年录取的全部大学生总数还要多。但是美、德、英、法所录取的大学生，占到18岁同龄人的50%以上；而中国19岁的同龄人在2010年约有2400多万人，所以中国所录取的大学生只占到同龄人的27.1%，这一数字远低于发达国家。

近些年来，随着大学毕业生逐年增加，就业面临的压力却越来越大，每年不能及时找到合适工作的大学生逐年增长，比例也不断扩大，到 2009 年约有 36% 的大学生在毕业时没有找到第一份工作，这就告诉我们有 100 多万大学毕业生出现就业困难。面对这样一种现状，有人将大学生就业难的问题归罪于中国近些年来的大学扩招。其实这是有病乱投医，并没有找到问题的根本所在。相反现实的情况告诉我们，中国大学生不是招多了，而是远不够。为此我们必须大力发展高等教育，追赶发达国家劳动力平均受教育的水平，推动劳动力人力资本的积累，促使人才和产业结构升级，改变中国人为世界打工的局面，推动经济社会快速、长期、健康发展。

人们为了通过高等教育这个窄车道，全社会每个家庭只能拼尽全力往前冲，结果所有家庭都被绑在了这个战车上，并为此付出了巨大的人力、物力和财力，其结果约 73% 的同龄学子被淘汰出局。

为了挤进 27.1% 的幸运学生中去，中国最辛苦的人就是幼儿、儿童、少年、青年，他们都在扭曲的环境中生活，增添了多少家庭的烦恼、矛盾，甚至家庭破裂，吞噬了少年儿童的大好时光，占据了青年人的一部分美好时光。而培养出的大学各层级毕业生大部分只是读了一点死书，对社会不了解，没有多少社会实践经验和家庭生活经验，更无开拓创新精神，这些毕业生与家庭、社会、国家所需要的人才标准相去较远。这不仅浪费了个人的大量精力和时光，还浪费了家庭、国家大量的财力、物力和人力，结果培养的人却不符合社会的需要。越来越多的大学毕业生（各层级）找不到合适对口的工作，或大材小用，或用非所长，由此这些人在科学技术发明创造上，在管理上，在思想开拓进取上都不足，以致延缓了中国科学技术的发展、产业的升级、内力经济的发展等。

这种情况不完全是窄车道造成的结果，还由于中国一些传统的思想意识，如"学而优则仕"，"劳心者治人，而劳力者治于人"等思想在作祟。其结果是有一点知识的人变成了劳心者，没有知识的人变成了劳力者，中间出现了断层，结果中国人都在为外国人打工，因为技术人才出现了断层，即技术发明创造出现了断层，产业升级跟不上时代步伐。其次，父母习惯于将子女看成家庭的后代。因为广大的农村劳动力以及城市一部分劳动力缺乏养老社会保障，需要子女承担养老负担。即使有一部分劳动力有社保，在中国传统的意识中，子女仍然是家庭的后一代，因为社会对他们的关心不够，温暖主要是来自家庭，强化了后代对家庭的依赖和依恋。加之中国养老尚未实现社会化，老人亦依赖家庭养老，所以父母的期望也就更多地寄托在子女身上。因此国家、社会、家庭所有的期望均压在还没有成长起来的少年儿童身上。压得他们从小就喘不过气来，只有埋头考学去解决这一切问题。再次，户籍制度加剧了窄车道的拥挤。大学学位本来就不足，本应加以疏导，缓解瓶颈的拥挤状况，但是户籍制度的限制起到了相反的作用。要跨过户籍制度的限制基本上只有读大学并获得高学历这唯一途径，如此一来，逼迫所有梦想寻求较优生活的年青一代，极力地追求学历，获取进入城市的高学历，而后再去寻求较合适自己的工作和生活，窄车道变得更加拥挤不堪。

在 20 世纪 80 年代中期政府在制定中国九年制义务教育发展规划时，就将九年制义务教育作为一个缓冲阀。而这个缓冲阀的作用随着时间的推移，越来越起到了缓冲大学学位紧张的作用，因为中国目前 19 岁的同龄人大部分年份都在 2400 万—2500 万人，而 2010 年参加高考的学生全国共有 960 多万，也就是说，在中国能读完普通高中和中等专业学校（中专学生同样可以参加高考，但参加人数很少）的学生只占同龄人的约 40%，而其余 60% 以上的同龄人绝大部分都被挡在了普通高中和中等专业学校之外。所以在中国是两个多初中毕业生争一个普通高中学位。从中国目前参加高考学生的毛入学率与参加中考的学生毛入学率（初中考高中），前者还大于后者。所以为敲开大学之门的竞争早在争取进入普通高中就已经开始了。

第二，贫穷所引发的教育不公。在 73% 被拒之大学校门外的同龄人中，首先被拒之大学校门外的同龄人就是贫困家庭的子女。我们十分欣慰国家自 2008 年开始免除九年制义务教育的学费、杂费。这种做法挽救了众多的农村和城市贫困家庭孩子的学籍，使他们能不间断地读完小学和初中。而在这之前，有许多农村和城市的学龄少年儿童，由于家庭贫困交不起学杂费，只能辍学务农或务工，形成了一大批现实的童工。现在可以说，这一问题基本得到了解决。

但是学龄少年高中阶段的教育问题又凸显出来。因为高中阶段的教育在中国不属于九年制义务教育，学杂费较高。这些年来，公立高中教育不是发展了，而是缩减了，实际上成了中国教育真正的瓶颈，所以中考比高考淘汰的学生还多。

从我们了解的情况看，广东、湖南、广西等省自治区的公立高中阶段的学杂费，都在 1300—1500 元 / 学期（不包括住宿费），比原初中阶段的学费高出一倍多。从目前看，这种收费只拥有一定的学位，录取分数较高，属于正常录取的高

中学生所缴纳的学费。在正常招生之外，公立高中学校和私立高中学校可谓是
"八仙过海，各显神通"。公立学校基本上是通过扩大招生，还有些学校是减少正
常录取学生名额，挤出一部分学位，用来招收所谓的"择校生"，目的是收取高
额的择校费。择校费是依据学校档次高低、学位紧缺程度等确定收费标准，少
则4万—5万，最高没有封顶。有些家庭为了使孩子进入重点高中以及重点班集
体不惜交纳重金，认为这样孩子今后就有一个很好的社交圈。这种现状将把大部
分家庭贫困的孩子挡在普通高中教育大门之外。私立高中，尤其是出了名的私立
高中，一般都会收很高的学杂费，家庭贫困或较贫困的孩子根本不用问津，他们
是被挡在这些学校大门之外。除了极个别非常优秀的学生，虽然家庭贫困或较贫
困，他们的学杂费有可能被免除，因为私立学校需要这极个别的学生为学校创招
牌。即使如此，还是有一批贫困和较贫困家庭的子女由于自身的努力和天资使他
们的学习成绩遥遥领先，品学兼优，挤进了普通高中学校。这批莘莘学子的大部
分都会在家庭的支持下完成学业，并顺利考上大学，其中有相当一部分考上重点
大学。

这批学子在读大学时，仍然会被大学的学杂费困扰，一般专业一年4300—
5800元的学杂费；特别专业一年的学杂费要8000—9000元。这笔费用对贫困和
较贫困的学生家庭来说是一笔无法承受的巨额开支。至于读硕士研究生、博士研
究生，学杂费更高（部分公费名额为这些学生开辟了希望之门），所以绝大部分
贫困学生一般在大学毕业后都选择就业，首先解决自己的贫困窘境，只有极少数
贫困大学生在毕业时去考取公费硕、博士研究生。

第三，户籍制度引起的教育不公。被拒之学校门外的少年儿童有许多是由
于户籍制度所造成的。在老、少、边、穷地区，许多村人口居住分散，人口不
多，在这些地方办一所希望小学或扶贫小学，一个班十几个或几十个学生，一
到六年级全有，都在一个班上学习，学校的老师也只有一个，所有年级的课程
都由这位老师辛辛苦苦地大包干，学校除了教室和一些简陋的桌、椅、黑板、
粉笔外，其他的教学设施、设备少之又少。可以想象，这些学校如何能培养出
让人放心的小学毕业生来。但是这种学校在中国还不少。即使比这种学校好一
点的学校情况也不怎么样，学校教职工从几人到十几人，都是"小而全"的麻
雀学校，教育质量肯定受到影响。而这里的学生又必须在这一学校读书，因为
他们属于这个村的村民，到了其他的村，别人不承认。在如此差的条件下培养

出来的学生很难与教育条件较好或很好的城市小学培养出来的学生相比。这些学生毕业后，升入初中，可是初中学校仍然属于边远地区的初中学校，办学条件同样与城市的同类初中学校无法比拟。当然在这些学校毕业出来的学生还是有少数出类拔萃的学生，他们的天资以及后天的勤奋都是一般学生不能比的，最终他们脱颖而出，考取了镇、县的重点普通高中学校，并顺利地进入大学学习，最终还会有少数学子登上更高的学习殿堂。但是他们只是广大农村学子中的极少数，不到10％，而90％以上的边远地区的农村学生在目前的户籍制度下只能属于农民身份。

至于城市由于新区、老区的差异，老区一般教育设施配套情况比较好，也比较稳定，所以小学、初中学位比较充裕，学生入读比较方便。但新区情况不同，一般教育配套都比老区差，学位不足的情况时有发生，同时学校的教育水平、制度完善、教师配套、师资水平、图书资料以及其它办学条件都比老区差，自然影响到新老区学生受教育的水平，并最终影响到学生的学习水平。此外还有一种情况是各市、县、镇（或区）都实行小学、中学的等级制度，学校有省市自治区的重点学校，也有市县的重点学校，还有区镇的重点学校，可谓层层划分，等级很多，有些学生可以入读省市县重点学校，有些学生只能入读区镇重点学校或一般学校，最终导致教育差异。这种情况在许多发达国家也曾出现过，这实际上也是教育不公的现象。

第四，流动人口子女受教育的不公平。流动人口子女受教育不公平的根本原因就是户籍制度造成的。由于流动人口的户籍不在其居住的城市，即使流动人口为该城市经济发展和建设服务，该城市也不解决其子女读书问题。随着中国流动人口的不断增加，在大中城市都聚集了大量的流动人口，流动人口子女也随之增加，有约65％的子女成了农村或中小城市的留守儿童；还有约35％的子女同父母生活在一起，并在城市郊区的外来工子弟学校读书。学生很早就得起床，坐学校的汽车到郊外读书，路途短则十几公里，长则几十公里。问题是学校收费较高，教育质量没有保障。这将耽误一大批学生的学业。这也是教育不公平的表现。

第五，仅以学历作为衡量人才的标准所引起的不公平。学历仅仅是反映一个人受教育的年限和程度，并不能反映一个人的真实才能。一个人的才能包含一个人的学识和能力。学识和能力是通过个人的学习和实践活动获得，学习包括正规学校学习和个人自学；个人实践活动包括生产实践和生活实践；此外还包括个人对各种知识综合、研究、创新所获得的开创性知识和能力。如果说学习书本知识和实践知识只是一个人所获得的基本知识和能力，是带有继承性的；而个人所创造出的新知识以及形成的能力才是一个人才能的最高体现。书本知识和实践知识是一个人知识和能力的基础，在此基础上才能酝酿个人的创造性知识和能力，所以创造性知识和能力是个人书本知识和实践知识在创造性的综合、研究、探索基础上展现出来的结果。但是并不是所有拥有书本知识和实践知识的个人都可以综合、研究、探索出创造性知识，只能说有可能，真正具备两种知识并最终形成创造性知识和能力的人，只占到拥有两种基础知识人才的约15%。而有创造性知识和能力的人才为一国经济、社会发展所作出的贡献也是巨大的。所以学历不能真正反映一个人的真实才能。如果一定要以个人的学历作为衡量一个人才能的唯一标准，我们就丢失了90%以上的经济、社会发展所需要的各类专业的创造性人才。从人才的意义衡量，市场经济就是人才经济，市场竞争就是人才竞争，一个失去了90%人才的市场经济国家，最终也失去了90%的竞争力，只能沦落为低效经济国家，其经济制度就失去了市场经济制度的真实含义，成为现代意义上的非暴力殖民经济。在现代世界经济格局中，一国要摆脱非暴力殖民经济的结果，就必须全力发展本国人才主导的内力经济，增强本国经济的竞争力，以求在当今世界市场经济体系中获得优势。而市场经济国家的人才体系，是由一国劳动力在自由流动、自由择业、自由创业、自由居住，并充分享有公平教育的权利，在竞争的基础上促使每个健康劳动力成为符合各个职业岗位要求的劳动力，实现人力资源以及其他生产要素的最优配置，创造出最大效益。此时，一国市场经济体系中就业的劳动力都是一国的人才，缺少任何一个职业岗位上的人才，该国人力资源就没有达到最优配置。当然此时该国15%的创造性人才是在其余85%人才的烘托下才真正形成的。因此，我们不能仅仅以学历去衡量一个人是否是人才，是否是创造性人才还是非创造性人，并以此作为一个人自由流动、自由择业、自由创业、自由居住的依据。

2. 教育不公平的消除

市场经济国家发展教育的目的是为了向社会提供合格的各类人才，推动科学技术进步，增加一国劳动力的人力资本，提高一国劳动力、企业、国家的竞争力，使一国经济高速、稳定地发展，最终提高全体人民的物质、文化生活水平。

但依据目前的情况看，我们还没有做到，以致中国 73% 的同龄人没有机会提高自己受教育的水平，增加人力资本储备，而是多数人的智力没有得到进一步的开发。长期存在这种情况在一定程度上固化了劳动密集型和资源密集型产业，延缓了中国产业升级和经济发展。有鉴于此，我们必须改变这一状况。

第一，解决教育发展不足的问题。首先要解决高等教育发展的瓶颈问题，并同时解决其他层次教育发展不足的问题。在全球金融海啸严重影响的今天，中国失业率不断攀升，2009 年大学毕业生所面临的就业压力不断加大，可以预计今后几年中国大学毕业生就业仍然十分困难。即使如此，为了改变中国教育不公平的现状，我们必须大力发展教育。而要发展教育首先应解决教育发展的瓶颈问题，即大力发展高等教育，包括多层次的高等教育，不仅要推动中国教育部门和各省市自治区发展高等教育，还要鼓励中国所有的大专院校在保证教学质量的同时，努力创造条件扩招，使学校的规模符合中国人口众多的国情，尽量满足适龄青少年求学的愿望。在近十年左右，实现高等教育能够招收 50% 以上的同龄学子到大学深造。而目前中国拥有发展教育的财力、物力和人力，当前正是发展中国高等教育的大好时机，并以此扩大中国内需。

与此同时，我们还应改变中国高中教育的落后面貌。高中教育在九年制义务教育实行全额费用免除政策的影响下，今后能够完成初中学业的学生将会大幅度提高。即有 2400 万—2500 万初中毕业生要涌进高中阶段学习，而目前普通高中一年只能接纳约 1000 万学生学习，当然还有一部分中等职业技术学校可以接纳 300 万—400 万人，其余的约 1000 万—1200 万初中毕业生只能流向社会。从中国的现实看，企业和其他单位录取新员工的最低学历一般在高中，因此初中毕业生很难寻找到合适的就业岗位。社会还没有解决他们继续学习的教育机构，这给今后的经济、社会发展蒙上阴影。因为 10 年就有 1 亿多低素质劳动力；如果按一个人一生工作 30—40 年，今后我们将会出现 4 亿—5 亿的劳动力只能从事低加工增值产业的生产经营活动，这对提高整个中华民族的人力资本、人均收入水平都是十分不利的。为此我们必须尽早改变这种状况，必须大力发展普通高中教育和中等职业教育，以解决同龄学子的求学要求。

我们不能忘记老、少、边、穷地区农村小学、初中和高中教育发展的落后面貌，应采取切实可行的办法解决教育不公问题。

第二，解决贫富不均引发的教育不公平问题。每个市场经济国家都在开发人的智力，因为不断提高人的智力可以不断增加人力资本。而人力资本可以推动科学技术发明创造，为经济、社会发展带来巨大的创造力。二战后所有发达国家在分析一国经济发展推动力时都发现这股推动力主要是来自科学技术进步，而且科学技术在发达国家经济发展中所起到的推动作用一般都在50%—87%。因此，西方主流经济学家认识到，在生产要素中除劳动力外的任何一个生产要素，如机械厂房、设备、原材料等要素，在其他要素不变的情况下，增加任何一要素的投入，其边际收益递减。[①] 只有劳动力在其他生产要素不变的情况下增加投资，可以提高劳动力的人力资本，其结果是劳动力的边际收益递增。[②] 这一结果告诉我们，劳动力要素是特殊的生产要素，与其他要素不同，是唯一可以发挥创造性功能的要素，其他生产要素在没有劳动力参与的情况下，均失去生产要素的性质。但是同样的生产要素在不同劳动力人力资本主导下，会有不同的投入产出效果，拥有较高人力资本的劳动力与没有人力资本的劳动力在与其他生产要素结合后，前者的投入产出比大于后者的投入产出比，即前者所创造的收益大于后者所创造的收益，甚至有可能大许多倍。

为此，发达国家花费大量的教育投资，创办世界一流大学，普及12年教育，为人才的成长创造出一个良好的环境，使大批的新生劳动力都成为拥有很高科学技术文化知识以及技能的劳动者，大幅提高本国劳动力的人力资本，创造出本国高技术产业结构，推动本国劳动生产率的提高，增强企业和国家的竞争力，实现高效经济，形成少数发达国家高度发达的现代服务业。

我们早已认识到，人才不是由贫富、贵贱决定的。贫穷家庭努力上进的孩子更具有成为一流人才的可能。一流人才在一群人中只占较小比例，是在大批二流人才基础上产生的。从一个国家来看亦是如此，只有培养出更多的人才，才能凸显出一定量的一流人才；如果一国人才培养总量少，显现出的一流人才也就少；一国人才基数越大，涌现出的一流人才就越多。中国是人口大国，只要充分利用人口基数，为所有家庭孩子提供公平教育环境和自由发展环境，我们就能培养出

---

① 边际收益递减，亦称边际报酬递减规律，或边际收益递减规律，其"含义为，在不完全竞争市场上，随着产品销量的增加，边际收益出现递减的趋势。这里的收益是指货币收益或销售收入。"参见：刘树成主编：《现代经济辞典》，凤凰出版社、江苏人民出版社2005年1月版，第38页。
② 边际收益递增，其含义与边际收益递减正好相反。

大批一流人才。

第三，消除户籍制度给教育带来的不公平。

首先，取消户籍制度可以实现地区之间教育的均衡发展。教育的目标是要培养出大批各种类型的知识型人才，推动中国经济、社会向发达国家迈进。我们十分渴望"不拘一格降人才"，为此就需要不拘一格培养人才。中国拥有丰富的人力资源，只要消除各省市自治区中小学教育发展的不平衡，使所有梦想读大学的学子基本都能进入大学深造，营造出人力资源公平受教育的环境。

其次，取消户籍制度可以推进教育全面发展。取消户籍制度，全国就将统一高等院校、中学、小学的招生制度，解决教育发展的不足和不平衡，推动国家、地方全力发展教育，消除教育发展的瓶颈（主要是幼儿、高中、大学教育瓶颈），推动各层级教育均衡发展。

再次，取消户籍制度可以为人的全面自由发展提供无数次的机会。在取消户籍制度和教育均衡全面发展的基础上，学龄儿童少年或公民可以享有公平的全面教育，培养出有思想意识，有创新精神，有创新能力的人才。

当我们的后代自出生后就遭遇教育的不公平待遇，其结果是给所有幼小的心理根植了不公平的意识。少数人轻易地获得良好的教育资源，以致他们不会十分珍惜这种机会；相反多数人梦寐以求获得较好的教育条件，并努力争取拥有这种教育环境，可是大多数人最终得不到这种教育机会。因为在不公平的教育环境中，较好的教育条件和环境十分稀缺。从目前各省市自治区小学、中学、大学的一流学校就可以看到，这是一个高耸的金字塔，处在塔尖的只是少之又少的优质学位。但是我们必须认识到，中国教育的发展方向只能是大众化教育，不是精英教育，因为少数人是支撑不起中国经济、社会发展的。

从现行的差别教育制度培养的人才看，我们没能培养出众多的一流人才，更没有培养出一批出类拔萃的大师。既然如此，我们应当从现在开始，取消户籍制度，在全国的范围内让各省市自治区相互竞争，创造出一个公平的教育环境来。

第四，以个人对经济、社会贡献大小确定一个人的报酬和社会地位。市场经济讲求效益，以个人对企业、社会、国家贡献大小论英雄，贡献大，市场会给予高报酬，确定其较高的社会地位；贡献小，市场只会给予低回报、确定其较低的社会地位。这种市场机制无形中创造出了公平的竞争机会，促使每个人努力为企业、社会、国家创造财富。要建立健全这样一种机制，我们必须创建中国公平、公正、公开的市场经济制度，完善市场调节功能，让市场充分发挥调节作用，大幅减少行政对市场经济的调节，降低政府管理成本，防止违法、腐败产生。

二、教育创新

一国经济、社会的发展主要依靠现有的各类人才。而现有人才绝大部分是一国以往的教育培养出来的。一国的教育不仅包括学校的书本知识教育，还包括生产、生活实践教育，社会教育、家庭教育等。自中华人民共和国成立后，中国的经济、社会建设取得了巨大的成就。这些巨大的成就主要依靠教育创造出来的。

目前中国教育受传统教育文化的影响过多，过于注重书本知识的传授，忽视受教育者的全面教育，尤其忽视了受教育者的生产实践、生活实践的教育，导致受教育者出现高分低能的情况。这种情况的出现，不仅影响到受教育者综合能力的培养，同时也造成了大量人力资源的浪费，直接影响到中国经济、社会的发展。

中国经济社会发展也面临着一些新问题，如近些年来中国经济快速发展，但大学生就业情况却是一年难似一年。2009 年毕业的大学生，直到 2010 年初仍有 26% 的大学毕业生还没有找到工作。有人说 2009 年是特殊情况，因为受到金融海啸的影响，就业是难一点。实际上，大学毕业生就业难，已有 10 多年的历史，不是近两年才开始的。金融海啸只是加重了大学毕业生就业难的程度。而没有读大学的劳动力，如小学、初中、高中毕业生，这些人的就业更加难，至于技校毕业生就业相对还容易许多。

另外还存在一种司空见惯的现象就是：高学历低就业的现象，即研究生、本科生、甚至少数博士生当专科生用；其次学生就业与个人兴趣、专业不对口的问题；再次学生技能普遍较低以及中文应用能力普遍较弱的问题等。

多年来，除了国家重点投资扶植的行业或产业发展较快以外，其他行业的技术进步主要依靠引进。许多产业和行业的技术，我们已经引进几十年了，到今天我们仍然在引进，如汽车产业、纺织行业、家电行业、电子产业等均是如此。

此外，中国文化产业多年来发展滞后，以致本土文化在与外来文化的交锋中总处在下风。首先是美欧文化在中国风行一时；紧接着是日本动漫吸引了中国观众的眼球，尤其是吸引了儿童、少年的眼球；此后就是韩国影视剧吸引了中国青少年一代。可谓是文化车轮滚滚向前，极少看到本土文化在竞争中处在主导地位（近些年的动漫、历史电影、娱乐文化等取得可喜成绩，可与外来文化平分秋色）。

凡此种种，都是教育出了问题。人们期盼改变中国教育所面临的一系列问题，以求教育能更好地服务中国经济社会发展，为此我们认为中国教育应在以下几方面有所创新。

1. 教育思想意识的创新

在中国，可能每个家庭、每个学子都热切期盼教育创新，改变或消除教育所面临的众多问题，实现教育为经济、社会发展服务，进而推动中国经济社会高质、高速发展。要实现教育创新，首先就必须实现教育思想意识创新。

教育在这些年来是得到了很大发展。但与此同时，我们的教育又溶入了一种潜意识，这种潜意识就是为发展学校教育而发展教育。这种教育的实质就是为学历教育而发展教育。

如果说当前我们的教育还有点为实际的话，只能是"学而优则仕"的教育，或是"劳心者治人，劳力者治于人"的教育；学生读书的想法就是为了能找一份稳定的、工资收入较高的、工作环境较好的工作，结个婚，供套房，买辆汽车就行了。很少有人设想在受教育的同时，把自己定位在某个行业、某专业上成为出类拔萃的领军人物，或发明创造者，或成功的管理者等，学生似乎只是为了今后有一份安定的工作、较好的生活环境，得过且过就可以了。要实现这个目标只需要一个大学文凭就可以了。所以众多学子在拼搏高考时的那股学习劲头，到了大学已基本消失殆尽。众多大学为学生目前的这种无所事事提供了一个现实的空间，其具体做法就是开展形式多样的课外活动，有些院校甚至达到了十分丰富的程度，几乎每天都有一个以上的课外活动，还有各院或系的课外活动，学生真是应接不暇；再加上互联网游戏、班集体娱乐活动，学生课余时间可以不搞任何学习。因此大学生的口头禅就是60分万岁。中国的教育资源是稀缺的，大学教育资源更是稀缺。但大学面对的情况是超过50%的学生都不将主要的时间、精力用在学习上，而是花费大量的时间在娱乐活动上。每位大学生为读大学都花费了巨大的机会成本，对知识只求一知半解，轻松度过三、四、五年大学时光，结果拿到了毕业文凭或毕业文凭加学位证书，似乎成为一位合格的大学毕业生，实质只是一个半成品，甚至连半成品都不合格。

硕士和博士研究生教育在近二十多年得到了很大的发展。硕士研究生一年招收 42 万左右，博士研究生一年招收 12 万左右。按报考学生来源可分为两类，一类是由学校直招读研的学生；一类是招收的有一定工作经历的学生。

中国研究生的教育重点放在书本理论知识的学习上，学生的长处十分明显，书本理论知识一般学得比较扎实；其存在的问题也十分明显，即不论是理工科学生，还是文科学生，都缺乏生产和社会实践。这就造成了不论是研究自然科学的、还是研究社会科学的研究生，对他们所研究的领域或方向只能从理论到理论，从书本到书本，从网上到网上。而实际上他们并不十分了解自然科学技术到底发展到什么状况，中国到底需要什么样的自然科学技术（只从事纯自然科学基础理论研究的研究生除外）；并不十分了解中国社会科学发展的现状，实际应解决什么样的问题，结果这些研究生研究出的成果多数与现实生产实践和社会实践相去较远，更不具有现实的指导作用。这种情况的出现，我们不能责怪学生，其责任基本应归咎于现行的教育制度和教育的方式方法。

面对现行的教育制度，为了让子女挤进大学这一窄车道，父母包揽了所有的家务，以便孩子拥有更多的时间用于学习；大部分家庭还放弃了孩子融于家庭、融于现实生活的教育，因为子女从读小学开始，一直到高中毕业，就有上不完的课和做不完的作业。

从一个大学生的考学经历来看，为了拿到大学的入学通知，他们都必须经历三级考试，每一级考试对学生来说都是一道难关，而后一道难关都较前一道难关更加艰难。任何一个有思想、有头脑、有开拓精神的学生在这种文凭考试教育制度的磨砺下，思想、头脑都被磨平了，开拓精神也消失了。尤其是小孩从学会说话开始，家长就在这种教育制度的大环境下向幼儿灌输知识；到子女 7 岁读书时，各种压力就全部压在了还不懂事的儿童身体，一直到他们 19 岁高中毕业。结果部分学生考入大学，最终锻造出我们所培养的大学毕业生—多数为高分低能，很少有创新思想和精神。

从大专院校培养的大学毕业生基本面看，培养的人才主要是通才，而专才较为缺乏，即创新人才较为缺乏。这种情况的出现主要有以下几方面的原因。

第一，与市场需求有关。目前中国就业市场最受大学毕业生追捧的职业是政府公务员。政府公务员的岗位最适合大学毕业生理想职业模式，工作稳定、工作环境好、工资福利待遇高、体现出较高的社会地位、受人尊重、又有向上发展的机会等。公务员岗位对新进人员的要求是通才。这点从公务员的考试试题以及面试方式等充分体现出对通才的需求。其二是事业单位。事业单位只是社会地位和受人尊重方面不如公务员，其他方面与公务员差不多。基本要求与公务员接近。其三就是国有企业、上市公司、大型中外合资企业（中方控股）。这些企业的工作岗位一般较稳定，多数企业的待遇较高，福利有保障，劳动者的权益也有保障。基本要求也是招收通才，但具体岗位也强调拥有较强的专才。其四，就是大型中外合资企业（外方控股），以及欧美等发达市场经济国家投资者投资的企业。这些企业所生产的产品基本没有高精尖产品，主要是利用廉价劳动力和自然资源等。在这些企业就业，劳动者的权益通常可以得到保障，企业一般都会遵守国家的法律法规，注意调动员工的工作积极性，推行符合企业发展的企业文化，注重企业员工的工资福利待遇，并根据各人能力予以提拔任用等。这些企业一般需要专才，但对大学毕业生又不需要太专、太高的知识，因为这些企业关键工作岗位，一般都有外方人员负责，如重要技术岗位、重要管理岗位都由外方派出；加之大学毕业生刚去，也不会放在一个太专的工作岗位上。其五，大型私营企业或发展中国家来华投资的大型企业。这些企业目前一般也没有什么高精尖产品，太专的人才也不需要。企业一般的工作岗位，大学毕业生通常工作几年后也就能适应，实在不能适应的，也可以招聘更高层次的硕士或博士研究生。因为中国目前培养的各层级人才都已超过目前中国产业结构对通才的需求量，所以各层级通才有过剩，一级通才不行，可以选择上一级的通才。这些企业劳动力的权益一般会得到保障，工资福利待遇一般处在企业平均水平以上。当然这主要是对白领工作岗位而言。其六，中小私营企业，以及中小型外商投资企业。这些企业劳动者的工资福利待遇一般较低，劳动者的权益一般得不到全面有效的保障（有少数中小企业职工的工资福利待遇可以得到保障），很少有高新技术产品，所以企业对劳动者的选择一般也是粗线条的，不会需要太专业的人才。其七，少数高新技术企业，包括外商投资企业中将研发基地设立在中国的企业，国内高科技企业等所需要的专业型人才，即创新型人才，需求量有限，一般只占当年大学毕业生的5%左右。

　　加之中国民间投资一直没有发展起来，所以对专业人才的需求也没有发展起来，因此对中国教育专业化的需求也没有提到现实的高度，所以大学培养出的人才多数是通才，基本又符合这种市场需求。但当市场需求增长放缓的情况下，而通才培养增长又过快，这就引发了大学毕业生就业难的问题。当然这种情况也与目前产业结构相对应，中国的产业结构基本定格在加工贸易型，这种产业结构对创新型人才需求十分有限。

国家外汇管理局局长郭树清指出："中国现在劳动力平均受教育年限 8.5 年，相当于初中没有毕业；而美国现在已经是人均受教育 14 年，平均在大专水平以上"。[①] 为此我们又必须大力发展中国的高等教育，才能解决教育的瓶颈问题，才能推动中国民众受教育水平的提高。这与现实形成了一个矛盾，即一方面大学毕业生过剩，通才过多，一方面又要培养更多的大学毕业生。

教育部门是经济、社会发展的先行部门，教育部门所培养出来的各层级各类型人才，基本决定了中国市场经济社会的人才结构，也决定了中国的产业结构、企业发展的类型和结构。通用人才占主导的人才结构也就决定了中国企业是生产经营科技含量低的加工产品。

在低加工增值经济发展到顶峰时期，如到 2008 年，还大量培养通才，已与中国产业今后的发展方向背道而驰。中国产业结构在二十世纪末已面临升级的压力，加速高科技企业的发展，强化企业之间的专业化分工，大力发展现代科技型服务企业，快速增加企业数量，形成企业之间的多层次垂直分工和地区之间的交叉分工，拉长产业链，推动高科技产品快速增加，促使中国产业升级，这些已成为今后中国经济发展的最主要任务。为此教育部门需要向社会提供大量的专业创新性人才，以满足经济、社会发展的需要。

第二，与现行文凭考试教育制度有关。20 世纪 90 年代后期，企业就开始大量招聘高技术人才，而大学只培养出通才，缺乏实践经验，而这些人才认为自己只适用于工程师的角色，对具体的技术操作、应用、改进、提高、开发、创新都不适应。因此企业只能向社会公开招聘高技术人才，但是中国人才市场无法满足企业的需求。面对市场对人才需求的变化，教育界并没有做出及时反应，以致专业技术人才越来越短缺，推动技术人才的工资水平一路攀升，甚至要招聘到高技术人才的工资待遇比大学本科毕业生、工程师的工资平均高出一倍到一倍半，结果企业仍然无法招聘到足够合格的技术人才。这本身就影响到中国经济的正常发展，以及中国产业结构的升级，更限制了科技企业发展、企业内部分工、现代服

---

① 财新网—《新世纪》，2010 年 3 月 9 日。

务企业的发展等。

所以中国目前的教育制度形成了实实在在的文凭考试教育制度。这种制度不仅影响了许多代学生，而且还渗入到其他制度中，从而使文凭考试教育制度影响到更广、更深的层面，如户口的迁移只有不同层级的文凭才能迁移到不同等级的大中小城市中去，原则是没有中专或大专以上文凭的劳动力户口不可能迁移到城市；没有大学专科以上文凭的劳动力不可能转为干部身份；学历越高的人，提干的速度相对也快很多；没有中专或大专以上学历的人基本没法在中国获得相应的国家所承认的技术职称，学历越高，获得职称的起点也越高等。由此看来，文凭考试教育制度，在现行人事干部制度中变得越来越有市场，文凭的作用也越来越大。因此文凭就是生活不断提高的台阶，文凭就是荣誉，文凭真正变成了吸引每个家庭、每个劳动力、每家企业、政府机构、事业单位的魔杖。

文凭到底是什么？其实文凭仅仅是学校发给任何一个在学校参加过学习，各科成绩符合学校毕业或结业标准要求的学习证明书。换句话说，文凭只证明某个人参加过该校的学习，成绩合格。所以文凭没有更多的含义，既不证明该毕业生有任何发明创造，也不能证明该毕业生对经济、社会有什么贡献，更不能说明一个人的真实才能的高低。只是户籍制度、干部人事制度、分配制度以及其他相关制度，还包括人们的意识赋予这一张文凭如此多的魔法，其结果全民、全社会都在追求没有太多意义的文凭，其实人们是在追求文凭所带来的利益。

2008 年中国发放约 12 万张博士文凭，约 44 万张硕士文凭，约 300 万张本科文凭，约 300 多万张大专文凭（本科和大专文凭仅包括正规大专院校所发放的计划内文凭）；中专职业学校文凭约有 294 万张；837 万张普通高中文凭，约有 1856 万张初中文凭①，约有 2300 万张小学文凭。起作用的文凭从初中毕业证书开始，越往上文凭越值钱，学生和家庭为此所投入的时间、精力和金钱也越多，社会、国家也为此投入了大量财力、物力和人力。

可是，文凭考试教育制度为中国经济、社会发展只提供了务虚教育，不是务实教育；不是主动为经济社会创造就业机会的教育，而是仅仅占据经济社会就业岗位的教育；不是积极主动地为经济、社会创造价值的教育，而是被动地为经济、社会创造价值，并索取价值的教育；不是积极主动地推动科学技术进步的教

---

① 《中国统计年鉴 2009》，中国统计出版社 2009 年 1 月版，第 795、796 页。

育，而是主要依靠引进、模仿的教育；不是积极主动地创办新企业推进经济、社会发展的教育，而是主要依靠政府、内资企业和外商投资企业来推动经济、社会发展的教育；不是积极主动地启动民间投资，推动经济、社会发展的教育，而是依靠国家和各级地方政府投资以及外商投资来推动经济、社会发展的教育；不是积极主动开展科学技术发明创造，自主推动中国产业结构升级的教育，而是以发达国家的产业升级夕阳产业的扩散，而后被动地形成中国产业升级的教育；不是以自身的经济、社会发展形成中国地区合理分工的教育，而是主要参与国际分工并加入国际分工外围的教育；不是以中国的新技术产品、现代企业服务产品出口到国外的教育，而是以国外转移的劳动密集型、资源密集型和部分资本密集型产品出口为主导的教育；不是以中国内力经济发展为主导实现生产力合理分布的教育，而是以外力经济为主导形成中国生产力自沿海向内地的梯度布局的教育；不是以中国内力经济为主体，外力经济为辅推动中国经济社会向前发展的教育，而是以外力经济为主体，以内力经济为辅推动中国经济社会发展的教育。因此，文凭考试教育制度有必要进行改革。教育制度必须是为中国经济社会快速、稳定、持久发展服务，培养出符合中国经济社会发展需要的、各种具有开拓创新精神的人才。

第三，与现行人才评审制度有关。对各类人才，我们通常用制度确定的标准评定他们的职称。从现实看，我们必须将各种人才平等地放到市场经济环境中，让每位人才充分展现他们的专业知识水平和个人综合能力，并以个人为经济、社会贡献大小决定个人所应获得的报酬。如果一位中专毕业生或高中毕业生在自由流动、自由择业、自由创业、自由居住的条件下，十分珍惜自己的工作岗位，努力钻研技术和科学文化知识，增加自己的人力资本，充分发挥主观能动作用，发明创造出许多新的技术或技术产品，此时他们不仅保住了自己的工作岗位，同时还创造出许多新的就业岗位，并获得市场的充分肯定——市场对他们的发明创造成果给予很高的回报。又如一位大学毕业生在自由流动、自由择业、自由创业、自由居住的大环境下，寻找到对口的工作岗位，为使自己在新的工作岗位胜任工作，他们主动运用好所学的知识，施展自己的才能，而不是躺在文凭之上，只有这样才能体现人才在企事业单位中的真正价值。如果一个人只是躺在学历文凭上，仅凭几篇与现实生产、生活、社会无关的论文，等待评审机构给自己确定高一级的职称，对企事业单位、社会、国家没有一点贡献就要索取高额的回报，那么还有谁去为企事业单位、社会、国家去施展自己的真实才能呢?

为此，我们必须改革现行的教育制度和人才评审制度，消除文凭考试教育制度存在的基础。

第一，让人口自由流动起来。人口的自由流动，尤其是劳动力的自由流动，就会推动劳动力自由创业、自由择业、自由居住，这本身就是市场经济对劳动力要素的基本要求，由此充分调动劳动力的主观能动性，充分利用劳动力的知识、技能、经验等所长，实现中国劳动力的合理化分工。

子女以其父母租住房屋或购买房屋所在地为就读幼儿园、小学、中学的充分条件。各市、县、镇政府充分发挥主观能动性，积极创造良好的投资环境，综合考虑本地住房以及配套的幼儿园、小学、中学是否建设好，是否能让所有到本地创业或就业的劳动力和其子女满意。如果劳动力和其子女满意了，劳动力就会在这里创业或就业，子女就会就近读书，并受到良好的教育。这样我们就从根本上解决了中国夫妻两地分居问题、留守儿童问题、城市农民工子女读书问题等。解决了基本民生问题，劳动力就可以努力去实现人生目标，充分发挥创新意识，努力提高科学知识水平和个人技能，热爱自己的工作和生活，同时热爱这个国家。这样就可以实现胡锦涛总书记所提出的"以人为本"的目标。

第二，取消文凭所带来的众多利益。我们长期赋予文凭如此多的利益、权力，就如封建时代的科举制度赋予秀才、举人、进士、状元等权利一样，只会激励个人、家庭、社会、国家去追求学历，出现社会、国家务虚的局面，很少有人为自己、企业、社会、国家做一些有意义的工作。为此，我们要彻底消除文凭考试教育制度在劳动力流动、干部提拔、职称评定、劳动就业、工资福利、劳动保险等方面的权利，以劳动力的贡献大小、能力、知识水平、技术高低确定其职称，并享有相应的待遇、荣誉、地位，推动中国人发明创造时代的到来。

第三，为所有创业者提供良好的创业环境。创业者可以是中学毕业生，也可以是大学毕业生;可以是男人，也可以是女人;可以是少年、青年、中年，还可以是老年等。所以，创业者并没有一个统一定格的模式，任何人都可以创业，只要他们拥有创业的意识，相关的能力和机遇，就可以去创业。政府就应当为他们提供最优的创业环境，促进中国企业发展。

第四，推动产业升级。中国必须大力发展内力经济，推动民间投资成为中国经济发展的主力军，大力创办高科技企业，推动产业、行业、企业的聚集，实现产业升级。

2.教育制度的创新

教育制度的创新主要包括以下几方面：

第一，教育资源的节约。目前中国大学教育资源十分匮乏，高中教育资源缺乏，小学、初中学位缺乏，优质学位资源缺乏。但是我们又大量浪费教育资源，如公立院校都有自己的行政级别，设立完整的行政班子，造成了高等院校的行政后勤人员比教师还多（"大而全"、"小而全"）。这种情况与发达国家高等院校的情况恰恰相反，美国哈佛大学是世界一流的大学，全校约6000教工，专职行政人员只有20人，学校大部分行政事务基本实行社会化服务，有些行政事务由专职教师兼任；又如日本鹿尔岛大学，全校有600多教授、400多副教授、讲师200人，专职行政人员也只有几十人。发达国家高等院校做法的最大优点就是将稀缺的教育资源不是用在行政、后勤的花费上，而是用在学校的教育上，如教学设施的建设、设备的配置、教学手段的更新换代，学校规模的扩大，教师的聘用等方面。

中小学校差别教育造成的浪费。中小学教育可以采用全国统一的教育方式，但目前各省市自治区各行其道，形成差别教育。在差别教育的基础上，各省市自治区都有一整套从事教研、教材编写，教育政策制定，考试监督管理等一整套班底，造成了一定量教育资源的浪费。此外，差别教育导致了中小学教育内容不断变化，学生所使用的教材更换很快，不仅造成教育资源的浪费，还造成自然资源的浪费和环境的破坏。在差别教育环境下，某些学校为了获取正常教育投资外的额外投入，大力推行差别教育，学校分成不同等级，甚至在同一学校造成学生学习成绩上的不同等级，给学生和家长造成巨大压力，以推动家长为消除这种人为差别而付出更多的费用。差别教育导致学生之间相互嫉妒、相互对立、自私自利、相互攀比、以个人为中心等。

农村中小学存在的浪费，一方面农村中小学教育投资严重不足，许多学校缺乏校舍、设施、设备、图书资料等；另一方面又存在大量教育资源浪费，如许多希望小学由于生源不足，学校只能停办或弃之不用，或者一所学校十几或几十个学生的麻雀学校，还占用了许多的农地。

有鉴于此，政府有必要改变这种现状，取消公立高等院校行政级别，督促高等院校向发达国家院校学习，大幅削减行政后勤人员，将稀缺的教育资源用于高等教育发展，改变院校"大而全"、"小而全"，万事自己来的办学模式。

中小学取消差别教育或等级教育，推行公平、统一的十年制义务教育。无差别教育促使学生相互学习、相互鞭策、团结友爱、共同提高。目前许多教育工作者和研究者也提出了类似的看法，一些地方教育部门出台的教育政策已有解决此问题的迹象，如不允许给小学生的学习成绩排位，不允许中小学校在同一年级分快慢班，并逐年取消省、市、区县重点学校等。但由于经济利益的驱使，这些政策所取得的实效十分有限。因为我们看到差别教育并没有从根本上改变。如果我们对所有中小学采取同样的按地域招生，按申请入学先后排班，按全国统一的教材教学，学生好差搭配，鼓励、鞭策学习成绩好的学生帮助学习成绩差的学生。政府教育管理部门对所有公立学校应该一视同仁，公平对待，杜绝将一地区所有优秀学生集中到一所学校的差别教育做法。其实这种做法本身就不是大众教育，而是精英教育，这种教育方式已被发达国家证实是失效的教育范例。因为精英教育不论对精英或非精英，都起到了适得其反的教育作用：精英骄傲自大、目空一切，对基础工作嗤之以鼻，不愿与精英以外的人交融，孤立于社会大众之外，基本不可能为企业、社会、国家作出更大贡献，这与他们读书时期的天赋不对称；非精英学生，虽然有10%—15%的人会不断自我鞭策、奋发图强，并最终成为品学兼优的学生，并能为企业、社会、国家作出突出贡献；但非精英学生中的大部分人，由于学校的歧视性教育，成为自暴自弃的一群，学习不求上进，随波逐流，社会很少有人关心他们，即使他们中有相当一批人今后也能考取大学，但由于自信心受到挫伤，很难再走出自己的辉煌。

差别教育还导致了95%的同龄学生深感自己的学习能力、智力等方面与他人之间的差距，甚至有些学生认为差距生来就有的，后天的努力无法改变，从而丧失了主动学习意识，随波逐流，缺乏开拓创新意识。所以差别教育，或文凭考试教育制度扼杀了学生的主观能动性。

差别教育产生的原因很简单，就是依附在差别教育上的利益倾斜。差别教育就是文凭考试教育制度的结果；也是放弃市场调节，采用行政调节的结果。

政府应从教育改革入手，彻底改变文凭考试教育制度。在全国实行统一、公平的大众教育或公民教育。所谓大众教育就是在全国范围内所有中小学校实行统一的教学制度和教学内容（民族地区，只是语言教学上的差异），禁止区分重点学校和非重点学校，禁止分快慢班，学生均按地域入校读书，实行市县一级末尾学校校长淘汰制，督促学校校长努力办好学校。

第二，实行 10 年制义务教育，取消高考升学考试。10 年义务制教育，是指学龄前儿童在 7 岁读书后，接受 5 年小学义务制教育，而后再接受 5 年初高中义务制教育（或实行 11 年义务教育，小学 5 年，初中 3 年，高中 3 年。问题是国家多负担一年的义务教育财政支出，好处是学生基本在 18 岁完成中小学教育）。

10 年义务制教育只比目前的 9 年义务制教育增加了一年义务制教育时间，对国家及地方财政不会造成太大压力；缩短了学生一年小学和一年中学的教育时间；学龄儿童 7 岁（最低不得小于 6 岁）开始读小学，将在一个宽松的学习成长环境中度过自己的小学和中学学习成长阶段，不再有小学生考初中的考试，也不会有初中升高中的考试，取消了高中考大学的考试，从而彻底打破目前的文凭考试教育制度。这不仅解放了学生，从根本上给学生减负，还给学生美好的童年、少年时光，消除了他们成长历程中的巨大心理压力[①]，促使他们多接触家庭、社会，多参加生产实践，多锻炼身体，保护眼睛视力，恢复生理生长常态，消除将成人的压力强加给儿童、少年。作为成年人，我们的劳作不就是为了子孙后代的幸福吗？我们应当担负起历史赋予的责任，还他们幸福，同时也使儿童、少年在健康的环境中成长。因为这一时期是儿童、少年长身体的最重要时期，应当把他们的健康成长摆在最重要的位置上。如今儿童、少年并不理解为什么要这样艰辛地学习，而我们知道个中原因却不得不鞭策他们如此学习，全社会的人都被我们的相关制度绑架了，忽视了儿童少年的正常成长。所以他们视力普遍不好，约 75%—85% 的高中生都戴眼镜；身体普遍不强，身高与体重之比体重偏轻；心跳普遍太快（每分钟 70—90 次）；体能较差等。我们很少关心他们的心理健康，他们从小就承受了比成年人还大的压力，与正常的没有什么心理压力的青年相比，他们的心理都出现了不同程度的问题，如子女的逆反心理都很强，出现的时间不断提前，以前是高中一年级学生出现逆反心理，而后提前到初三，初三又降低到初二，初二又让位给初一，现在降到了小学五六年级。在心理和身体上的强压下，学生出现个性孤僻或精神问题，逃学、谈恋爱问题，迷恋电脑游戏问题等。

[①] 2008 年 10 月 10 日南方都市报报道："初三、高三学生抑郁症多发，原本这种病多发于 20 岁以后，目前我国有 3000 万青少年出现心理行为异常"。

文凭考试教育制度培养出来的学生，绝大多数学生由于极少接触社会，参加生活和生产实践，对所学的书本知识基本上是囫囵吞枣，一知半解，完全处在被动学习的状态，缺乏学习的主观能动性，所以他们基本上缺乏创新意识和创新行为。这与经济、社会发展对创新人才需求背道而驰，这种现状将给经济社会发展带来无穷的后患。

在实行 10 年制义务教育时（人口自由流动和居住），我们实行以区、镇（乡）为基本区域，在人口稠密的地方以街道为单位，划分学龄儿童少年读书的学校，学生报名读书以学生的家庭居住地为准，就近的学校接受学生就读。

实行 10 年义务制教育同时取消高考制度。高考实质就是几千年的科举制度的翻版，每年高考前都有人激烈地抨击这一制度，而且不少有识之士做了很好的研究、分析，并得出合理的结论：取消高考。

高考什么时候取消呢？目前高等教育还不能满足社会的需要，同龄人中只有 27.1% 的人能进入高等院校继续深造。如果在户籍制度取消后，我们又实行以个人贡献大小给予相应的回报，同龄学子报考高等院校的压力将会有所减少。但即使这样，同龄学子如有 50% 能进入大学学习，就基本解决了上大学难的问题，高等院校就可以根据学生的申请情况自行招收大学生。因此政府应大力发展高等教育，最好每年录取的大学生增加一倍，达到 1200 万人上下。这就要求我们在大幅增加教育投资的前提下，一方面创办一些新的高等院校，另一方面推动现有大专院校在条件允许的情况下多招收大学生。目前有条件扩招的大学多为重点院校。中国人口基数大，学生多，高等院校招收大学生规模不应与发达国家相比，也不应与所谓一流研究型大学相比，那些院校是私立院校，加之又符合这些院校所在国家的国情，同时私立院校更多的方面是考虑市场效应所带来的收益等，而中国的一流院校都是公立院校，在国家最需要培养一流人才时，社会又有许多的学子强烈要求到一流院校求学，这些院校应当充分利用自身充裕或较为充裕的教育资源，多招收大学生，为中国的教育事业做出应有的贡献。

这些年来中国的研究生教育快速发展，但是大量的研究生没有研究的场所，有许多研究生也不具有研究的能力，所以相当一部分研究生是当作专科生或本科生使用，而国家、社会、家庭、个人却为此付出了巨大的成本。相比之下发达国家都没有如此大的研究型人才培养规模，所招收的研究生更看重是否真正具有研究的天赋，能否成才。而我们目前培养的研究生不是从创新、发明创造去要求，更多的情况是从个人学历考虑，表现出十足的学历功利主义。

这种现象是中小学差别教育在大学里的反映，不是真正要为经济社会发展培养人才。经济社会所需要的人才是创新型人才。

第三，高中教育和职业教育的普及。城市企业招工一般要求求职者的最低学历是高中，说明中国教育必须普及高中教育。高中毕业生已完全脱离了文盲或半文盲，中文阅读报纸杂志已不成问题，亦可动笔书写一般的应用文；同时也具有一定的自然科学和社会科学知识；都可以继续深造，成为某一方面的专家、大师等；或持续从事一项技术工作，成为很好的技术能手，可以从事技术改进和发明创造。所以高中学历是一个可以通向人力资本不断增加的最低学历。

初中毕业生情况就不同。这些人就业后，不拥有高中毕业生那种可以不断往上提高的水平和能力，他们只是刚刚脱离半文盲的状态。在离开学校后，如果他们加强学习就可以完全脱离半文盲状态，如果基本放弃学习，将回到半文盲状态。从现实看，大多数初中毕业生在走入社会后基本放弃了学习。当然我们不否认有极少数初中毕业生通过自身的努力脱颖而出，但这毕竟是极少数，不像高中毕业生大部分有很大的提升空间。所以我们有必要从现在开始普及高中教育。

如果普及高中教育，受教育的学生将比非 10 年制义务教育的高中学生多一倍多。高中教育经过多年萎缩，一年招收的学生不到 1000 万，已与时代对它的要求不相称，因为同龄少年就有约 2400 万，为此我们必须大力发展高中教育。其一，现有高中学校扩大招生规模，增加教师、设施和设备配置。其二，曾经办过高中的学校恢复办高中，扩大招生规模。其三，各级地方政府大力投资兴办新的高中学校。高中学校应与初中学校办到一起。因为初中与高中教育是连贯的，将初中与高中割裂开来不利于学生的学习。

发展普通高中教育应把职业教育纳入其中，这样可以为学生节约一定的成本，使学生学到一定的技能，即使不上大学，或暂时不读大学，出来就业，也有一技之长，不会感到无以适从。职业培训的时间以高中学生自由选择的职业情况来确定，最短不得少于三个月，最长不得多于半年。今后所有申请大学学位的学生，在科学文化知识达到规定要求的同时，还必须参加三个月以上的职业培训，并达到培训要求。这样可以使一定的高中毕业生成为较强的职业能手。当然读职业高中的学生同样可以申报大学学位，只要通过所申报大学的测试，同样可以读大学。职业高中的学制设计可以是一半时间用于高中阶段知识学习，一半时间用于职业培训。

第四，大学实行宽进严出的教育制度。当中小学实行宽松的学习制度后，最大的长处就是还儿童、少年健康的成长环境，让他们充分地拥抱美好的生活，健康成长；同时给予他们认识社会、认识自然环境，参与生产和生活实践，培养他们的想象力、创新思维、创业能力，并使他们在这种宽松的生活、学习环境中，成为拥有健康体魄的新一代。

大学是为了培养经济、社会发展所需要的各方面高素质人才。大学生所学的自然和社会知识结构、所达到的水平将决定中国今后科学技术发展水平和方向，决定中国今后的产业结构，决定中国企业的竞争力和发展速度，决定了中国经济、社会发展的未来。他们无论如何都必须承担起这历史重任。

经过十年制义务教育的大学生正好可以自觉地承担起繁重的学习任务，确定自己的发展方向。而大专院校此时正好担负起宽进严出的历史重任。宽进严出是针对中国目前严进宽出的情况而提出的。中国的高考是当今世界各国中最残酷、规模最大、牵涉面最广、影响最大、决定考生一生命运的考试。可是学生考入大学后，中国大学的学习却是世界各国中最宽松的。大学生在校期间，只要不是过于自由散漫，只要能拿出一点时间去学习，就可以正常毕业。这也是文凭考试教育制度将一个人的成长过程颠倒过来的结果，即在少年、儿童不懂事的时候迫使他们死啃书本，在他们懂事的时候却给予他们相对宽裕的时间来玩乐，导致多数大学毕业生高分低能，创新能力普遍不足，毕业后较长时间内并不适应经济、社会对他们的要求，有许多大学毕业生甚至一辈子也没有主动去适应现实经济社会环境。

原因何在？原因就在于我们没能依据儿童、少年、青年成长的自然历程，先给予他们宽松的成长环境，承担力所能及的基础知识学习，使他们按自然规律成长，培养他们的创新意识和创造力，而后在他们基本能自立的时候再给予他们压力，快速增长知识；相反，在还没有成长起来的时候我们给予他们太多、太大的压力，而在他们成长起来后，又让他们放任自流，迷失方向，少于激励和约束，以致他们变成了今天的自我。

因此，在归还儿童、少年自我的同时，我们在他们将步入青年时，激励他们发愤图强，选择自己的人生目标，并以约束的方式促使他们充分利用自己的智力和体力加强现代科学技术文化知识的学习，并根据个人的兴趣、爱好、特长，选择自己的奋斗目标，依据自己对现实经济社会、科学技术发展现状以及对企业的认识，选择自己的专业，发奋学习。

我们所说的大学学习压力是指专业和学科上的严格要求（至于基本的法律意识、伦理道德意识，在他们读大学之前的中小学时期，就已在他们的学习和生活中潜移默化）。规定每一专业必须学完那些必修科目，如10门左右的专业科目，5门左右的基础科目，16门左右的选修科目；而每一课程都必须严格要求，学生必须全面掌握该学科的基本知识和基本理论，还必须掌握该学科的基本技能，在此基础上修满本专业所需的学分，才能准许毕业。只要有一门学科没有达到该学科的要求，就不能毕业。但可以给予无数次的重修机会。对于所学的每一门学科，不仅要弄懂该学科的过去是怎么样，现在是怎么样，同时还必须了解或分析判断该学科的将来是怎么样。学生的必修课没有修完或总的学分没有达到要求，就不允许毕业，更不能发放毕业证书和学位证书。

目前高等院校较为普遍的做法是让大学生顺利毕业。这种教育方式导致大学生只学习了本专业所涉及的表层知识，而专业的深层知识以及相关的知识基本没有学，更不用说有深刻的认识。所以大学生对所学专业一知半解，他们只是大专院校培养出的半成品。今后大学毕业生在工作或事业上是否成功只能凭个人后天的努力和造化。这点我们可以从中国大学极低的淘汰率得到证实。

较为恶劣的情况是有些大学生成绩不及格就通过家长找任课老师，或家长找学校有关人士，找任课老师，以通融的方式让该学生该门功课过关；个别学生甚至许多门课程都是这样过关。今后这种现象应该坚决杜绝，这不仅是维护学校的教育质量、校规校纪的问题，还是树立高校品牌、师德的问题，同时也是督促学生遵守校规校纪，尊重老师，培养学生良好思想品德的问题。从全国的高等教育来说，宽进严出就是为国家、为社会树立一个良好的、诚实的、可信的风尚，同时督促学生努力学习，必须掌握所学的知识和技能。

当然高淘汰率并非就是好事，但一个院校必须对学习不合格的大学生实行淘汰，形成专业学科的高标准要求，这样才能培养出经济、社会所需要的人才，才会有"狼来了"的紧迫感，督促大学生发挥自己的聪明才智，发奋学习专业知识。当然这里所说的"学好"包括灵活应用本专业甚至相关专业知识去解决自然科学问题、经济社会问题，并有所发明，有所创造。

为配合宽进严出的大学教育，可实行弹性学习，如本科四年毕不了业，可以

5 年、6 年；还可以保留学籍休学；可以在今后的任何时候，如 70 岁以前都可以返校，修满学分，学生就可以毕业，发给毕业文凭，授予学位。宽进严出的"严"不仅限于上述专科生、本科生的教育，还包括硕士和博士研究生的教育。

硕士研究生是在专科生和本科生的基础上招收的，更多的是偏向科学技术、文化理论和实践等方面的研究型人才。因而更多的是强调研究能力的培养。至于学生在自然科学技术和社会科学研究的一般技能要不要培养？答案是肯定的，必须培养。因为大专或本科毕业生的研究技能在其 3—5 年的学习时很少培养，自我动手能力、逻辑思维能力（数理逻辑和形式逻辑）基本都没有经过系统的学习和训练（除少部分专业或师范院校学生受到类似的系统学习和训练外），设计报告或论文训练很少开展，只是在大学毕业时，学生才真正开始接触，学习深度十分有限。因此研究的方式方法、操作技能、使用的工具等方面基本都推迟到研究生学习阶段。但是通常硕士研究生除了基础课程外，一般也没有专门课程学习研究的方式方法、操作技能，工具使用方法等，主要学习内容和研究步骤基本锁定在专业研究方向，并随专业研究方向学习而深入。有些课程涉及研究的方式方法、操作的技能，如在学习原著时，研究生必然要学习、研究作者的逻辑起点，合理性和局限性；原著的逻辑结构，原著的研究方式方法，原著采用的实验法、操作技能；原著使用什么样的研究工具，原著解决的问题，完成的程度；原著留给我们什么样的研究空间，我们应采取什么样的研究方式方法，有哪些可以借鉴，有哪些必须采取新的方式方法，我们如何站在前人的肩膀上摘取更高处的成果等等。由此看来涉及面是很广的，其缺陷就是蜻蜓点水，并没有对比分析研究，并找出每位学生在研究的方式方法上存在哪些不足，哪些是他们的强项，哪些方面还有待创新等，哪些方面还需要实验、需要数据，哪些需要推演，哪些需要归纳总结等等，恐怕这些都是粗线条的，并没有深入。

博士研究生的培养应当断绝与现行功利主义的联系，应以自然科学、经济社会所需要的各方面高层级研究型、创新型、发明创造型人才为目标。

总之研究生教育应当充分体现"严"字，实行严格的招收和淘汰，以确保研究生的科研能力和科研水平在一个较高的水平上。

3. 教育内容的创新

教育内容是指小学、中学、大学讲授给学生的书本科学技术文化知识，传授给学生的各种技术、技能，示范的各种实验，讲解的各种法律法规政策，进行的科学技术探讨和理论研究等内容的总和。由于教育内容涉及跨度很大、内容很多，我们只就以下几方面内容加以论述。

第一，中小学教育内容创新。由于高等教育是中国教育的最大瓶颈，必须有73%以上的同龄学子被淘汰，这就决定了中小学教育的基本内容，即中小学教育为学生的高考服务，而不是以中小学生应掌握那些基础知识为主要内容。

如果以高考决定同龄学生是否能进入高等院校，其高考规模将会更大，每年将会牵动更多的家庭和更大的社会力量，造成更大的浪费；而考试的结果则会使更多学生落伍，这势必造成更大的社会震动。因此高中阶段的非义务教育就成了能否参加高考的拦路虎，结果是同龄学生中有一半多的学生在此落马。与此同时，中国的中小学教育又形成了差别教育，引入了经济利益，最终形成了文凭考试教育制度。

在文凭考试教育制度和市场经济利益的驱动下，各省市自治区拥有对本地区教育内容的最终决定权，以致各地区教育的管辖权又受到教育制度和市场利益的驱动，使得各省市自治区的教育内容出现大幅度、快速的变化，形成目前全国各省市自治区教育制度以及教育内容的很大差别；同时各省市自治区的教育制度和政策也经常出现大幅度的变化，推动各省市自治区中小学教材、学习参考书、各科学习辅导书、课外读物、各类学生词典和字典、各学科考试指南、各学科考试试题集、电子辅助读物、各种辅导班、各类家教、招生的方式方法等都经常发生很大的变化。不要说儿童、少年或刚步入青年的学生无法判断，无以适从，就是学生的家长，甚至众多经历过高考的家长，在各种学习内容及相关资料面前，尤其在不断变化的学习内容面前，都深深感到中小学生学习的内容与以往完全不同，而且学习的内容如此之多，如此之广，变化如此之快，学习内容如此之深，真是到了学习内容大爆炸的时代，只能听从学生所在学校判断和学生判断最终使用那些教材和辅导资料。

在大力发展高等、高中教育以及实行十年制义务教育后，我们必须改革中小学教育内容。实行全国统一的教育内容，推动中小学教育标准化、规范化、统一化，同时还可以推行知识化、趣味化、实践化（教学内容与社会生产和生活实际相结合）、简单化（避免偏、怪、奇、特、深的教育内容）、学校化（中小学原则不留家庭作业，所有学生的学习在学校完成）、节约化（中小学教材由全国统一印制，高质量，可以循环使用，每年只有少部分损坏书籍更换，既环保又节约，可以减少财政支出）。由此从根本上减轻学生学习负担，减轻学生家长的负担，最终减轻社会、国家的负担，让少年儿童都在一个自由宽松环境中生活、学习、休闲、娱乐。当还给少年儿童这样一种生活时，我们就还给每个家庭一种和谐生活。同时中小学校教师可以在较为宽松的教学环境中工作，不会像现在一年到头为了学生的文凭、考试、升学率、升重率，都在超强度工作环境中度过，心理压力过大，引发许多职业病。相反，在宽松的教学工作环境中教书育人，中小学教师可以充分利用自己的时间、机会、经历等探索有趣、易懂的教学方式方法完成教学任务，开发学生的创新思维，培养学生的创新能力，倡导学生报效国家，营造出和谐的中小学课堂。

各高等院校录取新生以学生在中小学各学期的学习情况，个人爱好，个人特长，个人理想，个人申报高等院校情况，各高等院校对各申请学生情况核实、测试、面试，最终决定是否接受该学生就读。当然学生可以申报多所院校，还可以多次、多个申报高等院校，实现院校选择学生，学生也选择院校的双向选择模式，实现教和学的相互促进，推动创新教育和主动学习的互动。

文凭考试教育制度还将一批拥有专业抱负，专业特长，专业兴趣的学生永远挡在了大学校门之外。因为这些人通常只有一两门学科学得十分优秀，甚至属于天才般的特长，这些人如果让他们按自己的所长发展下去，今后就可能是某一行业上的顶尖人物，成为很有建树的自然科学家，或社会科学家。可是由于他们严重偏科，不论是小学升初中，还是初中升高中，或高中升大学，首先就把那些拥有专业特长的人才刷了下去，结果他们变得一无是处，丧失了所有的天赋，对自己毫无信心，最终被某一级的升学考试拒之在学校大门之外。这都是中国人力资源的严重浪费。

第二，语言教育的改进。全球使用中文的人口最多，达 13 亿多人口，超过全球使用英语的人口。但全球科技文献使用最多的语言是英语，其次为德语、俄语、法语、日语、西班牙语、葡萄牙语等，即在前十种语言里没有汉语。这使得汉语很有失落感。但事实如此，我们唯一能做的事情就是走出这种窘境。

英国人几乎不学外语，只有少部分人学习外语；而美国人学习外语的人数也不多。中国则不同于这两个国家，百分之百的学生都必须学习外语，99%以上的学生学习英语。大学生百分之百学习外语，而且学习的时间还很长。此外，外语学习还包括许多形式，如大学英语学习，口语听力学习，阅读学习，专业外语学习等，最终学生还要通过英语等级考试。许多情况下，这种考试还与学生毕业和拿学位直接联系。至于硕士、博士研究生即使大学阶段英语已经过关，但是仍然要花大量的时间读英语专著，继续学习专业英语。

以前，外语课是从初中开始开设的。如今为了适应文凭考试教育制度，许多省市自治区规定小学英语课程在三年级就开始开设。还有些学校在小学一年级就开设外语，甚至幼儿园就开设英语课。英语学习内容层层加码，高中阶段就使学生的英语水平达到了大学英语等级考试四级水平。原因何在？原因就在于考初中、高中、大学、研究生、职称都要考外语。可以说，外语伴随着一切想成为知识型人才每一个关键考试，只要有一次外语考试失败，这个人即使在某一学科很有天赋，但是在中国文凭考试教育制度环境下永远也不可能成为知识型人才，这是巨大的人力资本浪费。因为当今科学技术的发展是发散式的，中国要发展科学技术，就需要各个方面的专才，而不是通才，而这些人都可能成为中国科学技术发展各个方面的专才，甚至是怪才或者天才。可惜的是，现行的文凭考试教育制度以外语考试的方式将他们统统遗弃了。为了不被文凭考试教育制度遗弃，学子们只能将三分之二的时间用来学习外语，占用了他们大量宝贵时光。

较之学生的中文学习，中小学校都开设了中文课，小学是打基础，初中和高中阶段是中文学习最重要的时期。但基本是停留在识字、拼音、词语、造句、写记叙文、散文、诗歌、应用文以及简单论述文的写作。大多掌握了4000到4500个汉字。可是学生在进入大学以后，除了语言、新闻、文秘专业外，基本上理工科专业学生(除了中医学需要学习古汉语外)和大部分文科学生都不用学习中文，相应各高等院校也没有中文课开设的计划。至于硕士研究生和博士研究生更不会开设中文课程。这就使绝大部分大学毕业生和研究生的中文水平只是停留在高中阶段，此后中文水平的提高只能依靠学生自身的努力和造化。

中国是一个世界大国，必须以内力经济为主导。世界经济史上还没有一个民族国家经济由外力经济占主导而发展成为发达国家的，尤其像中国这样的大国更加不可能，因此我们必须大力发展内力经济，以内力经济为主导，以外力经济为辅助，推动中国经济向发达国家迈进。基于这些，我们有必要改变目前的语文教学。

改变语文教学的核心是大力发展中文教学，推动英语专业化、市场化教学，大力提高各大学毕业生的中文水平，同时提高英语专业学生的英语水平，消除中国目前强制性地要求所有学生学习英语的状况。中国所有大学都应当开设中文课程，教学重点放在中文应用教学上，尤其是试验报告、论文的写作上，以及文学作品的创作上，以此提高所有大学生的中文水平，使大学毕业生在毕业后马上可以从事基本工作，熟练地使用母语，甚至进行创作。在高中或大学开设英语以及其他小语种外语课程，学习什么语种，由学生自由选择。

第三，创新教育的推进。所谓创新教育从一般意义上去理解，就是培养学生具有创造意识、创造精神和创造能力的教育制度①。

二战后，尤其是 20 世纪 80 年代以后，世界主要发达国家进入知识经济时代。在知识经济时代，一国经济发展的动力主要来自科学技术进步。一国科学技术进步主要由科学技术人才创造，而一国科学技术人才的创造主要得益于一国的创新教育。美国是当今世界创新教育实行最早的国家之一，也是创新教育最成功的国家。第四次世界科学技术革命主要爆发在美国，包括电脑、网络、现代通讯产业、航空、航天、核工业、生物工程、新材料等科学技术新成果大部分是由美国科学家创造的。因此二战后世界自然科学和社会科学的诺贝尔奖大部分是由美国科学技术人才和社会科学人才获得；如今世界最大的经济体仍然是美国。美国之所以在科学技术领域，新产品、新行业、新产业领域，在综合国力等方面都处在世界领先地位，其最重要的原因就在于美国将创新教育贯穿于教育的始终，即美国的幼儿教育、小学教育、中学教育、大学教育都融入了创新教育的元素。学生在 18 岁以前，不论是接受哪个阶段的教育，都处在宽松的学习、生活环境中，并促使学校将实践、生活、娱乐寓于教育之中，将知识学习寓于实践、生活、娱乐之中，学生的学习压力很小，几乎可以说没有什么学习压力，知识学习的主课堂是在教室，也在实践、生活和娱乐之中，学生的作业也只限定在课堂完成，学生离开学校就是自由活动时间，这样学生在学习的时候专心学习，学习的兴趣也可以长期保持下来，有利于学生的生长和身心健康，有利于学生多接触社会，多接触生活。美国曾经有少部分人将东西方的教育模式加以比较，从中发现美国中小学教育比东方诸国，主要是中国、日本、韩国、新加坡、泰国等国，美国侧重学生的基础知识、能力和学习兴趣的培养；而东方诸国则注重学生的书本知识灌

---

① 创新精神：实质就是人的创造意识和创造精神；而创新能力也就是人的创造能力。创新一词只是英语赋予了市场经济条件下的一些新的含义，实际指人们的发明创造，只是这种发明创造要讲求经济效益。

输。所以在两地区的知识大赛中，东方学生的书本知识，甚至一部分高深书本知识要扎实广泛一些；而美国学生则相对弱一些。为此有些美国教育理论工作者提出，中小学教育要向东方诸国学习，但是二十多年过去了，美国人仍然没有改变自己的中小学教育模式。原因何在？东方中小学教育培养了学生读死书，学生缺乏主观能动性，缺乏创新思维，背离了中小学生的生理成长规律，给中小学生太多精神、学习压力，损害了他们的身心健康；而美国中小学教育与东方中小学教育相反，所以学生到大学后的知识增长以及后来对社会的贡献均是东方学生无法攀比的。这就是美国中小学教育模式与东方诸国教育模式的最终差别。

美国高中毕业生申请大学学位十分容易，但要进入美国一流大学相当不容易。能进一流大学的学生通常比一般学生在某个方面，或某些方面有突出之处，如学习成绩很突出，或能力很强，或综合素质较高，或有很强的社交能力、组织能力等。所有进入大学的学生要想顺利毕业可不是一件容易的事情，必须付出自己的努力，认认真真学好每一门功课，考试合格，并拿够本专业学习的学分，才能毕业。18 岁的学生身体已经基本长成，体质也很强壮，完全能应付大学艰苦的学习。许多学生在读大学时，甚至还兼了一份工作，以自己的劳动挣取自己的学费和生活费。当然学校也会将每门学科的最新成果、最新思想交给学生。学生还可以针对所学习的知识，随时与教师交流、探讨、争论等，从而给学生留下了巨大的创新发展空间。所以美国大学培养出的大学毕业生，比其他国家的大学毕业生更具创造力。这是美国创新教育所取得的成果。这个成果是从幼儿园、小学、中学开始，到大学毕业时才显现出来。

中国目前的教育，不论是小学教育还是中学教育，都是满堂灌式教育，缺乏创新教育元素，教师只是被动地完成繁重的教学内容，学生只是被动地听完大量的学习内容，课余时间都在努力完成老师布置的大量家庭作业，教师没有自我，学生也没有自我，所有的人只是在文凭考试教育制度下不停地忙碌着，家长只能靠边，将所有时间让给子女去学习，并将家里的工作揽在自己手里。家庭生活枯燥、乏味、单调。学生在如此的学习、生活环境中成长 16 年（3 岁进托儿所，6—7 岁读小学，18—19 岁入大学），他们的人生观、价值观都在这文凭考试教育制度下走过来，思想被禁锢了，极少有创新思想、创新意识、创新精神和创新能力。

到了大学，由于大学并未将创新教育明确纳入教学内容，故此有创新教育，也不多。关键是没有一整套创新教育制度规范，教师们基本停留在对学生的每门学科知识的灌输上。当然不能否认有一批教师在向学生灌输知识的同时，将该门知识的最新发展成果、最新研究方向，甚至包括个人研究的最前沿理论、成果讲授给学生，让部分学生积极地参与到其中，这种创新教育在专业课程中体现的多一点。当然在研究生课程中，尤其是在专业方向研究阶段表现得较为突出，显现出创新教育的火花。但此时已为时太晚，因为绝大部分学生的学习习惯、思维模式、思想意识等都已定型，他们依然以被动的学习方式对付这些教育。所以多年来我们培养了不少高学历人才，但真正对经济、社会有较大贡献的人才不多。

所以中国的创新教育远远不够，应当将创新教育融入中国的教育制度中去，使创新教育成为中国教育制度真正的灵魂。要做到这点，我们必须改革教育制度，中小学强化兴趣教育，提高学生的学习兴趣，适度学习科学文化知识，将生产、生活实践融入知识学习中，充分发挥教师在中小学教育的主观能动性。小学阶段，严格控制学生的学习时间，只是上午上知识文化课，所有作业在课堂完成，学生不需要将书本带出课堂；下午上兴趣实践课、体育课、游戏或娱乐课，放学后学校不得布置家庭作业，这样家庭可以在学生的教育中发挥相应的作用，寓伦理道德、为人处世、家庭生活、理想抱负等教育于家庭教育之中。课后学生可以充分地接触大自然、社会等，充分发挥他们的思维能力，让他们自己去认识自然、社会、家庭，培育他们观察、思考、研究事物和问题的能力。

中学阶段，学习的量可以适度增加，但仍然以兴趣教育为主，杜绝被动灌输，学习时间每周 5 天，每天 6 节到 7 节课。学生作业基本放在课堂完成，只允许个别课程给学生留一点家庭作业，如数学等，占用学生课余时间不得超过 1 小时。实质上，也就是说每门功课最好不留家庭作业，将学生的校外时间留给学生，让他们自由支配自己的时间，培养学生的独立性，让他们有充分的时间去思考、去做自己认为该做的事情，而不是学校或家庭规定他们所做的事情。中学生可以运用所学的科学文化知识观察自然界，做试验，读自己感兴趣的书，做自己感兴趣的事，搞发明创造，参加各种发明创造比赛（小学、中学可以举办全国性、地区性多种形式的发明创造比赛，如航模、飞机、飞行器、机器人、汽车、各种创意设计等）。让他们拥有一个健康的身体和积极向上的心理，善于思考，有独立创新意识，有正确人生观、价值观，最终大部分学生能步入高等院校继续深造。

如果说幼儿园、小学、中学的创新教育是培养每位学生创新意识、创新思维、创新理念，形成学生独立思维和积极向上人生价值观的场所，那么大专院校则是培养学生综合创造能力的场所。

前面我们已经提出人学生应当宽进严出。"宽进"关键是大力创办高等院校，扩充现有高等院校，使中国高等院校的招生规模达到同龄人数的一半以上。"严出"则是大学生要毕业必须使每门功课合格，并修满专业学分。

科学技术文化知识都是前人创造的知识财富。任何一位大学生只有站在前人创造的知识财富基础上，才能有所发现有所创造。当然随着人类社会的不断发展，有些知识已经过时，或已经被新的知识所覆盖或包含，就不应将过时的知识占用大学某门课程的较大篇幅，应大幅度缩减，当然可将这些覆盖、包含的内容告诉学生，让他们去甄别，去领会。在让学生掌握每门学科基本知识、基本理论、基本技能的同时，我们要强调，大学所讲授的每门学科知识，都必须结合国内或世界最前沿的研究成果，并将最前沿的成果让学生了解，甚至掌握。所以大学教材不应该是每个人都可以编写，而应让某一学科的集大成者，同时又是站在该门学科最前沿的领军人物共同撰写。如美国的《经济学》一书是由美国当代经济学泰斗，1970年诺贝尔经济学奖获得者缪萨尔森和经济学家诺德豪斯共同著述。不仅如此，作者为了保持该书的先进性，三年更新一次，到目前已是第17版了，可谓是经久不衰，历时半个多世纪。美国大学的教材基本都是在严格要求下著述出来的，最终还要经过美国大学市场的严格筛选，否则不可能出现经久不衰的优秀教材。所以在美国教材同样是高水平的专著，具有很强的示范作用。而中国大学教材鱼目混珠、良莠不齐，严重缺乏甄别和筛选，以致严重影响到大学生科学技术文化知识的学习。这种情况应当予以改变。

知识，哪怕是最前沿的知识，只是搭建起一个台阶，目的是让大学生站得更高、看得更远。但是要使学生真正拥有创新能力和发明创造能力，大学还需加强学生的创新能力培养，即学生在学完一门功课后，不仅要接受该门学科基本知识、基本理论、基本技能的考核，同时还要就该门学科所涉及的科学技术文化知识，写出有一定创新或创意的论文，或作一份设计报告，或做一份新的实验报告。教师提出相应的研究、分析、论证、实验、设计、制造等方法，让学生对所学知识的足与不足有一个初步的认识，而不是将这些知识僵化在大脑，看不到这些知识继续发展的路径。

第四，广泛深入地开展创业教育。创业教育对发展中国市场经济太重要了，我们应当从学生进入大学开始，就向学生灌输创业的思想，培养出千百万、上亿的创业者，最终实现中国的充分就业。

所谓创业教育就是将有关创业的基本知识和基本技能传授给学生的教育。早在 1998 年 10 月联合国教科文组织，就在世界高等教育会议上发表了《21 世纪的高等教育：展望与行动世界宣言》中指出："培养学生的创业技能，应成为高等教育主要关心的问题。"而在 1999 年 6 月中共中央、国务院颁布《关于深化教育改革，全面推进素质教育的决定》中指出："高等教育要重视培养大学生的创新能力、实践能力和创业精神"。所以中国高等院校也开始了大学生的创业教育，也取得了一定的成果。但是全国大学毕业生在毕业时真正创业的学生不到 1%。中国劳动力还没有形成创业的热潮。所以在中国要真正开展全民的创业教育（高中阶段的职业教育应当加入一定的创业教育）首先要进行创业制度建设，在创业相关制度得到确立后，我们就可以确定创业教育的基本内容。其一，创业有关的法律法规教育。我们将创业法律、法规和政策汇编成基本的创业法律法规教材，供学生学习、掌握，了解创业者的权利和义务，了解法律法规所确定的企业生存和发展环境等，并模拟创办企业。

其二，企业经营管理教育。我们要推动全国千百万、上亿创业者创办企业，形成中国前所未有的创业者大军。但创业者不能停留在创业阶段上，还必须将企业经营管理好，使企业发展起来。为此，创业者还必须是企业经营管理者，即实现从创业者到经营管理者的转变。因此，创业者都需要接受企业经营管理的教育。

其三，营销学教育。任何一家企业，都必须营销自己的产品，不论这种产品是有形产品还是无形产品，只有将产品营销出去企业才能获得生存的机会，只有产品营销不断扩大，企业才能获得发展壮大的机会，否则企业虽然创办了，却很难发展壮大。对于现代大中型企业来说，企业的营销可以交给本企业专业营销人员去做。但是作为刚起步的小企业经营管理者不懂得本企业产品的营销，企业获得生存和发展的机会大大缩小。

其四，企业融资教育。企业融资是中小企业，尤其是新创办中小企业生存和发展的关键。在中国，虽然金融机构、企业、民众、政府都拥有大量的闲置资金，但是这些资金缺乏贷给中小企业的渠道，尤其缺乏贷给新生中小企业的资金渠道。因此，新生中小企业的生存和发展均受制于资金供给。为此中小企业融资教育显得十分必要。资本市场要形成以中小企业的信用、人力资本、科学技术成果、创新经营理念、创新服务、创新技术产品、经营信息、新的配方、商业订单、商标品牌、专利技术、专有技术等作为获得投资、融资的充分条件，使投资、融资向中小企业倾斜，推动金融机构形成为中小企业积极融资的机制。

其五，其他创业知识教育。如企业组织、风险管理、兼并和收购、战略管理、管理会计、发明创造、专利知识、合资与合作、股份制原理等知识的教育。

4.教育方式方法的创新

中学教育阶段，文凭考试教育制度确实培养出许多科目的特长生，如奥数、物理、化学、生物、英语、绘画等特长生。但是所有特长生有个共同的特点是他们的特长都是文凭考试教育制度拔苗助长的结果，是严师出高徒方式方法催生的特长。这些优等特长生也确实不负众望多数都考入了国内重点院校，可是这些学生在进入大学学习后，出现了一个普遍现象，他们的特长自然消失了。他们与非特长生已没有太大区别，即使有个别特长生还保持某个学科特长，但也并非出类拔萃，或可以成为某一学科的领军人物，尤其是在与国外同学科的领军人物竞争时，他们显现不出太多的优势。

造成这一结果的原因又是什么呢？主要是文凭考试教育制度和公民教育的差别，前者培养出高分低能的人才，而公民教育（人人享有公平教育机会的教育）主要培养高分高能的人才。在公民教育制度环境里，学生根据个人的兴趣、爱好、奋斗目标自觉地学习知识，认真钻研学科专业知识，毕业后他们努力攀登各学科顶峰，不断创造出奇迹来。而在文凭考试教育制度下，家长、学校、社会督促学生学习，学生在学习面前是被动地接受知识，没有丝毫激情去钻研学科知识，毕业后只会去求得稳定工作，生活安稳即可。

我们应当改变这一现状，为此我们应当做好以下几方面工作。

第一，取消文凭考试教育制度，推行公民教育制度。在公民教育制度环境里，幼儿园、小学、中学、大学都会自觉地推行兴趣教学，淘汰过时和无用的知识，培养学生对知识的爱好，树立学生自己的理想，以"我要学"为动力，教学相互促进，培养出高分高能的学生来。

第二，消除功利主义的教和学。当前幼儿园、小学教育都掺杂了功利主义教育，以中学、大学功利主义教育最为严重。初中教育讲求升重点名牌高中的比例，高中学校追求升学率，大学则追逐培养了多少毕业生和毕业生的就业率。学生在升学率的重压下，不堪重负。这些都是在不断地追逐功利，都是急功近利，根本没有追求企业、社会、国家的长远利益。所以必须消除功利主义的教和学，学校教师要真正建立为学生服务、为教育服务的意识，而学生则要树立理想目标，努力钻研科学文化知识，争做企业、社会、国家的栋梁之才。

第三，知识和实践教学相结合。中国有众多的大专院校，聚集了大批各方面的专业人才。他们都拥有较好的自然、社会科学研究、发明创造的条件，却在现行考试教育制度约束下与现实社会生产、生活实践相脱离，仅仅从事简单重复的书本知识传授工作，这是巨大的人力资源浪费，应当为他们创造条件，督促他们积极走出校门，走入社会生产、生活实践，研究开发中国新的自然和社会科学知识。更重要的是改变大专院校与中国现实经济社会实践相脱离的状况，在教学中切实体现教与学的互动。

第九章
政府改革

政府是在私有制、社会不同阶层和国家产生后出现的，它是为了维护社会一部分人的利益，行使对国家管理的机构。

一、市场经济政府是保护绝大多数人利益的政府

奴隶社会、封建社会国家政府主要是保护少部分人利益，所以社会总是动荡不安。

随着历史的发展，人类社会出现了完整意义上的以市场经济制度为主导的资本主义社会。市场经济制度给予了劳动力较之封建社会劳动力更大的自由选择空间，有利于劳动力选择自己所喜爱并可以发挥自己特长的职业，同时促使劳动者努力提高科学技术文化知识水平和个人技能，推动生产力的发展。早期资本主义国家政府只是保护少数资本家的利益。当时，资本家对工人都存在严重剥削，有些甚至是残酷的剥削。所以早期资本主义国家都存在严重的阶级对抗，即工人与资本家的对抗以及工人与政府的对抗，因此经常出现工人的消极怠工、罢工抗议，要求提高工资，改善工作环境，甚至出现起义或革命。为此资本主义国家政府从自身和社会主义国家吸取了许多有益的经验，并以法律的形式规定劳动者的法定劳动时间，积极维护劳动者的合法权益，不断提高劳动者的工资水平，积极发展全民教育，努力改善公民的医疗条件，实施全民失业、养老保险，推行全民资本，人人拥有资本收益。这些政策措施极大地改变了现代资本主义国家社会各

阶级的构成，保护了社会大部人的合法权利，形成了国家安定的内部发展环境，推动了经济、社会较快地发展和进步，以致发达资本主义国家在许多历史时期成为世界经济、社会发展的主要推动力。

当然，这一时期社会主义国家除了在化解社会矛盾的表率外，经济社会也快速发展。但这种发展在经历了一段时期后，反映出社会主义国家过于统一的经济制度限制了个人、企业发展的主观能动性，所以在20世纪80年代开始显现出社会主义国家与发达资本主义国家在财富创造上的差距，从而引发了20世纪后期绝大多数社会主义国家推行经济制度改革的浪潮，各国相继推行了市场经济制度，改变了单一的计划经济制度。

从经济转型国家的基本情况看，都或多或少地存在这样或那样的问题，阻碍了这些国家经济、社会的发展，否则这些国家的经济、社会可能会发展得更快、更好。其表现主要有以下几个方面：一是少数国家操之过急、步伐迈得太大，以致经济、社会发展出现了停滞、甚至倒退的局面；二是有些国家出现转制一边倒的局面，对以往所走过的道路全盘否定，结果经济制度出现了衔接不上的严重问题，致使经济、社会严重倒退；三是有些国家经济转轨时间拉得太长，其他国家经济快速增长，而这些国家经济则出现蜗牛式的前行，拉大了这些国家经济与快速发展国家经济的距离；四是有些国家经济转轨政策不配套，出现了有些产业、行业快速发展，有些产业、行业停止，甚至出现倒退的局面；五是有些国家在经济转轨的同时，却在政治、社会等方面不作改变，以致经济转轨国家的经济发展严重受阻；六是有些国家借助政治、社会的变革去推动经济发展，结果这些国家政治体制，社会结构都发生了巨大的变化，但是经济深层次问题则没有得到较好的解决，以致影响了这些国家经济的快速发展；七是有些国家经济发展主要依赖于外来经济的推动，而本国经济发展的内推动力明显不足，以致这些国家经济发展过于依赖世界经济和世界市场；八是经济转轨国家都或多或少地出现经济政策不协调的情况，习惯于借助政府行政的力量去协调、管理经济，以致出现各地区、各产业或行业部门劳苦不均的情况，严重影响了一国经济均衡发展，造成了一些地区、部门经济发展滞后；九是各经济转轨国家均在不同程度上放弃了计划经济条件下所形成的战略规划，只注重眼前的发展（市场经济国家恰恰提高了长远规划的能力）。

20世纪中期形成的社会主义国家阵营，在与资本主义国家的竞争中，在最初的 20—30 年中处在优势领先地位，经济发展速度普遍较高或很高，社会普遍比较安定。由于社会主义国家的这些表现引导了二次世界大战后众多先后独立的落后国家，选择了社会主义的发展方向，采取了许多社会主义国家曾经采取的经济、政治政策，保护了大部分人的利益。与此同时，各主要资本主义国家，不断观察、探索社会主义国家的优势，并努力解决资本主义国家所面临的问题，从而提出了上述众多改变这一现状的法律政策，同时又能充分调动劳动力的创造力，奠定了二战后资本主义国家经济、社会的发展。在此我们清晰地看到，一国不论采取什么经济制度，要使国家经济、社会平稳、快速发展，必须明确国家政府的各项制度，必须保护绝大多数人的权利，如果背离了这一原则，一国经济、社会发展都必将受到严重的阻碍。最具代表的例证就是俄罗斯的全面私有化转轨，使俄罗斯经济社会出现了严重倒退，因为政府的改革行为仅仅维护了少数俄罗斯新贵的利益，忽视了广大俄罗斯民众的利益。贪腐十分严重的所谓市场经济国家，经济、社会长期发展不起来，如马科斯统治下的菲律宾，苏哈托统治下的印尼以及非洲一些贪腐严重的国家经济社会发展长期处在徘徊或停滞的状态。即使是发达国家，如果出现少数人的利益凌驾于多数人的利益之上，同样也会出现经济社会倒退，如 2008 年美国爆发了金融海啸，究其原因，就是华尔街的一群所谓金融家们为了个人的利益，损害了公众乃至全球许多国家的利益，引发了金融海啸，不仅导致了美国经济出现了二战以来最严重的经济衰退，同时还引起了全球经济的严重衰退。

中国是社会主义市场经济国家，政府更应当保护绝大多数人的共同利益。但近些年来，中国少数地方政府出现了集体贪腐违法行为，或只要地方政府有税收，不监管企业的违法行为，而企业的产品或行为对整个社会造成极大的损害。这些情况必须严加防范，避免出现类似的只维护少数人或地方政府利益事件的发生。

二、市场经济政府是信用政府

市场经济从信用的角度去衡量就是信用经济。没有信用的经济就不是真正意义上的市场经济，只是无序经济。无序经济只能导致一国经济的崩溃，因为信用经济是自由市场经济制度的基础。市场经济大量地存在商品买卖，当卖方将商品卖给买方时，卖方就接受了买方的信用，这个信用就是货币，首先货币必须是真的货币，其次货币在交易前后的一定时期是与商品价值等值的货币；而买方同样也认可了卖方的信用，即商品的价值与货币的价值是等价交换，其次商品质量可靠等。没有买卖双方的信用，交易不可能存在。而政府是建立在市场经济制度基础上的政府，即信用基础上的政府，所以政府必须是有信用的政府，即信用政府。我们不可想象一个没有信用的政府，如何去建立一个信用经济，即完整的市场经济体系。因此只有信用政府才能建立起信用经济，即建立起完整的市场经济制度。如果说一国政府暂时还没有建立起信用政府，那只能是信用相对缺乏的政府。而信用相对缺乏的政府是还没有建立起完整的信用经济，即完善的市场经济制度，只能是有缺失的信用经济，或不完整的市场经济制度。此时的政府就应当弥补信用的不足，完善信用体系，从而达到建立信用经济，即完善的市场经济制度，并以此推动一国经济、社会快速发展。当然世界上也存在完全丧失信用的政府，即非信用政府，这种政府是根本不可能建立起信用经济，即完善的市场经济制度，国家只是处在严重的经济、社会动荡中，最终必然出现政府的更替。我们所说的政府更替是来自国家内部力量的更替，不是该国以外力量引发的政府更替，因为外部力量引发的一国政府更替现象说明不了此处论及的问题。

1. 建立中国的信用政府

从现实世界看，大多数市场经济国家是拥有信用相对缺失的政府，正在向信用政府努力过渡。尤其在世界经济危机中，绝大多数国家政府缺失信用，政府处在经济波动的风头浪尖，显得紧张而脆弱。如果世界经济处在快速健康发展的时期，大多数市场经济国家政府则处在信用较好，或信用缺失较少的时期，政府也就显得坚强有力。至于处在两极的政府，如非信用政府，就是在两次世界大战时期，或在1929—1933年的世界经济危机中，以及此次的全球金融海啸中都只是极少数国家政府是非信用政府。当出现非信用政府时，有些国家则通过内部的民主选举制度，使非信用政府得到更替；少数国家通过激烈的政治运动使政府变更。相应的，即使在全世界经济发展最好的时期，信用政府都只占少数或极少数。如当今的挪威政府、瑞士政府、芬兰政府等就属信用政府。

信用相对缺失的政府需要不断改革，只有这样政府才能不断地弥补信用的不足，使信用相对缺失的政府不断接近信用政府，经济才会转变为信用经济，市场经济制度才能不断完善，一国经济、社会才能稳定快速地发展。

即使一国政府已经实现了信用政府的目标，这只是在一定的经济、社会条件下实现的。随着经济、社会的不断发展，一国经济、社会又会出现新的情况，信用政府又回到信用相对缺失的政府。要实现在新情况下的信用政府，一国政府又面临新的改革。只有改革才能使经济社会发展适应新的环境。只有在这种周而复始的不断改革、不断适应中，由信用相对缺失的政府提升到信用政府，又从信用政府在面临新的经济、社会发展情况后，又回到信用相对缺失的政府，由此周而复始地不断循环。在每完成一个循环后，一国的市场经济都面临一个崭新的发展时期，一国的经济同时也上了一个新的台阶，国家的经济上了一个新台阶，劳动力的人均收入同样步入了一个更高的水平，国家的科学技术发展水平也达到了一个更高的水平。这种情况的出现，尤其是主导世界经济、科学技术发展的国家，这种循环表现得最为充分。即使不是主导世界经济、科学技术发展的众多市场经济国家，在建立信用政府的过程中，需要不断改革，弥补政府信用的不足，并逐步从信用相对缺失的政府向信用政府转变。

先行的市场经济国家，对后起或后发展的市场经济国家具有一定的示范作用。但是没有一个国家可以完全照搬另一个市场经济国家发展的模式，就是当今世界几个领先的市场经济国家，如美国、日本、德国、法国、英国、意大利等国家的市场经济发展道路都各有千秋，所走的道路各不相同。

作为后起的市场经济国家不能照搬任何一个发达国家的发展模式，只能走自己的市场经济发展道路。这是由于任何一个国家与其他国家都拥有不同的经济发展水平和能力，不同的生产要素禀赋，不同的科学技术发展水平，不同的市场环境等。所以后起的市场经济国家只能走自己的发展道路。从这个意义上讲，有多少个市场经济国家就有多少个市场经济发展模式。

中国属于后起的市场经济国家，最大的特点是：拥有广阔的国土，世界最多的劳动力和人口，拥有世界最大的居民消费市场，劳动力的素质中等偏上，国家总体资源丰富，有较完整的工业体系，有庞大的农业体系以及较完整的第三产业体系；但总的经济、科技、管理水平还处在一个较低的水平，发展潜力十分巨大；中国还是一个二元经济国家，城乡分离；各地区发展严重不平衡，贫富差距较大，而且还在继续拉大；许多地方存在官商结合的情况，严重扰乱了市场经济秩序；三产业发展不均衡，第二产业中的加工工业发展较快，第三产业中的金融、电信、旅游、饮食、体育等产业或行业发展较快，而现代科技服务业、教育等发展较缓慢；尤其是人均收入较低，居民生活消费占国内生产总值的比重低（约在 43%），这比发达国家一般占到 65%—75% 有相当大的差距，所以有较大的提升空间等。因此中国是属于信用相对缺失的市场经济国家，必须不断地进行改革，建立信用政府，进而建立信用经济，即完善的市场经济制度。

在强调了中国市场经济特殊性的同时，我们还应看到市场经济的共同性，即最基本的市场经济制度是共有的。鉴于市场经济国家的特殊性和共性，我们在发展中国市场经济的道路上，一方面要积极地建立市场经济制度所必需的各项基本制度，形成中国完整的市场经济制度体系，避免所建立的市场经济制度存在较大缺陷；另一方面还要充分考虑到中国市场经济的特殊性，不能照搬发达国家经济发展模式，即使是某发达国家成功的做法亦不能照搬，因为中国的现实是任何发达国家所没有面对过的。

不论从市场经济制度的共性上考察，还是从特殊性上分析，中国市场经济制度都存在许多不足。这些缺失有些表现在中国市场经济制度上，有些则反映在政府信用的缺失上。表现在中国市场经济制度上的缺失，请参阅前八章的论述。至于政府信用的缺失，我们需要从以下方面认真地弥补。

第一，建立完善的法律、法规和政策体系。建立信用政府最主要的任务就是建立完善的市场经济制度，即建立完善的法律、法规和政策体系。自中华人民共和国成立以来，中国政府就开始建立中国的法律、法规和政策体系。自 1994 年确定建立中国市场经济制度以来，政府加快建立市场经济制度下的法律、法规、政策体系，并已基本建立中国市场经济制度。

此后，我们应当继续完善中国的市场经济制度。目前，我们的首要任务是对现行市场经济制度内部的一些不适应中国市场经济发展实际需要的制度，或者前一阶段改革不够到位的制度，或者改革后的法律、法规或政策在面临新形势下出现了不协调的制度等，都是我们在新的历史条件下必须加以认真解决的制度问题。如统一中国的市场经济制度，推动劳动力自由流动、自由创业、自由择业、自由居住，实行耕地资产化，推动农业市场经济化，大力发展企业，推行积极的市场经济人口政策，实现区域经济合理化分工，消除条块分割，实现经济社会协调发展，实现充分就业和全民劳动保障，促进科学技术发展、拉长产业链，发展教育等问题。

第二，法律、法规和政策多务实、少务虚。如果我们实行人口的自由流动，取消现行的户籍制度，赋予公民自由择业、自由创业、自由居住的权利，实现各地区、产业、行业合理化分工，实现经济资源的合理配置，建立内力经济体系，形成先进科学技术优势产业和行业，造就出世界一流的一、二、三产业企业群体，并更加自信地融入世界经济，那时中国市场经济所实行的一整套法律、法规和政策体系本身就是中国最强有力的软实力。

如此一来，各地方政府势必根据中央政府的法律、法规和政策，结合本地区各种生产要素的优劣势，以及本地区经济、社会发展方向创造良好的投资软硬环境，吸引各类、各层级的人才创业，推动企业快速发展，形成各地区产业或行业特色和优势，推动地区经济、社会快速发展；与此同时各地方政府创造出良好的居民生活环境，吸引所有愿意来本地区或城市居住、生活的人口，繁荣地区、城市的市场，扩大内需，形成区域经济和城市经济的协调发展和优势。

而要做到这些，地方政府都需要依据中央政府所确定的法律、法规和政策采取务实的做法，减少行政对市场经济的干预，减少政府各种不必要的资金支出，减少浪费，打击贪污违法，合理安排税收，消除各种乱收费、乱罚款、高收费、乱摊派，明确地区或城市的各项法规和政策，减少或杜绝各种法律法规和政策歧义，规划好城市建设，积极主动地减少甚至消除各种滋扰居民生活事件的发生，努力稳定物价，搞好学校、医院、公园、体育等公共设施建设，建立合理的市场布局，做好文化建设，注重区域、城市居民的可支配收入的提高等。

第三，法律、法规和政策多宏观少微观。不论哪一级政府，应立足于整个管辖区域，促使居民安居乐业、快速发展经济，推动社会进步。这似乎是一个简单的目标，但要真正做到不是一件容易的事情。因为居民能安居乐业，该区域或城市就集聚了大量的人口，就有大量的劳动力就业，创造出大量的财富，提高劳动力的收入；劳动力就会安心各自的就业岗位，充分发挥创造性劳动，推动区域、城市企业、行业、产业增强竞争力。由此区域或城市将吸引更多的劳动力安居乐业，由此循环往复创造出中国的超级城市、超级区域经济体。

各级政府在制定关系国计（或区计、或城计）民生的法律、法规和政策时，尽量减少微观层面的事物。传统的做法把微观当作宏观，如许多市政府的工作涉及众多微观事物，如主干道、支道的建设，小区的绿化，树木、草地、花卉的选择；下水道管线的材质、尺寸；人行道地面砖块、材质、花色、形状；道路两旁建筑物的容积率、设计风格、样式审批等；还包括道路建设、投资、拨款、融资、经营期、收费高低、关卡设置、人员招聘等等。实际上，许多地方政府的做法只能说是越俎代庖，将生产性、服务性企业的职能都包进去了，为完成庞大的宏、微观工作，许多地方政府都设立自己的公司，实行宏、微观工作一起抓；或者在自己管辖的范围内，将政府管辖内所有行政、事业单位的采购统一，如政府采购中心。在缺乏监督情况下，通常都采购低质高价的商品，因为都是下级单位，敢怒不敢言，形成一个新的权力寻租中心。因此，从宏观到微观的管理无非是方便了权力的寻租、贪赃枉法，最终害了相关公务员，这不仅起不到爱护公务员的目的，而且纵容了公务员的违法乱纪，最终败坏了政府的整体形象。

相对而言，任何一级政府在其管辖范围内的行为都具有宏观意义。每一级政府只制定宏观的法律、法规，少出台具体政策和措施。今后各级政府应尽量不涉及甚至完全不涉及微观具体的事物。这样各级政府都会精兵简政，涉权之人就会大幅度减少，尤其是既涉权又涉钱的人会更少，这样贪赃枉法案件就会大幅减少，更不会形成贪赃枉法之人寄希望于法不责众的侥幸心理。事物的发展规律是物极必反，当某一地区政府官员形成集体贪赃枉法之势时，该地区政府已走向了人民的对立面，该地区将出现混乱，民众的反抗将不断加强。如果政府实行人口自由流动，某地区的贪赃枉法分子不可能走到十分严重的地步，其预警机制——人口大量流出就可以告知世人，此处出了严重违法贪腐问题。

政府一直在探索爱护和保护公务员的路径。实际上爱护和保护公务员的最好路径就是防贪腐。目前政府的主要做法是反贪反腐。这是事后工作，即贪污腐败已经出现后，我们再采取强有力的措施去侦办和处理这些事情。这种做法成本很高，其最大的成本就在于人民群众对政府看法的改变，有些地方政府甚至丧失了人民群众的信任，这是很危险的。如果让这些社会毒瘤蔓延，一定会威胁中国安定的社会大局。其他成本就是政府的人力、物力、财力的耗费，包括侦办、审查、处理贪腐人和事的耗费；此外就是贪腐浪费的财富所产生的机会成本。

实际上，政府已做了许多的防贪腐工作，如明确党的纪律、进行反贪腐教育、制定相关的行政法规等，这些对防贪腐都起到了一定的震慑作用，在一定程度上遏制了贪腐的蔓延。但同时我们还应该看到，腐败问题的解决不是一两天的事情，仅仅用我们目前的做法还不够，应当从制度上防止贪腐的产生，即从制度的设计上去防腐，设计出权力在基层的相互制约，设计出各级政府只负责地方宏观经济的服务、协调、管理、规划等，尽量取消甚至消除地方政府干涉具体经济事物，大幅度地放权，减少权力的集中，大力铲除滋生贪腐的温床，扭转贪腐不断扩大的趋势，防止法不责众的情况出现，避免某地方政府较大面积的溃烂，对人民负责，对国家负责。

制度防贪腐同样不可能将所有工作都做好，仍然需要从其他方面努力做好防贪腐工作，加强民众、舆论对政府监督的力度和对贪腐打击的力度。

第四，制定法律、法规和政策的原则是为所有人实现个人价值创造无数机会的原则。市场经济是开放经济，所以才有强大的生命力。这种生命力最集中地表现在市场经济国家给予所有劳动力自由流动、自由择业、自由创业、自由居住的权利。而这一权利就等于给予了每一位劳动力无数次实现个人价值的机会。每个劳动力在对自己的知识结构、综合能力、身体状况等正确判断下，决定个人抓住某一时点上的创业或就业机会，为个人、家庭、企业、社会、国家，在充分发挥个人能力基础上创造出更多的财富。

但是，目前的某些法律、法规和政策，在劳动力走向创造财富的道路上设置了许多门槛，而这些门槛限制了劳动力自由创造的空间，以致他们缩手缩脚，总怕卡在哪个门槛上，所以他们在各种门槛的限制下，固定在某个门槛之外不断徘徊，如户籍门槛、考学门槛、学校门槛、学历门槛、资历门槛、关系门槛、资本门槛、登记门槛、审批门槛、证书门槛、收费门槛等。而每一道门槛又都是权力、费用、关系的象征。政府每次增加收费基本是行政命令，极少说明缘由。从企业、百姓的支出看，各种乱收费、乱摊派通常都是不断上升。所以居民消费支出占国内生产总值的比重不断下降。这种做法把劳动力、企业都限死了；反过来，也限制了政府本身。

可以说，政府每增加一道门槛，就增加了创业者创业的一道门槛，增加了就业者就业的一道门槛；创业者就失去许多创业机会，劳动力就失掉许多就业机会；市场就减少了许多新企业的创建和已有企业的发展机会；中国就无法实现充分就业，就会出现劳动力无限供给；劳动力工资就会长期缓慢变动，劳动力受剥削程度就会加深；劳动力各种权利就得不到保障，贫富差距就会不断拉大；社会就会出现不稳定，中央政府就要不断地救火。

劳动力、企业每失去一个机会，就是国家失去了一个机会，政府失去了一个机会；而劳动力、企业每多得一个机会，就是国家多得了一个机会，政府多得了一个机会。劳动力、企业与国家、政府的利益是完全一致的。政府给每一劳动力、企业创造机会，就是给国家创造机会，也是给政府创造机会。所以政府应当取消一切不合理的门槛，为劳动力、企业创造出无限的机会。

第五，政府需要不断完善服务性法律、法规和政策。政府要取消自我服务的意识，做到与人民、国家同呼吸共命运，要为人民、企业、社会、国家提供最优质的服务。在现行不完善市场经济制度下，有许多地方政府，甚至国家的某些法律、法规和政策，存在为自身服务的成分，只要政府有税收，并不断增长，政府好运作就可以了，至于劳动力、企业、社会的情况如何，考虑不多，这样做的结果会有竭泽而渔之忧，会引发社会不安定。

国强民富，民富是基础，国强是结果；没有民富，就不会有真正的国强；国强了，民众肯定会富足。目前政府是拥有大量的外汇结余以及快速增长的财政收入，但是人均收入不高，尤其是居民收入不到国内生产总值的一半。所以中国的资本积累一方面表现为企业的积累，另一方面就表现为政府的积累。政府应将部分积累以信用贷款的方式回馈民众，作为启动中国民间投资的启动资金。同时建立信用经济，以确保资金的安全和增值；并在此基础上调动国内国际闲散资金，使民间投资资金像滚雪球一样越滚越大，成为推动中国企业快速发展的强大推动力，尽快实现中国的充分就业，实现民众的富足、国家的富强。所以民富不仅表现在年均可支配收入和消费水平的提高，更多地表现在人力资本的快速增加、民间投资的快速提高、企业快速增加和成长等；而国强不仅表现在政府手中掌握大量的财政收入和外汇贮备，更多地表现在完善的市场经济制度、充足的人力资本、众多和不断成长的企业、富足的企业和民众等。要实现国强民富的目标，就需要政府完善服务性法律法规和政策，并提供优质的服务。

第六，妥善处理局部与全局之间的利益。列宁认为市场经济有一个难以克服的矛盾就是每家企业的生产经营都是有计划的，而整个社会则处在无政府的状态。如果将企业、地方政府看成是局部利益的代表，将中央政府看成是全局利益的代表，市场同样展现出二者之间利益的冲突。这是不可避免的，并长期存在的，关键是我们如何去协调、处理好二者之间的关系。

我们时常看到一些这样的事例，如某一国家最早开办的经济特区，刚创办的几年较为艰难，外商投资项目较少，而且项目多数是试探性的小项目，创造不了多少税收。但国家给予特区的优惠政策，即上级财政给予特区财政的扶植资金又很快到期，如果没有这笔资金，特区政府的运转都成问题。此时有一著名跨国公司希望到经济特区投资设厂，可是国内产业政策限制该项目立项引进，即使引进了国家也会对项目投产后的产品课以重税。该项目属大型投资项目，达三千万美元，尤其项目建成投产后将会给特区政府带来大量的财政税收，一举摘掉贫困的帽子。所以特区政府就想方设法，将该项目改头换面引入经济特区。项目投产后，产品在国内销售很好，获得了很好的经济效益，同时也为特区带来了大量的财政税收，解决了燃眉之急。但是该项目的上马，使国内几十家同类型企业倒闭破产，几万职工下岗。当然也可以说国内众多同行业企业，在没有任何预警的情况下，突然冒出一个强大的对手，结果纷纷败下阵来。这个案例就表现出局部利益与全局利益的冲突，结果是局部利益受益，全局利益受损。

又如中国目前的地方保护主义所形成的地区市场，增加了商品在中国境内流通的难度，还增加了商品流通的费用和时间。因为各个分立的地方市场，妨碍外来商品的流通，各种乱收费、乱摊派等增加了商品流通的费用，降低了非本地外来商品的竞争力，少数地方干脆禁止外来商品在本地区的销售。在如此一个分割的市场环境下，各地区形成了市场块块分割，重复建设，"大而全"、"小而全"，有效保护了加工装配工业。从全国的角度看，中国没有形成生产要素的有效配置，没有形成各地区的合理化分工，没有形成各地区企业、行业、产业的竞争优势，造成了产业、行业无法向纵深发展，没有形成国内有机的垂直分工和交叉分工，只形成了相互之间的水平分工，对外却形成了垂直分工（有部分水平分工）。这影响了中国宏观经济健康快速发展。

不论从何种角度去认识，全局利益总是大于局部利益，局部利益必须服从全局利益。这种认识可以说谁都知道，但是面对现实经济，往往是局部利益占上风，总是维护了局部利益而放弃了整体利益。原因就在于中国建立市场经济制度以来，全局利益似乎变得虚无缥缈，很少有人在地方与国家利益面前维护国家利益，国家利益在许多时候成了唐僧肉，分割了也没有人监管。

要打破局部利益高于全局利益的现状，就需要实施中国人口的自由流动、自由居住，劳动力的自由择业、自由创业。各地区为了留住劳动力、留住人口资源、留住企业就必须拆除各自的篱笆，降低企业运行成本，推动商品无障碍流通，实现商品价值。为此中央政府要成为捍卫全局利益的中坚力量，要维护中央政府的权威，要使地方政府知道，全局利益是国家和人民的利益，是最高利益，任何地区或利益集团不得侵犯，如出现侵犯全局利益的人和事，必将受到严惩。树立起国家、人民利益高于一切，任何地方政府、企业、个人都必须坚决维护全局的利益，杜绝局部利益危害全局利益的事发生。

第七，不断改革，不断前进，才能建立信用政府。市场经济有普遍的基本标准，在这些普遍标准基础上建立的市场经济国家，所面对的市场经济运行状况、市场经济发展水平和阶段、人们的满意程度、存在的问题等，没有一个国家是相同的。原因就在于每个国家都有自己的发展历程，处在不同的发展时段上；每个国家都有各自的发展特点，这些特点是由各个国家的经济、政治、文化、思想、军事、宗教等因素所决定的；每个国家都拥有自己的企业、行业和产业，这些是组成各国市场经济的骨架、血肉的有机整体，而各国在这些方面都千差万别；每个国家都有各自的科学技术发展水平，各自的长处和不足，有科学技术先进、中等、落后国家之区分，还有科学技术发明创造型国家、模仿型国家、模仿创造型国家、拿来型国家等；每个国家都有各自的法律、法规和政策体系，不同的宏观经济管理、调节、服务、协调模式；各国拥有各自的企业、行业、产业软硬环境等等。所以市场经济国家可以说没有完全一致的照搬模式，照搬任何外来的模式肯定是徒劳的，最终必将以失败而告终。

那么市场经济国家发展的最好模式是什么呢？就是根据本国市场经济发展的现状、特点、所处的历史阶段，不断地调整法律、法规和政策，以最好的信用保障，最小的阻力，在充分发挥市场自我调节功能的基础上，合理适度地发挥政府的调节、服务功能，充分调动劳动力的主观能动性，让企业在不违背社会共同利益的基础上自由发展，推动经济、社会快速发展，实现公民物质、文化生活水平的持续较快提高。

而要实现这一发展目标，作为国家政府和各级地方政府就必须不断地根据各种现实情况，不断地改进、调整法律、法规和政策，使之成为推动经济、社会发展的有效力量，不断接近信用政府，或不断地处在信用政府的阶段。

第八，法律、法规和政策的兑现或执行。法律、法规和政策的制定是一项复杂和庞大的系统工程，要做好它本身就不容易，需投入大量的人力、物力和财力，以实现对现实市场经济运行作出正确无误的反映，而后通过人大或政府，形成法律、法规和政策。一套好的法律、法规和政策，如果不用它，与没有制定这些法律、法规和政策是一样的。所以一套完整的法律、法规和政策制定出来后，其执行就变得十分重要。

执行得好，一套切合实际的法律、法规和政策将显示出无穷的力量，将促使一国建立起完善的市场经济制度，形成市场自由竞争格局，推动经济、社会健康、快速发展，新企业不断涌现，企业快速发展，优势行业、产业快速形成，劳动力实现了充分就业，社会安定，人民生活水平快速提高。

例如，《中华人民共和国劳动法》是为了保护中国境内所有劳动力合法权益最重要的法律，如果我们认真执行它，树立起法律的权威性，哪怕企业明天破产，但是企业所有者首先要想方设法将工人的工资支付完毕，这样就体现了该法律执行的力度，并树立了法律的权威性。可是现实不是这样。比如去年下半年到现在，有些报纸几乎每天都有工人讨薪，或讨薪失败而自杀，以及劳资对抗、资方逃逸或资方大打出手等方面的报道。从这些现象看，《中华人民共和国劳动法》在执行上出了问题，有些资方在挑战该部法律的权威性，严重影响了安定的社会局面。

如今政府制定了众多的法律、法规和政策，同样需要认真兑现，需要树立起法律、法规和政策的权威。到目前为止，仍然有一些法律、法规或政策规处在兑现和不兑现的十字路口上。如要兑现，政府同样会遇到这样或那样的阻力，甚至巨大的阻力，因为这样做的结果肯定会影响到某些人的利益。当涉及这些人的利益，他们肯定会从个人、企业、家庭、小集团的利益出发，去危害他人或全局的利益。为了维护制度和政策的尊严，同时也是为了维护国家政府的尊严，树立起法律、法规和政策的权威，即树立起国家政府的权威，维护全体人民和国家的利益，政府应当兑现法律、法规和政策。只有这样，政府的目标才能实现。

2. 建立信用政府的目的是建立信用经济

市场经济从信用的角度去审视就是信用经济。而信用经济就是协调发展的市场经济体系。信用政府在充分认识本国经济发展现状的基础上，制定各项法律、法规和政策，不断推行政府的改革，全力兑现这些法律、法规和政策，其目的就在于建立信用经济，即完善的自由市场经济体系。在信用经济的软环境基础上，使劳动力充分发挥个人的主观能动性，积极创办企业，开展生产经营管理活动，或自由地选择自己的职业，从事自己感兴趣的工作，为个人、家庭、企业、社会、国家创造更多的财富。而劳动力每一项活动无不包含信用的支撑。没有信用的支撑，这些活动一项也无法开展或延续下去。

因此，信用政府把建立信用经济作为政府施政的目标。有了这个目标，市场经济国家政府就会努力实现这个目标。因为只有政府不断努力地实现这一目标，信用才会充斥市场经济的各个角落，才能建立起信用经济。

中国是一个新兴的市场经济国家，直到今日还没有建立起信用经济。政府要实现建立信用经济的目标，还有一段很长的路要走。只有走完这段路，政府才能建立起信用经济制度。从目前中国市场经济现状看，市场严重缺失信用，以致市场经济体系残缺不全。

第一，个人信用的缺失和建立。从市场经济国家看，个人信用是整个信用经济的基础，只有在个人信用的基础上，我们才能建立起家庭信用、企业信用、市场信用、社会团体信用、政府信用和国家信用。而目前中国的法律、法规和政策都使个人不拥有建立个人信用的基础，以致长期以来，个人信用没有建立起来，致使整个市场经济的各种相关信用没有建立起来。

（1）个人身份不完整。中国人口众多，为控制人口增长实行计划生育。但是中国目前还没有实现充分就业，众多劳动力的收入只够个人或家庭的生存或基本温饱生活水平，没有余钱用来购买他们的养老、医疗、失业保险，以致后顾之忧的问题没有得到解决。加之中国农业还处在自然经济生产方式占主导的时期，农民不得不以传统而古老的方式解决自身的养老问题，所以就显现出广大的农村对生男丁的渴望，即养儿防老。当没有生到儿子时，他们会不顾计划生育人口政策，继续生育下去，力争生一个儿子，保证养老无忧，由此出现了超生现象。如果超生家庭经济状况好一点就交罚款，给女儿或儿子报户口；但绝大多数超生家庭的经济状况不好，所以就不报户口，结果中国目前隐含一定数量的无户籍人口。这部分人口到底有多少，很难估计。这部分没有户籍的人口是国家的伤痛，他们没有责任，但是我们将责任压在了这些年幼或年青一代身上。这将给社会带来多大的负面影响，可以说目前还无法估量。

所有发达国家都十分尊重公民的生存权，即使是中等发达国家也基本如此。一个新的生命来到某个国家，这个新的生命不论在这个国家的什么地方出生，都已成为这个国家新的公民，受到国家法律的保护。哪怕是他国的产妇到这些国家生养了一个新的生命，这些发达国家亦承认这个新生命就是该国的公民。因为发达国家都是以出生地确定人口的国籍。所以不论在中国什么地方出生的小生命，我们都应当承认他或她就是中国的公民。这样就可以避免今后出现一大批无户籍，没有文化知识的现代文盲生存在中国这块土地上，并防止潜在的乱源。

这批人实质上就变成了中国的隐身人。所谓隐身人，是指无户籍的人。这部分人口随着年龄的增长，到了 14 或 15 岁，为了生存其父母会给他们买一个假身份证，这样他们就可以凭借这个假身份证行走江湖，步入他们艰难的生存旅途。这些人很有可能成为帮派社会争取的对象，但他们在国家的人口档案里却没有任何记录。其次还有一部分人本身有户籍，但为了打工或行走江湖方便，他们就购买一个假身份证，这样对他们在外谋生，带来许多方便，即使在外谋生时出了什么问题，他们可以很快从人间蒸发。最后，还有一些人则在自己犯罪后，突然消失，随后购买一张假身份证隐姓埋名，而以新的假身份证在一个陌生的地方躲藏起来，成为隐身人。

隐身人可以说是户籍、人口制度的副产品。长此下去，隐身人将会形成不断增长的态势。在社会中行走的人，我们都很难确定他们的真伪，甚至对一个无户籍人员来说，今后就是公安部门也都不知如何确定他们的身份。

我们要建立信用经济，个人身份的确认必须完整，所以我们必须将隐身人转变为有明确身份、受社会保护的人，即实现公民化社会。

(2) 大多数劳动者收入过低，增加了个人信用体系建立的难度。中国有70%左右的劳动力收入过低，其月收入是在 300—2000 元之间。这部分低收入劳动力大部分来自农村，少部分是城市劳动人口。这部分劳动人口有 70%—80%要负担家人，尤其是家有老人和多子女者的家庭，人均摊下来可支配收入十分有限，约在 200—800 元 / 月。

由于收入过低，个人或家庭每月只能存少量急用钱，如治病、小孩读书、购买农用生产资料、建房等，极少有钱购买保险，尤其是定期定额交纳的保险费。同时与他们低收入相伴随的情况是劳动者所从事的劳动基本都是低技术工种。即使在家务农的农民，只要自己用心去耕种土地，积累几年的经验，种好几亩水田或旱地都不存在问题。由于农村远离城市，劳动者缺乏学习的机会，或提高个人文化知识水平、增加人力资本均不存在紧迫性，因为大家都只是那几亩责任田，农忙时节劳作过后，大量的闲暇时间，多数农民并不愿意从事低加工增值的副业生产，加之自身文化水平不高，所以大部分农业劳动力在农闲时节基本是休息、娱乐，还有相当一部分人赌博，有些地区大部分劳动力把闲暇时间花在了赌博上，害人害己也误子女。城市低文化知识的劳动力，基本也是从事低技术工种，劳动时间比较长，工作一般都比较累，加之城市消费比较高，又与家人分居，即使收入远比农民收入高几倍，在1800元左右，但是花费较大，能余下来的钱并不多，加之户籍的限制，个人文化水平较低，空余时间有限，同样也没有提高个人文化知识水平的愿望和能力。低收入劳动人群，一般都会生育两个或两个以上的子女，这一比例应占到这一人群的80%以上。因为他们同样想以此防老。当然在城市就业的低收入劳动者，约有30%的人拥有养老保险、医疗保险。

过低的收入，没有多少财产，人力资本升值空间有限，大部分人又没有什么保险，而子女能改变这种生活状态的情况也越来越少(大学每年所招收的大学生，农村来的大学生呈下降的趋势，农村人口约占中国人口的70%，而农村大学生只占到大学生的37%以内，而且还在进一步降低)，这样他们改变自己的生产方式、生活方式和繁衍方式的可能性都在缩小，有向等级化方向发展的趋势。

所以，过低收入劳动者的人个人信用是难以建立起来的。原因就在于市场的各授信企业和单位，如各金融企业，各商业企业，相关的社会管理机构等，它们都极少给予低收入者受信。其最根本的原因就在于这些企业或单位还没有建立起对人力资本投资的机制，只是凭借个人或家庭的财产、收入授信。

低收入阶层不仅包括上述农村、城市的低文化、低技能的劳动者，同时还包括许多大学本专科毕业生。自本世纪初以来，大专院校毕业生就业难的问题就不断加重，甚至硕士和博士研究生的就业都面临越来越大的压力。面对这种情况，大学本专科毕业生求职工资要求不断降低，专科生降到1200—1500元/月，本科生则在1500—2000元/月。所以相当一批大学本专科毕业生也成了低收入阶层。有些学生，由于家庭比较困难，即使他们在校读书期间获得了助学贷款，也只是解决了学生的学费问题，并没有解决学生的吃饭问题。除少部分学生获得勤工俭学的岗位外，大部分困难学生并没有较稳定的生活费来源。为解决燃眉之急，有许多困难学生就大量申请信用卡，从每张信用卡上透支，解决生活的迫切问题。但是信用卡的授信额度和时间都是有严格限定的，因此到期后，这些学生根本无法返还信用卡的授信额度，这样一张信用卡就没用了。学生又申请新的信用卡，进行透支。所以有些学生欠了许多家银行的借款，促使各家银行都不再向学生发放信用卡，但这笔坏账已存在，同时这些学生的个人信用已经留下了不良的记录。今后这些银行会十分谨慎向这批大学毕业生贷款。

上述信用缺失对我们大力发展中小企业，开放民间投资，甚至将目前政府主导的投资转变为民间投资，大力创造就业机会，尽早实现中国的充分就业都是十分不利的。多年来中国的经济发展积蓄了一大笔货币资本和实物资本，这些资本只有顺利地贷给可靠的授信者，让这些资本在生产或流通领域发挥投资效应，迅速扩大投资，增加企业数量，提高资本收益率等都将产生积极而长期的影响。因为即使是低文化素质的劳动力也有一部分积极向上者，在国内投资环境不断改善之后，这些人很快就会步入创业者的行列，创办自己的企业，并努力发展壮大企业。如果我们将拥有创业才能的人与中国的货币资本和实物资本相结合，至少就可以创办 1000 万家新的中小企业。这个企业数目与中国目前的企业总数基本持平。随着劳动力创办企业的成功，加之中国市场经济创业环境的改善，劳动者随着就业机会的增加，劳动条件和环境的改善，尤其是劳动者工资亦会水涨船高，使他们中的许多人增添了积极向上，努力学习，不断增加自己的人力资本，并产生几何效应，更多的劳动力步第一批创业者的后尘，投入到创业大军中，创办自己的企业，这样新生中小企业就会出现 1000 万家、2000 万家的增加。所以我们应当完善市场经济制度，向那些既有创业能力和精神，又有良好个人信用记录的创业者授信，让他们成为第一批插上飞翔翅膀的劳动者，推动他们创办自己的企业，并以此带动劳动力创业高潮的到来。

与此同时，中国投融资体制应当进行改革，将资金转为民间投资资本。大学毕业生（包括硕士和博士毕业生）要成为中国创业高发人群。如果每年有 100 万—200 万高素质劳动者创办自己的企业，10 年过后就是 1000 万—2000 万家企业，甚至更多。随着大学毕业生的增加，大学生创业人数也会大幅增加。在企业大幅增加的情况下，我们何愁实现不了充分就业。

（3）将个人信用建设完全纳入信用建设体系之中。做任何工作要想获得成功，首先我们要尝试去做。如果任何事情都要等到条件成熟后才去做，可以说我们永远只能走在时代的后面。因为世界上的任何事情尤其是经济、社会事情都不可能自行创造出完备成熟的条件，多少都会存在某一或某些条件不成熟或不完备，需要我们运用智慧努力创造条件，最后使我们要做的事情获得成功。

个人信用的建立同样如此，因为个人信用体系建立前和建立中的问题都会随着时间的变化出现不同的问题，要求我们不断地去解决。如美国的个人信用体系早已着手建立，而且他们所建立的个人信用体系基本上是运转良好。但是美国金融海啸就是因为个人信用出现了严重问题，出现了金融巨鳄——麦道夫之流的旷世金融诈骗案，以及金融巨子们为了一己私利，不顾他国和美国的巨大金融风险，将一些低信用高风险的金融衍生品推销到美国和世界其他国家，结果害人害己，把世界拉入金融危机的巨大漩涡之中。这不仅告诫美国人要堵住个人信用的巨大漏洞，同时也告诫世界各国要修补个人信用存在的漏洞，防止同类危机再次出现。但是美国今后仍然会出现新的个人信用问题，需要美国政府去解决。

所以个人信用在建立前和建立后都会出现各种不同的个人信用问题。个人信用是一个不断完善的过程，需要政府、社会团体、企业、家庭、个人等不断努力去发现个人信用问题，创造条件使个人信用不断得到加强。

当然中国的个人信用建立已经起步。问题是我们的个人信用建设范围有限，进展缓慢。我们应将个人信用建设纳入信用经济建设主要推进方面，让个人信用的范围包括中国的各行各业，如政府公务员的个人信用，大学毕业生的个人信用、社会知识分子的个人信用、社会普通劳动者的个人信用等，设立每个中国人的信用档案。每个人的信用档案以个人身份证号为个人信用档案号，只要点击个人档案号，就可以查询个人信用记录，同时还包括个人在中国境内所有金融机构所开设的银行账号，反映个人收支情况以及个人纳税的记录，让每个中国人在个人信用面前无所遁形。由此个人信用良好或很好等情况都可以从个人信用账号中充分反映出；当然个人信用不好或很不好的情况同样可以在个人账号中得到反映，即个人信用的不良记录，如贷款没有按时偿还或长期不还，个人透支没有按时偿还或者长期拖欠，个人贪污行为等。个人信用情况都将成为个人从金融机构贷款创业，或者为个人或家庭生活申请贷款，以及个人诚信等都带来好或不好的影响，促使每个人，尤其是每个劳动者都十分注重个人信用的良好记录，否则不良记录将会影响到个人事业的发展。个人信用建立了，市场经济信用也会不断转好，还可以防止并监督个人的违法贪污行为。

第二，企业信用的缺失和建立。企业是市场经济国家最普遍、最重要的经济细胞，是一国新价值的创造者和折旧价值的生产者。只有企业发展了，才能形成自己的优势，才能创造出更多的价值，才能推动经济社会的发展。而企业信用是企业发展的基础。任何一家没有信用的企业，在市场经济的环境中是根本无法生存下去的，会在市场经济的大海中很快颠覆沉没，根本不可能发展。相反如果一家企业拥有好或者很好的信用，说明企业的产品技术和质量、资信好或很好，产品品种、规格齐全，服务好，信守合同等，这样的企业肯定处在大发展时期，因为企业拥有不断扩大的客户群。所以信用是企业生存发展的名片。

企业都是由劳动者组成，没有劳动力的企业是不存在的。一个或一群劳动力组成一家企业，企业的信用就是由一个人或一群人建立起来的。所以企业信用是由个人信用组成的共同信用，没有个人信用为基础，企业信用也不存在。因此企业信用拥有社会性，它既不是企业单个个人信用的简单相加，也不是企业某个人信用的表现，它是企业整体信用的综合表现。即使企业是一个人的企业，个人信用也不能完全代表企业信用；相反企业信用也不完全表现为单个人的信用，因为个人信用的内涵与企业信用的含义是不同的，相互之间没有完全可替代的前提。

在现实市场经济中我们经常看到这样一些现象，某个人不论他或她走到哪里，其手头上的贸易业务总是跟着他走。原因何在？原因就在于他在实际贸易工作中十分守信用，而这个信用主要表现在他的个人身上，至于他所在企业的信用，贸易的对方反而不太看重。此时个人信用就代表了企业的信用，客商只认可个人不认可企业。在这种情况下，企业留住有信用的人就变得十分重要，有时留住有信用的职员企业就可以持续生存和发展下去，否则企业就可能面临生存或发展困境，甚至破产。

有时许多消费者同时在追求某种商品，比如一款轿车。原因何在？原因就是这家企业信用特别好，赢得了大批消费者的信赖，所以消费者才对此款小轿车如此追捧。而消费者对轿车的追捧所表现出的企业信用，通常已不是某个人的信用，而是整个企业的信用。因为一台轿车给消费者所带来的信用，已不是某个人的信用所能完成的，而是轿车企业全体员工共同完成的一件杰出产品，以及企业良好的售后服务、质量保障体系等促成的。当然我们也不可忽视，有时一款时尚而又受消费者信赖的轿车是由于某个个人信用在其中占有十分重要的位置。因此在建立企业信用时，我们不应当忘记组成企业信用的个人信用，尤其是组成企业信用的最主要人员的信用，如法人，甚至企业决策层所有人的个人信用。

我们在审视企业信用时，通常只看企业的整体信用，很少审查企业法人、决策层个人信用，这造成了对企业信用客观评价的很大漏洞，还给予了企业违法丧德的许多空间，如走私、贩私，假冒伪劣、偷税漏税、虚假广告等。实际上，企业违法丧德行为是企业法人或决策领导者造成的。我们将企业信用与个人信用相结合，既监督企业的信用，同时也监督个人信用。当企业信用的不良记录是由个人造成的，同时也将不良记录纳入个人信用不良记录之中。当企业信用和个人信用监督管理好了，我们就为企业的创建和发展创造出了良好的信用环境。

第三，建立政府信用。信用政府建立起来，政府信用自然建立起来。其实政府信用的建立，同企业信用的建立一样，不能与个人信用分开，应当结合个人信用。审视政府信用应当结合某个人或某一批人的个人信用作依据。每个劳动者都有自己的身份证号，以此建立个人信用账号，一查就可以看到个人的信用状况，并以此监督个人在政府的行为是否有违法、有贪腐，为此起到防止少数公务员的违法行为。

建立信用政府，确立政府信用的目的就是要建立完善的市场经济制度，实现法制经济或信用经济，进而解放劳动力，使他们能够自由流动、自由创业、自由择业、自由居住；在良好的市场投资环境下，激励人们创办企业，发展企业，进而推动科学技术的快速发展，创造出大批各种类型的人才，推动中国经济持续快速稳定发展。

当然市场经济信用主体还不止以上三个方面的主体，还有诸如家庭信用，社会团体信用、国家信用、国家集团信用等。家庭信用主要是社会学范畴，国家信用其代表就是政府信用；社会团体，主要是行会、研究会等社团机构；国家集团信用已经超出本书所探讨的范畴，何况世界目前还没有真正形成完全凌驾于独立国家之上的国家集团权威。因此我们在本节中主要探讨了市场经济最主要的三个信用主体个人、企业和政府的信用。同时，当我们建立并完善了个人、企业、政府的信用，其他社会主体的信用也基本建立。在个人、企业、政府的信用中，个人信用是其他信用的基础；企业信用是目标，是为了实现中国经济、社会的发展；政府信用是信用经济的保障，即实现个人、企业、政府信用的保障。

当着手建立信用经济体系时，政府就可以把中国长期资本积累所积存下来的3.4 万亿美元外汇，到 2010 年 5 月积存下来的 48 万亿存款余额；百姓手中所积存下来的货币，以及其他所积存的财富，如黄金、土地使用权（或所有权）、机器设备、房产等资产均可以转化为信用资本，启动中国的民间投资，让所有有志之士，在较好的投资软硬环境条件下，充分利用个人信用、市场信用、金融信用、政府信用、合作伙伴信用，启动中国民间投资，掀起创办中小企业的高潮，推动企业快速发展，扭转目前扩大投资而就业岗位减少的颓势，改变国内分工和中国与国外的分工，优化生产力布局和产业结构，大力发展高科技企业和现代服务企业，快速增加就业岗位，实现充分就业，实现经济、社会的快速发展，大幅

361

度地提高劳动力人均可支配收入和最低工资收入，缩小贫富差距，创造一个良好、安定、持续发展的中国市场经济，使中国早日步入发达国家。

三、市场经济政府是高效政府

市场经济相对自然经济是高效经济，但不是所有的市场经济国家都是高效经济，有的市场经济国家经济社会发展很慢，就是低效经济；有的市场经济国家经济社会发展一般，就是中效经济；有的市场经济国家经济社会发展很快，就是高效经济。有一点是可以肯定的，即高效经济一定是建立在高效政府之上。一个没有高效政府的经济不可能出现高效经济，只能是低效经济。

1. 发达国家的高效政府

从市场经济发展的历程看，市场经济国家首先只在少数国家得到确立，而后才不断扩大到其他国家。

早期的市场经济国家，如英、法、西、荷、葡等，实行的市场经济制度和政策是政府不干预，只是国际贸易由政府直接垄断，以此保护一国的财富；至于农业、工业、国内贸易等政府都不干涉。从早期经典经济学家的著作中亦可以看出，政府对经济实行的政策是自由市场经济政策，完全由市场调节供需，如西斯蒙第、亚当·斯密、大卫·李嘉图、萨伊、马歇尔等都是主张自由市场经济，力戒政府对经济的干预。由于政府没有太多的经济职能，主要是立法、司法、执法、军事、外交等，对经济很少有管理、协调、服务的职能，就可以从本国市场经济发展中获得大量的税收。这是以最小的成本获取最大的政府收入。所以市场经济自诞生开始，就是在自由市场经济的支配下自由发展，创造出巨大的财富。用马克思的话来说，资本主义在其一百多年的历史中所创造的财富比封建社会几千年所创造的财富还要多。而与之相对应的资本主义政府却在这几百年里没有太大的变化，基本保持着原来的政府规模。与此同时，在这一时期内，各市场经济国家的人口却增加了几倍。在如此庞大的经济总量和前所未有的人口总量情况下，政府基本保持了原来的规模，所以就真正形成了"小政府，大社会"的局面。在2000年，我们到了意大利佛罗伦萨市政厅参观，170多年前的市政厅是什么样，今天依然是什么样。这样的政府，不论怎么说，怎么看，都可以用小政府、大社会，或高效政府来说明。

　　经济大危机中，各国相继抛弃了自由市场经济政策，实施对经济的干预。在国际贸易中各国主要捡起了早期资本主义的高关税政策，限制外国商品的输入，尤其是国内同类商品的进口，以保护国内已处在饱和状态的市场；与此同时各国鼓励本国商品出口，降低出口关税，甚至以低于产品生产成本的价格向国外倾销商品，以减少本国生产厂商的损失，同时占有国外市场。但在进出口商品上也不是一概地增加关税和降低关税，而是对原材料的进口仍然采取低关税，对工业制成品征收高额关税；对出口原材料征收高额关税，达到限制原材料的出口，对工业品的出口则降低关税，甚至退税。

　　在大危机中和过后的一段时期内，各资本主义国家的对外贸易政策才真正让人深刻体会到以邻为壑的滋味。实行这些政策的国家都是当时的发达国家。这些国家实行了统一的国际贸易政策，大幅减少了对外贸易，限制或禁止工业制成品的进口；原材料的进口虽然没有设限，但是仍然出现较大幅度的缩水，原因就在于企业所生产的产品大量滞销或过剩，企业不得不大量地裁减工人，减少生产。在出口贸易上，各发达国家鼓励工业品的出口，争夺落后国家的市场，将更多的工业制成品倾销到殖民地、半殖民地以及其他落后国家，挽救本国的企业，降低经济危机对本国经济的打击，并使本国经济尽早走出危机的阴影。

　　在大危机之中和之后，帝国主义国家加大了对殖民地、半殖民地和落后国家的争夺，因为落后国家与发达国家属于垂直分工，不会拒绝发达国家的工业制成品，同时又愿意出售自己的原材料。在大危机爆发时，落后国家还可以用较少的原材料换回以往相同的工业制成品，由此感到交易比以前合理。但这一时期十分短暂，紧接着就出现了原材料出口大幅减少，导致原材料价格大幅下降，大批生产原材料的厂商或农户破产倒闭。资本主义大危机波及落后国家。

　　二战后资本主义国家经历了一个较长的和平发展时期，各发达国家经济迅速恢复和超过战前的最高水平。其最重要原因就是人类的第四次科学技术革命，使许多新的行业或产业部门产生并快速发展起来。其次就是经济学理论的创新和发展。二战爆发前各发达国家还不怎么信奉凯恩斯主义，政府仍然沿着传统解决通货膨胀的思路继续往前走，即通过以邻为壑的国际、国内贸易政策以及战争抢夺他国市场，解决通货膨胀问题。可是战争对各主要参战国经济都造成了巨大破坏，各发达国家开始认真思考，发现仅仅通过传统的国际、国内贸易政策解决不了资本主义所面临的通货膨胀问题；而战争更是错误的做法，战争已不是各资本主义国家创立初期，可以通过小规模、不影响参战国国内经济发展，仅仅影响殖民地、势力范围的变化，而是各交战国的经济都受到极大的破坏，只有美国例外。

在严酷的现实面前，各资本主义国家开始认真思考凯恩斯的理论，认真借鉴美国罗斯福总统推行的"新政"所达到的效果，并得出结论，凯恩斯主义是解决各资本主义国家通货膨胀行之有效的方法，所以凯恩斯主义在二战后大行其道。当然这期间还有各社会主义国家的示范，因为这些国家的经济在高速发展的同时，并没有出现资本主义国家不断出现的通货膨胀。原因何在？原因就在于社会主义国家在经济发展的同时，对宏观经济进行计划调控，不断提高人民的消费水平。因此，各资本主义国家在经济波动时，推行积极的财政和货币政策，兴办各种公共事业，长期实现充分就业，不断提高劳动者的工资收入，实现国家经济的长期平稳发展。

在劳动力收入不断提高的基础上，不断满足个人及家庭的消费需求，如在吃的方面尽量吃饱、吃好；穿的方面尽量穿得好一点；用的方面尽量达到高一级消费水平；住的方面尽量住得宽敞、舒适一些；行的方面尽量便利、舒适；烧得方面尽量干净、方便；娱乐方面尽量丰富一些；教育方面尽量满足工作岗位的要求，增加自己的人力资本；体育方面尽量增加锻炼，保持个人的体力和精力等。这些都可以增加消费需求。如果一国80%—90%的劳动者都能达到这些，其家庭成员也同样实现这一目标，如此全国的消费市场就可以扩大几倍。任何一个国家的国内市场如果扩大几倍，其国内生产同样会扩大几倍，其经济总量也会扩大几倍。这比国外几十个落后国家市场所带来的总容量还要大。所以二战后，虽然众多殖民地或半殖民地国家独立后，走上了自己的工业化道路，少数国家和地区还步入了中等发达国家或地区行列，发达国家与落后国家之间的进出口贸易总量虽然在增加，但是比例上却不断缩小，而发达国家之间的贸易比重不断增加，其最重要的原因就在于发达国家国内市场的扩大，而且发达国家基本实现了经济增长与国内市场扩大的同步。这就是二战后各发达国家在殖民地、半殖民地、势力范围不断缩小的情况下，经济仍然能保持快速、稳定增长的最主要原因。

为了保持经济快速增长，发达国家首先就是要保持充分就业；其次保持劳动者的工资收入与经济发展、企业成长同步，让低工资、低效益的企业出局，实际就是让低效经济出局。要做到这一点，政府不需要直接干预经济运行，只需市场调节基本可以做到，但需要将少数违法企业踢出局。再次鼓励民间投资。在发达国家，政府投资是很少的，只在经济危机和经济萧条时期，民间投资萎缩或停止的情况下，为了保持就业率或增加就业率，政府此时投资公共项目；而在经济复苏后，政府很少涉足投资，因为政府投资项目一般效率低下，容易产生违法腐败，影响市场对经济资源的合理配置，降低市场对资源的配置效率。所以为充分发挥市场配置资源的功能，在经济复苏后政府主动退出投资市场，让市场发挥配置资源的功能，让民间投资处在主导地位。

从美国的情况看，民间投资在 20 世纪 60 年代开始，就是以个人的人力资本投资占主导，而货币资本和商品资本的投资只是起到辅助作用，所以才有信息产业革命，航空、航天进步，生物科技发展，新材料的不断涌现，核工业的发展，化学工业的成就等；才形成 20 世纪 60—90 年代科技革命推动美国经济快速成长，并成为经济发展的主要推动力，实质上也就是人力资本的推动力。美国巨大的国内市场，吸引了全世界的产品，尤其是劳动密集型和资源密集型产品，因为这些产品技术技术含量低，落后国家在实现工业化后，有部分产品出口到发达国家；尤其在 20 世纪 80 年代以后，发达国家陆续将这些产品生产转移到落后国家，自己很少生产、甚至不生产这些产品，为满足国内此类产品日益增长的需求，发达国家只能大量进口。发达国家企业充分利用市场需求信息，提供各种服务，赚取高额利润。

由此看来，二战后发达国家虽然永远改变了单纯的自由市场经济运作方式，但并没有过多地用行政干预市场经济运行，而是以市场调节为主。即使在经济危机时期，政府也不会用行政干预主导经济发展，如果出现行政干预主导经济发展该国就不是市场经济，政府也就不是高效政府。政府干预经济的目的，只是想通过财政和货币政策的作用矫正市场经济运行中出现的偏差，避免经济过热、通胀、通缩等，只对经济运行起到辅助作用。这种做法就是俗语所说的："四两拨千斤"，即以最小的政府调节，如政府降低或提高税率、少量投资、收紧银根、放松银根等，使市场经济运行恢复到正常的运行状态，政府以此推动经济继续向前发展，保持发达国家"小政府，大社会"的传统。

2. 政府效率相对低下的原因

中国经济社会发展与各发达国家不同，是从落后的半殖民地半封建国家走向社会主义国家，政府结合实际建立起一整套经济运行和管理体系。这套体系在战时，战后经济恢复，建立本国经济基础，尤其是工业基础是十分有效的。因为这种运行和管理方式，将整个解放区或整个国家的生产、流通、分配、消费，个人、家庭、社会、国家形成一个整体，所以政府方方面面的事物都要管。与政府职能相对应，机构设置是面面俱到，这是所有社会主义国家的必然。政府只有建立这样完备的职能机构才能集中全社会的人力、物力、财力进行资本积累，才能大力发展生产，保证人民最基本的生产、生活需要，这点社会主义国家都做到了。但是政府机构随经济的发展越来越大，效率也随时间的推移而下降；其次集体的力量壮大了、集中了，抗击了内外各种压力，个人的主观能动性、潜能发挥不出来。而现代人类经济社会发展主要依靠个人才智的发挥。

为了解决这些问题，政府推动计划经济制度向市场经济制度转型，并已取得阶段性成就，基本建立市场经济制度。但是，政府改革较为迟缓，机构虽有所减少，但人员庞大臃肿；政府以往的投资、经营、管理、调节、协调、审批、服务、监督等方面的职能都是必要的，而在市场经济环境下，许多职能都必须让位于市场调节，降低政府的参与或干预。可是原有的机构在经济制度转轨后仍然保留，并发挥机构的职能作用，其结果是市场经济无法进入深层次经济领域，并自动放弃了市场调节的功能和最廉价的经济增长方式，选择了较贵的经济增长方式和政府调节。这样做的结果，不仅导致低效经济长期无法改变，阻碍了市场经济社会的发展，维护了地方保护主义，条块分割，重复建设，政府大量的直接投资，违法腐败等。

自 1994 年中国确定建立市场经济制度以来，我们进行过几次政府改革。但由于我们还没有找准政府与市场经济的切合点，以致几次改革都没能解决基本问题。所以政府瘦一次身后，很快又恢复到原来水平，许多地方政府甚至膨胀的速度很快，在较短的时间内又超过改革前的政府规模。

大政府必然带来低效率。多设一个政府机构就要有领导，许多下级和众多科员；结果机构、人员多了，整天无所事事，自然而然就会出现窝里斗的情况。原因何在？首先，中国延续了几千年的思想总认为人口需要管理。城市的户籍制度管理，是由城市下设的区，区下设的街道，街道下设的居民委员会具体实施人口管理。实际上，市场经济制度解放了人，使人自由流动起来，人口不需要太严或过细的管理。人的行为主要受法律、伦理道德等行为规范，人主要是经济动物，让他们自由地为经济发展作贡献。

其次，全国只有公务员是金饭碗，公务员收入较高、较稳定，工作量不大，工作强度小，受人尊重，所以博士、硕士、本科毕业生在毕业时首选公务员职业，以致每年的公务员报考人数一次比一次多。这不是一种正常现象，也不是一个好现象。这无形中给政府的膨胀写出了最好的注解，其结果是政府不堪其累，国家不堪其累，市场经济不堪其累，人民不堪其累。

再次，政府缺乏监督，不受约束。因此一些地方政府突击提干，任人唯亲；还有些地方领导卖官鬻爵，只图个人发财；少数地方政府违法腐败日趋严重，危害整个地方。这样下去，一些地方政府不断地陷入自己设下的陷阱。当问题不断积压，就会集成大的问题。

最后，政府存在浓厚的自我服务意识。政府有税收，公务员收入较高，生活有保障，已无法全面、切身体会民众的困苦和艰难。即使有所体察，甚至有时也解决了许多问题，但总会出现纰漏，当纰漏多了，问题积压了，而政府已习以为常了，大问题就可能出现。美国的金融海啸就是这样形成的。

这些现象都不是市场经济本来应存在的现象，都是一些非市场经济意识和制度导致的结果。如果我们不尽快改变意识和完善市场经济制度，就会给中国经济、社会的发展带来无穷的后患。而这些意识和制度包括我们前述的所有非市场经济意识和制度，如户籍制度，管理人的意识，限制人口流动，限制人的主观能动作用发挥，阻止人力资本增长，迟缓了科学技术发展，限制了企业发展，阻碍了中国经济社会发展。在这样一个环境下，各种违法、腐败滋生蔓延，侵蚀了党和政府，败坏了党和政府的形象。为了解决这些问题，政府采取了干部轮换制（即关键位置上的干部，在一个地方工作一段时间后，调往另一个地方继续任职），异地为官（即干部不在自己的出生地或生长地为官）等做法，防止形成关系网络，危害一方情况的出现；同时中央政府对违法腐败采取严厉打击的做法，惩治了一些违法腐败分子，取得了一定成效。

3. 创建高效政府

国家要创建高效政府就必须认真履行本章前述的两方面义务，即继续坚持保护最广大人民的利益，建立中国的信用政府。此外，我们还必须做好以下两方面的工作：

第一，政府的最高理念是为人民服务。在市场经济条件下政府就是要为市场经济发展服务，即为企业的创建和发展服务，为人民的生活水平提高服务。企业创建越多、发展越快，就会产生无数的企业家、科学家、发明家、技术能手，形成高效经济，创造出巨大的财富，创造出无数的就业岗位，实现劳动力的充分就业，提高人均可支配收入和消费水平，实现全民保险，增强国家和民族认同感，减少各种违法犯罪。

为企业服务，就要消除行政干预，创造出自由市场经济环境。为此，政府要完善自由市场经济制度的法律法规，明确只要不违反中华人民共和国宪法、公司法及相关法律、法规，企业的创建和发展、经营管理、发明创造等政府都不能干预，并为企业行为提供政府最优质的服务；同时明确任何政府机构或个人的干预都属于违法行为，都应受到法律制止或惩罚。

立法之后就是司法。自 1994 年建立市场经济制度以来，政府所取得的成绩不仅是为企业发展制定了相关一系列法律法规，同时还有司法方面所取得的成绩。但是我们做得还不够，存在一些司法腐败、甚至司法违法，有许多企业的创建、发展、经营管理、发明创造等方面的问题得不到及时处理，使企业付出了更大的成本，导致有法不依，索贿受贿成风。我们都知道，市场经济制度之所以得到确立，不在于我们说自己是什么经济制度，而在于法律法规实际维护了什么样的经济制度，法律法规维护了市场经济制度，中国就是市场经济制度；法律法规维护的经济制度是不完善的市场经济制度，中国就是不完善的市场经济制度；如果法律法规维护的经济制度是自由市场经济制度，中国就是自由市场经济制度。有鉴于此，人们普遍认识到市场经济就是法制经济。所以立法和司法是中国市场经济制度真正得到完善的关键。以前我们只是将市场经济制度的建立放在立法的环节上，确立了一系列的市场经济法律法规，但市场经济制度总让人感到不完善，总是问题多多，原因就在于政府所立的法律法规缺乏权威性，而缺乏权威性的原因就在于司法没有真正树立起市场经济制度的权威性。

当立法、司法都达到了政府所确立的市场经济制度目标，尤其是自由市场经济目标时，政府同样也在自己所立法律法规的管辖之下，而不是立于法律法规之外，这样信用政府也就建立了。当信用政府建立起来之后，市场经济也就真正成为信用经济。

在信用经济环境下，中小企业才能真正成为市场经济的宠儿。因为中小企业信用度高，说明中小企业经营管理者个人的信用程度高，企业资金周转快，自然就会成为各金融机构争相招揽的客户对象，资金额度容易得到满足。如果中小企业资金困难不断得到缓解，说明中小企业创建和发展环境不断得到改善。当这种进步积累起来，最终中小企业资金问题就得到了解决。

当然在中小企业资金困难问题得到解决的过程中，相应的信用监督机制必须时刻发挥作用，因为信用经济是建立在法律法规以及伦理道德基础之上的一种制度经济，并不是人们的自觉行为，只有让所有的自然人、法人、企业、社会团体、政府机构都遵守市场经济的法律法规、市场游戏规则（包括市场惯例）以及伦理道德，才能真正建立信用经济。

法律制裁主要是司法机构以法律法规以及市场游戏规则为依据对那些违反法律、法规、市场游戏规则的自然人、法人、企业、社会团体、机构所采取的强制惩罚措施，维护法律法规的尊严，维护信用经济的正常程序。但对于违反伦理道德的行为只能通过社会舆论加以谴责和规范。

通过立法、司法使各市场主体都履行市场经济制度赋予的职能，建立自由市场经济制度，也就是法制经济或信用经济，企业迅速发展起来。如果一年创办一百万家企业，要达到 1.3 亿家企业，中国需要 120 年的发展，这还不算其中关闭、破产的企业；如果一年创建和发展 300 万家企业，即相当目前 1000 多万家企业的约 30%，中国仍然需要发展 30—40 年；即使一年创建和发展 1000 万家新企业，这个数目约相当于现有企业总数，中国还需要大力发展十几年。每年中国能达到一个什么水平，这全要看政府在立法和司法上维护市场经济制度职能履行的好坏，如果还是目前的立法和司法水平，如此大的中国，如此多的人口，中国一年也就新创建和发展 20 万—30 万家企业；如果我们的立法和司法水平有较大提高，基本能做到公正、公平、公开的立法和司法，一年里就能新创建和发展 300 万—400 万家企业，即超过目前世界上任何一个国家一年所新创建和发展企业的总数，我们就会在较短的时间内实现充分就业，科学技术也会快速发展起来，中国内需市场将成为世界最大的内需市场，生产力发展水平就会排在世界前列，中国经济再发展十几年或二十几年，将会超过任何一个国家。如果我们的立法和司法水平达到很高水平，实现了立法、司法的真正公正、公平、公开，基本实现各市场主体自觉遵纪守法，每年创建和发展 600 万—700 万家企业，中国的企业总数将会在 3—4 年时间内超越美国，再过 10 年、20 年中国企业就会比美国多一倍到几倍，届时中国的经济总量就是美国经济总量的一倍到几倍，中国的国内市场也会是美国国内市场的一倍或几倍。

到那时，在人口自由流动、自由居住，劳动力自由择业、自由创业基础上，各地区、城市之间必然展开激烈的竞争，争取国内外投资项目，企业快速增加、发展，培养出大批企业家、科学家、发明家、职业经理人、技术人员、营销人员等，他们的收入都比公务员高，并享有很高的社会地位，受公众尊重，此时就没有如今这么多人梦想加入公务员队伍，全社会的劳动力都积极面向企业、面向科研等，争当企业家、科学家、发明家、职业经理人、专业技术人员、营销人员等，实现各自的理想和抱负，使企业成为创造性人才、创业人才、科技人才和其他专业技术人才的蓄水池，容纳各种类型的众多人才，推动中国经济、社会快速发展，消除政府公务员队伍膨胀的后患。

第二，政府简政放权，建立小政府大社会，实现高效政府目标。实现这一目标就必须完善法律法规，建立自由市场经济制度，充分利用市场调节的功能，大幅降低政府对市场经济、企业经营管理的干预；与此同时，政府的各项服务必须跟上市场经济和企业发展的步伐，不断提高服务水平。为此在市场经济制度下政府应保留以下主要经济职能：

（1）立法和司法。维护、完善中国的市场经济制度，尤其是要建立自由市场经济制度，推动企业快速发展。

（2）运用财政政策、货币政策、经济计划调节经济。维护经济正常运转，防止经济过热或通货紧缩的出现。

（3）政府的税收和支出。法制化的政府税收和支出；特殊经济环境下的增税或减税，支出增加或减少。

（4）社会保障体系的建立和完善。实现并保持充分就业或全民就业，实施全民养老、医疗、失业保险。

（5）基础、战略部门的引导、协调、激励和保障。如农业是基础部门，要保障粮食和其他农产品的供给，对农产品实施补贴，平抑价格波动等；能源要保障供给；科技部门是经济先导部门，要引导、推动科技快速发展，加强科学技术成果保护和贸易；军事经济部门主要保障国防安全；商务部门保障国内外经济贸易立法、司法、执行；交通运输部门是人、物空间位移的保障；医疗卫生保障人民健康；教育部培养人才、增加人力资本，决定中国未来走向；财政部是财政法律、法规和政策制定者和执行者；中央银行是货币法律、法规和政策制定和执行者。

（6）重大危机处理。如防灾、救灾、重建、战争创伤等。国家经济资源储备，如粮食、人力资源、科学技术、能源、资金、外汇、机械装备以及其他储备。

（7）公共设施建设和维护。

（8）人民物质和文化生活水平的提高。

（9）国有资产的保值增值。

四、市场经济政府是接受人民监督的政府

1. 民主赋予人民监督政府的权利

政府是国家的统治机关，是国家权力的象征。国家政府最早出现在奴隶社会，一直到封建社会灭亡之前，政府的权力是不受限制的，政府也是不被监督的。即使政府有被监督的情况，也是少数情况下出现的例外。

为了解决政府的专制问题，避免政府的更替，早期资本主义国家推行了三权分立，避免封建专制在市场经济社会再现，并采取了资本主义制度下的民主，即政府树立了自己的对立面。从最早的英国资产阶级革命算起，到几个最具代表性的资本主义国家，如挪威、德国、瑞士、法国、芬兰、美国、日本等国情况看，这套分权和民主制度总的来说对政府的监督还是行之有效的。当然，我们同样看到这套制度也存在弊端和不足，需要不断改进。

新中国建立以来，政府就确立为人民民主专政的国家政权，直到今天宪法中仍然坚持人民民主专政。所谓民主就是人民群众拥有参与国家各项事务，并对有关事务发表意见或建议的权利。这实际也就明确了人民拥有监督政府的权利。法律法规的明确规定，实际也就赋予了人民监督政府的权利。这是新中国政府在充分吸取中外历史教训，以及各国政治民主制度建设的成功和失败经验，确定的中国人民政治生活的权利。

人民拥有民主权利具有以下几方面的意义：一是确保了人民群众参与、关心国家各项政治活动的权利；二是确定了社会主义市场经济国家的民主是广泛的民主；三是广泛的人民民主是为了让人民充分发挥自己的监督权，避免政府脱离人民群众，减少政府的失误；四是确保政府的立法、司法、执法与人民群众的根本利益保持一致，保证立法、司法、执法的公平、公正、公开。

常言道：没有监督的权力是最腐败的权力。只有监督才能最大限度地消除违法和腐败。如果一个政府没有任何监督，其在灭亡时就不知道为什么灭亡，历史的教训是深刻的。因此发达市场经济国家都把民主放在重要位置，让人民群众监督政府。人民群众监督政府就是爱护政府，说明政府得到了人民群众的拥护。相应的，人民群众监督公务员，说明人民群众爱护公务员，也就保护了公务员。公务员在毫无约束的权力面前，显得无知、愚昧，极度贪婪，很快就会超越人民所赋予的权限，走向违法，最终成为历史的反面教材。

2.政府需要接受监督

近些年来，少数公务员总在不断地放弃人民群众的监督，成为一方呼风唤雨的土皇帝，违法现象有不断扩大的趋势，为此中央加大了打击违法行为的力度，一批批违法官员落马，从一定程度上遏制了这股违法行为的蔓延。

但是，某些政府官员违法的态势依然十分严峻，容不得政府半点松懈。为此，政府有必要从根本上解决违法官员层出不穷的问题，不能总是为此花费巨大的成本。如果违法官员的问题总是这么严峻，中国要实现法制经济，进而建立信用经济的目标将会是遥遥无期，这将严重影响中国经济社会的发展，贫富差距的缩小，人民生活的普遍提高，企业的发展，产业优势的形成，科学技术的进步，内需市场的扩大，国强民富等。因此我们必须加强监督，防止违法官员的产生，严厉打击违法事件，真正起到保护官员的作用。

为防止违法官员和事件的产生，保护好政府官员，我们有必要做好以下工作：

第一，政府取消户籍制度，接受人民的监督。

如今中国已基本建立市场经济制度。市场经济要求生产力最活跃的生产要素—劳动力流动起来，这样才能实现劳动力要素、其他生产要素的最佳配置，否则只能是非市场经济的地区配置，造成生产要素资源的巨大浪费，形成低效经济；少数地方官员贪赃枉法，乱收费、乱摊派、各自为政、各霸一方，个别地方甚至出现鱼肉百姓的情况，损害了政府的形象；劳动力无法实现充分就业，社会贫富差距越拉越大。这些都已成为我们废除户籍制度的充分理由。

当我们废除户籍制度之后，情况就会迅速向好的方面发展，人民将获得流动自由、创业自由、择业自由、自由居住的权利，创造出地方政府相互竞争的态势，同时也就形成人民群众对政府和政府官员监督的格局。在人民流动的情况下，各地方政府就会自觉地改变"大而全、小而全"的政府，简政放权，提高政府工作效率，消除地方保护主义，完善市场经济制度，减少并消除地方政府对经济运行的行政干预，取消各种乱收费、乱摊派、乱罚款，建立良好的自由市场环境，吸引各种人才到该地区、该城市创业或就业，加强信用经济建设，努力创造条件为劳动力创业提供资金支持，吸引内外资投资，发展本地经济。到那时，各地区或城市将会采取各种措施吸引劳动力或人口，因为劳动力就是经济发展的第一要素，就是财富的化身；人口就是需求，就是市场。如果劳动力或人口大量从某地区或某城市流出，说明该地区或城市的地方政府没有建立自由市场经济，吸引不了各类、各层级人才，企业创办少、企业得不到发展，经济出现停止或倒退的情况。这种情况的出现说明该地区或城市政府出了问题，只需从流出人口的遭遇中就可以知道地方或城市政府出了什么问题，需要司法介入的司法介入，上级政府只需改组政府即可，并由新的政府去推进，去完善自由市场经济的建设，恢复地方经济的发展。到此时，各地方政府就会积极倾听人民群众的意见和建议，及时去除某些坏死的机体，防止养痈为患。

第二，政府立法规范舆论，并接受舆论的监督。舆论监督的作用是有目共睹的，体现了人民的监督，是任何其他监督方式都不可替代的。舆论监督可以让政府内部所出现的多数违法腐败行为无处遁形，可以让事实暴露在大庭广众之下，是建立、健全法制经济、信用经济、自由市场经济必不可少的手段。这里所说的舆论工具包括报纸杂志、书籍、广播电台、电视台、互联网络等。

政府应当立法鼓励公共传媒工具对政府及官员的监督，这样政府才能做到耳聪目明，对任何重大政治事件防患于未然，领导中国走社会主义市场经济道路。相反，如果堵塞舆论监督，就会出现问题不断积压，最终形成难以解决的重大问题。通过舆论监督，可以让人民了解、处理问题的全过程；还可以监督少数违法乱纪官员，形成对所有违法腐败分子的震慑作用，起到防止违法腐败的作用，从而保护了官员，维护了政府干部队伍的纯洁。廉洁政府就给全国人民、企事业单位树立了一个高大的形象，这样社会风气就会从根本上改变，违法腐败现象也会从根本上得到遏制。

政府的形象不是说出来的，是政府的具体行动做出来的。多年来，政府所取得的成就是有目共睹的。但是其中有少部分人深深陷入违法腐败的泥潭，大大地败坏了政府的形象，政府有必要挽回自己的形象，接受舆论的监督。

后　记

　　我从 2007 年 1 月开始写作本书，2010 年 6 月完成初稿。之后，认真听取了两位经济学家李新家教授、黄河清教授提出的修改意见；刘志荣博士、何南老师、郭永丰经理给予作者许多建议和帮助；在书稿的写作过程中，广东金融学院、经济贸易系为作者提供了较充裕的写作时间，作者在此一并表示诚挚的感谢！最后还要感谢我的夫人袁晓燕对本书写作给予的大力支持。由于本人学识有限，书中难免出现错误，作者在此深表歉意。

李 邦 耀

2011 年 12 月于广州